本书系
国家社会科学基金2017年度教育学一般课题"中国现代化进程中乡村教育变迁的口述史（1976—2017）"（BFA170057）研究成果

当代中国乡村教育变迁研究

何 杰◎著

南京大学出版社

图书在版编目(CIP)数据

当代中国乡村教育变迁研究 / 何杰著. —— 南京：
南京大学出版社，2024.8
 ISBN 978-7-305-27424-4

Ⅰ. ①当… Ⅱ. ①何… Ⅲ. ①乡村教育-教育史-研究-中国-现代 Ⅳ. ①G725-092

中国国家版本馆 CIP 数据核字(2023)第 231925 号

出版发行　南京大学出版社
社　　址　南京市汉口路 22 号　　邮　编　210093
书　　名　**当代中国乡村教育变迁研究**
　　　　　DANGDAI ZHONGGUO XIANGCUN JIAOYU BIANQIAN YANJIU
著　　者　何　杰
责任编辑　钱梦菊　　　　　　　编辑热线　025-83592146
照　　排　南京南琳图文制作有限公司
印　　刷　苏州市古得堡数码印刷有限公司
开　　本　718 mm×1000 mm　1/16　印张 19　字数 420 千
版　　次　2024 年 8 月第 1 版　　2024 年 8 月第 1 次印刷
　　　　　ISBN 978-7-305-27424-4
定　　价　62.00 元

网址：http://www.njupco.com
官方微博：http://weibo.com/njupco
官方微信号：njupress
销售咨询热线：(025) 83594756

* 版权所有，侵权必究
* 凡购买南大版图书，如有印装质量问题，请与所购
　图书销售部门联系调换

前　言

对于当代中国乡村教育的研究，有诸多的学者深耕其中并取得了众多的学术研究成果。本人作为一名高校教师，多年来一直致力于乡村教育这一领域的研究工作，2008 年考取南京师范大学教育学原理专业博士研究生，在导师张乐天教授指导下攻读博士学位，其间于 2010 年和 2011 年相继获批江苏省社会科学基金一般项目和教育部人文社会科学研究规划基金一般项目两个省部级科研项目，在课题研究的基础上，我以新世纪中国农村教育政策执行为主题开展博士学位论文研究工作。博士研究生毕业后，我继续回到淮阴师范学院工作，并于 2017 年获批国家社科基金教育学一般课题"中国现代化进程中乡村教育变迁的口述史（1976—2017）"，本书就是这一课题研究的结题成果。

当代中国乡村教育的变迁历程，是中国现代化进程中的一个缩影，如何对其开展研究亦即采用何种研究方法对其开展研究，成为我申报课题时思考的一个大问题。2015 年，我就"乡村教育口述史"这一研究话题向前来淮阴师范学院讲学的华东师范大学杨小微教授请教并得到他的赞许。于是，我就着手这一课题的研究设计与申报工作，经过两年多的打磨和持续申报，幸运地获批为全国教育科学规划课题。课题获批不易，研究过程更是困难。2019 年底，疫情暴发并持续三年，其间不便外出调研。2021 年初，我调入嘉兴大学工作，课题研究一时难有进展。好在笔者在多年的工作期间，结识了一批乡村教师、乡村学校的校长和乡村教育研究者，于是就采用电话、网络在线等方式，对他们以"口述史"的方式进行采访，获取了较为丰富的乡村教育变迁的"口述史"研究资料，课题也在研究团队的共同努力下于 2022 年底结题。课题虽是结题了，但对乡村教育变迁"口述史"的研究仍需继续，特别是书稿的撰写和出版，更需要时间与精力的投入以及对待学术研究的细心与审慎。

口述史，原是以搜集和使用口头史料来研究历史的一种方法，后来发展成为一种历史研究方法的学科分支。教育口述史是口述史家族中的成员,它是通过自述、笔录、录音和录影等现代技术手段,记录教育历史事件或者目击者的回忆而保存的历史。运用口述史这一研究方法,来研究我国现代化进程中乡村教育变迁问题,是教育研究方法上的创新。知识的增长、积累、跃升总是与研究方法的创新密切相关,比起自然科学和其他社会科学,教育学的知识增长相对缓慢,知识积累不足,其核心问题在于研究方法创新不够。口述史作为一种教育研究方法运用于乡村教育研究,其创新性,主要体现为:一是在以往的乡村教育研究,更多的是哲学式的思辨研究、文献研究,采用教育口述史,可以改变以往对乡村教育研究的宏大叙述方式,生动展示我国乡村教育变迁的微观生活,让乡村教育研究"活"起来。乡村教育口述史不仅是一种乡村教育的记忆或者是乡村教育已经过去的声音的一种保留,其还应是当代乡村教育研究者重建被扭曲的、忽略的、遗忘的乡村教育生活世界的机会,可让人从官方的乡村教育历史叙述、学术性研究之外寻找具体的、生动的教育生活叙事。二是通过采集乡村教育变迁进程中相关主体的教育故事,并将这些故事放入他们所处学校的、社区的、国家的社会大背景中加以历史考察,同时通过并置、对照和比较乡村教育不同主体的教育故事,构建一幅有关乡村教育变迁乃至更广的"马赛克"式教育变迁生活史图景,深度揭示乡村教育不同主体对乡村教育的参与度、支持度、行动力和认知力。三是借助口述史,让乡村教育变迁中的"普通人"成为"主角"。教育口述史的对象是普通的乡村教师、乡村学校校长以及乡村教育研究者,他们不是乡村教育政策的制定者,他们只是乡村教育变迁历程中的参与者,他们的口述,既补充了传统文字史料的不足,更因其记录了个人或群体的生活经历,使得处于社会边缘的普通人的故事得以呈现,让社会公正的目标更加明晰。因而,运用口述史这一研究方法,也成为本研究在研究方法上的一个特色。当然,对于文献研究被认为是客观可靠的"信史"而言,口述史这种叙事难以考证,常常被认为是不可靠的,甚或被冠以"野史"。对此,哲学家冯友兰曾区分"历史"与"写的历史",认为两者是截然不同的两件事,在他看来,研究自然科学,若有假设可实验其真伪,但历史学家无法对史实假设进行验证,故历史家只能尽心写其信史,至其史之果信与否,则不能保证。同样,口述史是当事人的口述,是在与研究者的对话中对过去的一种合作性建构,它当然不是"历史"自身,用心理分析者 Danald Spence 的话来说,它是一种叙事性的"真实"(Narrative Truth)。

  感谢为本研究提供访谈、口述史料的乡村教师、乡村学校校长以及乡村教育研究者,从他们的口述史中我们可以感受到他们对乡村教育的无比热爱、无比关切和默默奉献。本书得以顺利出版,承蒙南京大学出版社社长助理蔡文彬、编辑钱梦菊等诸位老师的大力支持,书稿撰写过程中参考、引用了诸多学者的研究成果,嘉兴大学为本书的出版提供了出版经费支持,在此表示感谢。感谢魏峰(上海师范大学)、刘原兵(嘉兴大学)、孙启进(淮阴师范学院)、马多秀(宝鸡文理学院)、王坤(徐州工程学院)、卫小将(中国人民大学)、陈金圣(岭南师范学院)等学者参与本课题研究并贡献了研究成果。本书作为课题研究的一个成果,虽然得以出版,但研究仍有不足,仍然需要研究者不断深入,这也算是自勉、不断前行吧。

嘉兴大学 何 杰
2024 年 6 月

目 录

第一章 引 言 · 1
  第一节 研究缘起与研究意义 · 1
  第二节 口述史对乡村教育研究的价值 · 13
  第三节 基本概念 · 20
  第四节 研究对象、内容与方法 · 33

第二章 学术史梳理与研究动态 · 39
  第一节 教育现代化相关研究文献综述 · 39
  第二节 乡村教育研究相关文献综述 · 51
  第三节 乡村教育口述史研究文献综述 · 65

第三章 中国乡村教育现代化的演变历程 · 73
  第一节 中国近代乡村教育现代化的历史回溯 · 73
  第二节 我国现代乡村教育现代化的历程回顾 · 88
  第三节 我国当代乡村教育现代化的发展回望 · 98

第四章 中国乡村教育现代化的价值取向与使命 · 112
  第一节 乡村教育现代化实践及其挑战 · 112
  第二节 乡村教育现代化的价值取向 · 131
  第三节 乡村教育现代化的时代使命 · 136

第五章　乡村教育变迁的教师口述 ………………………………… 142
第一节　我的乡村教育生活 …………………………………… 142
第二节　扎根乡村，撑起心中的教育理想 …………………… 151
第三节　乡村教师群体的口述史分析 ………………………… 158

第六章　乡村教育变迁的校长口述 ………………………………… 183
第一节　W 校长：我的乡村教育寻梦之旅 …………………… 183
第二节　Y 校长：矢志奉献乡村教育 ………………………… 200

第七章　乡村教育变迁的研究者口述 ……………………………… 214
第一节　Z 教授：情系乡村教育 ……………………………… 214
第二节　G 教授：难忘乡村教育 ……………………………… 229

第八章　乡村教育走向何方？ ……………………………………… 242
第一节　乡村振兴视角下振兴乡村教育的再审视 …………… 242
第二节　乡村教育的时代挑战与争议 ………………………… 252
第三节　乡村教育的未来发展 ………………………………… 271

参考文献 …………………………………………………………………… 284

附件　现代化进程中乡村教育变迁情况的访谈提纲 ………………… 297

第一章 引 言

乡村教育对于乡村社会,乃至整个国家和社会的进步与发展都有着举足轻重的作用。乡村教育变迁的历程,深刻反映了国家和社会的发展和进步。自改革开放以来,中国追求现代化的进程中,乡村教育现代化建设取得了非常显著的成就,对国家现代化建设,特别是对于新型城镇化建设、城乡教育的均衡与公平发展、乡村文化的传承与创新以及乡村儿童的健康成长和全面发展具有重要的战略作用。进入21世纪,乡村教育已然成为国家发展的重大议题,2003年《国务院关于进一步加强农村教育工作的决定》明确提出要把农村教育作为教育工作的重中之重,优先发展农村教育。2015年我国颁布《乡村教师支持计划(2015—2020年)》,党的十九大报告中提出乡村振兴战略,2018年党中央和国务院印发的《中共中央 国务院关于实施乡村振兴战略的意见》再次强调优先发展农村教育。因而,通过研究、总结中国现代化进程中特别是改革开放以来乡村教育变迁所取得的伟大成就及其办学经验,明确我国乡村教育可持续发展的战略意义,梳理我国乡村教育现代化的变迁历程,阐释我国乡村教育现代化的功能与使命,揭示乡村教育现代化进程中存在的诸多问题,理性分析和审视乡村教育未来的发展路径,具有重要的理论价值和实践意义。

第一节 研究缘起与研究意义

一、研究缘起

为什么要研究这个项目?研究者认为,本项目研究的原因有三:一是国家重视乡村教育。乡村教育作为我国教育的重要组成部分,为我国现代化建设培养了大批劳动者和建设者。二是改革开放40多年以来,是我国乡村教育发展最为快速,变迁最为剧烈的时期,其变迁历程、办学经验值得研究和总结。三是乡村教育研究是教育研究的一个重要领域,历来为教育研究者所重视,而且随着乡村教育研究的深入,其跨学科的研究方法日益被众多研究者重视并加以运用。四是研究者作为一名高校教师,多年来一直关注我国的乡村教育发展并坚持从事

该领域的研究工作。具体而言,项目的研究缘起分述如下:

(一) 改革开放以来我国基础教育取得巨大成就,乡村教育功不可没

教育,是一个国家的立国之本,也是一个民族振兴、社会进步的基石。教育,不仅寄托着个人成长的希望、家庭的希望,也承载着一个国家发展的希望。在国家各级各类教育事业中,基础教育一直处于特别重要的地位,始终处于全局性、基础性和先导性的地位。中共中央、国务院1993年2月13日发出的《中国教育改革与发展纲要》明确指出"基础教育是提高民族素质的奠基工程",2001年5月29日国务院发布的《关于基础教育改革与发展的决定》更加明确地强调"基础教育是科教兴国的奠基工程,对提高中华民族素质、培养各级各类人才、促进社会主义现代化建设具有全局性、基础性和先导性作用"。从学段上划分,基础教育涵盖学前教育、小学教育、初中和高中教育。从空间上划分,基础教育分为城市基础教育和乡村基础教育。中国自20世纪50年代中期起建立了城乡二元分割的社会结构,使得城市化进程缓慢。改革开放以后,中国城市化进程才明显加快。2021年5月11日,我国第七次全国人口普查结果显示,居住在城镇的人口为90 199万人,占63.89%;居住在乡村的人口为50 979万人,占36.11%。与2010年第六次人口普查相比,我国城镇人口增加23 642万人,乡村人口减少16 436万人,城镇人口比重上升14.21个百分点。[①] 即便过去了40余年,至2021年底,我国仍然有5亿多人口居住在乡村。大量的乡村人口,必然需要大量的乡村学校来支撑乡村教育的发展,乡村教育占据了我国基础教育的半壁江山。

十年"文化大革命"给我国教育造成了严重破坏,基础教育发展缓慢。直到20世纪70年代末,我国小学五年制教育并没有真正普及,新文盲继续大量存在。[②] 20世纪80年代末,中国进行拨乱反正,基础教育重新步入健康发展的轨道,基础教育的正常教学秩序得以恢复。经过改革开放40余年的发展,我国的基础教育发展取得了巨大成就。主要表现在:

一是义务教育发展取得重大成就。1980年后,我国加大了普及小学教育的力度,加快普及小学教育的步伐。至1985年,适时提出了有步骤地实行九年制义务教育的发展任务,并于1986年4月12日由第六届全国人民代表大会第四次会议通过《中华人民共和国义务教育教育法》(1986年7月1日起施行)。此后,中国九年制义务教育不断向前推进。时至2000年,中国普及九年义务教育

---

① 国家统计局、国务院第七次全国人口普查领导小组办公室.第七次全国人口普查公报(第一号)[EB/OL]. http://www.stats.gov.cn/tjsj/tjgb/rkpcgb/qgrkpcgb/202106/t20210628_1818820.html.

② 张乐天等.基础教育政策的中国经验[M]上海:华东师范大学出版社,2018:190.

地区人口覆盖率达到85%以上,"两基"(基本普及九年义务教育、基本扫除青壮年文盲)攻坚取得显著进展。进入21世纪以来,义务教育不仅在全国范围内统一实施,同时国家重视提高义务教育的水平和质量,义务教育普及与巩固水平继续保持高位。据教育部公布的《中国教育事业——2020年全国教育事业发展情况》显示,至2020年底,全国共有义务教育阶段学校21.1万所,其中普通小学15.8万所,共有初中阶段学校5.3万所,在校生1.56亿人。全国普通小学在校生10 725.4万人,其中,城市小学在校生4 203.1万人,农村小学在校生6 522.3万人;全国初中在校生4 914.1万人,其中,城市初中在校生1 902.9万人,农村初中在校生3 011.1万人。义务教育普及水平继续保持高位,继续向优质均衡阶段迈进。2020年,全国小学净入学率99.96%,初中毛入学率102.5%,已相当于世界高收入国家平均水平。全国小学毕业生升学率99.5%,初中毕业生升学率94.6%,九年义务教育巩固率达到95.2%。各级政府着力落实进城务工人员随迁子女教育政策,依法保障随迁子女接受平等义务教育,全国义务教育阶段进城务工人员随迁子女规模较为平稳,小学略减、初中略增,近八成在公办学校就读。义务教育阶段专任教师人数增加,配置水平提升。2020年,义务教育阶段专任教师1 029.5万人,其中,普通小学专任教师643.4万人,生师比16.7:1,专任教师学历合格率(高中及以上学历)99.98%;初中阶段专任教师386.1万人,生师比12.7:1,专任教师学历合格率(大专及以上学历)99.89%。义务教育学校办学条件持续改善,教学仪器设备配置水平进一步提升,但城乡差距依然较大,信息化基础条件明显改善,信息技术和教育教学的深度融合逐步加强,义务教育阶段建立校园网学校比例继续提高,小学建立校园网学校比例70.4%,初中77.4%。农村小学、初中建网学校比例分别为67.3%和74.1%。①

二是学前教育发展取得重要成就。进入改革开放以来,学前教育受到党和政府的重视,逐步走上正常发展的轨道。突出表现为:学前教育规模不断扩大,逐步形成了公办和民办学前教育机构并存和共同发展的局面。《中国教育概况——2020年全国教育事业发展情况》显示,至2020年底,全国共有幼儿园29.2万所,在园幼儿4 818.26万人学前教育毛入学率达85.2%。学前教育规模大幅增长的同时,教师队伍配置状况持续改善,生师比进一步下降,教师学历层次和专业化水平有所提升。2020年,全国幼儿园专任教师291.3万人,生师比15.5:1。专任教师学历合格率(高中及以上学历)98.6%,其中专科及以上学历教师比例达85.0%;农村幼儿园教师学历合格率97.8%,比城市低1.6个百分点,其中专

---

① 中华人民共和国教育部. 中国教育概况——2020年全国教育事业发展情况[EB/OL]. http://www.moe.gov.cn/jyb_sjzl/s5990/202111/t20211115_579974.html,2021-11-15.

科及以上学历教师比例79.9%,比城市低10.5个百分点,城乡差距仍然较大。学前教育专任教师中幼教专业毕业的比例72.3%。①

三是特殊教育发展的成效显著。新中国成立后,针对残疾儿童的特殊教育也获得了发展。但一直到"文革"结束这一段时间,我国的特殊教育发展整体上较为缓慢。改革开放以后,我国党和政府高度重视特殊教育的工作,在实施普及九年义务教育的同时,也在努力发展盲、聋、哑、残疾和智力障碍儿童的特殊教育,并在《中华人民共和国义务教育法》中规定:特殊教育儿童有同等的接受义务教育的机会和权利。对特殊儿童实施义务教育,是各级人民政府的义务和责任。在各级政府的高度重视下,特殊教育事业取得了明显的进步和发展。至2020年底,全国共有特殊教育学校2 244所,特殊教育在校生88.1万人。2020年,全国特殊教育专任教师6.6万人,专任教师中受过特殊教育专业培训的比例上升为78.7%。②

四是高中阶段教育发展取得新的发展。自"文革"结束尤其是改革开放后,经过教育战线的拨乱反正,随着教育体制改革的推进,20世纪80年代中期以后,高中阶段教育的规模不断扩大,教育质量不断提升。据《中国教育概况——2020年全国教育事业发展情况》显示:全国共有高中阶段学校2.5万所,招生1 521.1万人,在校生4 163.0万人,高中阶段毛入学率达91.2%。全国共有普通高中1.4万所,招生876.4万人,在校生2 494.5万人。同期,全国中等职业教育也发展迅速,共有学校9 896所,招生644.7万人,占高中阶段教育招生总数的42.4%,在校生1 663.4万人,占高中阶段教育在校生总数的40.0%。全国高中阶段学校共有专任教师279.2万人。其中,普通高中专任教师193.3万人,生师比12.9∶1;专任教师学历合格率98.8%。全国中等职业学校专任教师85.7万人,生师比19.5∶1;专任教师本科及以上学历比例92.9%,"双师型"教师比例30.9%。③

作为基础教育的重要组成部分,乡村教育40多年来,与我国基础教育一道发展,可以说是成绩斐然,成就巨大。乡村中小学,作为遍布乡村的基层公共教育服务机构,在培养学生的同时,还承担着面向广大乡村传播先进文化和知

---

① 中华人民共和国教育部.中国教育概况——2020年全国教育事业发展情况[EB/OL]. http://www.moe.gov.cn/jyb_sjzl/s5990/202111/t20211115_579974.html,2021-11-15.

② 中华人民共和国教育部.中国教育概况——2020年全国教育事业发展情况[EB/OL]. http://www.moe.gov.cn/jyb_sjzl/s5990/202111/t20211115_579974.html,2021-11-15.

③ 中华人民共和国教育部.中国教育概况——2020年全国教育事业发展情况[EB/OL]. http://www.moe.gov.cn/jyb_sjzl/s5990/202111/t20211115_579974.html,2021-11-15.

识,提高广大农民素质的重要任务,承担着传承乡村文明、振兴乡村文化的重要使命。随着我国城市化的加速推进,我国城乡教育一体化发展取得显著进展,在实现教育公平和促进社会公平与和谐发展中必将发挥着越来越重要的作用。

(二) 乡村教育40年来的巨大成就,是党和政府重视乡村教育、坚持教育规律办学的历程

十年"文革"期间,我国的乡村教育遭受了极为严重的破坏,其发展面临极端薄弱的现实。1978年,我国82.1%的人口在农村,其中少年、青年、壮年中的文盲、半文盲人口接近一半。经过40余年的发展,我国农村教育取得的成就无论从哪一个方面来看,其变化都可称之为翻天覆地。如从受教育年限来看,至2016年,我国6岁及以上人口平均受教育年限达到9.13年,乡村男性人口受教育年限为8.12年,女性人口受教育年限为7.26年。2018年,我国劳动年龄人口平均受教育年限已达10.5年,新增劳动力平均受教育年限超过13.3年。再从文盲率来看,2016年,我国乡村女性文盲率为12.53%,男性文盲率为3.52%,男性与女性文盲率之差为9.01%。无论城镇还是乡村,也无论是男性还是女性,受教育年限显著提高,文盲率显著降低,且城乡差距日趋缩小。[①] 我国乡村教育40余年来取得如此全面的巨大成就,其根本原因在于:

1. 党和国家重视乡村教育,是乡村教育发展的重要前提

党的十一届三中全会决定把全党工作的着重点和全国人民的注意力转移到社会主义现代化建设上来。为了促进教育建设与经济建设协调发展,党中央提出"必须把经济建设转到依靠科技进步和提高劳动者素质的轨道上来",也就是教育必须为社会主义建设服务,社会主义建设也必须依靠教育,必须提高全民族的素质,把沉重的人口负担转化为人力资源优势。邓小平同志说:"我们不是已经实现了全党全国工作重点的转移吗? 这个重点,本来就应当包括教育。一个地区,一个部门,如果只抓经济,不抓教育,那里的工作重点就没有转移好,或者说转移得不完全。忽视教育的领导者,是缺乏远见的,不成熟的领导者,就领导不了现代化建设。"[②]1980年,中共中央、国务院发布《关于普及小学教育若干问题的决定》,提出"在八十年代,全国应基本实现普及小学教育的历史任务,有条件的地区还可以进而普及初中教育",并规定了实现这一历史任务的政策和措

---

① 邬志辉,等. 中国农村教育:政策与发展[M]. 北京:社会科学文献出版社,2018: 3-17.

② 中共中央文献研究室. 邓小平同志论教育[M]. 北京:人民教育出版社,1990:149.

施。1982年12月,新修改的《中华人民共和国宪法》写入"普及初等义务教育""国家发展各种教育设施,扫除文盲"。1983年中共中央、国务院发布了《关于加强和改革农村学校教育若干问题的通知》,要求"各级党委和政府必须充分认识加强和改革农村学校教育、提高农村文化水平的重要性和紧迫性,认清教育在农村现代化建设中的地位和作用。"1985年《中共中央关于教育体制改革的决定》提出要"有步骤地实行九年义务教育",这是国家首次在党中央文件上提出实行九年制义务教育,也是中国几千年以来首次提出普及九年制义务教育的目标。1986年4月12日第六届全国人民代表大会第四次会议通过了《中华人民共和国义务教育法》,首次以法律形式确立了国家实行九年义务教育,彰显了国家普及义务教育的坚定意志与决心。20世纪90年代以来,我国先后颁布并实施《中华人民共和国教师法》《中华人民共和国教育法》《中华人民共和国民办教育促进法》等多部关涉基础教育的法律,标志着我国已初步建构起具有中国特色的教育法律体系,对于促进我国基础教育发展起到了十分重要的作用。

  在完善我国的教育法律体系的同时,党和人民政府还积极通过制订一系列的重要政策,以全面提高我国基础教育质量,同时也极大地促进了我国乡村教育的大发展。1998年12月教育部制定,1999年1月国务院批转的《面向21世纪教育振兴行动计划》提出了教育振兴"六大工程":跨世纪素质教育工程、跨世纪园丁工程、高层次创造性人才工程、"211"工程、现代远程教育工程、高校高新技术产业工程。同年,我国发布了《中共中央 国务院关于深化教育改革,全面推进素质教育的决定》,深刻阐释了推进素质教育的强烈的社会意义,对如何推进素质教育做出了全面部署。2001年5月,国务院发布了《关于基础教育改革与发展的决定》,强调"基础教育是科教兴国的奠基工程,对提高全民族素质、培养各级各类人才,促进社会主义现代化建设具有全局性、基础性和先导性作用"。2003年国务院下发《关于进一步加强农村教育工作的决定》,明确了农村教育在全面建设小康社会中的重要地位,把农村教育作为教育工作的重中之重,并就如何推进农村普及九年制义务教育、如何大力发展农村职业教育、如何加大城市对农村教育的支持与服务等提出了新的更高的要求。2010年7月中共中央、国务院印发了《国家中长期教育改革和发展规划纲要(2010—2020年)》,确立了"基本实现教育现代化,基本形成学习型社会,进入人力资源强国"的战略目标。这是我国21世纪第一个中长期教育改革和发展规划,是现阶段指导我国教育改革和发展的纲领性文件,是我国教育改革发展史上的一个里程碑,对于推动未来十年教育事业科学发展具有重要意义,而且对全面建设小康社会、加快推进社会主义现代化、实现中华民族伟大复兴将产生深远的影响。①

自改革开放以来,在历届全国党代表大会报告中,中国共产党均对我国的教育事业发展极其重视,均有重点论述。1982年9月,中国共产党第十二次全国代表大会报告指出:"四个现代化的关键是科学技术现代化……必须大力普及初等义务教育……发展包括干部教育、职工教育、农民教育、扫除文盲在内的城乡各级各类教育事业,培养各种专门人才,提高全民族的科学文化水平。"②1987年党的十三次全国代表大会报告提出"必须坚持把发展教育事业放在突出的战略位置……要坚持教育为社会主义现代化建设服务的方针,按照实际需要,改善教育结构,提高教育质量,克服教育脱离实际和片面追求升学率的倾向。"③1992年党的十四大报告指出"必须把教育摆在优先发展的战略地位……到本世纪末,基本扫除青壮年文盲,基本实现九年制义务教育。"④1997年党的十五大报告指出"要切实把教育摆在优先发展的战略地位。尊师重教,加强师资队伍建设。发挥各方面的积极性,大力普及九年义务教育、扫除青壮年文盲。"⑤2002年党的十六大报告提出"坚持教育创新,深化教育改革,优化教育结构,合理配置教育资源,提高教育质量和管理水平,全面推进素质教育,造就数以亿计的高素质劳动者、数以千万计的专门人才和一大批拔尖创新人才。继续普及九年义务教育……加大对教育的投入和对农村教育的支持,鼓励社会力量办学。"⑥2007年党的十七大报告提出:"要全面贯彻党的教育方针……坚持教育公益性质,加大财政对教育投入,规范教育收费,扶持贫困地区、民族地区教育,健全学生资助制度,保障经济困难家庭、进城务工人员子女平等接受义务教育。加强教师队伍建设,重点提高农村教师素质。"⑦2012年11月党的十八大报告提出"努力办好人民满意的教育……大力促进教育公平,合理配置教育资源,重点向农村、边远、贫

---

① 人民日报社论. 我国教育改革发展的纲领性文件[N]. 人民日报,2010-07-30.

② 胡耀邦. 全面开创社会主义现代化建设的新局面[R]. 中国共产党第十二次全国代表大会报告,1982-09-08.

③ 赵紫阳. 沿着有中国特色的社会主义道路前进[R]. 中国共产党第十三次全国代表大会报告,1987-10-25.

④ 江泽民. 加快改革开放和现代化建设步伐,夺取有中国特色社会主义事业的更大胜利[R]. 中国共产党第十四次全国代表大会报告,1992-10-12.

⑤ 江泽民. 高举邓小平理论伟大旗帜,把建设有中国特色的社会主义事业全面推向二十一世纪[R]. 中国共产党第十五次全国代表大会报告,1997-09-12.

⑥ 江泽民. 全面建设小康社会,开创中国特色社会主义事业新局面[R]. 中国共产党第十六次全国代表大会报告,2002-11-08.

⑦ 胡锦涛. 高举中国特色社会主义伟大旗帜,为夺取全面建设小康社会新胜利而奋斗[R]. 中国共产党第十七次全国代表大会报告,2007-10-15.

困、民族地区倾斜,支持特殊教育,提高家庭经济困难学生资助水平,积极推动农民工子女平等接受教育,让每个孩子都能成为有用之才。"①党的十九大报告指出"要全面贯彻党的教育方针,落实立德树人根本任务,发展素质教育,推进教育公平,培养德智体美全面发展的社会主义建设者和接班人。推动城乡义务教育一体化发展,高度重视农村义务教育……努力让每个孩子都能享有公平而有质量的教育。"②党中央、国务院2019年发布了《中国教育现代化2035》,提出"到2035年,我国总体实现教育现代化,迈入教育强国行列,推动我国成为学习大国、人力资源强国和人才强国,为到本世纪中叶建成富强民主文明和谐美丽的社会主义现代化强国奠定坚实基础"的总体目标。从党的十二大以来的历届报告关于发展教育事业的诸多论述来看,教育事业早已成为中国共产党伟大事业的不可分割的重要组成部分,体现了中国共产党对教育事业发展的高度重视。正是因为党和国家对教育事业,特别是对义务教育(包括乡村教育)的高度重视,才成就了新时代中国义务教育事业的伟大业绩。

2. 坚持教育规律办乡村教育,是乡村教育发展的内在遵循

在国家高度重视发展乡村教育的同时,更为重要的是我国乡村教育发展始终坚持按照教育规律办学,从乡村教育的发展目标、管理体制、师资队伍建设、政策支持和法律保障等多方面,全面推进乡村教育沿着教育规律的科学发展道路不断前行。

一是适时确立并调整基础教育发展目标。我国基础教育(包括乡村教育)的发展始终离不开目标的引领,并在不同时期加以调整。"文革"十年,我国基础教育虽有发展,但其遭受的损害十分严重。"文革"结束改革开放之初,基于当时基础教育发展的实际情况,1980年12月中共中央、国务院发布《关于普及小学教育的若干决定》,重新确立了普及小学教育的目标。随着国家经济社会发展良好局面的开创,也随着我国小学教育普及的大力推进,为了使教育事业发展更好地适应社会主义建设的需要,1985年我国颁布了《中共中央关于教育体制改革的决定》,适时提出了有步骤地实行九年制义务教育的目标。在这一目标引领下,全国范围内有步骤推进九年制义务教育,普及九年制义务教育成了各级政府和全体国民的共有行动。至20世纪末,"基本普及九年义务教育"的目标如期实现,到2000年底,全国普及九年义务教育的地区人口覆盖率达到85%,"普九"

---

① 胡锦涛. 坚定不移沿着中国特色社会主义道路前进,为全面建成小康社会而奋斗[R]. 中国共产党第十八次全国代表大会报告,2012-11-8.

② 习近平. 决胜全面建成小康社会,夺取新时代中国特色社会主义伟大胜利[R]. 中国共产党第十九次全国代表大会报告,2017-10-18.

验收的县(市、区)总数达到 2541 个(含其他县级行政区划单位 156 个),11 个省市已按要求实现"普九"。① 21 世纪以来,我国提出了全面建设小康社会的国家发展目标,中国基础教育的发展有了更高的目标追求。2006 年新修订的《中华人民共和国义务教育法》提出了统一实施九年义务教育的目标,体现了义务教育均衡发展和公平发展的要求。同样,在基础教育的高中阶段和学前教育阶段,也是如此。通过对不同时期、发展阶段的基础教育发展目标的适当调整,我国基础教育发展能够与我国经济社会发展相适应,同时显示出教育政策目标的重要价值与意义。

二是不断深化教育管理体制改革。教育管理体制改革是我国教育改革的关键,也是改革开放 40 余年来我国基础教育取得重大成就的关键。1985 年《中共中央关于教育体制改革的决定》中明确"基础教育管理权属于地方。除大政方针和宏观规划由中央决定外,具体政策、制度、计划的制定和实施,以及对学校的领导、管理和检查,责任和权力都交给地方"的基础教育管理体制。通过实施"地方办学、分级管理"的义务教育管理体制,强化了地方政府的义务教育供给责任,调动了地方政府的办学积极性。在此期间,在广大农村地区,涌现出"亿万农民集资办教育"的巨大热潮,广大农民成为乡村义务教育供给的重要力量。20 世纪 90 年代末,我国初步实现了基本普及九年义务教育目标,是实施管理体制改革,驱动地方政府乃至广大民众积极办学的结果,彰显了"人民教育人民办"的强大力量。进入 21 世纪后,为更好地保障义务教育尤其是农村义务教育的发展,国家再度做出了进一步完善农村义务教育管理体制的决定,确立了"实行在国务院领导下,由地方政府负责,分级管理、以县为主的体制",强化了县级政府对本地农村义务教育的责任。2006 年新修订的《义务教育法》中对义务教育管理体制进一步规范为"义务教育实行国务院领导,省、自治区、直辖市人民政府统筹规划实施,县级人民政府为主的管理体制"。通过适时调整和完善管理体制,便于在更大的范围内推进义务教育的均衡发展。实施并深化基础教育管理体制改革,构建了各级政府对基础教育管理的责权明晰的制度,对于保障基础教育特别是乡村教育的健康发展起到了关键作用。

三是建立一支数量足够、合格稳定的师资队伍。振兴民族的希望在教育,振兴教育的希望在教师。"文革"期间,教育是"重灾区",高校连续 7 年未招生,教学内容政治化,教师队伍在政治上和业务上均遭受了重大损失。到 1979 年全国

---

① 张乐天,等.基础教育政策的中国经验[M].上海:华东师范大学出版社,2018:192.

农村小学民办教职工占全体农村小学教职工的比例高达59.1%。[①] 农村中小学教师处境非常困难,农村教师出现质量下降的情况。改革开放后,国家高度重视基础教育教师队伍建设,通过良好的制度与政策设计,促进师范教育发展,保障为乡村学校提供数量足够、质量稳定的基础教育师资队伍。其一,巩固和完善三级师范教育体系,促进三级师范教育协调发展。其二,在20世纪80年代,努力发展省、市教育学院和教师进修学院(学校),为基础教育学校培训教师。不同层次的教师培训机构的发展,扩大、丰富了三级师范教育体系的内涵,为基础教育培训了大量教师,为提高教师专业素养做出了可贵的贡献。进入21世纪以来,中国传统的独立型、定向型三级师范教育体系开始向开放型、非定向型的教师教育体系转变。2001年《国务院关于基础教育改革和发展的决定》提出:"完善以现有师范院校为主体,其他高校共同参与、培养培训相衔接的教师教育体系。"三级师范教育体系向二级教师教育体系转变,推进了教师教育培养培训的一体化进程。与此同时,国家还颁布了一系列新的政策,不断提高中小学教师地位与待遇,大面积加强对中小学教师的培养和培训,同时创新乡村教师的补充机制,吸引更多的优秀人才从事乡村教育工作。如,2006年,教育部等四部门联合启动实施《农村义务教育阶段学校教师特设岗位计划》,公开招聘高校毕业生到西部农村学校任教。2007年国务院办公厅转发教育部等部门《关于教育部直属师范大学师范生免费教育实施办法(试行)的通知》,自2007年秋季开始在教育部直属的6所师范大学实施师范生免费政策,免除师范生的学费、住宿费,并补助生活费。2010年我国发布的《国家中长期教育改革和发展规划纲要(2010—2020年)》明确提出:"2020年前分阶段完成义务教育学校标准化建设,均衡配置教师、设备、图书、校舍等各项资源……加快薄弱学校改造,着力提升师资水平……实行县域内教师和校长交流制度。"这些政策,极大地促进了我国乡村教师队伍建设,为乡村教育稳健发展夯实了坚实的师资基础。

四是制定实施了一系列支持性政策和教育法律。广义上的支持性教育政策是指再分配性的教育政策,狭义上的支持性教育政策是指政府为实行教育公平,对落后的农村地区、边远地区实施的一些补偿性的教育政策。[②] 20世纪80年代以来,国家制定和实施了一系列支持性教育政策,以保障农村基础教育,尤其是农村义务教育的发展。这种支持,突出表现在对保障农村适龄儿童享有与城市

[①] 余万斌,杜学元,谭辉旭.农村教育现代化的理论与实践研究[M].北京:人民出版社,2015:51.

[②] 何杰.新世纪支持农村义务教育发展的政策执行考察——以江苏省L县为例[M].北京:中国社会科学出版社,2014:10-11.

中小学相同的入学机会并能接受良好教育的支持,对农村中小学办学条件的改善和促进农村学校办学条件现代化的支持,对农村教师供给与教师专业发展以及改善和促进农村教师地位与待遇的支持等。① 1986 年我国第一部专项教育法《中华人民共和国义务教育法》颁布,体现了国家对农村地区实施义务教育的法律支持。其后,我国又相继制定了《教师法》和《教育法》等教育领域中的法律,并在进入 21 世纪后根据社会发展形势及时对相关教育法律进行修订完善。通过制定这些教育法律,为促进乡村教育发展提供了强大的法律制度支持。

(三) 研究者关注乡村教育,聚力于乡村教育研究工作

首先,作为一名高校教师,研究者多年来一直致力于乡村教育这一领域的研究工作。在高校从事教育学科相关课程的教学中,有很多小学教育专业的本科生、研究生来自乡村家庭,而且他们以后的职业去向大多也是乡村学校,因而有必要通过自身的学术积累来助力未来教师的培养。其次,从自身的专业研究来看,研究者的学习经历都是教育学学科领域,从事的相关研究也和自身的学习学科教育学学科密切相关。研究者在 2010 年获批省社会科学基金一般项目是"支持农村义务教育发展的对策研究"(课题编号 10JYB013),2011 年获批教育部人文社会科学研究规划基金一般项目"新世纪我国支持农村义务教育发展的政策运行研究"(课题编号 11YJA880030)。这两个省部级科研项目结题后,研究者于 2017 年申报并获批国家社科基金 2017 年教育学一般项目"中国现代化进程中乡村教育变迁的口述史(1976—2017)(课题编号 BFA170057)"。另外,自 2006 年以来陆续承担了"苏北地区学校转型性变革中的现代学校制度建设研究"(2006 年省教育厅一般项目)、"城乡义务教育互动协作的政策分析"(2009 年省教育科学规划一般项目)、"推进新型城镇化建设中江苏省农村义务教育资源配置现状、问题及其对策研究"(2013 年省教育厅一般项目)、"新型城镇化进程中的农村义务教育资源配置机制优化与路径选择研究"(2013 年省教育科学规划一般项目)等市厅级科研项目。其间,研究者陆续出版了《当代中国基础教育改革的理论与实践》(2011)、《新世纪支持农村义务教育发展的政策执行考察》(2014)、《区域视角:义务教育均衡发展实践研究》(2017)等学术论著,还刊发了一些有关农村教育发展方面的学术论文。相关成果均在有较高专业学术水准的出版社和期刊公开发表,相关研究成果先后获省教育科学研究优秀成果奖二等奖、三等奖和市哲学社会科学优秀成果奖一等奖等。

综上,研究者在多年的职业生涯和学术研究中,一直关注乡村教育研究工

---

① 张乐天,等. 基础教育政策的中国经验[M]. 上海:华东师范大学出版社,2018:195.

作,始终以乡村教育研究为旨趣,虽然取得的成果与同行业诸多的研究者相比还有很大的差距,目前还需要研究者不断深耕乡村教育这一研究领域,不断产出更多高质量的学术成果。也正是在这样的一种自我期许中,研究者选择了"中国现代化进程中乡村教育变迁"这一研究主题并开展持续的研究工作,同时也希望这一研究工作能够得到更多专家和同行的认可。

二、研究意义

乡村教育是国家战略发展的重要议题,运用口述史研究方法,开展中国现代化中乡村教育变迁研究,不仅对于乡村教育研究理论具有重要价值,对于改进乡村教育实践也具有重要的应用意义。

(一) 学术价值

乡村教育是我国基础教育的重要组成部分,其对乡村社会、乡村文化的传承与发展具有极其重要的功能。本研究以中国现代化为研究视角,首先阐释了中国乡村教育现代化的演进历程,同时总结了中国早期乡村教育现代化、现代乡村教育现代化和当代乡村教育现代化三个阶段的历史经验。其次,结合相关文献,分析了我国乡村教育现代化的功能和时代使命,提出当代乡村教育现代化面临着实现人的现代化、协同新型城镇化发展、保障国家安全、促进乡村社会发展等多种时代使命。再次,通过田野考察和对若干位乡村教育参与者的访谈,以乡村教育的重要主体包括乡村教师、乡村学校的校长、乡村教育研究者等"口述史"的方式对改革开放以来我国现代化进程中乡村教育变迁状况进行研究,深度描述乡村教育变迁的生活微观图景。最后,对"乡村教育走向何方?"这一问题做出回答,紧扣当前国家乡村振兴战略实施背景,对振兴乡村教育进行再审视,分析当下乡村教育振兴面临的时代挑战和诸多争论,探索未来乡村教育发展的实践路径。因而,本研究既可以丰富当下乡村教育研究成果,也有助于深化对我国乡村教育变迁的认识,具有理论建设和实践改进的重要价值。

(二) 应用价值

乡村教育变迁研究不仅具有重要的学术理论价值,同时也涉及乡村教育现代化的演进历程及其经验总结、乡村教育现代化的功能和时代价值、乡村教育未来走向等对现实乡村教育发展具有重要意义的相关问题研究,具有重要的应用价值。

一是通过对乡村教育变迁中的重要参与者、重要见证者等群体的访谈,获取乡村教师、乡村校长和乡村教育研究者三个群体的口述史,为乡村教育变迁提供更为直接的第一手资料,弥补了乡村教育变迁研究资料的不足。在现代化进程中,特别是 90 年代以前,诸多乡村学校的文献档案保存意识不强,乡村教育研究的文献缺失,从而给我国的乡村教育研究带来诸多困难。本研究通过搜集乡村教育变迁的"口述史料",丰富了乡村教育的研究文献资料。这些口述史料,不仅作为本研究使用,同时可以作为相关研究的研究文献。

二是研究所取得的研究成果,包括研究专著、研究论文、课题研究公报等,这些成果有的已经在《教育发展研究》等国内 CSSCI 期刊公开发表,专著和研究成果公报等也将陆续出版、发布,其均可为其他研究者分享,尤其是对于当下乡村教育变迁的演进历程、乡村教育现代化的功能和时代使命、乡村教育变迁的口述史、乡村教育未来发展对策与实践路径等诸多方面的探索,其相关观点和结论均可以为政府发展乡村教育提供决策参考,其应用价值明显。

第二节　口述史对乡村教育研究的价值

口述史(oral history),亦称口碑史学,这个术语最初由美国学者约瑟夫·古尔德(Joseph Gould)于 1942 年提出,之后被美国现代口述史学的奠基人、哥伦比亚大学的阿兰·内文斯(Allan Nevins)加以运用并推广。经过半个多世纪的发展,口述史已成为专门的学科,即以搜集和使用口头史料来研究历史的一种方法,或由此形成的一种历史研究方法的学科分支。教育口述史是口述史家族中的成员,其口述内容与行为均发生在教育领域之内。教育口述史是通过自述、笔录、录音和录影等现代技术手段,记录教育历史事件或者目击者的回忆而保存的历史。① 作为一种研究教育的方法,相对于以往的诸多教育研究方法而言,对乡村教育具有其独特的价值,可以改变以往对乡村教育研究的宏大叙述方式,生动展示我国乡村教育变迁的微观生活,让乡村教育研究"活"起来。

一、转换乡村教育研究范式

"范式"一词是美国的科学学家库恩提出的,他在提出和阐释他的历史主义科学观的过程中,用"范式"一词表达被科学群体所公认的一套有关科学的基本概念、原理、方法规范即基本方法与工具。随着人类对自然科学和社会科学知识的不断探索,出现了"专门科学群",并催生了"专门科学研究范式"。"专门科学研究范式"是指专门科学群的研究群体对本群体所从事的研究活动的基本规范

---

① 周洪宇,刘来兵.教育口述史研究引论[M].武汉:华中科技大学出版社,2020:2-4.

和结构式的框架的共同认识。① 教育作为人为的特殊社会活动,其教育研究是"事理"研究,即探究人所做事情的行事依据和有效性、合理性的研究。它不同于一般所言的现象研究,仅要求对现象进行描述和说明;它是为成事,即办好此事而开展的研究,所以必须包含下述两个类型的研究:作为依据的研究,可称作基本理论研究;作为有效性和合理性改进的研究,可称作应用研究。教育研究的性质属事理研究,是事理研究中层次最高的一种研究,它以研究教育的综合生成和动态转化过程,揭示这一生成过程的一般规律为理论研究的目的,其中包括教育活动的价值取向及其规律性演变(含教育目的的形成与变化),教育过程的本质及规律研究(含教育要素间动态的相互作用及转化)。把事理研究揭示的一般规律运用于对教育实践的直接具体认识及对其合理性、有效性的研究,可称为应用性教育研究;而对于已经形成的教育理论的反思性、批判性研究,在性质上无疑属于教育研究中的理论研究部分。② 教育科学作为一个专门的科学群,教育研究必然是有其专门科学研究范式的,并按照历史的进程,先后出现教育思辨研究、教育定量研究和教育定性研究三种范式。由于教育现象的复杂性,教育研究范式的变化不是以范式更替而是以范式的不断丰富为特征的,一种范式的兴起不是完全代替另一种范式,而是各种范式由主流到边缘或由边缘到主流不断交替的过程。③ 对于研究教育这一复杂的"事理"学科而言,可以从不同的角度、层面去阐释、揭示教育"事理"的规律、本质与真相,因而,对于教育研究而言,每一种研究范式均有其独有的价值和贡献,而且多种范式是可以共存的。

乡村教育是教育领域中的一个分支,教育研究的思辨范式、定量范式和定性范式同样适用于研究乡村教育。从目前乡村教育变迁的研究采用的研究范式来看,其重心无不在于"文献"。但在以文献为主的传统的乡村教育变迁研究中,我们很难寻找到乡村教育一线人员的踪迹,即使有心要让普通乡村教育者走上历史的前台,也无从着手。"历史本身是复杂、多元的,它不应该只有一种声音,但历史上能够掌握话语霸权的,却总是官方和有特权者,当然也都是男性,他们将自己的声音凌驾于、笼罩于其他声音之上,让人们以为只有他们才能构成历史。"④"一方面固然由于文献资料的缺乏……另一方面实因编者站在支配者之

---

① 叶澜.教育研究方法论初探[M].上海:上海教育出版社,1999:254-257.
② 叶澜.教育研究方法论初探[M].上海:上海教育出版社,1999:322-325.
③ 岳欣云.教育研究的三种范式的比较[J].信阳师范学院学报(哲学社会科学版),2004(4):55-58.
④ 定宜庄.最后的记忆——十六位旗人妇女的口述历史[M].北京:中国广播电视出版社,1999:5.

立场,误认有组织的教育制度,即特定的、为国家机关所统制的教育是教育,而把完成那支持社会生活——非支配生活——的人间行动之教育忘怀或被遮蔽之故。"①我国乡村教育的文献非常缺乏,一方面经过十年"文革",乡村教育的很多史料没有得到保存,"文革"后接续进行改革开放,随着社会的快速发展,乡村教育史料保存不全。缺乏文献资料,成为乡村教育变迁相关研究的最大障碍。中国现代著名历史学家、民俗学家顾颉刚说:"民众文化方面的材料,那真是缺乏极了,我们要研究它,向哪个学术机关去索取材料呢？别人既不能帮助我们,所以非我们自己下手收集不可。"②为了解决文献资料的缺乏,一部分学者走出书斋,将人类学中的田野调查引入乡村教育研究之中,口述史料作为一种收集基层民众文献资料的新方法,成为乡村教育变迁的人类学研究所采用的研究方法。20世纪90年代以来,有关教育学科危机的讨论标志着中国教育学科自我意识的提升,并寻求新的研究范式。教育学家叶澜认为:目前教育学科的总结构中在研究对象的建构方面存在两大重要缺失,第一大缺失是以当代教育活动本身内在整体为研究对象的、作为一门学科的教育学研究,我们称之为"内在整体学科"研究的缺失,第二个缺失是以教育学的研究范式、理论框架、基本观点和方法为依据,以其他学科领域中与教育相关的问题或教育内部与其他领域相关的问题为研究对象,以教育学为主体的、应用性的"内生交叉学科"的缺失。③ 有学者也指出:"以往教育史学总是将教育史上的精英人物作为研究重点,研究的史料也是来自精英人物把持的官方文献,研究成果亦是针对高层次精英而设计的,与一般民众有着较大的距离。"④21世纪以来,教育研究的重心下移已成为教育研究者的共识,一些新的研究领域被不断拓展,教育研究的范式也迎来多元发展、多元并存的新时期。

  乡村教育是存在于乡村的教育,对乡村教育的研究理应回归真实的乡村教育生活世界,让乡村教育实践活动中的主体享有发声的机会,丰富乡村教育历史应有的面貌,已是当代乡村教育研究的现实课题。因而,要从根源上转变乡村教育史料编纂立场,倡导乡村教育研究者从自身做起,走出书斋,带上访谈提纲、录音机、摄像机等多媒体设备,寻访乡村教育实践活动中的普通教师、学生、校长、家长、教育管理者,听取他们的声音,通过研究重心的转移,实现乡村教育研究范式的转换。正如保尔·汤普逊所指出的:"口述史意味着历史重心的转移。只有

---

① 杨贤江.杨贤江教育文集[M].北京:教育科学出版社,1982:326-327.
② 顾颉刚.圣贤文化与民众文化[J].民俗,1928(5).
③ 叶澜.立场[M].桂林:广西师范大学出版社,2008:22-24.
④ 申国昌,周洪宇.全球化视野下的教育史学新走向[J].教育研究,2009(3).

这样,教育史学家才会像关注教师和行政人员的问题那样,关注孩子们的各种经历。"① 近年来通过运用口述史这一研究方法开展乡村教育研究工作取得了一些有影响的研究成果,如《文化视野下的村落、学校与国家——一个地方社区基础教育变迁的历史人类学考察》②、《传统与现代的交锋——百年中国乡村教育变迁的实践表达》③、《西北地区少数民族教育发展口述史研究》④、《乡村教师口述史系列》⑤、《一代中师记忆——晓庄师范师范生口述史》⑥等。可以说,口述史研究方法,包括更广义上的教育人类学研究方法的运用,推动了乡村教育研究的重心从中心到边缘、从精英到大众、从上层到基层,乡村教育研究对普通人、底层群体的关注极大地扩展了乡村教育研究的广度,这一研究范式转变的最大价值在于为乡村教育提供了更加全面的历史风貌。

二、呈现多方位的乡村教育生活

教育口述史的兴起,是基于当代教育学者对于教育研究自身的反思与追问。一般而言,诸多的教育研究依托查询官方的档案资料、书籍文献,进而进行归纳演绎形成研究成果,以求探寻过去的教育历史面貌。通过阅读这些官方的档案资料、书籍文献,我们很难引发感同身受的教育生活经验,在这些宏大叙事的资料文献中,我们体验到的大多是生硬、冰凉、无味的教育历史,而那些被遗忘的细小的教育事件、被忽略的底层的教育声音、生动的教育实践生活,也是值得我们去记录、去分析的教育生活世界。英国的历史学家保尔·汤普逊说:"更根本的是,访谈还意味着教育制度与生活世界的界线,专家与普通公众之间的界限。历史学家开始学习访谈了:他们之所以要拜人为师,是因为人们来自不同的社会阶

---

① [英]保尔·汤普逊.过去的声音——口述史[M].覃方明,等译.沈阳:辽宁教育出版社,2000:7.
② 张济洲.文化视野下的村落、学校于国家——一个地方社区基础教育变迁的历史人类学考察[M].北京:教育科学出版社,2010.
③ 容中逵.传统与现代的交锋——百年中国乡村教育变迁的实践表达[M].杭州:浙江大学出版社,2010.
④ 沙景荣.西北地区少数民族教育发展口述史研究[M].北京:科学出版社,2014.
⑤ 参见郑新蓉,胡艳主编.乡村教师口述史系列(系列丛书包括《开拓者的足迹——新中国第一代乡村教师口述史》《回归与希望——乡村青年教师口述史》《大山里的开拓与守护——少数民族乡村教师口述史》等)[M].南宁:广西教育出版社,2018-2019.
⑥ 参见刘大伟主编.一代中师记忆——晓庄师范师范生口述史(包括《扎根乡村办教育》《志谋专业坚师道》《立德树人育陶子》等三册)[M].南京:南京出版社,2021.

级,或者所受的教育比较少,或者年纪比较大,他们可能了解更多的事情。"①乡村教育研究也应如历史学研究一样,关注乡村教育口述史料的整理与分析。从这个意义上说,通过口述史这一研究方法研究乡村教育,不仅仅是恢复乡村教育过去的工具,还应该被视为一种不被遗忘、不被忽略,反映乡村教育生活世界声音的策略。乡村教育口述史提供给研究者以及阅读者的,也就不仅仅是一种乡村教育的记忆或者是乡村教育已经过去的声音,其还应是当代乡村教育研究者重建扭曲的、忽略的、遗忘的乡村教育生活世界的机会,可让人从官方的乡村教育历史叙述、学术性研究之外寻找具体的、生动的教育生活叙事。

教育与生活关系是十分密切的。远古传说中的神农氏教人拓荒耕种、伏羲氏教人织网捕鱼、燧人氏教人钻木取火,均说明教育就是为了生活而产生的,或者说,人类社会生产与生活中有教育,教育融入社会生产与生活之中。从最早的原始教育形态,到随着文字的出现、统治阶级利益的需要而出现的专门培养人的早期学校教育形态出现,学校与人类社会的生活关系仍是十分密切的。随着人类文化的进一步丰富与发展,学校教育的内容更加多样化、复杂化和专门化,从事教育职业的教师也越来越职业化,这样,以校园围墙为标志的学校教育就从内容与方法上逐渐远离了人类社会的生产与生活,形成了以"课堂为中心""教材为中心""教师为中心"的封闭式教学场所。教师一旦选择了这一职业,就将终生生活于教育生活世界。这些对人类生活世界了解不够、理解不深的教师,在基本与世隔绝的学校中培育着年轻的一代,使教育生活世界越来越走向远离人类社会生活的道路。②

呈现具体的教育生活,不同于一般的文字史料,口语化的呈现更多地以故事叙述的方式进行,它讲述事件的经过,而非事件本身。教育口述史的价值既在于作为口述史料对于传统文字史料的突破,更在于提供这一史料的过程。同时它对口述历史的叙述者提出一定的口述语言技巧的要求,可以说一个善于讲述故事的口述者所提供的史料更切合教育口述史的史料要求。③ 在中国,作为一种文学体裁的"故事",要求体现事件发生的时间、地点、人物,能够描述事件发展过程的经过,强调情节的生动性和连贯性,记录和传播一定社会的文化传统和价值观念,引导着社会性格的形成。故事通过对过去的事的记忆和讲述,描述某个范

---

① [英]保尔·汤普逊.过去的声音——口述史[M].覃方明,等译.沈阳:辽宁教育出版社,2000:12.

② 王鉴.论教育与生活世界的关系[J].华中师范大学学报(人文社会科学版),2006(3).

③ 周洪宇,刘来兵.教育口述史研究引论[M].武汉:华中科技大学出版社,2020:17.

围社会的文化形态,它较适合于口头讲述。美国南佛罗里达大学加乐思克(Valerie J. Janesick)教授说:"口述历史的力量就是讲故事的力量。因为口述历史捕捉了一个人或一群人的生活经历,当那些处于社会边缘的人的故事被叙述之后,社会公正的目标便会更加明确。口述历史为局外人和被遗忘的人讲述他们的故事提供一种可能途径。"①

三、重构乡村教育的记忆

口述史研究作为一种专业的学术实践之初,是被当作记忆史研究的范畴,甚至被视为挑战公共记忆的秘密通道。"来自人类感知的每一种历史资料来源都是主观的,但是只有口头资料来源容许我们向这一主观性提出挑战:去拆开一层层记忆,向后挖掘到记忆的深处,希望达到隐秘的真理。如果是这样的话,那么为什么不把握住我们那在历史学家中独一无二的机遇,让我们的被访者放松地躺在床上,并且像精神分析家一样,轻叩他们的下意识,抽出他们最深层的秘密?"②在历史学家的推动下,口述历史撕开了公共历史专业化堡垒的口子,使得非专业人士乃至任何一位普通民众都可以发出声音。尤其是自媒体时代的来临,为普通民众发出声音提供了更多的可能渠道。然而,当个人记忆进入公共历史的过程中,有学者提出了"使之成为一种揭露或证据的形式在经验成为记忆的过程中究竟发生了什么? 在经验成为历史的过程中发生了什么? 随着一个强烈的集体经验时代的到来,过去的时代已经过去了,记忆与历史归纳的关系是什么?"③然而,随着公众对历史的需要不断增长,学者们关于记忆是否可以成为历史的讨论变得微不足道。在市场的驱动下,口述历史因为自身所具有的易进入性而被公共历史学者们广泛使用。个体的记忆因此成为口述历史的主题和来源,口述历史学家开始在他们的历史分析和口述历史采访实践中使用一系列令人振奋的方法:语言、叙述、文化、精神分析和人类学。④ 因为,它能够接触到数量众多的观众,并且轻松地呈现多个观点而不需要表达立场,同时对所呈现的故事提供丰富的色彩与生活细节。

随着记忆史研究的兴起,教育口述史所具有的呈现教育记忆的价值使得教

---

① Valerie J. Janesick. Oral History for the Qualitative Researcher: Choreographing the Story. Guilford Publications, 2010:1.

② [英]保尔·汤普逊.过去的声音——口述史[M].覃方明,等译.沈阳:辽宁教育出版社,2000:184.

③ Robert Perks, Alistair Thomson. The Oral History Reader. London: Routledge, 2016:4.

④ 周洪宇,刘来兵.教育口述史研究引论[M].武汉:华中科技大学出版社,2020:25.

育口述史与教育记忆史在教育研究这个场域相遇,口述历史为个体和集体的教育记忆呈现提供了极好的工具。对于教育记忆史以及它与个体记忆、集体记忆、教育口述史的关系,学者认为"教育记忆史是专门研究教育参与者对于过往的教育人物、活动、事件等的个体记忆和集体记忆。所以,教育记忆史首先要研究教育参与者的个体记忆,这一研究的载体也就是所谓的'记忆之场',多以日记、回忆录、口述史料等方式呈现,通过对上述材料的爬梳整理尽可能重现教育历史的现场。其次,教育记忆史要研究教育活动中的集体记忆,这一研究的载体多以教科书、考试、课堂教学等方式存在于集体的记忆当中,通过对集体记忆中的教育行为的考察,分析上述教育活动对构建社会记忆、公共记忆的价值,甚至于其在国民意识形成中的深层次影响作用。"[1]"记忆之场"概念源自法国年鉴学派晚近的一位代表人物皮埃尔·诺拉(Pierre Nora),其团队编写的《记忆之场:法国国民意识的文化社会史》认为教科书、档案馆、老兵协会、遗嘱等等因为承载了某种记忆而成为记忆的载体,也就是所谓的"记忆之场"。[2] 随着信息技术的发展,信息传播的手段实现了自由化之后,个体记忆开始向集体记忆发起挑战,记忆作为集体身份认同的核心要素之一,在诸多的集体记忆中个体记忆日益显示其生活中的重要性。因而,通过采集教育领域中有关学校、教师、学生的个体记忆,通过个体记忆与集体记忆共同构建社会记忆,也就显得顺理成章。

乡村教育,作为中国教育发展进程中比较特殊而重要的部分,因国家政策、社会变革等导致乡村教育发生了巨大的变化,在这个巨大的变化过程中,通过口述史来呈现乡村教育发展中校长、教师、学生甚至研究者等有关个体的记忆,这些个体记忆可以为研究者分析乡村教育发展背后的动因提供更细致的材料,对集体记忆话语权带来的抽象、笼统的一面进行补充,对于重构乡村教育的记忆具有极其重要的作用。当然,对于乡村教育发展的个体记忆需要放在集体记忆的大背景下去考察,实行两者的相互补充。在得到充分的印证之后,乡村教育个体的口述史料所蕴含的过程性、鲜活性、生动性的个人记忆也便为乡村教育集体记忆的丰富提供了重要参考。

---

[1] 刘大伟,周洪宇.教育记忆史:教育史研究的新领域[J].现代大学教育,2018(1).
[2] [法]皮埃尔·诺拉.记忆之场:法国国民意识的文化社会史[M].黄艳红,译.武汉:华中师范大学出版社,2020:26.

第三节　基本概念

基本概念，或称关键词，是一个课题或项目研究所涉及的、起到关键作用的概念或词语。从课题研究出发，研究者认为，本课题需要厘清的基本概念应包括现代化与中国现代化、教育现代化、乡村、乡村教育与乡村教育变迁、口述史等。通过厘定研究主题所涉及的基本概念，从而为后续的研究工作界定一个较为清晰的研究概念边界。

一、现代化与中国现代化

现代化是人类正在经历的具有长时程性和革命性的文明转变过程。美国比较历史学家 C. E. 布莱克在 20 世纪 60 年代末出版的《现代化的动力》一书中称，在人类历史上能与当下的变迁过程相媲美的伟大转变，只发生过两次：第一次大约发生在 100 万年以前，原始生命经过千万年进化之后出现人类生命，即史前生存到人类生活，第二次约发生在 7000 年前，世界大约七个地区的人类早期文明发源地相继由原始社会转变为文明社会。① 从现代化开端上看，有两种观点比较有影响。一种观点认为，"现代化的开端可追溯到相继出现的文艺复兴、宗教改革和地理大发现，即 15 世纪末 16 世纪初"。② 长达三个世纪的欧洲文艺复兴，不仅冲破了"抑人扬神"的黑暗中世纪，使"人性"获得释放，而且哥白尼的"日心说"、培根的"知识就是力量"以及笛卡尔的"我思故我在"等科学理性主义传统的形成，为 18 世纪启蒙运动提供了极具价值的思想资源。恩格斯对于文艺复兴给予了高度评价，他说："这是一次人类从来没有经历过的最伟大的、进步的变革，是一个需要巨人而且产生了巨人——在思维能力、热情和性格方面，在多才多艺和学识渊博等方面的巨人时代。"③ 文化史学家大多倾向于这种观点。另一

---

① ［美］C. E. 布莱克. 现代化的动力[M]. 段小光, 译. 成都：四川人民出版社, 1988：4-8.
② ［日］富康健一. "现代化理论"今日之课题——关于非西方后发展社会理论的探讨[J]. 参见罗荣渠. 现代化：理论与历史经验的再探讨[M]. 上海：上海译文出版社, 1993：107.（持有此相同观点的还有亨廷顿, 见［美］迪恩·C. 蒂普斯《现代化理论与社会比较研究的批判》, 西里尔·E. 布莱克编《比较现代化》, 上海译文出版社 1996 年版, 第 45 页, 以及我国学者何中华先生, 见《山东大学学报（哲学社会科学版）》1995 年第一期的文章《"现代化"概念辨析》, 等等。）
③ ［德］弗里德里希·恩格斯, 卡尔·马克思. 马克思恩格斯选集（第 3 卷）[M]. 北京：人民出版社, 1972：445.

种观点认为,18世纪60年代发生于英国的工业革命是人类由农业文明时代转变到工业文明时代的标志,是现代化的真正开端。因为现代科学技术首次与社会生产相结合,人类认识、利用和控制自然的能力获得了前所未有的提高。恩格斯对许多科学技术在社会生产中的伟大作用给予了高度赞扬:"蒸汽和新的工具把工场手工业变成了现代的大工业,从而把资产阶级社会的整个基础革命化了。工场手工业时代的迟缓的发展进程变成了生产中的真正的狂飙时期。"[①]经济和社会史学家基本持这种观点。用生产力形态作为判定人类历史范畴——现代化的标准是符合马克思主义原则的,正是产业革命以及同时代的政治革命所构成的双元革命(dual-revolution)共同推动并开创了人类第三次伟大的革命性转变过程的新纪元。[②]

鉴于西方一些发达国家开始宣布的"现代化过程已成为历史""第三次浪潮已经袭来""后工业社会初露端倪""人类正在进入后现代"等论点,探讨现代化的终点问题不仅是可能的,而且是必要的。对于这个问题,也有两种截然不同的看法。以布莱克、瓦马尔为代表的西方学者认为,现代化是没有止境的,永远不会终结。他们认为:"现代化是一个持续的过程,自身没有界线分明的阶段。""只要知识继续增加,这一过程将会持续下去,虽然变化的某些具体方面可能会达到顶点。"[③]"现代化是个连续不断的进程,即便在今天的西方世界也未停止。"它"是一种受价值观念指导的变革过程,永无止境"[④]。以罗荣渠、卡恩为代表的学者认为,现代化是人类社会发展过程的一个特定的历史阶段。他们认为:"以现代工业生产方式为标志的整个历史时代只是人类社会发展的一个阶段,这个阶段要经历多长时间,谁也无法预言,但肯定不会是无限期的。"[⑤]要对上述学者关于现代化的观点与论断做出公正的仲裁是困难的,无论是现代化已经完成,现代化有止境还是现代化无止境,都缺乏强有力的证据,因为声称自己已经进入后工业社会的国家,不过是由"人类支配自然的时代"进入"人类被自己的创造物——机

---

① [德]弗里德里希·恩格斯,卡尔·马克思.马克思恩格斯选集(第3卷)[M].北京:人民出版社,1972:301.
② 邬志辉.中国教育现代化新视野[M].长春:东北师范大学出版社,2000:14.
③ [美]西里尔·E.布莱克,等.日本和俄国的现代化——一份进行比较的研究报告[M].周师铭,胡国成,沈伯根,沈丙杰,译.北京:商务印书馆,1984:21-22.
④ [美]贝迪阿·纳思·瓦尔马.现代化问题探索[M].周忠德,严炬新,编译.北京:知识出版社,1983:13,5.
⑤ 罗荣渠.现代化新论——世界与中国的现代化进程[M].北京:北京大学出版社,1993:93.

械、科技、组织、制度以及观念——支配的时代"罢了①。人类目前所经历的现代化的只能算上"半个现代化"或"单面现代化",只是处在现代化的初级阶段。"后现代"并不是一个表征"现代之后"的历史分期性概念,而只不过是对西方知识界陷入人文精神困惑,并为走出这一困惑所进行的反思。② "反省现代化"理论代表人物贝克(U. Beck)也认为:"现代化尚在半途,而且可能报废,这才是现代的现代性危机。"③人类的现代化进程虽然已有二百余年的历史,但仍然处在初级阶段,顶多在半途之中。因此,布莱克说:"我们关心的是对这个过程的描述,而不是它的定义。"④因为"现代化的过程极为复杂,无法用寥寥数语归纳之,否则将大错特错。""只有一种无所不包的定义才更适于描述这个过程的复杂性及其各方面的相互关联。"⑤经过如此,包括布莱克在内的学者们还是希望能够把握现代化的内涵。

由于现代化的观念被应用于经济学、政治学、社会学、文化学、历史学、心理学和教育学等有关研究领域,研究的学科视角各有不同,因此真正从"现代化"整体水平,而非"某某现代化"特定角度去定义的情况并不多。最具代表性的说法由三种:第一种侧重人类与空间环境之间的关系,如耶鲁大学日本史专家豪尔(J. Hall)说:"现代化是有系统地、持续不断地、有目标地运用人类的各种能力,合理地控制人类的自然和社会环境,以达到人类的各种目的。"⑥第二种说法侧重人类与时间环境之间的关系,如普林斯顿大学比较历史教授布莱克说:"如果一定要下定义的话,那么'现代化'可以定义为:反映着人控制环境的知识亘古未有的增长,伴随着科学革命的发生,从历史上发展而来的各种体制适应迅速变化的各种功能的过程。"⑦第三种说法侧重人类与时空环境的整体关系,如北京大学现代化史教授罗荣渠认为:"广义而言,现代化是一个并非自然的社会演变过程,是指人类社会从工业革命以来所经历的一场急剧变革,这一变革以工业化为

---

① [韩]赵永植.重建人类社会[M].清玉,姜日天,译.北京:东方出版社,1995:65.

② 盛宁.人文困惑与反思——西方后现代主义思潮批判[M].北京:生活·读书·新知三联书店,1997:36.

③ 刘小枫.现代性社会力量绪论——现代性与现代中国[M].上海:上海三联书店,1998:56.

④ [美]西里尔·E.布莱克,等.日本和俄国的现代化——一份进行比较的研究报告[M].周师铭,胡国成,沈伯根,沈丙杰,译.北京:商务印书馆,1984:18.

⑤ [美]C.E.布莱克.现代化的动力[M].段小光,译.成都:四川人民出版社,1988:14,11.

⑥ 罗荣渠,牛大勇.中国现代化历程的探索[M].北京:北京大学出版社 1992:70-71.

⑦ [美]C.E.布莱克.现代化的动力[M].段小光,译.成都:四川人民出版社,1988:11.

推动力,导致传统的农业社会向现代工业社会的全球性的大转变过程,它使工业主义渗透到经济、政治、文化、思想各个领域,引起深刻的相应变化;狭义而言,现代化是一个并非自然的社会演变过程,它是落后国家采取高效率的途径(其中包括可利用的传统因素),通过有计划的经济技术改造和学习世界先进经验,带动广泛的社会变革,以迅速赶上先进工业国和适应现代世界环境的发展过程。"①

上述各种关于现代化的定义基本揭示了实然存在的巨大转变过程,而且和前文单向度、不完整或者说半个现代化的定位也是一致的。之所以说这种现代化的定义是单向度的、一半的,是因为它缺乏一种人文主义的价值标向和规导,定义过多地关注"变化",而很少过问变化的"方向",而且这种定义方式披着价值无涉的外衣取得了"科学"的合法性。② 现代化,就其含义来说,既是一种事实,又是一种价值。正如西尔斯所指出的:"我们不能回避那些实证主义者轻蔑地称作'价值判断'的问题。'发展'必然是个规范性的概念,几乎同改进是同义词。如果佯装不知,则正好是隐瞒自己的价值判断。"③因而,现代化一旦离开了人文价值的规约,不可避免地要丧失深层内涵的把握,并使正当途的现代化面临报废的危险,人是一切现代化的价值原点,离开它,其他的任何现代化都将失去意义,因此,应树立以人的现代化为中心的观念,并为实现人的现代化而积极进行社会各层面的现代化。

本研究无意为现代化下一个富有解释力的定义,但我们从中可以概括出一些现代化的基本特点,可以作为对现代化内涵的一种把握。第一,现代化是一个具有长程性和全球性的动态巨变过程;第二,现代化是一个"多面向的"(multi-dimensional)、创造性的"格式塔"转换过程;第三,现代化是在科技创新和价值规约整合下的,以人的现代化为中心的社会进步过程;第四,没有也不会有哪两个国家的现代化是完全一样的,现代化是集共性与个性于一体的同质化的过程。

二、教育现代化

早在19世纪中叶,中国对教育现代化问题就有了朦胧的意识,并一直进行可贵的探索,但无论是在理论层面还是在实践层面,教育现代化问题一直都没有得到很好的解决。20世纪90年代,中国再次提出教育现代化问题,这是第一次以党和政府的名义正式倡导实施教育现代化。1993年颁布的《中国教育改革和

---

① 罗荣渠.现代化新论——世界与中国的现代化进程[M].北京:北京大学出版社,1993:16-17.
② 邬志辉.中国教育现代化新视野[M].长春:东北师范大学出版社,2000:18.
③ 罗荣渠.现代化:理论与历史经验的再探讨[M].上海:上海译文出版社,1993:47.

发展纲要》提出,根据我国社会主义现代化建设"三步走"战略部署,到本世纪末我国教育发展的总目标是:"全民受教育水平明显提高,城乡劳动者的职前、职后教育有较大发展;各类专门人才的拥有量基本满足现代化建设的需要;形成具有中国特色的、面向二十一世纪的社会主义教育体系的基本框架。再经过几十年的努力,建立起比较成熟和完善的社会主义教育体系,实现教育的现代化。"从《纲要》对教育现代化的描述来看,还是不够详尽,比较粗略,因而教育研究者重视加强对教育现代化的理论研究,也就成为一种必然。

自 20 世纪 90 年代后,教育理论工作者也十分关注教育现代化问题的研究,纵观我国学者对教育现代化的研究成果,主要集中于探讨教育现代化的概念、教育的传统性和现代性、民族化和国际化的关系,现代教育的基本特征,以及基于现代化的内容、原则、途径和方法等,除了大量的学术论文,还出版了一些教育现代化方面的著作,包括成有信的《现代教育引论——现代社会·现代教育·现代人》(1992)、冯增俊的《中国教育现代化之路——"亚洲四小龙"、珠江三角洲教育经验的时代启示》(1996)、田慧生《中国教育的现代化》(1997)、邬志辉的《中国教育现代化新视野》(2000)、褚宏启的《教育现代化的路径》(2000)、王铁军的《教育现代化论纲》(2001)、黄济和郭齐家的《中国教育传统与教育现代化基本问题研究》(2003)、李剑萍的《中国现代教育问题史论》(2005)、周稽裘的《教育现代化:一个特定历史时期的描述》(2009)、褚宏启的《教育现代化的理论进展与实践探索》(2015)、袁振国的《教育现代化的中国之路纪念教育改革开放 40 年丛书》(2018)、陈琳的《以教育信息化推动教育现代化研究》(2020)、朱益明的《中国教育现代化 2035:从规划到实践》(2020)、朱旭东的《中国教育现代化 2035 战略与政策研究丛书》(2022)、范国睿的《教育治理的战略:教育治理现代化的未来之路》(2022)等等,这些研究成果对于我国教育现代化理论建设和实践探索贡献巨大。

什么是教育现代化? 诸多学者对于"教育现代是什么"的研究,可以归纳为几个方面:(1) 过程论。如顾明远教授认为:教育现代化是一个传统教育转化为现代教育的过程。[①] 冯增俊认为:"教育现代化是从适应宗法社会的封建社会的旧教育转向适应大工业民主社会的现代教育的历史过程,是大工业运动和科技革命的产物,是一切有关进行现代教育的改革和发展的总称。在狭义上教育现代化主要是指第二次世界大战后比较教育家积极倡导的一种运动及理论,在这里教育现代化主要是指新独立的落后国家如何学习发达国家推动本国教育现代化从而赶上发达国家现代化的运动,即后发外生型国家在赶超早发内生型国家

[①] 顾明远.关于教育现代化的几个问题[J].中国教育学刊,1997(3):10-16.

实现现代化的过程中,同时达到先进国家教育发展水平的问题。"[1](2) 水平论。如杨东平认为教育现代化至少具有三个层面的含义:一是教育在数量、规模上的发展以及在办学条件如校舍、设备、技术手段、教育经费等方面的先进程度;二是教育在制度层面的现代化;三是教育价值、教育思想、教育观念等方面的现代化。[2] (3) 过程兼水平论。如秦建平、张惠认为,从过程看,教育现代化是发展中国家或地区追赶发达国家教育发展水平的一个过程;从结果或性质、水平看,教育现代化的标志或参照标准是能够代表当今世界教育发展趋势的中等及以上的发达国家普遍流行的教育发展水准;教育现代化是社会现代化的有机组成部分,教育现代化的核心是实现人的现代化。[3] (4) 特质论。如谈松华认为,从时间尺度讲,教育现代化是指从与传统的封闭的农业社会相适应的教育向与现代的开放的工业社会以及信息社会相适应的教育转化过程。从价值尺度讲,教育现代化是指传统教育向现代教育转变过程中通过分化整合所获得的新的时代精神和特征。[4] 褚宏启认为教育现代化是指与教育形态的变迁相伴的教育现代性不断增长和实现的过程。而教育现代性是现代教育一些特征的集中反映,它体现了教育现代化过程中教育呈现出的一些新特点和新性质,如教育的人道性、多样性、理性化、民主性、法治性、生产性、专业性、自主性所构成,是由人的现代化和社会的现代化的客观要求所决定的。这也是现代教育区别于非现代教育的本质属性。[5]

诸多学者对于"教育现代化是什么"的研究,为我们认识教育现代化提供了一个复合性的视角。研究者认为,教育现代化至少应包含以下几层含义:一从教育现代化的过程来看,教育现代化是传统教育向现代教育转变的过程;二从教育现代化的结构来看,包括基础教育、职业教育、高等教育、继续教育的现代化;三从教育现代化的要素来看,包括教育观念、教育内容、教育方法、教育管理、师资队伍、办学条件等要素的现代化;四从教育现代化的目标来看,包括教育结果的现代化,教育现代化的核心是实现人的现代化,因此教育现代化的根本目标应在于促进人的现代化,提升人的主体性。

---

[1] 冯增俊.论我国教育现代化的基本任务及主要特征[J].中国教育学刊,1995(4):5-8.
[2] 杨东平.教育现代化:一种价值选择[J].中国教育学刊,1994(2):19-22.
[3] 秦建平,张惠.教育现代化监测指标研究[J].教育导刊,2012(5):25-28.
[4] 谈松华.中国教育现代化的区域发展[M].广州:广东教育出版社,2003:16.
[5] 褚宏启.教育现代化的本质与评价——我们需要什么样的教育现代化[J].教育研究,2013(11):4-10.

三、乡村

"乡村"在《辞海》中解释为"乡",一般指村庄,可指农村,还可指乡里、家乡。在《辞源》一书中,"乡村"被解释为主要从事农业、人口分布较城镇分散的地方。在我国一般称"乡村","农村"和"乡村"的概念在目前很多研究中是经常混用的。

对乡村的定义,不同的研究者出于不同的研究目的,会有差异较大的乡村定义。著名的社会学家费孝通认为:"中国社会的基层是乡土性的,那是因为我考虑到从这基层上曾长出一层比较和乡土基层不完全相同的社会,而且在近百年来更在东西方接触边缘上发生的一种特殊的社会。"[①]费孝通认为中国社会的基层是乡土性的,城市只是受西方影响下乡土社会的派生物,这种看法有助于认识中国社会的特征。王先明认为:"以社区结构的角度来看,乡村是相对于城市的包括村庄和集镇等各种规模不同的居民点的一个总的社会区域概念。"[②]从这一概念出发,近代社会乡村范畴包括村(庄)、乡(镇)、小县城三级区位,其中村(庄)、乡(镇)以其浓厚的乡土特色成为乡村社会的主体,小县城以其拥有较为集中的经济、政治、文化资源,不但成为乡村教育的前沿阵地,而且是城市和乡村文化交流的中转站,也可视为乡村的一部分。但是由于近代中国发展严重不平衡,东西部发展差异巨大,故而有学者认为在应用这一概念时应当考虑到这种情况,"城市化水平较高的当属沿海沿江地区,而广大的中西部地区仍然以乡村社区为主,也就是说,清末民初时期广大的内陆腹地较之东南沿海省市是更具代表性的乡村",因此主张在研究中有时可以"将中西部内陆省份如甘肃等看作乡村的代表"[③]。

20世纪80年代以来,随着乡村产业结构的深刻变化,对乡村的认识有新的突破,表现在:(1)乡村不仅是从事农业生产和农民聚居的地方,而且是一个经济生活的整体,在多方面具有独立活动的性能。乡村中除农业外,还包括工业、交通运输业、建筑业、商业、服务业等物质生产部门和非物质生产部门的经济活动。(2)乡村不仅是一个综合的经济实体,也是一个社会,即不仅包括经济,还包括经济以外的政治、文教、风俗等所有活动。(3)乡村不仅包括经济和各种社会活动,还包括空间因素,即自然环境的立体因素,是具有一定自然、社会经济特征和职能的地区综合体。

与乡村通常混同使用的词语是"农村",它是一种对应于城市的称谓,指农业

---

① 费孝通.乡土中国:生育制度[M].北京:北京大学出版社,1998:7.
② 王先明.近代史研究的乡村史研究回顾与展望[J].近代史研究,2002(2).
③ 郝锦花.新旧之间[D].山西大学,2004.

区,有集镇、村落,以农业产业(自然经济和第一产业)为主,包括各种农场(包括畜牧和水产养殖场)、林场(林业生产区)、园艺和蔬菜生产等。跟人口集中的城镇比较,农村地区人口呈散落居住。在进入工业化社会之前,社会中大部分的人口居住在农村。以从事农业生产为主的农业人口居住的地区,是同城市相对应的区域,具有特定的自然景观和社会经济条件,也叫乡村。

而与农村相对的词语是"城市",是以非农业产业和非农业人口集聚形成的较大居民点(包括按国家行政建制设立的市、镇)。一般而言,人口较稠密的地区称为城市(city),一般包括住宅区、工业区和商业区并且具备行政管辖功能。城市的行政管辖功能可能涉及较其本身更广泛的区域,其中有居民区、街道、医院、学校、写字楼、商业卖场、广场、公园等公共设施。

四、乡村教育

基于不同的视角,学者们对于乡村教育的解读可谓见仁见智。有学者认为:"乡村教育特指农村地区的教育活动"[1],"乡村教育是在乡村的教育,是对生活在乡村地区的居民及其子女的教育"[2],也有学者认为:"从乡村实际和教育规律看,乡村教育至少还应该包括职业教育和技术培训,如果更宽泛一点理解乡村教育,还应该包括乡风文明方面的教育"[3],显然,把乡村教育理解为包括乡风文明方面的教育,是大大拓展了乡村教育的外延。也有学者从社会学角度来解读乡村教育,认为:"乡村教育是指借助于在农民共同的生活世界中长期积累起来的背景资料和乡土知识,比如村规民约、村落传统、宗教信仰和仪式以及农业劳动等载体,实现对村民春风化雨般的教育,帮助村民个体顺利实现乡村社会化并帮助其主动纳入到与他人一起构造的记忆共同体和情感关联中。"[4]尽管学者们对于乡村教育的内涵进行了界定,但对于乡村教育到底是什么、它和农村教育有何区别、乡村教育有何自身特征等问题,仍然需要进一步厘清。一般而言,理解乡村教育包括三个视角:

一是空间地域视角,即从空间地域的维度解读乡村教育。基于城乡二元结构的划分,乡村教育是相对于城市教育而言的。这里的"乡村"是指"城镇地区以

---

[1] 丰箫,丰雪.近十年中国现代乡村教育国内研究综述[J].河北师范大学学报(教育科学版),2013(8):22-27.

[2] 郝文武.农村教育和乡村教育的界定及其数据意义[J].教育研究与实验,2019(3):8-12.

[3] 陈全功,李忠斌.努力办人民满意的乡村教育:湖北长阳土家族自治县乡村教育支持体系的调查[J].教育与经济,2009(1):16-22.

[4] 朱启臻,梁栋.村落教育价值与乡村治理秩序重构[J].人民论坛,2015(14):24-27.

外的其他地区,包括集镇和农村。其中,集镇是指乡、民族乡人民政府所在地和经县人民政府确认由集市发展而成的作为农村一定区域经济、文化和生活服务中心的非建制镇。农村是指集镇以外的地区。"① 国家统计局发布的《关于统计上划分城乡的规定(2008年)》明确指出:"乡村是指本规定划定的城镇以外的其他区域,包括乡中心区(乡、民族乡人民政府驻地的村民委员会地域和乡所辖居民委员会地域)和村庄(指农村村民居住和从事各种生产劳动的区域,以及未划入城镇的农场、林场等区域)"。② 从2011年开始,《中国教育统计年鉴》按照城区、城乡结合区、镇区、镇乡结合区和乡村教育来统计相关教育数据。因此,从地理空间的维度看,乡村教育是指乡中心区和村庄的教育,一般包括乡中心区的中小学和村小。在一些经济比较发达的乡还会设置中等职业学校和成人教育组织,而这些也是要纳入乡村教育的范围的。因而,在空间地域维度上,乡村教育和农村教育是有区别的,乡村教育的空间范围要比农村教育的空间范围小得多。

二是价值取向视角。即从价值取向的维度上解读乡村教育,其一认为乡村教育具有的特殊品质(如朴实无华、天人合一、自成体系)、绵延的历史传统和厚重的文化底蕴不仅是乡村教育之于城市教育的天然优势,更是治理现代教育弊端的良剂和未来教育发展的趋向;其二认为乡村意味着贫穷、落后、野蛮,传统的乡村文明被排斥于"现代文明"的视野之外,因而乡村亟需重建,乡村教育需要改造,乡村教育的改革和发展需要以城市教育为模板,无论是学校标准化建设、课程设置,还是教学方式的变革都应该向城市教育看齐,并努力趋向之。③ 显然,从价值取向上,无论是城市教育还是乡村教育,都脱不开教育的国家取向,都在国家教育的整体框架下变革与发展,而不是各自为政。从乡村教育的历史考察来看,乡村教育对于国家、社会和个体都发挥着积极的作用,其对于国家安定团结、社会和谐有序、个体的文化涵养和人格塑造等方面均起着重要的促进作用。在价值取向这一点上,乡村教育和农村教育是一致的。因而,从价值取向维度上,乡村教育是指对乡村儿童的健康成长、乡村文化的传承与创新、乡村社会的有序建设以及国家的长治久安和社会的和谐稳定起着一种奠基性作用的客观存在的教育形式,它是乡村社会的有机组成部分。

三是主体视角,即从乡村教育的主体维度去看待乡村教育。马克思把实践

---

① 耿娟娟. 乡村教育的研究取向[J]. 广西师范大学学报(哲学社会科学版),2015(2):110-113.

② 国家统计局. 关于统计上划分城乡的规定[EB/OL]. http://nhs.saic.gov.cn/wcms2/actsociety/normal/html/1219.htm.

③ 李森,崔友兴. 社会变迁中的乡村教育[M]. 福州:福建教育出版社,2017:44-45.

作为考察人的主体性的前提,主体是人,客体是物;主体问题的出发点是从事实践活动的现实的、具体的人,其本质是一切社会关系的总和,社会性是根本属性,因此,主体不仅仅是个人,更是一定社会关系的承担者,凡是具有主体性特征的个人、群体中各类组织机构都可以作为主体。由此观之,乡村教育主体是为了实现乡村教育的价值取向,促进乡村教育与城市教育统筹发展,实现乡村教育的乡村重建和乡土文化传承功能,从事乡村教育活动的个人和组织。乡村教育的主体是多元的,也是相互联系的、动态平衡的。因而,从主体维度上看,乡村教育是指各类主体相互协作、相互作用、协调配合进而形成整体合力,共同为了实现乡村儿童的健康成长、乡村文化的传承与创新、乡村社会的有序建设以及国家长治久安和社会和谐稳定的多主体协作的一种教育形式。乡村教育主体系统与乡村社会环境之间在一定时间内通过能量流动、物质交换、循环和信息传递,使乡村教育主体和乡村社会环境之间、乡村教育主体相互之间达到高度适应、协同发展,共同推进乡村教育的可持续发展。从主体上看,乡村教育和农村教育无疑是存在差异的,两者的客体不同,主体类型上有别。

基于对乡村教育的多角度分析,乡村教育的含义有宏观、中观和微观之分。宏观的乡村教育是指为乡村建设和发展服务的一切教育,它既包括乡村的学校教育,也包括其他非正式、非正规的乡村教育活动,以及城市里直接或间接服务于乡村发展需要的普通高等教育与中等、高等职业教育等①,其教育对象不单单是广大乡村的学龄儿童和村民。中观的乡村教育是指乡村地区的教育,它包括乡村的学校教育和乡村地区其他的非正式、非正规的一切文化、风俗等教育活动,其主要是以广大乡村的学龄儿童和村民为教育对象,旨在促进乡村儿童和村民的自我发展,促进乡村文化的传承和乡村社会的建设。微观层面的乡村教育指乡村的学校教育,指县级行政区划以下的、作为正式的社会机构的学校内所开展的对乡村入学者进行系统化的教育实践活动,它包括乡村基础教育、职业教育和成人教育等正规化的乡村学校教育。

乡村教育作为整个教育的重要组成部分,在具有一般教育的共同特性之外,还具有其自身的特殊性。主要表现为:一是乡村教育地位的基础性。乡村教育的主要任务是九年义务教育以及对村民的文化启蒙、农业技术培训等,在教育系统中处于基础性地位。我国目前的乡村人口仍然是一个很大的基数,2016年全国总人口138 271万人,城镇人口79 298万人,占57.35%;乡村58 973万人,近

---

① 田静.教育与乡村建设:云南一个贫困民族乡的发展人类学探究[M].北京:中央编译出版社,2013:26.

6亿,占全国总人口42.65%。① 全国有近四成的人口在乡村,乡村教育在提升我国公民整体素质方面发挥着基础性作用。另外,考虑到我国的国情以及广阔的国土疆域,乡村教育应该是一种永久性存在形式,乡村教育在偏远、山区、边疆等地区依然具有举足轻重的战略作用,不容忽视。二是乡村教育发展的不均衡性。虽然当前我国加大城乡教育统筹发展、推进城乡教育一体发展,通过乡村振兴带动乡村教育振兴,但城乡教育的差距依然存在。加之我国经济发展的东中西"梯度差异",各地经济发展水平差异极大,一些欠发达地区的乡村教育经费短缺,师资严重不足,乡村教育质量堪忧。三是乡村教育形式的多样性。乡村教育在类型、文化层次、教育时间、教育模式、办学体制等方面,具有丰富性和多样性,随着乡村振兴战略的实施,随着乡村经济、社会的大发展,乡村教育的多样性会更加丰富。四是乡村教育文化的多元性。我国乡村教育扎根于中华民族多元一体灿烂文化的土壤之中,乡村教育与乡村文化相互交融,一方面通过乡村教育传承和创新乡村文化,另一方面乡村文化又制约着乡村教育的基本倾向和发展路径,使得乡村教育发展符合我国民族文化的要求。因而我国的乡村教育特别是少数民族地区的乡村教育,要充分考虑到各民族所具有的不同文化特点对教育的影响,既要着眼于现代文化的创新,也要着眼于民族传统文化的继承与改造,同时也需要开拓视野,积极广泛地吸纳世界优秀文化的精华。五是乡村教育空间的分散性。由于我国疆域辽阔,广大乡村地区人口居住比较分散,这使人口分布的空间地理状况复杂,因而发展乡村教育事业自然是一个巨大的挑战。另外,我国民族众多,少数民族人口分布较为分散,乡村地广人稀、地形复杂、人口分散,从而造成乡村教育空间上的分散状态。乡村教育不仅要覆盖所有乡村地区和乡村全部人口,而且还要涵盖乡村经济、社会的方方面面,形成全社会、全方位、全民性的教育空间布局,如此才能发挥乡村教育的功能和效应。六是乡村教育内容的实用性。乡村教育的功能是多维的,乡村教育的价值取向也是多元的。对于广大村民来说,乡村教育要关注村民的切身利益需要,要让村民子女学到一定的知识和才能,直接为改善自身境遇和提高生活质量服务,即"以教育之渠,引科技之水,浇农业之田,收丰收之果",要充分满足村民对科学技术知识的渴求。乡村教育要充分考虑对农村实用人才的培养,切实解决乡村学生"升学无望、就业无路、致富无术"的窘境。② 因而,乡村教育要立足于培养乡村学生作为未来公民所应该具备的知识、能力和价值观,在教育内容上要具有面向未来的前瞻

---

① 中华人民共和国国家统计局. 中华人民共和国2016年国民经济和社会发展统计公报[EB/OL]. http://www.gov.cn/xinwen/2017-02/28/content_5171643.htm.

② 李森,崔友兴. 社会变迁中的乡村教育[M]. 福州:福建教育出版社,2017:50.

性,同时也要有回归乡土的实用性。

五、口述史与教育口述史

现代意义上的口述史是从20世纪40年代开始的。1967年,美国口述历史协会正式成立,1980年美国口述历史协会提出了一套评价口述历史的标准,规定了口述历史工作者和口述历史机构的义务。20世纪80年代,现代口述史的理论和方法开始被引入中国,前期主要是译介和评述西方口述史的理论和方法,90年代后开始探索和建构中国口述史的理论和方法。21世纪初期伴随着"口述历史研究会"的成立,口述史的相关研究逐渐走向多元化,在教育学、历史学、民族学、民俗学、人类学等多个领域当中得以广泛使用,我国口述史学开始走向正规化和专业化发展道路。

对于"口述史"的定义,美国的学者内文斯说:"口述史是用现代科技产物录音机、录像机来实现口述语言、声音、形象的保留,是有声音可倾听,可观赏的历史。"唐纳德·里奇指出:"口述历史是以录音访谈的方式搜集口传记忆以及具有历史意义的个人观点。口述历史访谈指的是一位准备完善的访谈者,向受访者提出问题,并且以录音或录影记录下彼此的问与答……口述历史不包括无特殊目的的随意录音,也不涵盖演讲录音、秘密窃听录音、个人录音日记。"[1]北京大学杨立文教授认为:"口述历史最基本的含意,是相对于文字资料而言,就是收集当事人或知情人的口头资料。它的基本方法就是调查访问,采用口述手记的方式收集资料,经与文字档案核实,整理成为文字稿。"[2]程中原认为口述史是"亲历者叙述的历史"[3],虞和平认为"口述历史主要是指非亲历者或知情者写作的历史回忆录"[4]。王宇英认为:"口述历史是研究者对口述史料的加工、整理、研究和提升,而不是访谈史料的简单复原,应该有脚注、旁注、尾注等。'口述历史'是一份要求很高的工作,记录者要熟悉口述历史的通行规则,还要有丰厚的历史知识素养和文学修养。"[5]杨雁斌认为:口述史学是"总体史学"和"新社会史"双重影响下的产物。口述史学在加强群体研究和精英研究的同时,把更多的目光

---

[1] [美]唐纳德·里奇.大家来做口述历史:务实指南[M].王芝芝,姚力,译.2版.北京:当代中国出版社,2006:2.

[2] 杨立文.论口述史学在历史学中的功用和地位[A].北京大学历史学系.北大史学(第1辑)[M].北京:北京大学出版社,1993.

[3] 程中原.谈谈口述史的若干问题[J].扬州大学学报(人文社会科学版),2005(2).

[4] 虞和平.口述史学的学术特点[J].北京党史,2005(6).

[5] 杨雁斌.口述史学百年透视(上)[J].国外社会科学,1998(2).

投向了人民大众。① 中外学者关于口述史的内涵阐释不胜枚举,从学者对口述史内涵的阐释,我们也可以看到,口述史凭借人们记忆里丰富得惊人的经验,为我们提供了一个描述时代根本变革的有力工具。

口述史在教育研究领域中得以运用,人们称之为教育口述史。对于何谓教育口述史,华中师范大学的周洪宇教授认为:"教育口述史是一种将自述、记录、整理和分析验证相结合的教育史研究方法,即通过事先做好充分准备的访谈,用录音设备收集当事人或知情者的口头资料,可以是个人的教育生活经历、学术成长历程、教育管理与改革实践,也可以是对他人、教育史的记忆以及个人理解,然后与文字档案相印证,整理成口述史文字稿。"②于书娟将教育口述史研究与其他相关概念进行比较后,认为"自传、回忆录与教育口述史在研究过程和研究线索上不同;教育口述史与教育叙事研究在研究方法、主体、内容上都不同。"③对于教育口述史发展,周洪宇等认为:"教育口述史的实践与教育活动一样源远流长,从长时段来看,教育口述史发展过程中有自然形态的教育口述史、自为形态的教育口述史和自觉形态的教育口述史。"④对于教育口述史价值,杨伟东认为:"教育口述史对教育史叙事的研究方法有重要的影响。"⑤周洪宇等认为:"从价值上来说,教育口述史能提供教育历史参与者发声的机会,是其得以存在的重要价值所在","教育口述史是实践品性视域下教育史研究的一种形态","在呈现教育生活、下移历史重心和重构社会记忆等方面具有重要的价值"。⑥ 显然,教育口述史作为质性研究方法在教育研究领域中的应用,对于当代教育研究以及教育学相关学科建设均具有显著的学术拓展意义。

---

① 常建阁. 对口述史价值的思考[J]. 黑龙江史志,2012(11).
② 周洪宇,刘来兵. 教育口述史研究引论[M]. 武汉:华中科技大学出版社,2020:4.
③ 于书娟. 教育口述史研究初探[J]. 上海教育科研,2009(4):4-16.
④ 刘来兵,周洪宇. 实践品性视域下的中国教育史研究[J]. 河北师范大学学报(教育科学版),2010(1):5-10.
⑤ 杨伟东. 教育史叙事:基础、内涵与应用[D]. 陕西师范大学,2017.
⑥ 周洪宇,刘来兵. 教育口述史研究引论[M]. 武汉:华中科技大学出版社,2020:15-27.

第四节 研究对象、内容与方法

一、研究对象

乡村教育是我国教育系统中的重要组成部分,在国家推进现代化建设进程中,乡村教育现代化建设水平关乎我国整个教育现代化的建设水平和进程,乡村教育工作的好与坏关乎乡村人口素质乃至全民族人口素质能否提高这一重大问题,更是国家一号工程——"三农"问题能否得到根本性解决的战略保障问题。因而,关注与研究乡村教育的工作,也就成为众多理论研究者和实践工作者的当然选择。本研究以中国现代化特别是改革开放以来我国追求现代化发展为宏观背景,以乡村教育作为研究对象,综合采用口述史、田野考察、文献研究等方法,在对乡村教育现代化相关学术史的梳理基础上,对中国乡村教育现代化历史演进、中国乡村教育现代化的价值取向与使命等问题做进一步探讨,进而从口述史角度,通过乡村教师、乡村校长以及乡村教育研究者三个主体视角,进一步对乡村教育现代化变迁进行微观考察,揭示乡村教育变迁中相关主体的感受及其认识,最后对当前我国实施乡村振兴战略进程中振兴乡村教育进行再审视,分析乡村教育发展面临的时代挑战与各种争论,进而思考乡村教育的未来发展路径。通过本研究,将进一步明晰我国乡村教育现代化发展的学术研究和历史演进脉络,进一步阐释我国乡村教育现代化所肩负的时代功能和时代使命,进一步描述改革开放以来我国乡村教育现代化的微观图景,也进一步阐述我国现代化进程中乡村教育未来发展之路,实现乡村教育在研究方法、研究史料以及相关研究观点等方面有所创新。

二、研究内容

（一）研究框架

本研究运用口述史、文献研究、田野考察等研究方法,对我国现代化进程中乡村教育变迁进行研究,特别是对改革开放以来我国乡村教育现代化进行口述史研究的微观研究。研究内容的逻辑架构如下图所示:

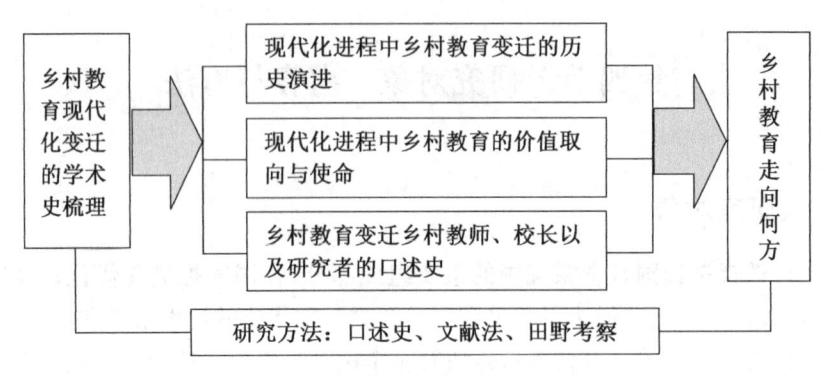

图 1-1　研究内容框架示意图

按照课题研究的逻辑架构,本研究分为以下八章研究内容,具体情况如下:

第一章:引言。乡村教育变迁的历程,深刻反映了国家和社会的发展和进步。改革开放以来,在中国追求现代化的进程中,乡村教育现代化建设取得了非常显著的成就。因而,关注并研究乡村教育变迁历程、办学经验,自然就成为众多教育研究者的研究选择。而采用何种研究方法?研究所涉及的基本概念有哪些?研究对象与内容是什么?这些问题,是本研究的逻辑起点问题,而对这些问题的回答,也就构成了本部分研究的基本内容。

第二章:学术史梳理与研究动态。本研究聚焦的问题是"现代化进程中乡村教育变迁的口述史",研究者围绕"教育现代化""乡村教育""教育口述史"等关键词检索相应的图书文献资料并进行文献资料的整理。通过学术史梳理,让研究者能够清晰把握该领域研究的研究动态与发展脉络,了解该领域需要进一步开展研究的空间、技术手段等,从而为本项目的进一步研究夯实研究基础。

第三章:中国乡村教育现代化的演变历程。本章从时间维度出发,将中国乡村教育现代化划分为近代乡村教育现代化、现代乡村教育现代化和当代乡村教育现代化三个发展阶段。近代乡村教育现代化,包含从19世纪后期的新式学堂兴起,再到二十世纪二三十年代乡村教育运动和革命根据地的乡村教育,此阶段为中国乡村教育早期的现代化阶段。现代乡村教育现代化,时间跨度自1949年新中国成立到2000年,此阶段是我国乡村教育现代化的恢复与发展阶段。当代乡村教育现代化从21世纪开始,是我国乡村教育现代化的全面建设与高质量发展阶段。通过对我国乡村教育现代化进程三个纵向阶段的考察,进一步明晰我国乡村教育现代化所取得的经验与历史贡献。

第四章:中国乡村教育现代化的价值取向与使命。本部分立足于我国社会现代化这一宏观背景,聚焦我国在现代化进程中特别是改革开放以后乡村教育方面所取得的成就,回顾我国现代化进程中乡村教育改革的主要政策方向、发展实践以及未来趋势,力求全面展现乡村教育的真实面貌。同时基于我国现代化进程中乡村教育实践辩证考察乡村教育发展过程中的问题,探索教育政策与乡村发展的关系,厘清进一步推动乡村教育改革所面临的挑战,深入分析在我国推进现代化过程中乡村教育的价值取向和时代使命。

第五章:乡村教育变迁的教师口述。乡村学校是对乡村儿童实施教育、对乡村村民实施教化的主要场所,乡村教师是乡村学校发展的重要群体。现代化进程加速了我国的社会转型,也加速了乡村教育的变迁进程,体现在乡村教育身处国家、地方村落、乡村教师等主体之间的互动与博弈之中。处于这样时空背景之中,国家、地方、村落和乡村学校之间的互动与博弈,致使乡村教育变迁之路曲折而生动。本部分内容通过乡村教师的田野调查与口述,对乡村教育的物质空间、精神制度、教学内容、学校治理、教师状况、乡村儿童教育状况以及村民教化等方面的变迁情况进行微观素描,再现乡村教育变迁中的点点滴滴,勾画乡村教育变迁的微观图景。

第六章:乡村教育变迁的校长口述。乡村学校是乡村教育中的重要主体,乡村学校的校长是学校中的特殊群体,是乡村教育变迁的重要参与者和亲历者。在乡村教育变迁的历程中,乡村学校的校长可能是乡村学校事业的开拓者,也可能是乡村学校发展的推动者,乡村学校的校长对于乡村学校的发展作用巨大,影响深远。乡村学校的很多校长都是生长在乡村、学习在乡村、工作在乡村,他们对乡村学校的感情自是深厚,对学校发展也是付出了诸多的心血和汗水。本部分从乡村学校校长的口述史角度来叙述乡村教育变迁中自身的乡村教育生活故事和乡村学校发展进程中的相关事件,自会带给我们对乡村教育变迁的一番感受和不同视角的认识。

第七章:乡村教育变迁的研究者口述。乡村教育研究者是乡村教育变迁中的另一类群体。教育研究者往往多有乡村教育的亲身经历,或工作后因工作需要接触研究乡村教育,因而对乡村教育具有较为深刻的了解和把握,因而,这一类的教育研究者往往具有浓厚的乡村教育情怀,对乡村教育怀有深厚的感情。同时,通过自身对乡村教育的关注和研究,对乡村教育尤其是新中国成立以来乡村教育的变迁历程、国家教育政策较为了解。通过教育研究者对乡村教育这一话题的口述,有助于我们从另一个层面或者另一个群体的视角来理解乡村教育变迁中个体的感受,来审视新中国成立以来的乡村教育变迁所带来的个体的变化以及整个乡村教育的变化。

第八章:乡村教育走向何方?随着我国城乡一体化、新型城镇化以及乡村振兴战略等现代化战略的实施,当下的乡村教育在社会现代化进程中将走向何方?是消灭乡村教育,还是转型、复兴乡村教育?本部分研究将通过口述叙事史料与研究文献,立足当代国家社会发展与教育发展的总体规划与政策,对当下我国乡村教育振兴进行再审视,分析当下教育发展面临的时代挑战和种种争议,探寻我国未来乡村教育发展的可能路径。

(二)研究重点与难点

本研究是我国现代化进程中乡村教育变迁的研究,希望通过本研究,能够再现我国社会现代化进程中乡村教育变迁的生活图景,揭示乡村教育变迁的类型与特征、动因与机制,进而探索当下乡村教育发展的对策与实践路径。由于研究对象年代跨度较大,加之诸多乡村学校关停并转,致使诸多乡村学校20世纪90年代之前的档案文献相对缺失,对乡村教育变迁的历史考察、乡村教育变迁的微观生活图景描述等有较大的难度。因而,第五章、第六章和第七章既是本研究的重点也是研究难点。

为解决研究的重难点,研究者采取口述史这一研究方法,选择从乡村学校的教师、校长以及乡村教育研究者三个群体的访谈获取口述史料,然后加以整理分析,对乡村教育变迁特别是改革开放以来的乡村教育变迁情况进行描述和阐释,同时结合对乡村教育的田野考察,获取乡村教育变迁的相关史料和相关文献,以弥补正式档案文献不足或缺失。

(三)研究目标

本研究立足于我国现代化追求这一社会现实,运用文献研究、调查研究、口述史等研究方法,通过对中国乡村教育现代化变迁的研究,以期达成的目标为:

第一,系统阐释中国乡村教育现代化的变迁历程以及乡村教育现代化的功能与时代使命。通过文献研究、调查研究等方法,对中国早期乡村教育现代化、现代乡村教育现代化以及当代乡村教育现代化三个发展阶段进行较为系统的论述,揭示每一阶段乡村教育现代化的经验,同时论述中国当代乡村教育现代化取得的伟大成就,阐释乡村教育现代化的功能及其时代使命。

第二,描述改革开放以来乡村教育现代化建设的生活图景。研究者从乡村教师、乡村学校校长、乡村教育研究者这三个乡村教育现代化建设的重要群体出发,通过三个群体的口述史等研究方法,深度描述乡村教育变迁的生活图景,反映我国乡村教育现代化建设过程中乡村学校中个体、乡村学校、乡村社会与国家政策制度之间较为复杂的关系机制,从而为解决乡村教育与乡村现代化协调发展这一重大社会问题提供新的理论支撑。

第三,推动乡村教育变迁研究的范式创新。综合当前诸多的乡村教育现代化的研究成果,当前乡村教育现代化变迁研究普遍采用的研究范式,其重心无不在于"文献",但在以文献为主的乡村教育变迁研究中,我们很难寻找到乡村教育一线人员的踪迹,一般的乡村教育者更难走上历史的前台。研究者通过运用口述史、调查访谈等研究方法,对样本乡村学校教师、校长以及乡村教育研究者开展田野考察,通过对乡村教育重要参与者口述史料的运用,描述乡村教育现代化进程中乡村教育变迁的生动而鲜活的微观图景,从而创新了乡村教育变迁研究的史料来源,从研究方法上有效实现乡村教育变迁的研究范式创新。

三、研究方法

对于乡村教育研究而言,教育研究的一般方法都是适用的,而且随着时代的发展,其他学科领域中的研究方法也可以运用到乡村教育研究中来,如社会学的人类学研究方法、历史学科中的口述史研究方法等,通过采用新的研究方法,实现乡村教育研究方法创新。具体而言,本研究采用的具体研究方法如下:

1. 口述史

口述史,也称为"口碑史学",这一研究方法一直到 20 世纪 40 年代,才真正成为一种成熟的研究方法。1942 年美国的学者约瑟夫·古尔德(Joseph Gould)提出"口述史"这一术语,其后,经过美国现代口述史学的奠基人、哥伦比亚大学的阿兰·内文斯(Allan Nenins)加以运用,其后口述史逐渐为研究者所采用,逐渐成为以搜集和使用口头史料来研究历史的一种方法,或由此形成的一种历史研究方法的分支学科。自 20 世纪 90 年代以来,口述史研究方法传入国内,先是为历史学研究者所采用,并渐次在社会学、教育学、管理学等学科研究中得到普遍运用。

"教育口述史是一种将自述、记录、整理和分析验证相结合的教育史研究方法,即通过事先做好充分准备的访谈,用录音设备收集当事人或知情者的口头资料,可以是个人的教育生活经历、学术成长历程、教育管理与改革实践,也可以是对他人、教育史的记忆以及个人理解,然后与文字档案相印证,整理成口述史文字稿。"[①]作为一种质性研究方法,教育口述史有助于还原研究对象过去的一些痕迹,让"事件"参与者直接对"历史"说话,以求在文献资料不足的情况下与文献资料相互印证。本研究通过教育口述史这一研究方法,力图真实再现乡村教育变迁中的点点滴滴,生动而清晰地还原乡村教育的历史场景和变迁轨迹。

2. 文献法

文献,是指有参考价值的图书资料,也泛指有参考价值的记录知识或保存信息的一切载体,有时也指其中的知识或信息。研究文献常见的有图书、文件、报刊、学位论文、期刊论文、研究报告以及视听影像资料等形式。在对乡村教育现

---

① 周洪宇,刘来兵.教育口述史研究引论[M].武汉:华中科技大学出版社,2020:4.

代化变迁的研究过程中,研究者充分搜集课题研究所涉及的文献资料和口述史料,利用社会学、历史学、政治学、教育学等相关学科的知识和学术研究的最新成果,对所搜集的文献资料和口述史料进行跨学科的综合分析与研究,从而服务于"中国乡村教育现代化变迁"这一研究聚焦问题。

3. 调查研究

调查,是教育研究中的一个重要方法。收集资料(包括数据、访谈等)、了解情况,就是调查;整理分析资料,就是研究。在本研究中,研究者围绕"中国乡村教育现代化变迁"这一研究主题,一方面制订访谈提纲(具体访谈提纲见后面的相关章节),通过对乡村教师、乡村学校的校长和乡村教育研究者的访谈,获取乡村教育变迁的重要参与者的口述史料,并通过对相关访谈者口述史料的整理,再现乡村教育变迁的生动生活和微观图景;另一方面,研究者以第三者的身份进入乡村教育的场域,身临其境地感受乡村教育的发展境况,通过对乡村教育的近距离观察获得第一手资料,从而为深刻了解、剖析乡村教育变迁的相关问题提供充足的研究资料。

第二章 学术史梳理与研究动态

学术史梳理能够让研究者与读者清晰某一研究领域所取得的主要学术成果，把握该领域研究的研究动态与发展脉络，了解该领域需要进一步开展研究的空间、技术手段等，它是学术研究的一项基础性工作。本研究聚焦的问题是"乡村教育变迁"，研究背景是"现代化"及"教育现代化"，研究地域空间是"中国"，时间范围"1976年至2017年"，采用的主要研究方法与手段是"口述史"。研究者利用图书馆的数据库平台，围绕"教育现代化""乡村教育""口述史"等关键词检索相应的文献资料，文献资料的时间虽然没有限于改革开放以来这一时段，但考虑到文献的质量，对初步检索的图书资料文献需要进行整理，然后基于文献从"教育现代化""乡村教育"和"教育口述史"三个方面对该领域的学术史梳理，分析把握其研究动态。

第一节 教育现代化相关研究文献综述

"现代化"这个词，是20世纪60年代以后才在西方社会科学研究中逐渐流行的一个术语，目前在我国，"现代化"这个词可以说是家喻户晓。在世界现代化的潮流中，中国一直以自己特有的方式走上了独具特色的现代化发展道路。本课题研究以改革开放以来的当代中国追求现代化的历史进程作为宏观背景，采用口述史研究方法研究乡村教育变迁问题，探索乡村教育变迁的类型与特征、动因和机制，进而探寻未来我国乡村教育发展的可能路径。因此，"教育现代化"是本研究绕不过去的一个关键词，通过"教育现代化"相关研究文献的搜集与整理，能够为研究者提供较为清晰的中国现代化进程中教育现代化研究的学术成果和学术脉络。

一、文献总体情况分析

1. 研究跨度长，研究成果总量丰富

现代化是社会发展的宏大主题，教育现代化是我国教育发展的战略选择。基于对教育现代化的重要社会背景关照和对改革开放以来我国教育现代化实践的重大关注，国内外学者对于教育现代化这一主题的研究学术成果较为丰富。

依据中国知网查询①,以"教育现代化"作为"主题"进行检索,检索结果显示:总库为 19 257 篇,其中,学术期刊论文 11 419 篇,学位论文 714 篇(博士论文 156 篇、硕士学位论文 558 篇),会议论文 457 篇(国内会议论文 323 篇、国际会议论文 134 篇),报纸 1 140 篇,特色期刊 5 433 篇,以及其他类型的论文。以"教育现代化"作为"关键词"进行检索,检索结果显示:总库为 4 094 篇,其中,学术期刊论文 2 492 篇,学位论文 101 篇(博士论文 10 篇、硕士学位论文 91 篇),会议论文 76 篇(国内会议论文 66 篇、国际会议论文 10 篇),报纸 303 篇,特色期刊 1 108 篇,以及其他类型的论文。从研究成果的数量上看,教育现代化这一主题研究成果比较丰富,在于教育现代化的研究时间跨度自改革开放以来一直持续到现在,而且一直是研究者关注的重点领域。这源于教育现代化一直是我国教育发展的战略导向重要的实践话题,研究者关注、研究教育现代化是"国家需要"和"个人需要"的结合。虽然国家社会发展战略会有阶段性变化,但国家现代化以及教育现代化的战略导向一直持续,研究者通过探讨不同阶段的教育现代化实践模式与经验,为教育现代化实践推进提供重要的参考,因而教育现代化的"实践需要"也就促使其成为教育学研究领域中经久不衰的研究主题。

2. 研究成果近五年持续处于高位

以"教育现代化"为主题进行检索,从检索到的研究成果发表年度来看,分为四个阶段:第一阶段是 1979 年以前。此阶段每年度收录的论文均是个位数。第二阶段是 1980 年到 1993 年。此一阶段每年收录论文均是两位数,研究成果总收录 326 篇,占文献总数的 1.69%。第三阶段是 1994 年至 2012 年,收录文献占总库的 44.57%。此阶段收录研究成果均是三位数,其中,2010 年是 759 篇,其次是 2011 年 640 篇,2008 年是 629 篇。第四阶段是 2013 年以后,收录研究成果占总文献的 52.97%,此阶段自 2017 年以来连续 5 年研究成果均是四位数,其中 2019 年达 1 794 篇,为历年最高。自 1994 年以来,论文数量在年度上虽有起伏,但总体趋势是向上趋势(见下图 2-1)。

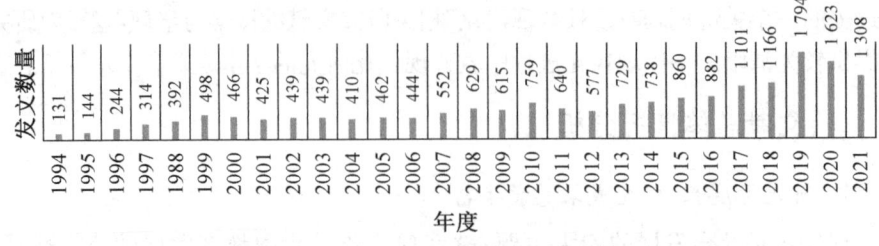

年度	发文数量
1994	131
1995	144
1996	244
1997	314
1988	392
1999	498
2000	466
2001	425
2002	439
2003	439
2004	410
2005	462
2006	444
2007	552
2008	629
2009	615
2010	759
2011	640
2012	577
2013	729
2014	738
2015	860
2016	882
2017	1 101
2018	1 166
2019	1 794
2020	1 623
2021	1 308

图 2-1 以"教育现代化"为主题的检索论文发表情况(1994 年以来)

① 检索平台为浙江省嘉兴学院图书馆,中国知网检索时间为 2022 年 7 月 16 日。

以"教育现代化"为关键词,从检索到的研究成果发表年度来看,同样也分四个阶段:第一阶段是 1979 年以前,此阶段只收录了 1978 年论文 2 篇。第二阶段是 1980 年到 1993 年。此一阶段每年收录论文均是个位数,研究成果收录总数只有 27 篇。第三阶段是 1994 年至 2012 年,此阶段收录研究成果为 2 022 篇,占总库的 49.39%,最多的年度是 2010 年 177 篇,其次是 1999 年 143 篇,2011 年是 138 篇。第四阶段是 2013 年以后,收录研究成果 1 969 篇,占总文献的 48.09%,此阶段最高是 2019 年达 337 篇,为历年最高。因数据检索时间是 2022 年 7 月,研究成果收录 71 篇,2022 年还有半年的数据有待补充。总体看,以"教育现代化"为关键词与以"教育现代化"为主题的研究成果趋势总体上趋同,1999 年论文收录是一个小高峰,其原因可能是该年度高等教育扩招以及颁布《面向 21 世纪教育振兴行动计划》,从而引起教育研究者的极大关注,因而论文数量相对增多(见下图 2-2)。

年度	发文数量
1994	12
1995	28
1996	46
1997	69
1988	100
1999	143
2000	129
2001	119
2002	120
2003	98
2004	99
2005	116
2006	109
2007	132
2008	134
2009	136
2010	177
2011	138
2012	117
2013	140
2014	142
2015	174
2016	186
2017	202
2018	229
2019	337
2020	303
2021	256

图 2-2 以"教育现代化"关键词检索论文发表情况(1994 年以来)

3. 研究学科领域和研究学者分布较为广泛

检索结果显示,当前我国对于教育现代化的研究领域比较广泛,以"教育现代化"为主题的、排在前 10 位的研究学科领域情况为:教育理论与教育管理(9 949 篇)、高等教育(2 659 篇)、中等教育(2 102 篇)、计算机软件及计算机应用(1 648 篇)、职业教育(1 541 篇)、成人教育与特殊教育(962 篇)、初等教育(769 篇)、体育(238 篇)、学前教育(205 篇)、思想政治教育(203 篇)。教育理论与教育管理学科排名第一,反映了我国对于教育现代化的理论探索仍然处于不断建构之中。其次是高等教育,原因在于我国自 20 世纪 90 年代末开始扩招,高等教育改革与发展问题一直是人们的关注焦点,因此高等教育学科在教育现代化领域取得比较显著的成绩也在情理之中。

从发文收录情况来看,教育现代化研究前 10 名作者依次是沈健(64 篇)、杨小微(44 篇)、顾明远(31 篇)、陈琳(27 篇)、周洪宇(25 篇)、陈宝生(25 篇)、邬志辉(23 篇)、郝文武(22 篇)、王富(22 篇)、褚宏启(21 篇)。通过对作者所在单位情况来分析,当时沈健是江苏省教育厅厅长,陈宝生是教育部部长,王富是教育部中国教育装备行业协会会长和教育装备研究院院长,三人带有行政官员色彩。其他 7 位研究者均为高校教授,为教育基本理论研究领域的专家。基于教育现代化的国家战略导向,开展教育现代化研究自然会纳入这些研究者的学术视野并积极开展相关领域的研究。

二、研究文献综述

当前关于教育现代化的研究成果十分丰富,通过对搜集的研究文献的整理与分析,其主要集中于对教育现代化的概念与内涵、教育现代化的实施过程、教育现代化的监测与评价、教育现代化的区域实践等四个方面进行探讨。

(一)教育现代化的概念与内涵研究

自改革开放以来,在"实现四化"的国家战略驱动下,我国在教育领域迅速掀起了现代化的浪潮。1983 年邓小平为北京市景山中学题写了"教育面向现代化、面向世界、面向未来"的题词,这是邓小平同志对教育战略问题的重要论述。对于教育现代化的理论研究,学者们主要集中探讨了教育现代化的内涵、特性、过程、层次、因素、功能等方面的内容。其间,代表性的著作包括《中国教育的现代化》[1]、《中国教育现代化新视野》[2]、《学校教育现代化的理论与实践》[3]、《教育现代化的路径》[4]、《中国教育现代化进程研究》[5]、《教育现代化区域发展模式研究》[6]、《中国教育现代化 2035:从规划到实践》[7]、《教育现代化与优质学校评估》[8]等等。应当说,这一时期"教育现代化"的著作类研究成果是非常丰富的,反映了"教育现代化"这一研究主题历时几十年仍然有旺盛的生命力,仍然为众多研究者所关注,从另一个侧面说明了教育现代化自改革开放以来一直是我国教育理论与实践界关注的重点领域。

对于教育现代化是什么? 这是教育现代化的本体理论问题。作为事实,教

---

[1] 田慧生. 中国教育的现代化[M]. 昆明:云南人民出版社,1997.

[2] 邬志辉. 中国教育现代化新视野[M]. 长春:东北师范大学出版社,2000.

[3] 张景斌,蓝维,等. 学校教育现代化的理论与实践[M]. 北京:首都师范大学出版社,2000.

[4] 褚宏启. 教育现代化的路径[M]. 北京:教育科学出版社,2001.

[5] 胡卫,唐小杰,等. 中国教育现代化进程研究[M]. 北京:教育科学出版社,2010.

[6] 谈松华,王建. 教育现代化区域发展模式研究[M]. 北京:北京师范大学出版社,2011.

[7] 朱益明,王瑞德,等. 中国教育现代化 2035:从规划到实践[M]. 上海:上海教育出版社,2020.

[8] 张墨涵,季诚钧. 教育现代化与优质学校评估[M]. 杭州:浙江大学出版社,2022.

育现代化已有较长的历史,但作为一个科学概念,只不过是最近几十年的事情,历史虽短,以至于它能否成为一个独立的教育学概念还是一个有争议的问题。有学者认为,当代中国的教育现代化,应确立三大主题:促进人的现代化或人的可持续发展;促进社会的现代化或社会的可持续发展;促进生态的平衡和世界的和平。① 广义上来讲,教育现代化是指由工业化引发的并与工业化的发展相适应,由传统教育向现代教育的整体转换过程,教育现代化是社会现代化的主要组成部分。② 在国家的支持下,教育与经济、政治、文化、思想等领域密切结合,从而走向世俗化、普及化、大众化。③ 冯增俊认为:"广义上,教育现代化是指从适应宗法社会的封建旧教育转向适应大工业民主社会的现代新教育的历史过程,是一切有关进行现代教育的改革和发展的总称。狭义上,教育现代化主要是指第二次世界大战后比较教育学家积极倡导的一种运动及理论。主要指新独立的落后国家如何学习发达国家,推动本国教育现代化,从而赶上发达国家实现现代化的运动。"④余中根认为:"教育现代化是充分利用本国传统教育中的积极因素,通过主动吸收国外先进教育经验,赶超发达国家教育水平的过程。"⑤也有学者认为:教育现代化是一个国家、民族或地区的教育在适应现代化社会发展要求的过程中,不断调整传统上延续下来的教育思想观念、教育制度规范、教育内容和方法以及教育行为等,逐渐形成新的教育形态及其现代性特征的过程,这是一个渐变的乃至潜移默化的"化"的过程。⑥ 虽然学界对于教育现代化有着不同的表述,但研究者认为,教育现代化不是一个静态的过程,教育现代化是从传统教育向现代教育不断发展转换的一个动态过程,是教育发展的未来趋势和理想目标。实现教育现代化,需要全体社会人员参与,为了实现社会及其全体人员的现代化以及促进生态平衡和世界和平的最终目标,整个教育系统不断超越传统教育迈向较高教育水平的动态改革与发展过程。

有学者从功能的角度出发,认为教育自身具备社会现代化的能动力量,教育

---

① 邬志辉.中国教育现代化新视野[M].长春:东北师范大学出版社,2000:77-78.
② 杜学元,付先全,石丽君.当代农村教育问题专题研究[M].重庆:西南财经大学出版社,2019:10.
③ 朱旭东,蒋贞蕾.国家发展与教育发展模式探讨:教育现代化视角[J].比较教育研究,2001(1):13-19.
④ 冯增俊.试论我国教育现代化的基本任务及主要特质[J].中国教育学刊,1995(4):5-8.
⑤ 余中根.外国教育现代化研究之述评[J].教育现代化,2001(12):3-6.
⑥ 杨小微.迈向2035:中国教育现代化的目标定位[J].华中师范大学学报(人文社科版),2019(5):38-44.

现代化是以社会现代化的客观需要为动力的,是社会政治、经济结构的变革在教育领域中的反映,是整个社会教育现代化的重要组成部分。教育只有与经济、政治、文化、科技以及道德伦理等方面相互作用,教育增长与发展才能达到均衡,教育现代化才能得以实现。① 有学者用文化的视野来诠释教育现代化的发展阶段,将教育现代化分为初级教育现代化和高级教育现代化两个阶段。② 其中,初级教育现代化又称单面的教育现代化,高级的教育现代化又称全面的现代化,是指以包括工具理性和价值理论的全面理性为最高原则,使传统的教育发生全方位的变革,从而达到人的全面发展和社会全面持续进步的要求,实现以合理性与效率性统一为特征的现代化教育。高级教育现代化克服了初级教育现代化的缺点,并实现了人文教育和科学教育、价值理论与工具理性的和谐统一,在人的全面发展和社会的全面发展之间找到了平衡点。③

我国有许多学者从历史变迁的角度来看教育现代化,认为教育现代化是传统教育向现代教育逐渐转变的动态过程,如顾明远认为:教育现代化是一个历史动态发展过程,是社会现代化的主要组成部分,在不同历史时期有着不同的特征。④ 周川强调:教育现代化是教育传统的扬弃和广采博收各国教育先进经验的进程,是一个需要人们精心设计与规划,尤其是政府起主导作用的变革过程。⑤ 褚宏启提出:教育现代化是教育现代性不断增长的历史过程,它与教育形态的变迁相伴,而教育形态的变迁是指教育各个层面的变化、演进的过程,主要是指教育结构分化和教育功能的增生、改变的过程,例如教育的世俗化、国家化、科技化等。⑥ 所谓现代性,是教育现代化价值坐标和教育现代化历史进程的总体性特征。教育现代化的本质是教育现代性的增长。教育现代化的现代性品格主要表现在教育现代化的时空性、价值性、规则性、技术性和批判性等方面。对于教育现代化的现代性危机及其超越,学者袁利平认为:"对于教育现代化的现代性危机表现在生态意识薄弱产生的生存风险、传统传承颠覆引起的历史断裂、工具理性霸权导致的功利取向和价值理性漠视带来的精神道德困境等方面。教育现代性是一项未竟的事业,推进教育现代化的现代性理路要以观念现代化为先导、祛除现代教育的思想迷雾,以技术现代化为手段、促进现代教育的发展水

---

① 李亚东,田凌晖.关于教育现代化的教育学思考[J].教育现代化,2001(8):3-6.
② 鄔志辉.中国教育现代化新视野[M].长春:东北师范大学出版社,2000:24-25.
③ 杜学元,付先全,石丽君.当代农村教育问题专题研究[M].重庆:西南财经大学出版社,2019:8.
④ 顾明远.关于教育现代化的几个问题[J].中国教育学刊,1997(3):10-15.
⑤ 周川.教育现代化过程简析[J].教育评论,1998(6):7-9.
⑥ 褚宏启.教育现代化的路径[M].北京:教育科学出版社,2001:8.

平,以人的现代化为根本、超越现代教育的人格困境,以制度现代化为举措、规避现代教育的潜在问题,以环境现代化为依托、保障现代教育的育人空间。"①

关于教育现代化的内容层次研究,主要有三层次说和四层次说。三层次说认为教育现代化包括教育物质层面、制度层面及精神层面的现代化,这三个层面之间相互制约,相互促进,缺一不可。而四层面认为教育现代化除了包括教育的物质、制度、精神三个层面的现代化之外,还提出了教育知识层面的现代化,其具体包括学校的课程体系、专业设置、教材、教法、学法等方面的现代化。② 另外,白芸认为,教育现代化包括教育观念、师资队伍建设、教育体系、教育发展水平、教学条件准备和教育管理六个方面的内容。③ 也有学者认为,教育现代化应该是教育观念、教育内容、教育方法、培养方法、教育结构、教育装备、师资队伍、教育管理等八个方面的现代化,只有满足这八大范畴的现代化才能实现真正的教育现代化。

(二) 教育现代化的实施过程研究

20世纪初现代学制的引进,开启了中国教育现代化的征程。1902年的"壬寅癸卯学制",十年后的"壬子癸丑学制"以及再十年后的且真正实施了的"壬戌学制",标志着学校对传统教育的传承、改造及对教育现代性的吸纳。新式教育在艰难的摸索中前进,取得了许多成绩,推动了中国教育早期现代化的进程。除了学制改革,在二十世纪二三十年代掀起了第一股教育实验的改革热浪,如俞子夷的小学生书法实验和李廉方的"廉方教学法实验"等,吸收了自然科学实验的规范和方法,具有科学研究性质;陈鹤琴的"活教育"理论与实验、陶行知的"生活教育"实验,以及晏阳初、黄炎培、梁漱溟等开展乡村教育的实验研究,则主要在学校乃至社会教育整体变革层面力图体现科学的思想和精神。④ 但我们也看到,在从西方国家直接引进思想、理论和实验的过程中,部分趋新者将"中国传统蒙学和西方教育的复杂状况严重地简单化和片面化",并将前者负面化地视为中式教学弊病的源头,而加以批判和摒弃,使得传统教育中的瑰宝在一种急切的破旧迎新的改革风潮中被简单化处理。

中华人民共和国成立之初我国教育现代化的实践具有两个鲜明的特征。第一个特征是社会主义现代化教育。新中国成立之初,我国的教育被定性为新民

---

① 袁利平.教育现代化的现代性向度及其超越[J].陕西师范大学学报(哲学社会科学版),2020(1):159-168.
② 白芸.浅析贫困地区的教育现代化[J].现代中小学教育,2001(4):1-3.
③ 白芸.浅析贫困地区的教育现代化[J].现代中小学教育,2001(4):1-3.
④ 杨小微,游韵.教育现代化的中国视角[J].教育研究,2021(3):135-148.

主主义教育,具有民族的、科学的、大众的特点,并结合新民主主义革命时期教育所传承下来的革命性、斗争性和生产性等特点。① 这一时期教育现代化的另一个特征,是借鉴苏联经验走教育现代化的道路,制定了"全心全意地""系统地""学习苏联教育经验"的教育目标,最终形成了新中国成立初期"全面苏化"的教育局面。② 同时,这一时期的教育现代化,因为受到政治运动的影响,也出现操之过急、盲目冒进的问题。

改革开放以来我国教育现代化的实践逐渐从服务现代化转向自身现代化。1985年的《中共中央关于教育体制改革的决定》写入邓小平同志提出的"三个面向",作为我国教育改革与发展的重要指导思想,也开启了教育改革体制改革新领域。1986年颁布的《中华人民共和国义务教育法》,使我国基础教育进入以义务教育为重心的发展新阶段。1993年印发的《中国教育改革和发展纲要》,把建设社会主义教育体系和实现教育现代化作为教育改革和发展的基本目标。1999年的《关于深化教育改革 全面推进素质教育的决定》要求在各级各类教育中实施素质教育。2010年印发的《教育规划纲要》正式提出"到2020年基本实现教育现代化"的宏伟目标,并强调我国教育的改革与发展之路从"效率优先的重点发展"转向"公平导向的均衡发展"。党的十九大为我们描绘了"总体实现教育现代化,迈入教育强国行列,推动我国成为学习大国、人力资源强国和人才强国"的宏伟蓝图。2019年印发的《中国教育现代化2035》提出"到2035年,总体实现教育现代化,迈入教育强国行列,推动我国成为学习大国、人力资源强国和人才强国,为到本世纪中叶建成富强民主文明和谐美丽的社会主义现代化强国奠定坚实基础"的远大目标。③ 学者认为,此一段时期我国教育现代化建设大体呈现如下特点④:一是以均衡化促进公平。从1986年颁布我国第一部义务教育法到基础教育领域开启从"两基两全"到国家义务教育基本均衡县验收,再到优质均衡县验收,逐步推进教育现代化内涵式发展,均体现了以均衡促公平的主线。二是以特色化激发活力。从改革开放之初的恢复举办重点学校,到鼓励各级各类学校办出特色,广泛地激发学校改革创新和持续发展的活力。三是以标准化提升质量。近四十年的教育测量评估一个基本趋势就是,由以往的验收达标转向建立和完善教育质量标准体系,最终指向的是制定覆盖全学段、鼓励高水平、照应

---

① 顾明远.从新民主主义教育到社会主义教育——纪念中国共产党成立90周年[J].教育研究,2011(7):3-10.
② 中华人民共和国教育大事记[M].北京:教育科学出版社,1983:8.
③ 中共中央 国务院印发《中国教育现代化2035》[J].人民教育,2019(5).
④ 杨小微,游韵.教育现代化的中国视角[J].教育研究,2021(3):135-148.

多层次的教育质量标准体系。四是以体系化带动全局。《中国教育现代化2035》提出了"建成服务全民终身学习的现代教育体系"总任务,提出各级各类教育的具体目标,最后又归结到"形成全社会共同参与的教育治理新格局"的总目标。

(三) 教育现代化监测与评价研究

提高教育现代化监测与评价能力是我国面向2035推进新时代教育现代化发展目标实现的重要任务,也是国家教育治理体系和治理能力现代化的内在要求。伴随全球范围内追求包容、公平的优质教育和全民终身学习[1],国际组织及西方发达国家纷纷注重教育发展目标的监测与评价并将其视为一个国家或地区教育发展的基础能力,提出加强教育监测与评价、问责与政策建议。在此方面,国内学者纷纷对教育现代化监测与评价方面的课题进行研究,包括"教育现代化的动态监测及政策调适研究"(2014年国家社科基金教育学重点项目)、"我国教育2030年发展目标及推进战略研究"(国家社会科学基金2017年教育学重大招标课题)等。代表性的著作有《教育现代化监测评价指标发展新趋势》[2]、《教育现代化的动态监测及政策调适研究》[3]、《全国教育治理现代化指数监测报告》[4]、《江苏教育现代化建设监测报告(2014年度)》[5]、《成都市教育现代化发展水平监测年度报告(2017年卷)》[6]等,这些学术著作,或从全国角度或从区域角度,对教育现代化建设发展水平的监测与评价开展研究,取得了较为显著的研究成果。

对于教育现代化监测评价,学者陈国良、张曦琳认为:"推进中国特色的教育现代化动态监测,前提是立足国情和《中国教育现代化2035》实施要求,深刻认识和把握精准监测、分类监测、深度监测等基本理念;关键路径在于创新教育现

---

[1] 联合国教科文组织.反思教育:向"全球共同利益"的理念转变[M].联合国教科文组织总部中文科,译.北京:教育科学出版社,2017:24-25.

[2] 张惠.教育现代化监测评价指标发展新趋势[M].北京:科学出版社,2017.

[3] 陈国良,杜晓利,李伟涛,等.教育现代化的动态监测及政策调适[M].上海:上海教育出版社,2021.

[4] 中国教育学会《教育治理现代化监测研究》课题组.全国教育治理现代化指数监测报告[M].北京:现代教育出版社,2016.

[5] 苏春海.江苏教育现代化建设监测报告(2014年度)[M].南京:江苏凤凰教育出版社,2015.

[6] 成都市人民教育督导委员会等.成都市教育现代化发展水平监测年度报告(2017年卷)[M].北京:科学出版社,2018.

代化监测方法与技术,整合多源数据、注重信息化赋能、强化关联分析。"①学者李伟涛认为:"教育现代化监测评价是一种综合评价,需要避免就指标论指标,应采取系统的视角,立足我国国情、突出问题导向、多维收集分析数据、注重评价结果的科学使用,使得监测评价成为推进教育现代化的战略抓手。"②同时"基于目标导向的监测预警与改进机制、与深化改革相关联的多样化激励机制、指向促进治理的开放合作与多渠道参与机制,这三项机制有机构成分析框架,其核心是用制度现代化推动教育事业现代化。"③《中国教育现代化2035》不仅提出了2035年总体实现教育现代化的宏伟目标,还指出了"一地一案、分区推进"的实施路径。在教育现代化分区域推进研究方面,学者李学良等以苏南地区为例,分析了区域教育现代化教育监测评价指标体系研制的现实基础与设计思路,构建了区域教育现代化监测评价指标体系,并提出了"细分类型,实行分层、分类和分域的施评策略"④。

(四)教育现代化区域实践研究

习近平总书记在庆祝中国共产党成立100周年大会指出:"我们坚持和发展中国特色社会主义,推动物质文明、政治文明、精神文明、社会文明、生态文明协调发展,创造了中国式现代化新道路,创造了人类文明新形态"⑤。党的十九届六中全会强调,"党领导人民成功走出中国式现代化道路,创造了人类文明新形态"⑥。尽管对以现代化为特征的中国道路、中国模式、中国方案、中国智慧和中国经验的阐释,学界存在不同理解且分歧较大,但"中国式现代化新道路"是指中国共产党和中国人民在坚持马克思主义科学理论体系前提下,在推进社会主义现代化和中华民族伟大复兴的历史伟业过程中,中国经济、政治、文化、社会、生态、人等各个领域不断取得"现代性"因素所形成的具有中华民族特色和世界普

---

① 陈国良,张曦琳.教育现代化动态监测:理念、方法与机制[J].教育发展研究,2019(21):18-25.

② 李伟涛.教育现代化监测评价方法与方法论的探讨[J].教育科学研究,2016(7):37-41.

③ 李伟涛.教育现代化监测评价研究:一个制度分析框架[J].教育发展研究,2015(1):27-33.

④ 李学良,冉华,王晴.区域教育现代化监测评价指标体系的构建与实施研究——以苏南地区为例[J].教育发展研究,2015(1):27-33.

⑤ 习近平.在庆祝中国共产党成立100周年大会上的讲话[N].人民日报,2021-07-02(02).

⑥ 习近平.中共中央关于党的百年奋斗重大成就和历史经验的决议[N].人民日报,2021-11-17(01).

遍价值的系统性、科学性、开放性的现代化理论体系与实践模式。① 同样,中国教育现代化也是如此,其理论体系是在不断实践中创新并不断完善的。通过对教育现代化实践的典型案例研究,有助于认识到教育现代化为何取得如此巨大的发展成就,展示出教育现代化发展的中国特色和中国道路,同时也有助于总结我国教育现代化的典型经验,可为广为发展中国家推进教育现代化建设提供借鉴。

关于教育现代化区域实践研究,代表性的专著、编著类也较多,多是聚焦于教育现代化区域推进研究。如《督导评估,推进宝安区域教育现代化研究》②从督导评估的角度研究深圳市教育现代化实践,《教育现代化:跨世纪的使命与选择——上海教育现代化内涵及指标体系研究》③阐述了具有上海区域特色的教育现代化内涵、指标体系及其实践问题,胡小伟、刘正伟、俞斌主编的《区域教育现代化实践探索丛书》④从若干专题板块对浙江省宁波市北仑区教育现代化建设实践进行盘点与反思。《区域教育现代化推进路径透视》⑤对青岛市市南区推进教育现代化的探索与实践进行梳理与提炼,以期对同类区域率先实现教育现代化的探索提供可供借鉴的实践依据。《区域视角:义务教育均衡发展实践研究》⑥分析了江苏省淮安市区域推进义务均衡优质政策取得的成绩和存在的问题并提出政策建议。另外,《湖南教育现代化典型案例分享》⑦一书分享了湖南省教育现代化实践中"坚持五育并举,学生全面发展""建立健全科学的教育评价体系"等八个篇章33个典型案例和实践经验。陈如平认为:浙江省慈溪市锚定区域教育现代化目标,全力推动"全国义务教育优质均衡发展市"建设,全市新样

---

① 王维平,薛俊文.中国式现代化新道路的"总体性"阐释[J].北京行政学院学报,2022(1):13-21.

② 郑映通.督导评估推进保安区域教育现代化研究[M].北京:人民教育出版社,2008.

③ 上海市教育委员会.教育现代化:跨世纪的使命与选择——上海教育现代化内涵及指标体系研究[M].上海:上海教育出版社,2009.

④ 参见:胡小伟,刘正伟,俞斌.区域教育现代化实践探索丛书[M].杭州:浙江大学出版社,2013.丛书分为《北仑实践:区域推进学校文化建设研究》《北仑策略:区域推进体艺特色学校建设研究》《北仑范式:区域推进式农村学前教育发展模式探索》《北仑模式:区域教师专业发展探索》《北仑经验:区域推进综合实践活动课程研究》《北仑机制:区域基础教育质量评价研究》等六个专题。

⑤ 青岛市南山区教育体育局.区域教育现代化推进路径透视——基于青岛市市南区创新实践的分析[M].青岛:中国海洋大学出版社,2015.

⑥ 蒋亦华,何杰,唐玉辉.区域视角:义务教育均衡发展实践研究[M].苏州:苏州大学出版社,2017.

⑦ 赵雄辉.湖南教育现代化典型案例分享[M].长沙:中南大学出版社,2017.

态学校建设也获得了突出的成效。①

学者们对于教育现代化的区域实践研究,有的着力于阐释区域教育现代化的基本理论问题,更多的是着力于对区域教育现代化的实践路径、实践模式、实践策略等方面的研究,显示出教育现代化区域实践研究对于改进实践的价值取向。褚宏启认为实施或启动区域教育现代化工程,在理论上需要有意识或无意识地承认这样"教育现代化"概念可以作为一个分析工具用于分析教育发展问题、教育现代化研究是有价值的、教育现代化是能够实现的、教育现代化是可以被认识的等几个基本假设。② 王少东、陆天池提出了区域教育基本实现现代化的指标,阐述了教育现代化工程的内涵和重点,并展示了"九五"期间苏州市实施教育现代化工程的操作措施和实践效果及其未来目标。③ 朱文学认为,教育现代化具有内涵的区域相对性、影响要素的区域制约性、发展水平和特色的区域差异性、实践的区域整体性四个特征,教育现代化区域先行包括确立区域教育现代化先进理念、制定区域教育现代化发展目标、建构区域教育现代化发展策略、深化区域教育现代化实践创新等基本内容。④ 周培植认为,浙江省杭州市下城区以教育生态理论促进区域教育现代化的实践研究,探索了一条高位均衡、轻负高质的区域教育现代化发展路径,其在核心理念、价值取向、教育功能、理论引领、战略选择、教育形态、发展动力、评价机制、队伍培养、办学条件等方面破旧立新,其经验值得学习借鉴。⑤ 吴紫彦立足广州市教育现代化建设实施的"八大重点工程",提出了区域教育和谐发展论、区域教育价值论、区域教育综合实力论、教育产业论、区域教育目标论等区域教育现代化理论。⑥ 朱文学认为"学有优教"是区域教育现代化目标的内涵追求,在教育现代化的前期或初始阶段,教育现代化要促进教育供给、解决人人有学上的问题。⑦ 王秀军认为区域教育现代化发展重在推进机制建设,应以现代化评价指标体系为抓手,以建立健全各级政府责任

---

① 陈如平. 打造区域教育高质量发展新样态样板[J]. 现代教育,2020(12):1.
② 褚宏启. 关于教育现代化问题的几个假设[J]. 现代教育论丛,1999(2):3-6.
③ 王少东,陆天池. 区域教育现代化的认识与实践[J]. 教育研究,2002(10):83-87.
④ 朱文学. 教育现代化的区域特征与区域先行[J]. 江苏教育研究,2011(5A):3-6.
⑤ 周培植. 以教育生态理论促进区域教育现代化:杭州市下城区"高位均衡、轻负高质"教育发展路径探索[J]. 教育研究,2009(10):90-96.
⑥ 吴紫彦. 教育蓝图:区域教育现代化理论与实践[M]. 广州:广州出版社,2000.
⑦ 朱文学. 学有优教:区域教育现代化目标的内涵追求[J]. 上海教育科研,2012(4):81-82.

效率机制、监测激励机制和分类推进机制为协同努力方向。① 张济洲通过对广西区域教育发展研究,揭示了广西教育现代化的区域发展规律,并建议在宏观上采取与本地区经济社会良性互动的教育发展模式和学校教育现代化整体推进模式。② 冯大生认为,区域现代化建设当前呈现出内涵建设为主的阶段性特征,迫切需要以现代教育理念为引领,以结构调整为主线,以公平与质量为主攻方向,推动教育现代化步入以内涵发展与质量提升为主旋律的发展轨道。③

第二节 乡村教育研究相关文献综述

一、乡村教育研究文献总体情况分析

1. 研究成果总量丰富

据中国知网查询④,以"乡村教育"作为"主题"进行检索,结果显示:总库为13 752篇,其中,学术期刊论文7 823篇,学位论文1 543篇(博士论文126篇、硕士学位论文1 417篇),会议论文304篇(国内会议论文276篇、国际会议论文28篇),报纸435篇,特色期刊3 577篇,以及其他类型的论文。以"乡村教育"作为"关键词"进行检索,检索结果显示:总库为3 333篇,其中,学术期刊论文1 341篇,学位论文698篇(博士论文13篇、硕士学位论文685篇),会议论文75篇(国内会议论文69篇、国际会议论文6篇),报纸142篇,特色期刊1 061篇,以及其他类型的论文。从研究成果的数量上看,我国对于乡村教育这一主题的研究成果丰富。之所以取得如此丰富的研究成果,在于乡村教育是我国教育现代化进程中需要关注的实践话题,从改革开放初的国家城乡二元发展导致的乡村教育弱势地位从而需要支持乡村教育发展,到城乡一体化发展要求的城乡教育一体发展,再到乡村振兴战略而要求的乡村教育振兴,无不显示出乡村教育在国家社会发展战略中的重要地位,因而学者们对于"乡村教育"这一教育研究主题开展研究,也是显得较为正常。

---

① 王秀军.教育蓝图:推进区域教育现代化的战略选择[J].人民教育,2015(16):22-25.

② 张济洲.广西区域教育现代化推进模式研究[D].广西师范大学,2004.

③ 冯大生.区域教育现代化的发展特征及建设路径——以江苏省为例[J].教育研究,2018(4):150-154+158.

④ 检索平台为浙江省嘉兴学院图书馆,中国知网检索时间为2022年7月13日。

2. 研究成果呈现逐年增加趋势

以"乡村教育"为主题,从检索到的研究成果发表年度来看,分为三个阶段:第一阶段是改革开放前。此阶段只收录了1929年2篇、1930年3篇、1933年2篇,1935年、1936年、1949年、1957年和1958年各1篇。其他均为1981年以后的研究成果。第二阶段是改革开放到1999年。此一阶段研究成果总收录371篇,各年度均在两位数以下,最多的年度是1991年、1996年和1997年三个年度均有43篇,其次是1999年的38篇。第三阶段是2000年以来。此阶段收录研究成果占主要部分,最多的年度是2021年1996篇,其次是2020年1510篇,2019年是1479篇,2018年是1049篇,其他年度均在三位数以下。论文数量在年度上呈现总体向上趋势(见下图2-3)。

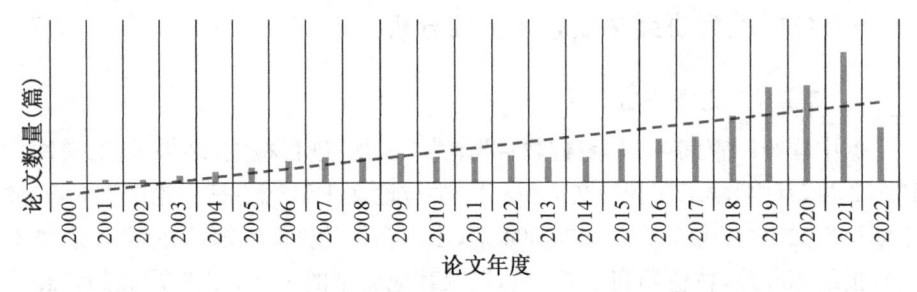

图2-3 以"乡村教育"为主题的检索论文发表情况(2000年以来)

以"乡村教育"为关键词,从检索到的研究成果发表年度来看,同样也分三个阶段:第一阶段是改革开放前。此阶段只收录了1929年1篇、1933年1篇和1936年1篇。其他均为1982年以后的研究成果。第二阶段是改革开放到1999年。此一阶段研究成果总收录43篇,年度均在个位数以下,最多的年度是1997年有7篇,其次是1991年6篇。第三阶段是2000年以来。此阶段收录研究成果占主要部分,最多的年度是2021年556篇,其次是2019年416篇,第三是2020年381篇。因数据检索时间是2022年7月,还有下半年数据有待补充,但即便如此,2022年也有210篇的研究成果收录,超过了前面的很多年份。总体看,第三阶段的研究成果随年度呈现不断增长的趋势,但基本上没有大的起伏,其趋势与以"乡村教育"为主题的情况趋同(见下图2-4)。

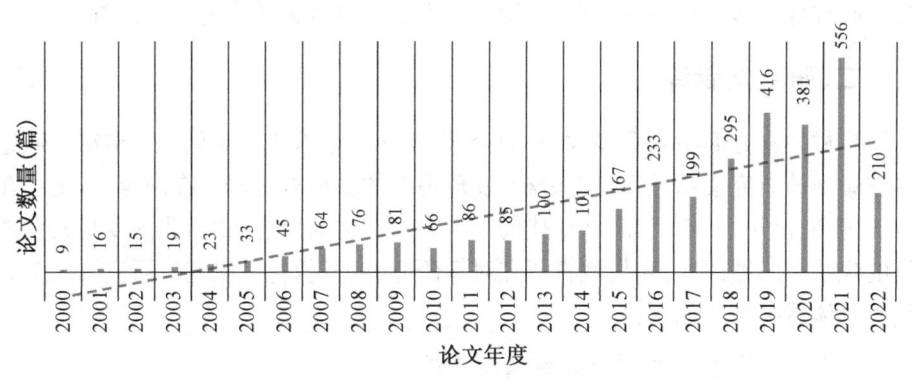

图 2-4　以"乡村教育"关键词检索论文发表情况（2000 年以来）

3. 研究机构以高校为主，研究作者分布较为广泛

通过中国知网检索结果显示，当前我国对于乡村教育的研究机构以高校为主。其中排在前 10 名的高校及其发文数量情况为：西南大学（293 篇）、东北师范大学（275 篇）、华中师范大学（190 篇）、北京师范大学（167 篇）、华东师范大学（154 篇）、陕西师范大学（150 篇）、广西师范大学（136 篇）、南京师范大学（134 篇）、湖南师范大学（126 篇）、西北师范大学（104 篇）。发文量前 20 名高校均为师范高校，排名第一的是西南大学，其在 21 世纪初高校合并的时候原先的西南师范大学并入，所以其研究乡村教育的力量较强，加之西南大学地处西部，研究者对西部的乡村教育关注程度较高。值得称赞的是，南京晓庄学院作为一所普通的本科高校进入前 20 名，其原因一是该校创办人陶行知一生从事乡村教育，该校秉承了陶行知先生乡村教育的衣钵，二是长期的师范教育积累了一批从事乡村教育的研究力量，所以晓庄学院对于乡村教育研究取得比较显著的成绩确实是令人欣喜的。

关于乡村教育研究的作者，从发文收录情况来看，前 20 名作者依次是邬志辉（43 篇）、郝文武（25 篇）、秦玉友（23 篇）、苏鹏举（22 篇）、朱德全（21 篇）、曲铁华（21 篇）、吴洪成（20 篇）、袁桂林（18 篇）、王海福（17 篇）、刘秀峰（14 篇）、张济洲（13 篇）、孙刚成（12 篇）、肖正德（11 篇）、刘尧（10 篇）、葛新斌（10 篇）、马建富（10 篇）、赵丹（10 篇）、任胜洪（10 篇）、纪德奎（9 篇）、汤勇（9 篇）。通过对作者所在单位情况来分析，这些研究者之所以能够取得如此丰富的研究成果，一方面是研究者个人具有厚实的研究实力，他们大多在师范高校里长期从事教育理论方面的教学与研究工作，乡村教育研究是学者们关注的一个研究领域；二是相关高校建有乡村教育研究院（中心）、教育部人文社科重点研究基地等部省级和国家级研究平台，承接了诸多的国家级、省部级研究课题；三是研究者所依托的高校多有教育学博士点和硕士点,汇聚了一大批乡村教育研究的新生力量。

二、研究文献综述

乡村教育方面学者众多,取得的论文、专著等学术研究成果较为丰富。通过对搜集到的研究文献进行整理分析,发现现有的乡村教育研究在内容上,集中在对我国20世纪20年代和30年代的"乡村教育"运动反思研究、我国乡村教育发展的现状与问题研究、乡村教育研究对策研究、乡村教育发展定位研究等几个方面。具体情况综述如下:

1."乡村教育运动"的认识和反思研究

二十世纪二三十年代,一批有志于"教育救国"的知识分子开始探求乡村的未来出路,用教育改变农村、农民的落后面貌。晏阳初、梁漱溟、陶行知、黄炎培等学者纷纷到农村开展调查,在广大农村开展农村教育实验,发起了中国近代史上的"乡村教育运动"。① 如:晏阳初针对中国农村和农民的贫、愚、弱、私"四大病",主张通过办平民学校对民众首先是农民,先教识字,再实施生计、文艺、卫生和公民"四大教育",培养知识力、生产力、强健力和团结力,以造就"新民",并主张在农村实现政治、教育、经济、自卫、卫生和礼俗"六大整体建设",从而达到强国救国的目的。② 梁漱溟则"借助中国乡村治理的传统资源,在农村创办村学、乡学和乡农学校,试图以乡村学校为载体,运用'政教合一''以教统教'的组织原则综合性地解决农村社会的政治、经济、教育和自卫等问题"③。陶行知倡导"社会教育"的理念,并立下"募集一百万基金,征集一百万个同志,创设一百万个学校,改造一百万个乡村"的计划,通过"教育与农业携手""为农民服务",力图从根本上改造"把农夫子弟变成书呆子,不会生产劳动,只想往城里跑"的农村教育。④ 晏阳初著《平民教育与乡村建设运动》⑤,该书收录了民国年间中华平民教育促进会和晏阳初的相关资料,反映了晏阳初早期开展平民教育运动时的主

---

① 佘万斌,杜学元,谭辉旭.农村教育现代化的理论与实践研究[M].北京:人民出版社,2015:41.

② 魏峰.文化人类学视角下民国时期的乡村建设与乡村教育:以晏阳初、陶行知、梁漱溟为例[J].教育发展研究,2022(18):63-70.

③ 毛礼锐,沈灌群.中国教育通史(第5卷)[M].济南:山东教育出版社,1988:565-655.

④ 胡志坚.陶行知"社会教育论"新探[J].河北师范大学学报(教育科学版),2009(1):28-33.

⑤ 晏阳初.平民教育与乡村建设运动[M].北京:商务印书馆,2014.

要主张。刘克辉的《南京国民政府时期乡村教育问题研究(1927—1937年)》[①],探讨了乡村教育思潮对南京国民政府的影响,研究了南京国民政府关于乡村教育的法规和政策,考察了乡村学校教育的实际状况及其存在的问题与原因。杜成宪的《民国乡村教育文献丛刊》[②],共28册,收录了民国时期(1923年到1948年)有关乡村教育的79种文献,从乡村教育理论、乡村教材、乡村教师、乡村办学、乡村教育研究等方面反映了民国时期的乡村教育状况,为开展民国时期"乡村教育"研究提供了很好的文献资料。

对于"乡村教育运动"的研究,自20世纪80年代以来一直保持不断。童富勇认为:"乡村教育运动首次把乡村教育的理论研究与实践活动相结合,形成了近现代史上一幅波澜壮阔的乡村教育改革画卷……但它的影响和意义是十分深远的,对我们今天深化农村教育改革,提高对农村教育重要地位的认识,改善农村教育的内容,加强农村教师队伍建设仍有重要的启示。"[③]针对目前学界"二十世纪二三十年代的中国乡村教育运动的结局是失败的"的观点,董美英从人生史的视角,通过对当时乡村教育运动中的一支重要力量——陶行知推行的南京晓庄乡村教育运动的实地考察,发现乡村教育改变了许多乡村儿童的人生轨迹,给他们人生的发展提供了基础,因此乡村教育运动不能简单地说以失败而告终。[④]周志毅从教育社会学的角度,认为二十世纪二三十年代兴起的乡村教育运动是将教育变革与社会改造结合起来,并且立足于中国农村实际的教育变迁,这种教育变迁虽未能治愈农村中的"千疮百孔",但这毕竟是中国农村教育从传统教育向现代教育迈进、实现教育农村化的一种可贵的努力。[⑤] 王如才、李德恩认为:我国当下农村教育的发展程度及综合改革的广度和深度均已远远超过了新中国成立前的乡村教育运动,我们正可以借鉴乡村教育运动的历史经验或教训,为今天的农村教育改革服务。[⑥] 赵晓林认为二十世纪二三十年代开展的"乡村教育运动,不仅在教育理念上,而且在教育实践中体现出农村主体性教育的价值观。

---

① 刘克辉.南京国民政府时期乡村教育问题研究(1927—1937年)[M].合肥:安徽人民出版社,2013.

② 杜成宪.民国乡村教育文献丛刊[M].北京:国家图书馆出版社,2014.

③ 童富勇.论乡村教育运动的发轫兴盛及其意义[J].浙江学刊,1998(2):112-116.

④ 董美英.乡村教育运动再审视——个人生命史的视角[J].生活教育,2017(9):21-24.

⑤ 周志毅.传统、理想与现实的变奏——20世纪20、30年代中国农村教育的变迁[J].杭州师范学院学报,1999(3):42-46.

⑥ 王如才,李德恩.乡村教育运动的历史回顾与前瞻[J].山东教育科研,1997(4):72-74+42.

乡村教育家以农民为本的主体性教育理念及其教育实践活动,对于当前的农村教育改革在指导思想、教育方式、教育内容等方面都具有借鉴意义。"①"乡村教育运动具有实施主体民间性、教育对象全民化和教育内容适用性的特点。它对当今农村教育改革的借鉴和启示在于民间力量应该以多种形式积极参与农村教育的改革和发展,农村教育的对象应该包括以成人为主体的农村社会的全体成员,农村教育的内容必须适合当前农民多元化的教育需求。"②周容容认为:乡村建设运动由一个个独立的个体逐渐形成遍及全国的乡村教育运动,这其中有教育家、实业家、乡绅等,他们的教育思想及实践为"三农"问题提供了宝贵的经验财富,二十世纪二三十年代乡村教育运动经验和教训,可为21世纪乡村教育和社会发展提供诸多启示。③ 对于二十世纪二三十年代"乡村教育运动"的研究,既深化了对二十世纪二三十年代"乡村教育运动"的理论认识,也给当下中国的乡村教育振兴实践带来诸多的经验和启迪。

2. 乡村教育发展的问题与对策研究

乡村教育发展问题是我国极为重要的现实问题,也是当前我国教育体系中的一个薄弱环节,因而加强乡村教育发展的现状、存在问题及其对策研究显得十分必要。这方面代表性著作有:李书磊的《村落中的"国家"——文化变迁中的乡村学校》④,研究者通过实地调查与访谈,描述了20世纪90年代我国乡村学校教师和学生的生活与学习情况,真实地再现了中国乡村教育在改革开放所带来的社会空前变革与文化变迁中的面貌。钱理群、刘铁芳的《乡土中国与乡村教育》⑤,面对目前乡村教育和乡土文化的现状,研究者表达了知识分子的强烈的社会责任感,展示了实践者的行动力和面临的阻碍以及困境,探讨了乡村教育的问题与出路、现代乡村文化与教育重建等问题。容中逵的《传统与现代的交锋:百年中国乡村教育变迁的实践表达》⑥,从文化哲学层面以田野调查的方式对近世以来乡村教育变迁的演进历程进行事实陈述和理论分析,并结合我国新农村

---

① 赵晓林."乡村教育运动"主体性价值观及其现实意义[J].教育研究,2006(3):92-96.

② 赵晓林.20世纪二三十年代"乡村教育运动"的特点及其现实启迪[J].陕西师范大学学报(哲学社会科学版),2006(2):124-128.

③ 周容容.二十世纪二三年代乡村教育运动研究[D].云南大学,2018.

④ 李书磊.村落中的"国家"——文化变迁中的乡村学校[M].杭州:浙江人民出版社,1999.

⑤ 钱理群,刘铁芳.乡土中国与乡村教育[M].福州:福建教育出版社,2008.

⑥ 容中逵.传统与现代的交锋:百年中国乡村教育变迁的实践表达[M].杭州:浙江大学出版社,2010.

建设，从政策实践层面深入探讨乡村教育良性发展的实施路径，对乡村教育发展"中国之维"的践行问题做出价值判断和构建选择。张济洲《文化视野下的村落、学校与国家：一个地方社区基础教育变迁的历史人类学考察》[1]一书，通过对华北平原一个典型的农业县的基础教育进行了文化视野下的历史人类学考察，采用口述史、人种志等多种研究方法，再现20世纪以来，伴随民族国家的兴起，国家政权逐步介入乡村社会，国民教育体系建构与村落文化、地方性知识冲突与竞争的生动场面，揭示了中国基础教育改革的内在逻辑、基本规律和发展路向。田静的《教育与乡村建设：云南1个贫困民族乡的发展的人类学探究》[2]，以中国云南省一个贫困民族乡的发展干预为研究对象，主要运用人类学的田野调查方法，考察、描述和解释这一乡村社区在改革开放以来的国家主导和专家、学者主导的两条不同的乡村教育发展路向。张济洲的《"乡野"与"庙堂"之间：社会变迁中的乡村教师》[3]，该书选择乡村教师作为研究"三农"问题和农村教育问题的主要突破口，从社会、文化和历史背景中去探索乡村社区、地方政府与教师之间的复杂关系，分析教师身份的国家建构与乡土生活的冲突与矛盾，从多学科视角探讨乡村教师文化流变、身份错位以及与乡村社区的文化互动及诸种权力纠葛。丰箫等《现代中国社会中的乡村教育——浙江省嘉兴地区乡村小学教师研究》[4]以1949—1959年浙江省嘉兴地区乡村小学教师为研究对象，分析了乡村小学教师得到社会认同和价值实现的方式及存在的问题，进而分析小学教育发展的特征以及存在的问题，探索中国乡村小学教育发展模式以及乡村教育现代化的出路。杜学元等的《当代中国农村教育问题专题研究》[5]，该书通过专题研究方式，揭示当下中国农村教育中的现实问题，并对农村教育在乡村振兴和新农村建设中如何实施提出相应的对策。此外，美籍华人黄宗智自2003年在国内创办《中国乡村研究》学刊（Rural China: An international Journal of History and Social Science），成为研究中国乡村的重要学术阵地，对于国际社会了解中国乡村教育

---

[1] 张济洲.文化视野下的村落、学校与国家：一个地方社区基础教育变迁的历史人类学考察[M].北京：教育科学出版社，2011.

[2] 田静.教育与乡村建设：云南1个贫困民族乡的发展的人类学探究[M].北京：中央编译出版社，2013.

[3] 张济洲."乡野"与"庙堂"之间：社会变迁中的乡村教师[M].北京：中国社会科学出版社，2013.

[4] 丰箫，等.现代中国社会中的乡村教育——浙江省嘉兴地区乡村小学教师研究[M].上海：上海大学出版社，2014.

[5] 杜学元，付先全，石丽君.当代农村教育问题专题研究[M].重庆：西南财经大学出版社，2015.

发展情况起到了积极的推动作用。同时,一些学者通过对国外一些国家的乡村教育开展研究,如付铁男的《美国现代化进程中的公民教育与道德教育》[①]一书,力图还原美国公民教育与道德教育在现代化进程中的关系运动轨迹以及这种关系演绎与美国现代化进程之间的内在逻辑,探讨了美国现代化进程中的公民教育与道德教育的发展现状、问题与挑战。内蒙古学者乌云特娜撰写的《东欧转型国家的农村教育发展的研究——以波兰、俄罗斯、罗马尼亚和乌克兰四国为例》[②],通过对东欧四国转型期农村教育实践的考察,突出展现了政策调整中东欧四国如何重视农村教育、实施所颁布的规划内容以及改革中出现的棘手问题和挑战。另外,也有学者通过对发达国家发展乡村教育的政策进行考察,如美国的"学校改进"、韩国"新村运动"等,这些研究成果对我国发展乡村教育具有一定的借鉴意义。

另外,国内相关部门组织研究者编写了农村教育发展年度报告,按年度呈现中国农村教育取得的成绩、存在问题和政策建议,产生了较为广泛的社会影响。如:邬志辉、秦玉友的《中国农村教育发展报告 2012》[③],该书分为农村教育年度发展报告和专题研究报告两部分,年度发展报告基于国家统计数据和年度文献,对农村学前教育、农村义务教育、农村普通高中教育和农村职业教育等方面进行"面"上的描述、分析和评价,专题研究报告基于自主获得的深度数据,对农村义务教育均衡与质量、农村教师等10个专题进行"点"上的深入研究,多维度反映农村教育发展的成就、经验与问题,并提出相应解决策略与政策建议。邬志辉、秦玉友等的《中国农村教育发展报告 2016》[④],全面分析了《教育规划纲要》实施以来所取得的成就,以及教育改革深入深水区后面临的新问题、新挑战。杨润勇的《中国农村教育发展报告 2013》[⑤]主要从中国农村教育发展的整体变迁、农村教育发展现状、全国各省农村教育发展比较研究、城乡教育一体化专题研究、农村中小学布局调整专题研究、农村教育未来发展趋势六个方面入手,反映我国农村教育发展状况,研究分析农村教育存在的问题及其发展趋势。许涛的《中国乡

[①] 付铁男.美国现代化进程中的公民教育与道德教育[M].长春:东北师范大学出版社,2019.

[②] 乌云特娜.东欧转型国家的农村教育发展的研究——以波兰、俄罗斯、罗马尼亚和乌克兰四国为例[M].北京:中国社会科学出版社,2014.

[③] 邬志辉,秦玉友.中国农村教育发展报告 2012[M].北京:北京师范大学出版社,2014.

[④] 邬志辉,秦玉友.中国农村教育发展报告 2016[M].北京:北京师范大学出版社,2017.

[⑤] 杨润勇.中国农村教育发展报告 2013[M].北京:教育科学出版社,2016.

村教育发展报告 2019》①以"中国乡村教育研究"为调研主题,调研了全国 31 个省市自治区、247 个地级市的 1 022 个乡村 15 987 乡村户,从 891 篇调研报告中遴选 40 篇优秀论文汇编而成,该书从多重视角出发,对中国乡村教育现状与问题进行深入反思并提出乡村教育振兴的对策建议。杨润勇等在《中国农村教育发展报告 2010—2020》②从比较分析视角出发,运用农村教育发展指数具体分析全国农村教育的总体发展水平,并对城镇化进程中全国各地的农村教育发展水平进行横向比较,同时关注了国外农村学前教育的政策与立法经验,为教育管理部门提供决策参考。

与此同时,更多的学者通过研究乡村教育发表了诸多的学术论文,对乡村现状与问题进行揭示并开展对策研究。如:胡俊生认为,受城市拉力和乡村推力的双重作用影响,农村教育城镇化已成大势所趋,农村教育的希望不在乡下在城镇,其当下的目标是率先推进农村初中县城化。③ 范先佐、郭清扬、赵丹通过研究认为:随着农村中小学布局的调整,农村教学点面临着经费短缺、教师整体素质低、教师工资待遇低、办学条件差等突出问题,并提出解决这些突出问题的相应对策。④ 郭清扬对义务教育均衡发展中农村寄宿制学校建设问题开展研究,对如何办好农村寄宿制学校、帮助农村孩子克服中小学布局调整及父母进城务工所面临的各种困难等问题提出了若干对策建议。⑤ 朱成晨、闫广芬、朱德全立足于我国当今农村职业教育发展的"应然"愿景与"实然"样态,以教育精准扶贫为"必然"路向,以"扶志""扶心""扶智""扶资""扶业"为逻辑框架,以形成"以教促智""以智促富"和"以富促教"的良性循环为根本任务,提出了"职业教育普通化,普通教育职业化,基础教育综合化,职业教育终身化"的农村职业教育发展思路与融合式战略思维,并构建了体现"普职成统整""农科教统筹"等思想的农村职业教育精准扶贫融合模式。⑥ 李森、崔友兴认为:新型城镇化进程中乡村教育治理面临着治理价值取向偏失、治理主体单一化、治理力量碎片化、治理过程形式化、治理环境恶劣化等复杂问题,走出乡村教育治理困境需要推进乡村教育治

---

① 许涛.2019 中国乡村教育发展报告[M].上海:上海财经大学出版社,2020.
② 杨润勇.中国农村教育发展报告 2010—2020[M].北京:科学出版社,2021.
③ 胡俊生.农村教育城镇化:动因、目标及策略探讨[J].教育研究,2010(2):89-94.
④ 范先佐,郭清扬,赵丹.义务教育均衡发展与农村教学点的建设[J].教育研究,2011(9):34-40.
⑤ 郭清扬.义务教育均衡发展与农村寄宿制学校建设[J].教育与经济,2014(4):36-43.
⑥ 朱成晨,闫广芬,朱德全.乡村建设与农村教育:职业教育精准扶贫融合模式与乡村振兴战略[J].华东师范大学学报(教育科学版),2019(2):127-135.

理现代化。① 叶欣、陈绍军针对新型城镇化进程中人口流动使得乡村中小学面临"生源挤压"困境，主张通过适度有序的"撤点并校"调整农村中小学布局，构建乡村振兴战略下县域校际资源均衡配置"多维互构"的体制机制。② 邵泽斌认为，改革开放40年我国农村义务教育体现了鲜明的政策支持性，其政策经验主要体现为一是始终将农村义务教育列为党和国家教育政策的优先领域，前瞻性设计，二是探索并完善切合我国特点的义务教育"责任型政府"治理机制，三是积极回应义务教育不同发展阶段的典型问题并实施针对性的政策措施，面向2035年，继续支持农村义务教育发展，需要更好地回应农村家长、农村儿童和农村教师合理的现代性诉求，设计更加有支持力度，更加有智慧的现代农村义务教育制度。③

乡村教师队伍建设是教育现代化建设的关键，也是众多研究者关注的研究对象。程良宏、陈伟认为"候鸟型"乡村教师在"迁徙"与"坚守"的摇摆中消磨教学热情，在"融入"与"孤立"的两难中产生角色认同冲突以及在"理想"与"现实"的张力落差中弱化幸福获得感，要使"候鸟型"乡村教师安心于乡村教育，需要从重塑教育愿景激发教学创造力、增强其乡村教育振兴和乡村文化传承创造者的角色认同、构建学习共同体促进专业发展以及多重保障并举以提升职业幸福感等多方位努力。④ 刘敏、石亚兵通过生活史的视角对特岗教师进行全景式的考察，认为解决乡村教育师资问题的关键在于培育具有乡土情怀的教师，同时需要提高农村教师的物质待遇和丰富教师的精神生活，建立横向和纵向流动机制，以打通农村教师向上流动的通道。⑤ 胡倩、胡艳采用符号互动理论对新中国成立后农村中小学民办教师身份进行研究，形成了以国家政策、乡村社会与民办教师为三方互动主体的农村中小学民办教师身份历史研究概念框架，认为乡村社会更能着力改善乡村教师地位身份，有效融入乡村生活有助维护乡村教师身份角

---

① 李森,崔友兴.新型城镇化进程中乡村教育治理的困境与突破[J].西南大学学报(社会科学版),2016(2):82-89+190.

② 叶欣,陈绍军.乡村振兴战略下县域校际资源均衡配置的实践逻辑[J].河海大学学报(哲学社会科学版),2019(5):91-97.

③ 邵泽斌.改革开放40年国家支持农村义务教育的政策经验与反思[J].教育发展研究,2018(20):1-7.

④ 程良宏,陈伟.迁徙与守望:"候鸟型"乡村教师现象审思[J].教育发展研究,2020(Z2):63-70.

⑤ 刘敏,石亚兵.乡村教师流失的动力机制分析与乡土情怀教师的培养——基于80后"特岗教师"生活史的研究[J].当代教育科学,2016(6):15-19.

色,强化在职培训学习制度有助于改善乡村教师身份认同。① 伊娟、马飞认为:新生代乡村教师存在着逐渐远离乡土文化的根基,新生代乡村教师乡土文化缺失的影响机理主要在于乡村教育之于乡土文化的隐匿、乡村教师之于乡土文化的疏离以及城乡文化沟通壁垒之于乡土文化传播的侵蚀。② 万红梅、唐松林认为:21世纪以来,我国乡村教师政策的实施,存在"等"政策、"套"政策、"演"政策等执行偏差的现象,其超越性策略在于通过建立忠诚机制、强化厚生机制、镕铸长效机制等政策建构,进一步改善乡村教师发展的不利处境,坚守乡村教师生存底线,努力提高其社会地位,保护其忠诚与担当,释放其作为乡土知识分子的主体意识、自治精神与生命魅力。③ 同时,国家和教育部相继发布《中国教育现代化2035》《中共中央 国务院关于全面深化新时代教师队伍建设改革的意见》《关于加强新时代乡村教师队伍建设的意见》等政策文件,为加强新时代乡村教师队伍建设提供坚实的政策保障,也给当前教育研究提供了新的方向和新的着力点。《教师教育学报》2021年第1期组织了"新时代乡村教师队伍建设"专题研究刊发了多篇论文④,分别从政策、法律、"互联网+教育"、研究文献等方面对这些政策文件进行了深入解读和实证,这些研究聚焦政策分析,突出问题研究,体现了加强新时代乡村教师队伍建设的重要意义和要求,非常值得肯定和借鉴。

3. 乡村教育发展定位研究

对于乡村教育发展定位问题的研究,既涉及乡村教育在国家教育总体发展

---

① 胡倩,胡艳.新中国成立后我国农村民办教师身份产生、形成与认同的历史研究——在符号互动理论的视角下[J].教师教育研究,2021(1):99-107.

② 伊娟,马飞.新生代乡村教师乡土文化缺失的现实表征与重塑策略[J].当代教育科学,2021(5):72-79.

③ 万红梅,唐松林.21世纪我国乡村教师政策的交叉组合、逻辑起点与反思超越[J].湖南师范大学教育科学学报,2020(4):101-110.

④ 参见:《教师教育学报》2021年第1期"新时代乡村教师队伍建设"专题研究论文。包括:张布和的《新时代乡村教师队伍建设的政策脉络和实践理路》,从新时代乡村教师政策变迁的历史背景和政策依据来解读文件的要义和实践意义。张玲等的《"互联网+教育"赋能乡村教师队伍建设:宁夏示范实证》,基于由教育部确定的全国"互联网+教育"示范区宁夏的实践经验,探索技术赋能乡村教师队伍建设的新路径,为深化新时代教师队伍建设改革提供示范与实证。杨挺等的《新生代乡村代课教师权益缺失与保障问题研究》,探讨新生代乡村代课教师面临的困境,基于法律的视角,提出保障新生代乡村代课教师合法权益的措施,以促进乡村教师队伍治理方式的变革。欧阳修俊的《中国乡村教师研究回顾与新时代发展取向》,通过回顾乡村教师研究历程,梳理乡村教师研究发展的基本脉络和主题,探讨了当前应加强新时代教师教育思想研究、"十四五"规划期间乡村教师队伍建设与推进、技术赋能乡村教师以及人工智能助推乡村教师队伍示范区建设等重大理论和实践问题。

中的地位问题,也涉及乡村教育发展的目标、功能、价值定位等理论问题,对乡村教育的理论研究,充分显示出乡村教育理论建构研究对于乡村教育实践改进的重要意义。如:郝文武认为农村教育发展既是农村实现全面小康目标和建设现代化的重要基础,也是它的重要目标之一;解决农村教育问题首先是解决价值理性问题,其次是在价值理性引领下利用工具理性综合治理的问题。① 张乐天认为:新时期我国农村发展具有继续促进农村剩余劳动力和农村人口向城镇的转移和大力加强社会主义新农村建设的双重任务,农村发展的双重任务赋予农村教育以新的更丰富的内涵和意义。② 李刚、赵茜认为:人的城镇化是我国城镇化的本质要求,教育改革与发展要将人的城镇化内化为战略要求,转变教育发展方式需要调整教育的体系结构与布局结构,转变教育管理方式,改造人才培养模式,让教育真正成为人的城镇化的不竭动力。③ 田夏彪认为,要改变城镇化进程中农村教育的功能弱化,需要凸显农村教育优先发展,实现农村社会经济和谐发展,需要健全农村教育结构体系,强化农村民众的终身教育,需要构建农村教育互补机制,促进农村文化的良性认同。④ 薛晓阳认为,乡村伦理重建是教育担当弥补城市化后果责任的重要途径,乡村伦理需要重建农民生活信仰,重视教育的乡村使命及其现代意义,关怀农民个体命运、国家意识和政治使命。⑤

关于乡村教育的价值取向问题,张济洲从历史社会学的视角探讨了城乡教育模式陷入"离农"与"为农"两难困境的历史成因,提出当下乡村教育发展要坚持"和而不同"的现实定位⑥,必须破除城乡二元对立的思维模式,坚持城乡一体化发展,逐步缩小城乡差距。⑦ 邬志辉、杨卫安认为我国农村教育在价值选择上存在"离农"与"为农"的悖论,而悖论源于城乡二元对立的社会结构和非此即彼的二元对立思维方式,消解"离农"和"为农"悖论的逻辑前提是进行城乡教育一

---

① 郝文武. 价值理性、工具理性视角观照下的农村教育问题[J]. 陕西师范大学学报(哲学社会科学版),2005(4):107-112.

② 张乐天.《纲要》实施背景下农村教育发展的审思[J]. 南京师大学报(社会科学版),2011(5):96-100.

③ 李刚,赵茜. 城镇化进程中教育发展方式的转变——让教育成为人的城镇化的不竭动力[J]. 中国人民大学教育学刊,2015(3):105-118.

④ 田夏彪. 城镇化进程中农村教育功能弱化的成因及对策[J]. 教育理论与实践,2014(29):17-19.

⑤ 薛晓阳. 乡村伦理重建:农村教育的道德反思[J]. 当代教育科学,2005(19):36-38.

⑥ 张济洲. 农村教育不能永远姓"农"——论城乡教育关系的现实定位[J]. 教育学术月刊,2008(11):3-5.

⑦ 张济洲. "离农"?"为农"——农村教育发展中的悖论[J]. 教育研究与实验,2016(2):8-15.

体化建设和确立系统化思维方式,农村教育的价值选择应该定位在为城乡共同发展服务上。[1] 肖正德、谷亚建议从系统论视角来审视农村教育的改革与发展,主张建立城乡一体化的农村教育发展观,完善多样性的农村教育体系,重构工具性和发展性相统一的农村教育价值取向。[2] 徐婉茹、康永久认为日益凋敝的乡村教育也不可能通过这些"为农"式主张得到拯救,振兴乡村教育关键在于乡村民众的真实意愿是否得到了充分尊重,乡村教育回归实践,是否确保乡村学校自主性而释放乡村教育的活力。[3]

乡村教育政策是乡村教育发展的重要保障也是重要措施,乡村教育发展的价值取向也深刻影响乡村教育政策的取向。张乐天[4]认为农村教育政策创新主要表现为重新明确农村教育的重要作用与地位、进一步完善农村教育的管理体制、建立农村义务教育保障新机制、实施农村人力资源开发新战略等方面。魏峰、张乐天[5]认为新中国成立以来农村教育政策价值取向发生了旨在提升农民文化水平与服务无产阶级政治、为农村"文化大革命"服务、为社会主义经济建设服务、培养新型农民促进新农村建设四次转变,农村教育政策的核心价值取向从"为了政治的教育"到"为了经济的教育",最终指向"为了人的发展"。胡红华[6]认为我国制定的教育政策和教育规划往往以城市为中心,忽视农村世界的教育处境和教育诉求,并将其施用于农村,而解决农村教育问题的根本出路在于教育政策的价值重构,做到农村、城市和而不同。党的十六大以来的十年中,党和国家高度重视农村教育,制定了推进农村教育发展的系列政策,实现了我国农村教育的跨越式发展。杨润勇[7]通过回顾和分析近十年农村教育政策体系的构成以及趋向、特征,进一步明确了农村教育改革的重点,预测了农村教育未来发展趋

---

[1] 邬志辉,杨卫安."离农"抑或"为农"——农村教育价值选择的悖论及消解[J].教育发展研究,2008(Z1):52-57.

[2] 肖正德,谷亚.农村教育到底为了谁?——农村教育价值取向研究述评[J].教育研究与实验,2019(6):24-28.

[3] 徐婉茹,康永久.断裂与重构:乡村教育的"为农"立场[J].现代教育科学,2020(2):11-16+60.

[4] 张乐天.论现阶段我国农村教育政策变革与创新[J].南京师大学报(社会科学版),2005(3):92-96.

[5] 魏峰,张乐天.中华人民共和国成立以来农村教育政策价值取向的嬗变[J].教育科学研究,2017(11):19-24.

[6] 胡红华.教育政策的价值重构:农村、城市"和而不同"——当前农村教育现代化的问题与出路[J].内蒙古社会科学,2004(4):116-120.

[7] 杨润勇.我国十年农村教育政策进展与分析[J].国家教育行政学院学报,2013(12):3-10.

势。魏峰[1]认为改革开放以来的农村教育政策呈现出在政策理念上从城乡教育二元发展走向城乡教育均衡发展和一体化发展、目标建构上追求农村教育与农村经济社会的协调发展及农村各级各类教育的协调发展、改革路径上体现了"上下结合"的政策运行特征。何茜、顾静[2]通过对建党百年乡村教师队伍建设政策的历史考察，认为只有坚持党对教育事业的全面领导，把教育政策贯穿教师队伍建设和教师育人全过程；坚持以人民为中心，为党育人，为国育才的理念；坚持扎根中国大地办教育的思想，立足乡村教育的现实国情，才能办好人民满意的乡村教育。

三、乡村教育研究的未来趋势

我国乡村教育研究是一个非常"热"的研究领域，从当前国内外学者对乡村教育的研究现状来看，未来我国乡村教育研究将呈现以下两个方面的趋势：

一是乡村教育研究队伍不断壮大，研究成果将更为丰富。当前乡村教育已经成为教育学、社会学、管理学等学科的研究热点，研究者众多，研究成果较为丰富，国内诸多大学亦成立了该领域的学术研究机构。基于国家乡村振兴的总体战略实施，振兴乡村教育势必是研究者的关注重点，更多的研究者以及研究机构通过统整力量，深入研究乡村教育振兴与乡村振兴的内在联系，深入探讨乡村振兴的定位和价值、内容与路径等诸多问题，从而为乡村教育振兴提供一个清晰的理论和实践路径。

二是跨学科的交叉融合研究趋势。目前，研究者更多的是运用文献、调查研究对乡村教育现状及其制约性因素开展研究。而随着我国教育科学的繁荣与发展，对乡村教育的研究将更强调跨学科的交叉、融合研究。研究者从教育学、社会学、管理学、民俗学、美学、建筑学、生态学等多学科理论出发，综合运用相关学科的理论和研究方法，服务于乡村教育研究工作，我国的乡村教育理论建设基础将得到进一步夯实。

---

[1] 魏峰.改革开放40年我国农村教育发展：成就、动力与政策演进特征[J].基础教育，2018(6)：15-21+84.

[2] 何茜,顾静.建党百年乡村教师队伍政策演进的逻辑与启示[J].教育研究,2022(2)：44-56.

第三节　乡村教育口述史研究文献综述

乡村教育作为教育研究中的重要领域,且自改革开放以来我国的乡村教育变迁巨大,运用"口述史"这一质性研究方法可以有效地弥补乡村教育相关研究资料不足的问题,同时也带来乡村教育研究的"鲜活感"。研究者通过中国知网平台以"乡村教育"为主题进行检索,然后以"口述史"为主题在前述检索结果中进行检索,共检索到28篇期刊论文、学位论文和会议论文,通过对检索到的研究文献和研究者手头现有的一些乡村教育方面的口述史研究方面的文献,对其加以整理,综述如下:

一、对乡村教师的口述史研究

作为短板的乡村教育问题,无论是过往的关注,还是时下的聚焦,作为乡村教育中坚力量的乡村教师都颇受学者的青睐。统筹地看,相关的研究成果不无可取之处,但也存在研究对象既"未见其大"也"难见其小"以及研究方法思辨偏多实证偏少的问题。究其原委,乡村教师领域存在研究取向"浪漫化"、研究视域"褊狭化"、研究立场"本土化"的缺憾。有学者依据内容分析或田野调查的结果,强调本土化或向农性在乡村教师教书育人过程中的重要性[①]。有学者通过口述史这一质性研究,认为近年来实施的乡村教师生活补助政策"出发点是好的,但现在反而把好事变成了坏事……乡村的教师毕竟是少数,这一政策实施对城里老师的积极性是有影响的。"[②]胡艳、郑新蓉运用口述史研究方法,在全国范围内选取了46位有代表性的乡村教师作为访谈对象,通过分析他们的口述资料,研究了1949—1976年中国乡村学校教师补充和任用政策问题。[③] 另外,《中国教师》期刊在2018年、2019年和2020年相继刊发了《坚守乡村教育四十年——李堂章校长口述史》《乡村教育的守望者——张伯和历史口述史》《为乡村教育奉献终身——唐成保老师口述史》《守望乡村教育三十五载——龚海燕老师口

---

① 李斌辉,李诗慧. 新生代优秀乡村教师主动入职动因与启示——基于全国"最美乡村教师"事迹的质性研究[J]. 教育发展研究,2018(20):25-33;翁乃群. 村落视野下的农村教——以西南四村为例[M]. 北京:社会科学文献出版社,2009:82.

② 钟景迅,刘任芳. 乡村教师生活补助政策实施困境分析——来自A省欠发达地区县级教育局长的质性研究[J]. 教育发展研究,2018(2):48-54.

③ 胡艳,郑新蓉. 1949—1976年中国乡村教师的补充任用——基于口述史的研究[J]. 北京师范大学学报(社会科学版),2018(4):15-25.

述史》①等一批教师口述史类的文章,对于宣传广大乡村教师扎根乡村大地、奉献青春、奉献乡村教育起到了积极的引导作用,同时也为研究乡村教育提供了有价值的研究史料。针对"口述史"研究的结论偏差以及研究样本和访谈过程的局限,徐龙、唐一山建议研究者可以考虑通过将一定数量的离职教师纳入访谈对象和改进访谈策略来完善乡村教师口述史的研究。②

  对于教师群体的口述史研究,代表性的成果一是北京师范大学郑新蓉、胡艳主编的《乡村教师口述史系列丛书》。该套丛书2018年由广西教育出版社出版,丛书涉及的乡村教师从地域上来说覆盖了全国多个省、自治区、直辖市,从教师的出生年代来看覆盖了20世纪20年代到90年代的每个阶段,从民族构成上来看包含了14个民族,从时间维度上来看包含了"新中国第一代乡村教师""新中国第二代乡村教师"和"乡村青年教师"三个群体,从身份维度上来看还包含了"乡村女教师"和"少数民族形成教师"两个群体,基本覆盖了新中国成立以来各个历史时期和各种类型的乡村中小学教师。③该丛书在帮助我们了解乡村教育发展历程的同时,第一次向世人展示了为新中国乡村教育开拓、建设和发展做出重要贡献的乡村教师群体的理想、信念和情操,以及他们对乡村孩子、乡村教育的大爱。更为可贵的是它对于促进口述史学理论与实践研究,推进口述史研究方法向教师教育研究领域拓展具有重要意义,对于补充现有当代教育史料、推动教师教育研究具有重要的价值。二是刘大伟主编的《一代中师记忆——晓庄师范师生口述史》。④该套丛书2021年由南京出版传媒集团、南京出版社出版,为

---

① 宋美亚. 坚守乡村教育四十年——李堂章校长口述史[J]. 中国教师,2018(2):122 - 125;张倩. 乡村教育的守望者——张伯和历史口述史[J]. 中国教师,2018(6):122 - 126;吴琼. 为乡村教育奉献终身——唐成保老师口述史[J]. 中国教师,2019(5):125 - 128;冯璨. 守望乡村教育三十五载——龚海燕老师口述史[J]. 中国教师,2020(2):125 - 128.

② 徐龙,唐一山. 乡村教师研究文献述评:概览、缺憾与完善[J]. 教育与经济,2020(3):58 - 66.

③ 参见:郑新蓉,胡艳. 乡村教师口述史系列[M]. 南宁:广西教育出版社,2018. 丛书分为《开拓者的足迹——新中国第一代乡村教师口述史》(2018)、《泥土上的脚印——新中国第二代乡村教师口述史》(2018)、《回归与希望——乡村青年教师口述史》(2018)、《大山里的开拓与守护——少数民族乡村教师口述史》(2018)和《撑起教育的半边天 乡村女教师口述史》(2019)。

④ 参见:刘大伟. 一代中师记忆——晓庄师范师生口述史[M]. 南京:南京出版传媒集体,南京出版社,2021. 丛书为纪念陶行知诞辰130周年编撰,分为《志谋专业坚师道:一代中师记忆——晓庄师范师生口述史》(分册主编:黄孔融)、《扎根乡村办教育:一代中师记忆——晓庄师范师生口述史》(分册主编:韩露露)和《立德树人育陶子:一代中师记忆——晓庄师范师生口述史》(分册主编:陈诺)三册。

纪念陶行知诞辰130周年献礼之作。研究团队自2019年起启动南京晓庄师范师生口述史的采集、编撰工作,设计出版了《志谋专业坚师道》《扎根乡村办教育》《立德树人育陶子》三册,分专业发展卓有成效的引领者、扎根乡村的教师群体、晓庄师范的老教师,每册访谈人物是10位。本套丛书在聚焦集体记忆构建、发挥图片档案的作用、注意影像史料保存、注重口述抄本审核等方面,很好地构建了晓庄师范学校师生的记忆之场,也为后续的系列口述史、影像史做好了奠基工作。

在学位论文方面,周艳的硕士学位论文《流变与博弈:一所湘西乡村小学三十年来教师流动研究》是一个代表。① 研究者以村庄、乡村小学以及教师群体的变迁与发展为切入点,以教师流动的轨迹为突破口,通过对一所湘西乡村小学教师流动的口述史与田野调查,为人们构筑一副历史的、动态的以及全景式的教师流动图景。研究发现:一是近三十年来的教师流动处于不断的流变与博弈之中,其流变的轨迹在各个历史阶段呈现出不同的特征与趋势;二是从二十世纪八九十年代的"不流动",到21世纪初的"缓慢流动",再到21世纪以来的"极速流动",不同的变迁轨迹造成了不同的结果;三是教师流动问题既是现实的教育问题也是一个复杂的社会问题,而引发了我国乡村教师大规模的不合理、无序的流动源于我国社会流动机制的不健全;四是要缓解乡村教师流失的现状,需要从国家、社会及教师"三位一体"的路径加以综合治理,促进城乡教师流动合理、有序的流动。

二、对乡村教育变迁的口述史研究

乡村教育变迁是一个长期的时程,在这个变迁过程中,因为乡村教育的相关史料不足,研究者往往通过乡村教育场景中的见证者口述史料的整理与分析,来开展乡村教育变迁研究。项继发认为:"嵌入村落共同体的乡村教育,直接参与了乡村文化传统的进退形变。历史进程加速时期,底层的、地方性的历史书写可以完善历史的整体理解,而记忆作为一个反思性的概念,是对植根于现实世界的经验证据进行的知识实践过程,是一种'想象的共同体'构建行动。这一构建不仅可以维系乡村共同体纽带关系,创设身份认同,同时也彰显直面传统消退症候时,个人和共同体迸发出的对过去的意识。对于失忆和被忘却的乡村与乡村教育,利用口述史,乡村教育的集体记忆可以得到唤醒。"② 王丽清通过对云南省迪庆州德钦县霞若乡各么茸村的傈僳族群众的深入访谈,探究了傈僳族乡村现代

---

① 周艳.流变与博弈:一所湘西乡村小学三十年来教师流动研究[D].西南大学,2017.
② 项继发.乡村教育记忆的集体唤起[C].2017年农村教育国际学术研讨会教育促进农村转型会议论文集,东北师范大学农村教育研究所会议论文集:257-267.

教育的发展历程。① 对于文献资料较为稀少的民族教育史研究,采用教育口述史研究方法,显得必要且具有重要的意义。

近年来,采用口述史研究方法,代表性的硕士论文:一是赵忠平的硕士论文《村落中的"流浪者"——20世纪70年代以来黄村学生"离农"趋向的个人生活史考察》。② 论文研究者以地处黄土高原腹地的一个行政村——黄村作为田野地点,借鉴人类学的田野调查法,综合运用口述史材料,研究者通过研究力图研究清楚几个问题:农村学生是否具有"离农"趋向;哪些因素导致农村学生"离农"趋向的生成;如何生成;具有"离农"趋向的农村学生在生活以及参与社会流动过程中存在什么样的问题等。研究者以村落中的"流浪者"命名,以发生在黄村的一个突发事件为引导,分别择取70年代、80年代、90年代出生的三代文化人做以个人生活史的考察,旨在探明黄村学生的"离农"趋向的发展历程,以及农村学生在参与社会流动过程中逐渐面临的问题,并将之放在一个宏大的历史背景中,重视大传统对小传统的影响作用,回答"黄村学生何以成为现在的他们?"这一问题。二是莎莉莉的硕士论文《T村学校教育及其功能的变迁——一项对受教育者的口述史研究》,③以T村学校教育变迁这一小型个案,结合不同年代的受教育者的口述资料,对不同时期T村的学校情况、学校的教师和学生的学习生活进行深度描述和分析,呈现一幅T村学校教育变迁的真实图景,并进一步分析了T村学校教育变迁的原因,同时分析不同时代,T村人对学校教育及子孙后代教育态度上的差异,探究T村学校在实现T村人的社会升迁流动中的功能。代表性的博士论文:一是司洪昌的博士论文《嵌入村庄的学校——仁村教育的历史人类学探究》。④ 研究者通过口述和田野调查,呈现国家、地方、村落和学校之间出现了博弈互动过程,为人们提供了一幅小型社区教育变迁的图景。通过历史研究和现实观察,研究者发现:(1)仁村真实的教育和学校生活是在时空之中展开的,历史与现实空间的各种因素处在博弈互动之中,两者共同构建了村落教育的变迁。(2)处于村落之中的学校,不仅是一种深入村落之中的国家力量,而且也显示出了一种在地(local)色彩,处在本土与西洋、历史与现实、乡村与城市、

---

① 王丽清. 教育口述史视域下傈僳族乡村现代教育发展研究——以迪庆州德钦县霞若乡各么茸村为例[J]. 农业经济与科技,2020(24):299-300.

② 赵忠平. 村落中的"流浪者"——20世纪70年代以来黄村学生"离农"趋向的个人生活史考察[D]. 东北师范大学,2012.

③ 莎莉莉. T村学校教育及其功能的变迁——一项对受教育者的口述史研究[D]. 山西师范大学,2014.

④ 司洪昌. 嵌入村庄的学校——仁村教育的历史人类学探究[D]. 华东师范大学,2006.

国家与地方等多重张力的网络结构之中。（3）学校对儿童生命史的影响日益明显，成为外部生活在村落社会中的拓殖，挤压了民间规范的存在空间。（4）学校变迁的不同时段，村落学校的功能也有所变化，对外出者的影响也发生变化。（5）村落学校发展是在国家、地方、村落等主体之间的互动中展开的，小地方的历史发展具有浓重的时空投影。二是袁媛的博士论文《热闹而寂寞的乡村教化——基于建国后石村社会教育历史人类学考察的研究》[①]，该研究对象江苏省中部的行政村——石村，研究者借鉴人类学的田野调查法，综合采用口述史、教育叙事以及教育史研究中经典的文献研究法，深入而系统地研究了新中国成立后石村社会教育60年的嬗演历程，在此基础上反思当今乡村教化的渴与求，并对其在城镇化进程中的发展路向进行一定的探索。

乡村教育在我国全面建设小康社会进程中具有基础性、先导性、全局性的重要作用，发展乡村教育是直接关系广大村民切身利益，满足广大乡村人口学习需求的一件大事。由于民族性格、历史传统、当代政治影响等因素，中国的乡村有着显著的独特性。口述史作为一种研究方法，它能够将历史研究的触角延伸到社会的每一个阶层和角落，能够走向大众，让曾经沉默的普通民众发出自己的声音，构建自己的历史。这使得口述史在乡村教育变迁这一主题的研究中，一方面能够探索到曾经的乡村教育留给民众的记忆，从而映现其真正的教化之果何在；另一方面能够从民众的角度出发，通过所掌握的口述史料、民众在访谈中的表现以及口述史料和文献史料的差异，对今后乡村教育发展完善所应依循的因素予以诠释，从而使其满足村民的"教化"之需，完成国家、社会发展所赋予的"教化"之责，达成其本身所应有的"教化"之效。[②]

三、乡村教育口述史研究总体评述与趋势

（一）文献总体评述

目前，我国口述史的相关研究逐渐走向多元化，其成果涉及多个领域，如教育学、历史学、民族学、民俗学、人类学等学科，对于推进相关学科建设意义重大。[③] 从现有的教育口述史研究成果看，中国教育口述史研究集中在教育口述

---

① 袁媛.热闹而寂寞的乡村教化——基于建国后石村社会教育历史人类学考察的研究[D].东北师范大学,2010.

② 袁媛,曲铁华.乡村教化的果与因——论口述史在农村社会教育研究中的价值[J].河北师范大学学报(教育科学版),2010(5):55-39.

③ 付玉.21世纪以来中国教育口述史的研究综述[J].贵州师范学院学报,2020(5):51-57.

史的理论研究、教育人物传记口述史研究、教育领域口述史专题研究以及用于教学策略的口述史研究等几个方面。目前代表性的成果有北京师范大学出版的《中国教育口述史(第一辑)(第二辑)》分别选取了几位在教育理论界、新闻学界大师级人物进行访谈,围绕一些核心的理论问题或者鲜为人知的历史事件和人物进行交流,对于相关领域的初学者或研究者有很强的借鉴性。① 教育人物传记口述史著作涵盖了第一批教育学术领域的专家学者,例如通过采集陈信泰、郭齐家、田正平、陆友铨(傅统先)等人的口述内容,并出版了《中国教育口述史》(第一辑)。此外,北京师范大学出版社自2007年起推出了一系列教育学人的口述史丛书,包括《顾明远教育口述史》《黄济口述史》《潘懋元教育口述史》等。② 在高等教育专题领域,如华东师范大学出版的《丽娃记忆:华东师大口述实录》选取了27位学者作为口述对象,2016年出版《丽娃记忆:华东师大口述实录(第二辑)》,不仅成为华东师大自我认识和集体记忆的重要组成部分,而且也成为人们了解现代中国高等教育曲折发展脉络、研究中华民族科教兴国艰苦历程的资料来源和参考。③ 华中师范大学周洪宇教授主编的《当代中国高等教育改革口述史丛书》侧重于对老一辈高等教育学家的高等教育改革理论与实践进行梳理,为当下高等教育发展提供经验和宝贵的研究史料。④ 在少数民族教育口述史方面,沙景荣以西北地区较有特色的蒙古族、维吾尔族、藏族和裕固族作为代表,使

---

① 参见:于述胜,等.中国教育口述史(第一辑)[M].重庆:重庆大学出版社,2011;俞家庆,等.中国教育口述史(第二辑)[M].重庆:重庆大学出版社,2013.

② 参见:北京师范大学"教育口述史系列"。丛书包括:《顾明远教育口述史》(2007)、《潘懋元教育口述史》(2007)、《黄济口述史》(2010)、《林崇德口述历史》(2010)、《王炳照口述史》(2010)、《卢乐山口述历史:我与幼儿教育》(2012)、《吴式颖口述史》(2015)、《章开沅口述自传》(2015)、《特殊教育和我:朴永馨口述史》(2017)。另外,对教育学人的口述史研究成果还有:董洪.一代共和国新人的教育人生[D].华东师范大学,2016;刘美凤.尹俊华先生口述史:谈我国教育技术学学科的开创[J].中国电化教育,2015(12).等。

③ 汤涛.丽娃记忆:华东师大口述实录[M].上海:上海三联书店,2015;等.丽娃记忆:华东师大口述实录(第二辑)[M].上海:上海三联书店,2016.

④ 参见:周洪宇主编的《当代中国高等教育改革口述史丛书(第一辑)》由华中科技大学出版社自2018年陆续出版。该套丛书包括:《谋与政——朱九思口述史》(朱九思口述,陈运超整理)、《实践—理论—应用——潘懋元口述史》(潘懋元口述,郑宏整理)、《回归大学之道——章开沅口述史》(章开沅口述,周洪宇、党波涛整理)、《育人而非制器——杨叔子口述史》(杨叔子口述,肖海涛整理)、《改革路上——张楚廷口述史》(张楚廷著)、《行行重行行——王义遒口述史》(王义遒著)、《弘扬传统艰苦创业——史维祥口述史》(史维祥口述,杨澜涛、房立民整理)、《创新无止境——刘道玉口述史》(刘道玉著)、《教育口述史研究引论》(周洪宇、刘来兵著)等。

用采访和田野观察记录的方法,通过对受访者个人成长过程的口述方式,全面呈现了我国少数民族教育的发展变化历程,对西北地区我国少数民族教育提供了非常重要的口述史料。① 其他对于教学策略的口述史研究,多见之于一些论文,主要在历史学科、思政课、护理医学等学科的教学策略中得到运用。当然,对于作为教学策略的口述史和作为研究方法的口述史还是有区别的,我们还是需要甄别。

(二) 乡村教育口述史研究的不足

乡村教育口述史研究,属于教育口述史研究的一个领域,当然如果是对于乡村教育人物的口述史研究,那就应该属于教育人物口述史研究。从目前现有的乡村教育口述史研究成果来看,其研究领域主要集中于乡村教师、乡村学校变迁等领域。这对于取得较为丰富的教育口述史研究来说,当前我国乡村教育口述史研究存在以下两点不足:

1. 乡村教育口述史的理论研究不足

中国口述史学者杨祥银提出:"口述史教育可分为两个层次:第一个层次主要指口述史学科的纯理论式教学;第二个层次是指将口述史看作一种原始资料或教学方法应用于其他相关学科领域的教学中。"②因为口述史研究方法引进到教育研究中,还是比较晚近,当前关于教育口述史含义、发展形态、相关概念、操作规范、研究价值等关涉教育口述史理论方面的研究资料尚有很大的不足,在实践操作中也就会难免出现一些研究混淆教育口述史的概念和适用范围,将其等同于回忆录和自传等问题,有的研究者甚或不甚了解教育口述史的操作规范。理论研究上的不足,自然会给乡村教育口述史研究带来很多弯路。

2. 研究对象以精英为主,微小人物涉及较少

从中国教育口述史的研究对象大多是精英人物,尤其是对我国教育史贡献较大的专家学者,如郭齐家、黄济、顾明远等。近些年来关于乡村教育的口述史研究,多会涉及一些乡村学校的校长、获得诸多荣誉的乡村教师等,其中也会涉及一批普通的乡村教师和那些默默无闻的乡村学生。对乡村校长的校长、名师的口述研究,由于他们本身的知识修养较高、对乡村学校发展阶段的贡献也较大,因而对这部分名校长、名师的口述研究自有其口述史价值。但乡村教育除了这些关键式的学校精英,还有很多普通的乡村教师和学生,他们也是生活在乡村教育中的重要群体,他们对于乡村教育中的节点事件自有其底层的思维与认知,

---

① 沙景荣. 西部地区少数民族教育发展口述史研究[M]. 北京:科学出版社,2014.
② 杨祥银. 美国口述历史教育的兴起与发展[J]. 史学理论与研究,2011(1):62-73.

通过大众取向的口述史研究可以从多个角度阐述乡村教育,更有利于呈现乡村教育生活的完整性。

(三) 乡村教育口述史研究的趋势

针对当前乡村教育口述史现状与存在的不足,从教育口述史在乡村教育研究领域的生命力来看,研究者认为未来乡村教育口述史研究需要加强以下三个方面:一是强化对乡村教育口述史的基本理论研究。对于教育口述史理论研究的深入可从教育口述史的发展过程、基本范畴与基本价值,基本方法以及它的具体应用等方面进行。"教育口述史研究者应在遵从口述史研究的基本要求的基础上,把握教育口述史的一般规律,通过自己的研究,对教育口述史一般的定义和性质应该取得大体的一致性。"[1]特别是在新媒体技术发达的当下,对于如何利用好已有的教育口述历史档案、挖掘教育口述史新材料等方面需要加强。因而,通过加强教育研究口述史的相关理论研究工作,为乡村教育口述史研究提供一个基本的理论框架和研究规范显得尤为重要。二是乡村教育口述史研究对象的拓展。以往的乡村教育研究,对底层普通群众和日常教育问题的关注较少,未来的乡村教育研究,其研究视野下移的要求逐渐得到大家的确认。要使乡村教育研究视野下移,"就要把教育史研究中的'人'扩大其外延,将视角移向民间的、微观的、基层的教育者与受教育者,描述出生动而丰富的教育史图景。"[2]乡村教育口述史研究除了乡村教师、乡村学校变迁等专题外,还应拓展到乡村社会教育、乡村特殊儿童教育、乡村职业教育等领域。在研究对象上,在研究乡村教育的精英之外,还要关注到对普通民众的研究,从而有利于开辟乡村教育口述史的新方向,增加乡村教育口述史的生动性。三是加强乡村教育口述史研究队伍建设。随着乡村教育口述史研究的深入,乡村教育研究口述史的队伍建设也必然提上日程。一方面是需要乡村教育研究队伍的自我自觉转向,另一方面需要加强对乡村教育口述史研究人才的培养和培训工作,通过举办相关学术会议,深入研讨乡村教育口述史研究的理论与实践问题,为乡村教育口述史研究提供源源不断的学术资源和研究力量。

---

[1] 宋忠敏. 近十年来教育口述史研究综述[J]. 经贸实践,2018(13):29-33.

[2] 刘京京. 教育史学研究的路径转向——基于新文化史学的研究视角[J]. 教育理论与实践,2014(19):15.

第三章　中国乡村教育现代化的演变历程

从中国近代以来社会发展历程来看,中国乡村教育现代化也可以划分为近代乡村教育现代化、现代乡村教育现代化和当代乡村教育现代化三个发展阶段。近代乡村教育现代化,包含从19世纪后期的新式学堂兴起,再到二十世纪二三十年代乡村教育运动和革命根据地的乡村教育,此阶段为中国乡村教育早期的现代化阶段。现代乡村教育现代化,时间跨度自1949年新中国成立到2000年,包含新中国成立后教育制度的确立,再到改革开放后乡村教育现代化的恢复与发展。当代乡村教育现代化从21世纪开始算起到目前,是全面建设与高质量发展的乡村教育现代化新阶段。

第一节　中国近代乡村教育现代化的历史回溯

我国近代乡村教育现代化始于1840年,伴随着西方列强势力的入侵,我国最先具备现代化水平的学校是教会学校,多由外国传教者建立。[1] 随后轰轰烈烈的洋务运动中,开始建新学堂、废科举,开始了"中学为体,西学为用"的现代化教育探索。在乡村,主要表现为改良私塾教育,建立统一办学标准的现代新式乡村小学。到二十世纪二三十年代,晏阳初、陶行知、梁漱溟等发起了浩浩荡荡的乡村教育运动,其中也不乏共产党在革命根据地发起的农本观教育。中国开始的早期乡村教育现代化实践,力图改变中国乡村落后面貌,救亡图强,为我国乡村教育现代化探索提供了极其宝贵的经验。

一、近代乡村教育现代化的演变历程

1. 兴办新式乡村教育

中国的现代教育事业最早兴起于1840年鸦片战争后的通商口岸城市,以外

---

[1]　佘万斌,杜学元,谭辉旭.农村教育现代化的理论与实践研究[M].北京:人民出版社,2015:38.

国传教士建立的教会学校为主。教会学校给近代中国教育带来了社会文明之风，随着中国人眼界不断开阔，教会学校人数也不断增加。但由于宗教、政治等方面的原因，这些新式教育机构对普通民众的生活影响不大。中国人最早开办的新式学堂是 1862 年由总理各国事务衙门开办的京师同文馆，在此后的几十年间，洋务派先后设立了一批语言学堂、军事学堂和技术学堂，中国近代的新式教育事业由此起步。20 世纪以前中国新式教育的发展具有以下几个特点：(1) 新式学堂数量有限。据不完全统计，至甲午战争前，中国人自己开办的新式学堂总数不超过 30 所。(2) 多集中于沿海沿江城市。这些新式教育机构大多集中在广州、天津、上海、福州、武昌等东南沿海省份和工商业发达的几个通商口岸城市，尚未深入到乡村社会，在广大内陆地区尤为罕见。(3) 这批新式学堂多为各地封疆大吏出于外交、国防或地方发展的需要，奏请中央批准之后设立，新式学堂的兴衰受主持官吏的去留影响很大。(4) 以专业教育为主。这批新式学堂多集中于语言、技术、军事等领域，以传授普通文化知识、开启民智与普及教育为目的的普通教育机构极少，因而对广大乡村民众的影响非常有限。(5) 新式教育缺乏统一、独立的管理机构，多是各自为政。①

1900 年以前，也有一些有识之士提出在全国范围内推广新式教育，但新式教育真正全面进入乡村社会是 20 世纪初。经过"庚子之变"，晚清政府创巨痛深，清廷统治者决定实行变法。1901 年 1 月 29 日清廷颁布"变法"上谕："世有万祀不易之常经，无一成不变之法治。穷变通久，见于《大易》；损益可知，著于《论语》……今者恭承慈命，一意振兴，严袪新旧之名，浑融中外之迹。"②同样在这份上谕中，清廷统治者对过去学习西方文化知识存在的问题进行了深刻的检讨："晚近之学西法者，语言文字、制造器械而已、此西艺之皮毛而非西学之本源也。""舍其本源而不学，学其皮毛而又不精，天下安得富强耶？"那么，如何才能学到西学的精华呢？由张之洞、刘坤一联名上奏的《变通政治人才为先遵旨筹议折》中提出改革传统教育的四条建议，认为国力不振在于政治不良，政治不良在于人才不兴。欲改良政治、振兴国力，必先改革教育。

窃谓中国不贫于财而贫于人才，不弱于兵而弱于志气。人才之贫，由于见闻不广，学业不实。志气之弱，由于苟安者无履危救亡之远谋，自足者无发愤好学之果力。保邦致治，非人无由。谨先就育才兴学之大端，参考古今，会通文武，筹

---

① 田正平，陈胜. 中国教育早期现代化问题研究——以清末民初乡村教育冲突考察为中心[M]. 杭州：浙江教育出版社，2009：24-25.
② 朱寿朋. 光绪朝东华录[M]. 北京：中华书局，1958：4601.

拟四条:一曰设文武学堂,二曰酌改文科,三曰停罢武科,四曰奖励游学。①

在张之洞、刘坤一、陶模等人的积极推动下,清廷最终下定决心进行教育改革,在全国范围内正式推广新式教育。1901年清政府颁布后来称之为"兴学诏"的上谕,要求在全国范围内兴办各种新式学堂。并鉴于一些地方官员观望迟疑、办理不力,甚至敷衍塞责的情况,清政府再次发布上谕,督促地方官员采取切实措施,发展新式教育。与洋务运动时期各地根据需要零星办学的情形不同,清政府不仅要求在京师、省会、府县所在地等大中小城市中广设新式学堂,还要求在广大乡村中开办新式教育。正是在国家政权力量的强势推进下,新式教育才开始出现在乡村社会,由此揭开了乡村教育发展的新篇章。

其后,一系列涉及乡村新式教育的规章制度也得以逐步颁布实施。1902年由张百熙制定的《钦定蒙养学堂章程》要求"城内坊厢乡镇村集,均应设立蒙学堂……一乡之内先立蒙学堂一所,以后逐渐推广办理。"②同时还对乡村新式教育的管理做了一些规定:京师大学堂是全国教育最高行政机构;县教育的行政管理机构为县立小学堂;乡村新式教育应接受官立小学堂的管理、督察和考核。这一章程虽未正式颁布实施,却是清末新学制的蓝本,其在乡村中设学的构想,对此后不久颁布的《奏定学堂章程》有很大影响,在乡村教育发展史上有着十分重要的意义。传统蒙学在《奏定学堂章程》(1904年颁行)定名为"初等小学堂",并对立学总义、学科程度及编制、计年就学、教员管理等做了详明规定。③ 1904年颁布的《奏定初等小学堂章程》对各地办学做出了更加详细的规定。与1902年的"学堂章程"不同的是,《奏定初等小学堂章程》明确规定了乡村学堂经费的筹集办法,"各省府厅州县,如向有义塾善举等事经费,皆可酌量改为初等小学堂经费。如有赛会演戏等一切无益之费积有公款者,皆可酌提充用。此等学堂或一城一镇一乡一村各以公款设立,或各以捐款设立者,及数镇数乡数村联合设立者,均名为初等公小学。"另外,《奏定初等小学堂章程》还明确了私人办学的合法地位:"凡有一人出资独力设一小学堂者,或家塾招集邻近儿童附就课读,人数在三十人以外者,及塾师设馆招集在馆授业在三十人以外者,名曰初等私小学,均遵官定章程办理。"④同时也明确规定乡村新式学堂的管理者为州县地方官,州

---

① 张文襄公文集(奏议五十二)[M].北京:中国书店,1990:922.
② 舒新城.中国近代教育史资料(中册):奏定初等小学堂章程[M].北京:人民教育出版社,1981:394.
③ 赵厚勰.中国蒙学教育惩戒述论[J].教育研究与实验,2022(4):51-55.
④ 舒新城.中国近代教育史资料(中册):奏定初等小学堂章程[M].北京:人民教育出版社,1981:412-413.

县官负有设立与管理初等小学堂的责任。在《奏定高等小学堂章程》中放宽了高等小学设学的范围,"城镇乡村均可建设高等小学堂。虽僻小州县,至少必应由官设立高等小学堂所以为模范,名为高等官小学堂。"同时也规定:"各省府厅州县,如向有义塾善举等事经费,皆可酌量改为高等小学堂经费。如有赛会演戏等一切无益之费积有公款者,皆可酌提充用。凡一城一镇一乡一村各以公款设立之高等小学堂,及数镇数乡数村联合设立之高等小学堂,均名为高等公小学;其建设停止,均应禀经地方官核准。"①从上述两个章程来看,虽然其规章制度简略,且移植日本学校制度的痕迹十分明显,但它毕竟是在中国教育早期现代化启动近半个世纪之后第一次由中央政府法规的形式,为乡村教育的发展提供了制度上的保障,使各地乡村在设学与管理上有法可依,有力地促进了乡村新式教育的发展。据1904年统计,全国有初等小学4 222所,学生达92 169人,其中应有很大一部分位于乡村。②尽管在1905年科举停废前乡村新式学堂数量较少,就学儿童数也很有限,但它毕竟迈出了乡村教育早期现代化的第一步,标志着源于西方的近代新式教育在进入中国近半个世纪后终于正式迈进了乡村社会的大门。这些零星散落在广大村落之中的新式学堂,打破了以私塾为主体的旧式教育在乡村中的垄断地位,为乡村教育早期的现代化打开了一丝缝隙,标志着乡村教育新时代的到来。③

1905年清政府废停科举制度,标志着以其为中心的旧教育制度正式退出历史舞台。科举制的废停,乡村士绅实行社会流动的仕进渠道被切断,政府的乡村兴学政策为乡村士绅提供了一个很好的平台,部分解决了乡村新式教育发展中的动力不足问题。乡村士绅纷纷投身于乡村办学之中,因为按照清政府的兴学要求,乡村中原有的教育资源和部分地方公产都要用于兴办新式教育,掌握了新式教育的兴办权,也就意味着掌握了乡村这部分资源的控制权。另外,科举制的废停也部分解决了乡村教育发展经费不足和招生困难等问题。诸如宾兴、学田、书田等传统上用于科举考试的乡村教育经费,被全部或部分用作兴学经费;一部分私塾和家塾被改造成新式学堂,学生转入学堂中学习。④如浙江镇海县"凤湖义学在灵绪乡,道光十一年(1831年)里人方大品、方城、方家盛创建书舍,俾族

---

① 舒新城.中国近代教育史资料(中册):奏定高等小学堂章程[M].北京:人民教育出版社,1981:427-428.

② 田正平.中国教育史研究·近代卷[M].上海:华东师范大学出版社,2001:178.

③ 田正平,陈胜.中国教育早期现代化问题研究——以清末民初乡村教育冲突考察为中心[M].杭州:浙江教育出版社,2009:30.

④ 田正平,陈胜.中国教育早期现代化问题研究——以清末民初乡村教育冲突考察为中心[M].杭州:浙江教育出版社,2009:36-37.

中之子弟与里中贫不能学者读书其中,复置田以赡学费。光绪三十二年(1906年)改办凤湖学堂","沙河义塾在灵绪乡一都二图沙河头村,同治七年(1868年)里人陈鉴科延师以课族之贫子弟暨里中之无力就学者,复置田以赡学费。光绪三十二年(1906年)改办进化学堂。"①

对晚清乡村新式学堂发展产生重要作用的另一个重要举措是学堂奖励制度和从中央到地方教育行政机构的建立。1904年参照日本学制制定的《奏定学堂章程》其中包含了《学堂奖励章程》,其内容包含:一是对就学者进行奖励,即奖励出身制度,就是把科举取士奖励出身的那一套制度嫁接到现代学校制度上,把"育才"与"取士"结合起来。二是对办学者进行奖励,包括授予各种荣誉,或奖励某种出身。1907年后,一些地方更把这些奖励办法具体化,如规定绅士有办理初等小学堂10处,教育学生500名以上者,派为绅士长,得享一切绅士权益;办理20处以上者,请旨奖给"乐善好施"匾额。② 三是对从事新式教育的教师进行奖励,把教职列为实官,对教员补授实官或教员义务期满后奖励实官,一定程度上激发了人们从事新式教育的积极性。学堂奖励制度的实施实践中虽有诸多弊端,其与普及教育目标也存在严重冲突,但这一制度出台本身就表明了清政府兴办新式教育的态度与决心,很大程度上对乡村教育发展起到了促进作用。而随着兴办新式教育,加强对新式教育的管理成为促进各项新式教育事业发展的共同要求。1904年《奏定学堂章程》规定"专设总理学务大臣,统辖全国学务",1906年6月清廷批准学部管制,成为统辖全国学务的中央教育行政机构,同时省府厅州县也分别建立了管理学堂的机构。为弥补地方官兼管乡村教育的不足,一些省份还加强对地方州县等地方官的教育培训,或者派遣专门的教育官员帮助州县地方官处理学务问题。专门的教育行政机构的设立,对于乡村新式教育的发展具有很大的促进作用,特别是各州厅县劝学所等基层教育行政机构的设立,这是清政府第一次将教育行政势力深入到地方,打破了以前乡村士绅对乡村教育自发组织的局面,实现了真正意义上的"皇权下乡",有力地促进了乡村教育的发展。据统计,1907年全国共有初等小学堂29 199所,学生人数684 675人,与科举废停前的1904年全国小学堂数和小学生数相比,分别增长了6.92倍和7.43倍,增长的速度着实惊人。1908年这两个数字更是达到了35 420所和904 987人,一年间初等小学堂数增加了6 000余所,入学人数增加了20余万,

---

① 参见洪锡范,盛鸿焘修,王荣商、杨敏曾纂的《民国镇海县志》(卷十一·学校下),1923年修。转引自:田正平,陈胜.中国教育早期现代化问题研究——以清末民初乡村教育冲突考察为中心[M].杭州:浙江教育出版社,2009:37.

② 议定强迫教育办法十款[N].中国日报,1907-04-03.

这当中应有相当一部分位于乡村。因此,完全可以说,科举废停后几年,乡村新式教育有了较大发展。

辛亥革命推翻清政府建立中华民国政府,民国元年(1912年)九月,教育部公布《小学校令》和《中学校令》,积极发展新式教育,"小学为教育之基本,不特教育家亟亟谋普及,政治家亦尽力提倡之。民国初立,国事尚在争执之秋,独小学教育骤见发达,有一校学生数倍于旧额者,一地学校数十倍于原数者。南北各省,大都如是。"① 同时,改革地方教育行政,民国成立后,厅州改为县,1912年2月颁布《地方行政管制》规定县公署设第三科,专管全县教育事宜,原先的劝学所在法令上遂被取消,成为县公署之附属机关。1922年后,通过设立地方教育局代替劝学所,并一直沿用至1949年。通过改革,地方政权对乡村新式教育的管理大为加强,如云南在1916年除照章将"劝学员长制"改为"劝学所长制"外,还根据云南实际制定了《县教育行政组织大纲》及《街村教育行政组织大纲》两个具有法律效应的文件,用以整顿和发展城镇、乡村的学校教育。《街村教育行政组织大纲》规定:学董、副学董为街及村教育行政主体,直接承办街村教育一切事务;街村教育经费由其负责保管,并按年编制预、决算报劝学所核行;街村应办的学校教育,除街村立小学、职业学校及补习学校外,还应主办本街村义务教育及改良本街村的私塾;所需经费由街、村所固有的公款、公产拨出,不足部分可将街、村征收的烟、酒、迷信捐税作补充。这两个大纲同时规定,将县乡财政收入的80%用于教育、文化、体育、卫生事业,而且经费独立。② 这些规定,对于当时云南乡村教育的发展起到了很大的促进作用。

晚清在《奏定学堂章程》提出全国范围内推行义务教育的设想但未来得及实施,清政府就灭亡了。民国成立后,初等小学堂改称初等小学校,四年毕业。1913年教育部拟定强迫义务教育办法六条,要求各省划定学区并调查学龄儿童数,1915年教育部拟定义务教育实施程序,要求各省分年筹备办法。③ 其后,义务教育在各省逐渐受到重视,次第举办起来。总体来看,进入民国以后,特别是最初几年,乡村新式学校数迅速增加,远远超过清末十年,乡村教育进入一个加速发展期。据统计,1912年全国小学校共有86 318所,学生2 793 633人,1915

---

① 庄俞.小学教育现状论[J].教育杂志,1913(3).

② 参见云南省教委教育史志办编的《云南教育史》(讨论稿)第206页。转引自:田正平.中国教育史研究·近代卷[M].上海:华东师范大学出版社,2001:54.

③ 朱有瓛.中国近代学制史料(第三辑·上册)[M].上海:华东师范大学出版社,1987:322-326.

年学校数位128 525所,学生数位4 140 066人,增长近50%。① 虽然乡村小学的数量有了较大的发展,学生数也不断上升,但仍然处于低下的水平。对于乡村儿童尤其是女童和偏远地区的儿童,失学仍是一个十分突出的问题。以教育较为发达的浙江各县为例,1915年崇德县全境学龄儿童26 889人,共有学校52所,学生1 816人,毛入学率约为6.8%;余杭由学校32所,学生1 162人,全县学龄儿童约15 781人,毛入学率约为7.4%;桐乡县由学校64所,学生2 477人,约占学龄儿童13 153人的18.8%。② 从学校布局情况来看,东部较发达地区形成新式教育机构较多,而西部内陆及少数民族聚居的地方,新式教育机构仍然很少。1915年浙江省有小学校6 300余所;1913年江苏省各县有学校6 214所,县均近百所;甘肃省小学校"校数无多,办法亦未能尽合";1915年新疆全境仅有初、高等小学校51所,小学生数自然不会很多。③ 由于战争频繁,军阀割据,民国前十年间乡村教育受到政局与战争的影响极大,乡村教育的教学、管理情况令人担忧。很多乡村新式学校学生数稀少,教员略知教育理法者极少,大都是以前的私塾教师,文理或欠通顺且拘守旧法,教学内容也还是教孔孟经书的私塾模式。加之军阀割据,教育经费常常为军费所挤占。很多乡村学校由于战争遭到直接破坏,其中被迫停办的也不在少数。由此观之,民国初十年乡村教育办学条件、办学水平仍然没有很明显的提高,是乡村教育曲折发展的十年,也成为二十世纪二三十年乡村教育运动兴起、再造中国的乡村教育必要的动因。

2. 乡村教育运动

民国初十年的教育改良范式几乎全部照搬清末的办法,乡村学校的办学方法和目的依旧很守旧,对于"鞭长莫及的乡村,几乎是没有触及到病痒"。④ 而随着二十世纪早期中国资本主义的迅速发展,工业发展深入到城市,使原本优越于乡村的城市更加欣欣向荣,而生产力落后的乡村却逐渐变得没落凋敝,陷入百业凋零的困境。另一方面,当时的中国正处于内忧外患、民族存亡的关键时期,以余家菊、晏阳初、梁漱溟、陶行知等一批有志于"教育救国"的中国知识分子,开始探索乡村教育的未来出路,试图用教育改变农村、农民的落后面貌,掀起了声势

---

① 陈学恂.中国近代教育史教学参考资料(下册)[M].北京:人民教育出版社,1986:352.

② 参见浙江教育学会.崇德学务之近况、桐乡学务之近况、余杭学务之心调查[N].教育周报:1915(98),(100).

③ 沈云龙.近代中国史料丛刊三编(第十辑)·全国教育行政会议各省区报告汇录(浙江、江苏、甘肃、新疆部分)[M].台北:文海出版社:98,140,160,170.

④ 熊贤君.中华民国时期私塾的现代化改造[J].华东师范大学学报,1998(3):88.

浩大、影响较广的乡村教育运动。

　　1919年冬,余家菊在《中华教育界》上发表的《乡村教育之危机》一文指出乡村教育不振的原因有二:一是农民受传统观念的影响,认为读书识字是升官发财的捷径,与生活无甚关系。故教育之有无,发达与否均不关己,不在意中。二是农村教育名存实亡,学校破败,内容空腐,教师素质低劣。读书三四年尚不能记账、写信,不能体现教育的好处和功效。合此二因,余家菊得出结论:"乡村教育已经破产了,乡村教育的事业大家都不愿干,亟宜设法挽救。"①平民教育家晏阳初针对当时中国农村和农民的"愚、穷、弱、私"四个问题,提出通过文艺教育、生计教育、卫生教育和公民教育这"四大教育"来培养"新民",主张用文艺教育救愚、生计教育救穷、卫生教育救弱、公民教育救私,来增强农民的智识力、生产力、强健力和团结力,从而实现"教育救国"理想。②

　　梁漱溟对乡村教育的现状深感"痛苦",他认为:学校制度自从欧美流入中国社会以来,始终未见成功,却贻给社会许多病痛。这是因为这种教育"一面是不合于教育的道理,一面又是不合于人生的道理"③。如体育课,不见学生体质增强,反而受其贼害;文化课不见学生变得聪明,反而窒塞人们的智慧。不合于人生道理的更多,农村的儿童脱离农村实际到城里上学,抛弃乡间朴实的生活,旧日的衣不能穿,旧日的饭不肯吃,乡间的农活一样也不会干,养成手足不勤的游惰习惯。结果是"小学生就是小贵族,大学生就是大贵族,女学生就是女贵族。"④梁漱溟主张"借助中国乡村治理的传统资源,在农村创办村学、乡学和乡农学校,试图以乡村乡学为载体,运用'政教合一''以教统教'的组织原则综合性地解决农村社会的政治、经济、教育和自卫等问题"⑤,始终把乡村建设作为"拯救中国、恢复伦理本位社会"的唯一法宝。

　　陶行知也是较早注意乡村教育的教育家。早在1919年4月,他在《第一流的教育家》一文中就提出:"国家有一块未开化的土地,有一个未受教育的人民,

---

　　① 参见:《中华教育界》第10卷第1期。转引自:童富勇.论乡村教育运动的发轫兴盛及其意义[J].浙江学刊,1998(2):112-116.

　　② 宋恩荣.晏阳初全集(第1册)[M].长沙:湖南教育出版社,1989:175,247-249.

　　③ 梁漱溟.为中国教育寻觅曙光(抱歉、痛苦、一件有兴趣的事)[M].成都:四川教育出版社,1989:356.

　　④ 梁漱溟.为中国教育寻觅曙光(抱歉、痛苦、一件有兴趣的事)[M].成都:四川教育出版社,1989:356.

　　⑤ 毛礼锐,沈灌群.中国教育通史(第5卷)[M].济南:山东教育出版社,1988:565-655.

都是由于我们未尽到责任。"①同年,他在接见贵州教育代表团时又说:"应该在什么地方办学校? 鄙意认为应在教育幼稚的地方办,在没有学校的地方办。"②陶行知在转向对中国乡村教育的研究和试验的时候就清醒地说过:"以前的教育,都是像拉东洋车一样。自各国回来的留学生,都把他们在国外学来的教育制度拉到中国来,不问适合国情与否,只以为这是文明国里的时髦物品,都装在东洋车里拉过来,再硬灌在天真烂漫的儿童心坎里,这样儿童们都给他弄得不死不活了,中国亦就给他做得奄奄一息了! 我从前也是把外国教育制度拉到中国的东洋车夫之一,不过我觉得这是害国害民的事,是万万做不得的。"③陶行知在推行平民读书运动的同时,曾花两年时间调查沪宁线上的乡村学校,得出一个惊人的结论:"中国乡村教育走错了路! 他教人离开乡下向城里跑,他教人吃饭不种稻,穿衣不种棉,做房子不造林;他教人羡慕奢华,看不起务农;他教人分利不生利;他教农夫子弟变成书呆子;他教富的变穷,穷的变得格外穷;他教强的变弱,弱的变得格外弱。"④这种"走错了路"的乡村教育,直接导致中国流行两种疾病,即"软手软脚病"(知识分子)和"呆头呆脑病"(体力劳动者)。这两种流行病最后使中国成为病国、弱国,以致亡国。于是陶行知提出要根本改造乡村教育,另找生路,大力倡导"生活教育"理念,立下"募集一百万元基金,征集一百万个同志,创设一百万个学校,改造一百万个乡村"的计划,通过"教育与农业携手""为农民服务",力图从根本上改造"把农夫子弟变成书呆子,不会生产劳动,只想往城里跑"⑤的农村教育。

乡村教育运动是从教育救国理论与立场出发,揭露半殖民地半封建社会的弊端,想尽办法把教育送到乡下,其目的就是造就新国民,实现人的现代化。在内容上,乡村教育务实求用,手脑并用,强调对农民的扫盲识字及普及基础教育,培养民族爱国力和集体凝聚力,使国民获得谋生技能,解决中国人生活和生存问题。陶行知认为:乡村教育内容应从生活出发,从社会出发,用什么、学什么、教什么。陶行知把乡村教育内容分为五大类:即康健的教育、劳动的教育、科学的教育、艺术的教育和改造社会的教育。晓庄师范被封闭后,陶行知又创办了山海工学团。在教育内容上实施六大训练,即普遍的军事训练、生产训练、科学训练、

---

① 陶行知.陶行知全集(一)[M].长沙:湖南教育出版社,1986:114.
② 陶行知.陶行知全集(一)[M].长沙:湖南教育出版社,1986:120.
③ 陶行知.陶行知全集(二)[M].长沙:湖南教育出版社,1986:17.
④ 陶行知.陶行知全集(一)[M].长沙:湖南教育出版社,1986:167.
⑤ 胡志坚.陶行知"生活教育论"新探[J].河北师范大学学报(教育科学版),2009(1):31.

识字训练、民权训练以及生育训练。① 这些课程的内容和改革,代表了乡村教育内容改革的大趋势。在方式上,强调社会教育,反对把教育局限在书本上、学校内,强调社会式教育特别是学校式教育、社会式教育及家庭式教育的联合,倡导"互教共学"、能者为师、在做中学、"教学做合一",一边学习一边劳动和实习,教育生活化,生活教育化,毕业就到田间、工厂、商店或从事乡村建设及民族复兴运动。如:陶行知针对当时的教师"教死书、死教书、教书死",学生"读死书、死读书、读书死"的"死教育"而提出的"活教育"方法,即"教学做合一法",被乡村教育运动者普遍接受。他说:"活的方法,就是教学做合一:教的法子根据学的法子,学的法子根据做的法子;凡事怎样做就怎样学,怎样学就怎样做。比如种田这件事,要在田里做,就要在田里学,也就要在田里教。"②对于乡村教育的途径,同时代的乡村教育研究者古楳归结为六个方面:"一曰培养乡村教育人才;二曰改良乡村小学;三曰注重乡村基本教育;四曰实施乡村平民教育;五曰改良乡村生活;六曰改进农业。必此六者同时并进,然后乡村教育运动乃有成功之望也。"③古楳认为,这六条途径中,又以培养乡村教育人才最为重要。因此,当乡村教育运动从理论研究演变成实际行动时,也是从培养乡村教育人才入手的。

倡导乡村教育运动的改革者们,非常富有教育改革和实验精神,他们以教育为手段,以农村为对象,以最终改造农村生活为目的,进行了大量的试验活动。如:1926年8月,晏阳初选择河北省定县作为试验区,开展乡村平民教育实验;1928年4月由黄炎培在江苏昆山设立"乡村改进试验区";以梁漱溟为代表的乡村建设学派,从1931年开始在邹平设立乡村建设研究院,在农村创办村学、乡学和乡农学校,实行政治、经济、教育、自卫一体化的"政教合一"实验。陶行知创办乡村师范学校,即晓庄师范,可以说在整个乡村教育运动中具有里程碑式的意义。陶行知经过调查研究,认定"建设适合乡村实际生活的活教育"是中国乡村教育改革的根本出路,而"活的乡村教育要有活的乡村教师;活的乡村教师要有农夫的身手、科学的头脑、改造社会的精神。"④为了培养活的乡村教师,陶行知从1926年底开始自筹经费,在南京郊区小庄买了10里荒山、200亩坟地,作为"活的乡村师范"的校址。陶行知和学员一起,"从野人生活出发",住牛棚,挑大粪,"和马牛羊鸡犬豕做朋友,对稻粱菽麦黍稷下功夫",与完全不同于传统师范学校的形象出现,使人耳目一新。美国著名教育家克伯屈考察晓庄师范以后,曾

---

① 童富勇.论乡村教育运动的发轫兴盛及其意义[J].浙江学刊,1998(2):112-116.
② 陶行知.陶行知全集(二)[M].长沙:湖南教育出版社,1986:2.
③ 古楳.中国之乡村教育运动[J].教育研究,1928(6).
④ 陶行知.陶行知全集(一)[M].长沙:湖南教育出版社,1986:653.

评价这个学校"负有特殊的使命,就是要研究用哪种教育,才合乎乡村需要,使能引导乡村,适合现在变动。"①晓庄师范存在的三年中,不但培养了200多名毕业生,还接待了数以万计的参观考察者,俨然成为全国乡村教育运动的中心,影响了全中国乡村教育改革的进程。

这些大大小小的试验区,汇集成乡村教育运动的滚滚洪流。虽然受时代和个人的局限,乡村教育运动的理论和教育实践存在很多不足和缺陷,但乡村教育运动中的乡村建设与乡村教育改革思想、方法与措施具有超越时代、超越阶级的意义,对推动中国早期乡村教育现代化的改革和发展,继而推动中国乡村生活的改造做出了有价值和有意义的尝试。

3. 革命根据地的农村教育

自1921年中国共产党成立,中国政治革命在农村开始兴起。1927年后,中国共产党结合土地革命、抗日战争和解放战争的实际需要,以苏区、抗日民主革命根据地和解放区为试验田,广泛开展了乡村小学教育改革实验,显示出蓬勃生机,在普及小学义务教育、小学课程建设、小学教学管理等方面进行了独具特色的探索,并取得了较为显著的成就。

中国共产党领导的革命根据地教育,是在战争环境中逐渐发展起来的。党的创始人李大钊很早就意识到农村教育问题的重要性,1919年2月李大钊在《青年与农村》一文中指出中国是一个农业国,大多数的劳动者都是农民,"中国农村的黑暗,算是达到了极点",他号召青年知识分子去开发农村,"同劳动阶级打成一片""把现代的新光明从根底带到社会里面",用教育去解除农民的痛苦和黑暗。② 1921年—1923年澎湃领导广东省海陆丰地区农民运动时,为"图农民生活之改造,图农业之发展,图农民之自治,图农民教育之普及",创办了十余所农民学校,不仅教农民识字、写字、算术,还进行革命教育。③ 1924年2月,毛泽东开始领导农民运动实践,在家乡创办农民夜校,组织农民协会。1924年7月到1926年9月,中国共产党在广州举办了六届农民运动讲习所,1927年3月到6月在武昌举办了中央农民运动讲习所。这些举措推进了农民运动和农村革命教育的发展,为农村革命和农村教育培养了大量人才。④ 1927年国共合作破裂后,共产党人在全国展开了武装斗争,建立了农村革命根据地。在中国共产党的

---

① 童富勇.论乡村教育运动的发轫兴盛及其意义[J].浙江学刊,1998(2):112-116.参见克伯屈《我对于晓庄感想》,《晓庄批判》1932年。
② 李大钊.李大钊选集[M].北京:人民出版社,1959:146-149.
③ 李春涛.海陆丰农民运动及其指导者澎湃[J].晨光,1924(2).
④ 董纯才.中国革命根据地教育史[M].北京:教育科学出版社,1991:20-21.

领导下,各革命根据地面向劳苦大众,为革命战争和社会解放服务,以教育与生产劳动相结合为指导思想,在农村开展扫盲教育、职业教育、干部教育和社会教育,也开始了对根据地旧私塾的改革,使其成为国家小学的重要组成部分,为新中国成立后农村教育的改造与现代教育的形成开辟了道路。

一是推行全面的免费义务教育。中国共产党领导的苏区以保障工农劳苦大众受教育的权利为目的,推行全面的免费的义务教育,而且把这一权利放在比其他阶级和阶层优先考虑的地位。早在中共二大的纲领中,早期共产党人就倡导男女平等的教育权,提出了改良教育制度、实行教育普及的主张。1927年,毛泽东对苏区教育的性质进行分析,认为:"这里一切文化教育机关,是操在工农劳苦群众的手里。工农及其子女有享受教育的优先权。"[①]1931年,中华苏维埃第一次全国工农兵代表大会宣言中提出:"工农劳苦群众,不论男子和女子,在社会、经济、政治和教育上,完全享有同等的权利和义务。一切工农劳苦群众及其子弟,有享受国家免费教育之权。"[②]1934年第二次全国苏维埃代表大会上,毛泽东明确提出了苏维埃文化教育的总任务是"厉行全部的义务教育,发展广泛的社会教育,努力扫除文盲,创造大批领导斗争的高级干部",将"厉行全部的义务教育"放在了首位。[③] 据第二次全国苏维埃代表大会上的统计,当时的中央苏区共计2 932个乡中,已建立了3 052所列宁小学,学生89 710人。比较典型的是江西省兴国县,学龄儿童入学率达到64%,大大高于全国其他地区。[④] 在抗日战争时期,各根据地也很重视小学义务教育。1937年8月,中国共产党提出的《抗日救国十大纲领》指出:"实施普及的义务的免费的教育方案,提高人民民族觉悟的程度。"[⑤]1938年10月,毛泽东在党的六届六中全会上又提出,应该"办理义务的小学教育,以民族精神教育新后代"。[⑥] 解放战争后期,中国共产党开始改变战时教育体制,对小学进行正规化建设。1948年8月,东北行政委员会召开第三

[①] 中央教育科学研究所,陈元晖,等.老解放区教育资料(一):土地革命战争时期[M].北京:教育科学出版社,1981:18.

[②] 顾明远.中国教育大系·马克思主义与中国教育(下)[M].武汉:湖北教育出版社,1994:1029.

[③] 中央教育科学研究所,陈元晖,等.老解放区教育资料(一):土地革命战争时期[M].北京:教育科学出版社,1981:20.

[④] 中央教育科学研究所,陈元晖,等.老解放区教育资料(一):土地革命战争时期[M].北京:教育科学出版社,1981:18-19.

[⑤] 顾明远.中国教育大系·马克思主义与中国教育(下)[M].武汉:湖北教育出版社,1994:1240.

[⑥] 毛泽东.毛泽东同志论教育工作[M].北京:人民教育出版社,1992:48.

次教育会议,会议提出今后要逐步实现学校教育正规化,明确规定小学 6 年,四二分段。华北人民政府也于 1949 年 5 月在北平召开小学教育会议,专门讨论小学教育改革和小学正规化问题,会议制定了《华北区小学教育暂行实施办法》,规定小学学制六年,四二分段。① 各解放区提出的"有计划有步骤地实行普及教育",标志着中国共产党领导的义务教育进入了一个新阶段。到 1949 年 9 月,仅东北解放区就有 35 691 所小学,学生数达到 3 777 151 人。②

二是主张政治教育与生产劳动教育结合。以革命政治教育为主轴,对农民进行思想政治教育、阶级教育,教育农民积极参加革命、支持革命,是革命根据地农村教育在人才培养方面的主要特点。苏区的《小学教育暂行条例》规定:"在工农民主专政下的小学教育,是要训练参加苏维埃革命斗争的新后代,并在苏维埃革命斗争中训练将来共产主义的建设者。"③因此苏区小学教育对学生的要求除了坚定的共产主义信念之外,还要培养他们的民族意识及革命战争所必需的基本知识和技能。抗日战争时期,一切工作服从抗战需要,培养目标和课程体系必须紧紧围绕着为抗战和革命服务这个总方针。1938 年,《陕甘宁边区小学法》提出小学教育的培养目标是:"依照国防教育方针及实施方法以发展儿童的身心,培养他们的民族意识及抗战建国所必需的基本知识和技能。"到 1941 年,边区政府公布《小学教育实施纲要》,提出"边区小学教育,应依新民主主义教育方针以促进儿童的民族觉悟,养成儿童的民主作风,启发儿童的科学思想,发展儿童的审美观念,提高儿童的劳动兴趣,锻炼儿童的健壮体格,增进儿童生活所必需的知识,培养儿童为大众服务的精神。"④《小学教育实施纲要》从德、智、体、美、劳等方面做了比较全面的规定。解放战争时期,加重文化课的教学,以"应建设事业的需要"。随着中国共产党在军事上的全面胜利,小学教育的培养目标又发生了变化。如华北解放区提出:"小学教育的实施目标应当是培养具有文化智能、健康身体、进步思想、劳动习惯、爱人民爱国家的新民主主义国家的公民。"⑤1948 年,陕甘宁边区政府在《关于目前新区国民教育改革的指示》及《对新区完

---

① 施克灿.历史的先声:中国共产党革命根据地的小学教育[J].中小学管理,2021(6):14-19.

② 苏甫.东北解放区教育史[M].长春:吉林教育出版社,1989:105.

③ 顾明远.中国教育大系·马克思主义与中国教育(下)[M].武汉:湖北教育出版社,1994:1041.

④ 陕西师范大学教育研究所.陕甘宁边区教育资料:小学教育部分(上册)[M].北京:教育科学出版社,1981:11.

⑤ 顾明远.中国教育大系·马克思主义与中国教育(下)[M].武汉:湖北教育出版社,1994:1163.

小课程的意见》中规定:小学课程以文化为主,合并繁复的课程。1949年5月华北区小学教育会议上通过了《华北区小学教育暂行实施办法》,提出"小学教育是新民主主义国家公民的基础教育",对老区小学逐步进行整顿,纠正过去忽视文化学习的观点,注重培养儿童读写算的能力,增进儿童对生活、社会与自然的认识。[①]

三是教学方法多样,注意激发儿童的创造性。由于严峻的战争环境,加上师资与教学条件的严重匮乏,革命根据地的小学长期处于"非正规"状态,在苏区,小学采取了单式与复式相结合的教学组织形式,能集中上课的大村庄将每个学年的学生编为一班,人口不集中的乡村将几个年级的学生合为一班。抗日根据地的小学,除了采用复式教学外,根据不同地区的实际情况,还创造性地使用其他教学组织形式,如采用半日学校、二部制教学、巡回教学等,以方便农村儿童参加必要的家庭生产。教育管理方面,注意教育与实际生活相结合。苏区的《小学课程教则大纲》规定了教授法的三大原则,其中两条就是"小学教育与政治斗争联系""小学教育与生产劳动联系"。苏区小学在教学中"充分发挥儿童自动的能力和创造性,用实物显示,参观各种机关团体,观察自然界的物产现象,儿童自己练习选举、办事等等,用具体的问题,去引起儿童对于课目的兴趣,自动的思考、解答"。[②] 解放战争时期,华北小学教育会议提出了教导合一、教学联系实际和教师应和儿童家长及当地群众保持密切联系的三条教学原则,在教学中注意发挥儿童的创造性,用民主的方法管理学生。共青团组织一直是领导根据地小学的重要力量,儿童团组织是根据地小学自我管理的主体力量。[③] 根据地小学反对注入式教学,采用启发式教学,废除了体罚,努力发展学生的自治能力,对学生实行民主管理。共青团、儿童团在小学教育的各项工作中都发挥了重要作用。

二、近代乡村教育现代化的经验

近代以来我国乡村教育确立以农为本,以农村为中心的农本主义价值观。在近代新式乡村教育、乡村教育运动、革命根据地教育中发现,近代早期乡村教育现代化走的都是乡村教育中心化的道路。以农村包围城市,反对西方城市带

---

① 施克灿. 历史的先声:中国共产党革命根据地的小学教育[J]. 中小学管理,2021(6):14-19.

② 中央教育科学研究所,陈元晖,等. 老解放区教育资料(一):土地革命战争时期[M]. 北京:教育科学出版社,1981:317.

③ 施克灿. 历史的先声:中国共产党革命根据地的小学教育[J]. 中小学管理,2021(6):14-19.

动乡村的工业发展模式,强调先农村后城市,根据农村社会生活和生产的实际需要,对乡村人口进行针对性教育,从而把他们培养成合格的劳动者和改造者,进而推动中国社会的发展。

(一)乡村社会变革先从教育变革开始

经过两次鸦片战争,唤醒了魏源、林则徐等中国有识之士,主张通过社会改革实现"自强雪耻",中国乡村社会开始了裂变的前兆。但受上千年科举文化的束缚,中国乡村农民依然"愚、贫、弱、私",唤醒农民的自强意识、危机意识就成为有识之士的自觉行动,如冯桂芬在《采西学议》中提出要学习西方的"算学"等先进科学技术知识,要在广东、上海开设翻译学校,培养翻译人才,了解西方发达国家的情况,"始则师而法之,继则比而齐之,终则驾而上之,自强之道,实在是乎"[①],通过学习西方的教育、科技、文化,实现国家的自强自立,尤其强调要通过教育革新,促进社会变革。民国教育总长汤化龙1914年在《上大总统言教育书》中旗帜鲜明地提出"窃维立国之道,必有其本,断非剽取他邦文物所能为功。举国数千年积成之风习,与其足以支配国民之心理者,有最深之关系,道在探索原本,发明而光大之,用以范围人心而示之鹄,此教育所有事也"[②],把教育视为立国之道、立国之本。

(二)乡村教育要与时局时势共振

旧教育向新教育的变迁过程,其实质就是乡村教育从科举制度、私塾、孔孟之学的旧式教育向新式学堂、现代教育思想、全新教育内容的新式教育的转变,以适应中国社会和时局时势的变化。蔡元培在《新教育与旧教育之岐点》中做出了十分精辟的论述,他指出旧教育"是教者预定一目的,而强受教育者以就之",而新教育是"教育者非以吾人教育儿童,而吾人受教于儿童之谓也",结合卢梭、裴斯泰洛齐、福禄贝尔、托尔斯泰的自然主义,杜威的实用主义,蒙台梭利的幼儿教育,以及凯兴斯泰纳的劳作教育等当时国际上先进的教育思想理念,提出"知教育者,与其守成法,毋宁尚自然;与其求划一,毋宁展个性"[③]的新教育观点。由此,我们可以管窥近代中国农村教育,至少在思想上与国际先进教育思想发展趋势是脱离的,处于旧新转换间的剧烈阵痛之中。

(三)乡村教育是近代中国教育现代化转轨的核心

在近代中国教育进行现代化转轨演进的过程中,乡村教育处于中心地位。

---

① 陈学洵.中国近代教育文选[M].北京:人民教育出版社,1983:15.
② 陈学洵.中国近代教育文选[M].北京:人民教育出版社,1983:370.
③ 陈学洵.中国近代教育文选[M].北京:人民教育出版社,1983:348.

在这一点上,以陶行知、晏阳初、梁漱溟等为乡村教育运动的代表人物看得最清楚,他们胸怀"教育救国"理想,深入中国广大的乡村,以亿万乡村农民为伍,把新教育理念、文化与思想启蒙等融入乡村教育实践中,给近代中国教育现代化转轨打上了一抹浓厚的乡土化特色,取得了令人瞩目的成效。

(四) 开创知识分子与乡村发展相结合的创举

在传统中国社会里,知识分子与农民是两个阶层,知识分子不屑与农民为伍。而近代乡村教育运动倡导者与实践者,提出了"下农村""做农人"的口号,要求知识分子放弃城市安逸生活,转而投入艰苦的农村。他们长期深入农村,与农民打成一片,将农村教育实验坚持了十年之久。梁漱溟说:"只有农民和知识分子单独去革命,都是没有办法或不可能成功的,只有农民和知识分子合拢起来去革命,中国的革命才有成功的希望。"可以说这是一次知识分子由"城市"流向"乡村"的一次大迁移,通过这次迁移为推动乡村教育的发展提供了坚实的人力资源基础。知识分子下乡,带给乡村新知识的同时,还改变了乡村陈旧落后的观念风气,为乡村发展带来了新的生命力。

倘若从主体视角来审视近代中国乡村教育的演进,我们似乎更多看到了知识分子、教师在推动近代乡村教育现代化的身影,而政府的主导作用、乡村村民的主体地位以及乡村学校的主阵地功能尚没有得以有效的呈现,有的也仅是观念认识层面,而无实质性的推进举措。而近代乡村教育现代化的这些不足和经验,对我国现代和当代乡村教育现代化具有非常重要的借鉴意义。

第二节 我国现代乡村教育现代化的历程回顾

真正大刀阔斧的乡村教育现代化建设发生在中华人民共和国成立后,是伴随着中国政治革命和农村社会的改造完成之后而形成的。新中国成立后,通过颁布一系列的政策巩固、促进教育的发展,从而开启了现代乡村教育现代化的新征程。

一、欣欣向荣:新中国成立后17年乡村教育现代化发展

新中国成立初,面对满目疮痍的中国,中国共产党和人民政府把主要精力放到经济建设上来,满足人们迫在眉睫的生存需要。获得独立自主的新中国提出了国家现代化目标,周恩来在1954年和1965年都明确提出,要把我国建设成为

"一个强大的社会主义的现代化的工业国家"。① "我们要实现农业现代化、工业现代化、国防现代化和科学技术现代化,把我们祖国建设成一个社会主义强国,关键在于实现科学技术的现代化……我们落后于世界先进水平……我们应该迎头赶上,也可以赶上。"②建设现代化的新中国,为我国乡村教育现代化建设营造了良好的社会环境和经济基础。

1949年9月召开的中国人民政治协商会议讨论并通过的《中国人民政治协商会议共同纲领》(以下简称《共同纲领》),在其第五章第十一条指出:"中华人民共和国的文化教育为新民主主义的,即民族的、科学的、大众的文化教育。"同时也明确提出新中国成立初期教育事业发展的要求与目标,即"有计划有步骤地实行普及教育,加强中等教育和高等教育,注重技术教育,加强劳动者的业余教育和在职干部教育,给青年知识分子和旧知识分子以革命的政治教育,以应革命工作和国家建设工作的广泛需要。"③新中国成立初期,中央人民政府与教育部又着手制定并颁布了一系列重要而具体的乡村教育政策,主要表现为:

1. 成立中央到省市县教育机构

农村教育由县教育科或文教科统一领导,职责是决定全县学校的建立、变更、停办,管理全县的教育经费、人事、教学业务等。④ 1950年3月国家政务院在《关于统一管理1950年财政收入的决定》中对教育经费规定:中央政府掌管大中小学,大行政区及省市县立中等以上教育事业分别列入同级预算,乡村小学经费由县人民政府随同国家公粮征收地方附加公粮解决,城市小学教育、郊区行政教育费等开支征收城市附加政教事业费。⑤ 自此,乡村教育纳入自上而下的、国家政府包办的教育管理体制框架。

2. 改革学制

新中国成立初,国家提出师法苏联的教育政策,一是参照苏联的教育经验,制定中国的学制和各级各类学校的规程,包括课程教材、教学方法等,二是聘请苏联专家按照苏联模式帮助中国办示范性大学。国家政务院1951年10月颁布《关于改革学制的决定》,对新中国初期的幼儿教育、初等教育、中等教育和高等教育的内涵、范围、学校类别、办学形式等均做出了具体的政策规定,是过渡时期

---

① 周恩来. 周恩来选集(下卷)[M]. 北京:人民出版社,1984:136.
② 周恩来. 周恩来选集(下卷)[M]. 北京:人民出版社,1984:412-413.
③ 张乐天. 教育政策法规的理论与实践[M]. 4版. 上海:华东师范大学出版社,2020:3.
④ 陈遴先,纪芝信. 中国农村教育管理体制研究[M]. 北京:人民教育出版社,1998:9.
⑤ 中央教育科学研究所. 中华人民共和国教育大事记(1949—1982)[M]. 北京:教育科学出版社,1984:15.

重要的教育政策之一,奠定了国家各级各类教育发展的制度基础。1953年针对当时教育办学条件恶化、师资水平低下、教育质量下降等问题,政务院提出"整顿巩固、重点发展、提高质量、稳步前进"的教育方针;1953年12月《关于整顿和改进小学教育的指示》中提出:农村教育只提倡民办小学;乡村公立小学除在学校较少的少数民族地区和老革命根据地应作适当发展外,还可以办分散的不正规的小学,如半日班、早、夜校之类的学校。① 同时,全国农村合作化开始全面铺开,农村集体经济增长,虽然国家不再为农村教育提供新的经费渠道,但是集体的力量兴办农村私立学校同样促进了农村教育的发展。

3. 扫除文盲

1952年中央政府设置中央扫盲工作委员会,下设农村扫盲工作司,首次设立主管农村扫盲工作的统一机构。之后又设教育部的扫盲协会、扫盲办公室等扫盲机构,政府要求省、自治区、直辖市、县、乡,尤其是各地农村都要设立相应的扫盲机构,保证农村扫盲工作顺利开展。1956年中国共产党中央委员会、中华人民共和国国务院做出《关于扫除文盲的决定》,这一决定视扫盲为"文化上的一个大革命","也是国家进行社会主义建设中的一项极为重大的政治任务",号召大张旗鼓地开展扫盲运动,以求在5年或者7年内基本上扫除全国文盲。②

1951年我成了手端"铁饭碗"的"公家人"。学校名叫店子镇耿崔小学,建在耿崔村的西北角,学校就一间房子,是复式教班,共有3个年级,也就二十几个学生的样子,学校里就我一个老师,所有的事情我自己全管着,语文、数学、画画、音乐我全教着,吹拉弹唱我样样能行。那时候,我除了白天给学生上课,晚上还得上"识字班",教成人识字。光上课还不成问题,关键是得动员群众来上课。除了动员,周末还得做"识字换景",就是识"猫"字的话,就在墙上写个"猫",然后在旁边画只猫,"狗"的话就先写个"狗",然后再在旁边画个"狗"。都在村里的墙上写着,一出门就能看到,这就是刚刚开始扫盲时候的情景。家家户户的墙上都写着画着,没有一家没有的。③

新中国成立不久,教育规模有限。大、中、小学校数量很少,总共有35万余所,学生有2577万余人,全国80%以上的人是文盲,农村文盲比重更大。④ 通

---

① 王慧.最近60年农村教育发展评议[J].河北师范大学学报(教育科学版),2011(5):5-10.

② 张乐天.教育政策法规的理论与实践[M].4版.上海:华东师范大学出版社,2020:3.

③ 郑新蓉,胡艳.开拓者的足迹——新中国第一代乡村就是口述史[M].南宁:广西教育出版社,2018:80-81.

④ 李少元.农村教育论[M].南京:江苏教育出版社,2000:15.

过扫盲,提高了广大农村人口的识字率和文化水平,对于促进农村农业生产起到了重要作用。

4. 确立"两种教育制度和两种劳动制度"

在全面建设社会主义时期,我国社会生活中发生了诸如"反右倾""大跃进"等若干重大事件,都直接或间接地对教育事业的发展产生着影响。1958年9月19日国务院发布《关于教育工作的指示》,其核心内容是提出了党的教育工作方针是"教育为无产阶级政治服务,教育与生产劳动相结合。为了实现这个方针,教育工作必须由党来领导"。为了与工农业生产"大跃进"的形势相呼应,中共中央、国务院做出了"多快好省地发展社会主义教育事业"的决策,明确提出"全国应在三年到五年的时间内,基本上完成扫除文盲、普及小学教育、农业合作社社社有中学和使学龄前儿童大多数都能入托儿所和幼儿园的任务。"①其次是实行"两种教育制度,两种劳动制度",这是教育政策的一次重要变革与调整,其着眼点乃是贯彻落实"教育与生产劳动相结合"的教育方针。所谓"两种教育制度"是指全日制的学校教育制度和半工半读的学校教育制度;"两种劳动教育制度"是指8小时工作的劳动制度和半工半读的劳动制度。通过两种教育制度,一方面促进了半工半读学校的发展,尤其是农业中学和"共产主义劳动大学"的发展,另一方面则使得全日制学校通过建立校办工厂、农场,以组织学生参加生产劳动的方式加强教育与生产劳动的结合②。针对"左"的错误,1961年至1963年贯彻中央的"调整、巩固、充实、提高"方针,发布《全日制中小学暂行工作条例》和《工农业余教育工作纲要》,明确各级政府的办学责任,小学每学年的教学时间不得少于9个月,不得任意削减学校课程,不得任意听课或者参加其他不必要的活动,教育开始走向制度化和规范化,使得教育事业又以比较健康的方式向前发展。1964年全国半工半读中等学校和农业中学在校学生达到443万,业余教育也有了较大发展,1965年业余中等学校学生达到854万人,业余初等学校学生(包括扫盲班)达到2960万人③。

二、曲折前行:"文革"期间乡村教育现代化发展

1966年至1976年"文革"十年,是我国社会主义建设事业遭受破坏的十年,教育领域可以称为"重灾区"。

---

① 中共中央、国务院. 关于教育工作的指示[N]. 人民日报,1958-09-20.
② 张乐天. 教育政策法规的理论与实践[M]. 4版. 上海:华东师范大学出版社,2020:5.
③ 李少元. 农村教育论[M]. 南京:江苏教育出版社,2000:19.

1. 教育领域广泛开展"革命大批判"

教育领域大批判的矛头主要指向"资产阶级和修正主义的教育路线",同时也指向"执行这一路线的走资本主义道路的当权派和反动学术权威"。"文革"在教育领域开展大批判,乃是源于对前17年教育的错误的"两个估计",即认为17年来毛主席的无产阶级教育路线基本上没有得到贯彻执行;大多数教师和解放后培养的大批学生的世界观基本上是资产阶级的,是资产阶级知识分子。"大批判"寓含着对前17年教育中的种种行之有效的教育政策的否定,由此产生了严重的消极后果。

2. 学校管理领导体制革命

在城市,有工宣队、军宣队进驻学校,以掌握教育革命的领导权并把握教育革命的大方向。在农村,则成立了贫下中农管理学校委员会,从而使农村学校的领导权掌握在农村无产阶级的手里。同时,采取缩短学制的政策,中学实行"二二"学制(即高中二年、初中二年),小学实行五年制。

3. 教学"政治挂帅"

第一是学校教学内容的政治化,简单化,甚至小学教学统一讲授毛泽东语录,学生的"学"突出了政治性、思想性和阶级性。第二是课程与教材上,基本政策是课程大力精简,教材删繁就简,编写无产阶级教材,并强调以阶级斗争为主课。第三是教学方法上,贯彻少而精的原则,并与学工、学农、学军相结合。

4. 公办教师转民办教师政策

"文革"中实施知识青年上山下乡教育改革政策,从1967年到1972年,上山下乡的知识青年总计达715.68万人。[1] 其中有部分人加入了农村民办教师行列,同时许多专业学校停办,将乡村公办教师转为民办教师下放回原籍,教师及其子女转为农业户口,参加乡村劳动不拿工资只记工分,由所在生产队分配口粮,到1979年全国农村小学民办教职工占全体农村小学教职工的比例高达59.1%[2]。

但"文革"十年也是对农村教育普及比较快的时期,1971年《全国教育工作会议纪要》明确提出"大力普及教育,扫除文盲。争取在第四个五年计划期间,农村普及小学教育,有条件的地区,普及七年教育。要采取多重形式办学,把学校

---

[1] 转引自金一鸣. 中国社会主义教育的轨迹[M]. 上海:华东师范大学出版社,2000:381.

[2] 佘万斌,杜学元,谭辉旭. 农村教育现代化的理论与实践研究[M]. 北京:人民出版社,2015:51.

办到家门口,让'农民子女就近上学方便'"。① 即便如此,"文革"十年对农村教育的破坏是方方面面的,导致农村教育质量严重下降是不争的事实。全国六万多所职业技术学校和农业中学,完全变成普通中学,结构单一化。农村小学受到的破坏也很严重,质量下降,学生流失率上升,小学、中学毕业生实际上有许多人达不到毕业程度。

三、重新起步:20世纪后二十年乡村教育现代化发展

1978年12月18日党的十一届三中全会召开,恢复了实事求是、一切从实际出发的思想路线和政治路线,会议确定"全党工作的着重点转移到以经济建设为中心的社会主义现代化建设上来"②,中国现代化建设事业不断开创新的局面,农村教育也开始了重新起步、不断迈向现代化建设的新阶段。

1. 拨乱反正,教育政策的调整与变革

回首教育战线的拨乱反正,我们能清楚地认识到,正是教育政策的调整与变革推动了教育领域的拨乱反正,从政策的视角看,教育的拨乱反正恰恰是拨政策之"乱"而使政策返"正",或者通过政策的拨乱反正而达到教育事业的拨乱反正。③ 教育战线的拨乱反正首先是通过恢复高考进行的。1977年邓小平同志指出:"我们国家要赶上世界先进水平,从何着手呢? 我想要从科学和教育着手。"④1977年10月国务院批准教育部恢复高考的政策,不仅首开教育战线拨乱反正的先河,也成为中国社会拨乱反正的先声。恢复高考,对农村来说意义重大,为农村青年注入了学习的希望,农村学校教学秩序迅速恢复,教学质量迅速提高,农村教育出现了欣欣向荣的景象。

1980年9月,中央以正式文件肯定了农村可以试行承包制,1982年农村普遍实行多种形式的农业生产责任制,农村经济迅速发展传统农业向现代农业快速转化,广大农民掌握文化科学知识的愿望日益迫切,对农村教育提出了新的更高的要求,农村教育改革被提上日程。1983年中共中央、国务院颁布《关于加强和改革农村学校教育若干问题的通知》,指出"各级党委和政府必须充分认识加强和改革农村教育……农村学校的任务,主要是提高新一代和广大农村劳动者

---

① 顾明远.中国教育大系 马克思主义与中国教育(下卷)[M].武汉:湖北教育出版社,1994:1381.
② 朱佳木.党的十一届三中全会与中国当代史上的伟大转折[J].当代中国史研究,2008(5):4-15+124.
③ 张乐天.教育政策法规的理论与实践[M].4版.上海:华东师范大学出版社,2020:7.
④ 邓小平.邓小平文选(第二卷)[M].北京:人民出版社,1994:78.

的文化科学水平,促进农村社会主义建设",同时也提出"县以下教育事业应当主要面向农村,为农村的各项建设事业服务"。为了建设一支稳定、合格的教师队伍,"教育部从速制定中小学教师职称制度,实行教龄津贴制度。每年安排一定的劳动指标,在考核合格的民办教师中,转一部分为公办教师。要保证师范院校毕业生分配到中小学任教,不得任意截留。"①《通知》对于农村教育地位、任务、农村教育结构调整、农村教师队伍建设等提出了要求,是我国农村教育现代化进程中的重要一步。

2. 教育体制改革,农村教育现代化再发力

1985年《中共中央关于教育体制改革的决定》开启了我国教育改革发展的新历程。《中共中央关于教育体制改革的决定》明确要求,教育必须面向现代化,面向世界,面向未来,"教育体制改革的根本目的是提高民族素质,多出人才,出好人才"。《决定》明确提出:把发展基础教育的责任交给地方,有步骤地实行九年制义务教育;调整中等教育结构,大力发展职业技术教育。强调教育管理权属于地方,中央只管大政方针和宏观计划,提出了不同分类地区不同的教育目标。在教育经费上提出"两个增长",确保教育经费保障。"各级党委和政府把教育摆到战略重点的地位,把发展教育事业作为自己的主要任务之一,上级考查下级都要以此作为考绩的主要内容之一。"《决定》是中国教育发展史上的里程碑的文件,对此后教育改革产生深远影响。

1993年中共中央、国务院印发的《中国教育改革和发展纲要》,是一部纲领性的教育政策文献。该纲要明确提出了20世纪末至21世纪初国家教育事业发展的目标、战略和指导方针,并就继续深化教育管理体制改革、提高教育质量、加强师资队伍建设、保障教育经费投入等提出了明确的要求与规定,对于深化教育体制改革起到了有效的指导作用。《纲要》明确提出20世纪末实现"两基"的重点和难点都在农村,为此要积极推进农村教育综合改革;确立了教育扶贫、农科教结合的办学模式;提出"三教"统筹,"普九"、扫盲与职业技术教育结合,作为脱贫致富的一项根本措施。1999年初国务院批复教育部的《面向21世纪教育振兴行动计划》,该计划提出了教育振兴的"六大工程",体现出面向新世纪的教育行动方略。同时发布了《中共中央 国务院关于深化教育改革,全面推进素质教育的决定》,深刻阐释了推进素质教育的强烈的现实意义,对于如何推进素质教育做出了全面部署。全面推进素质教育成为中国教育改革方针的新理念、新目标和新追求。

---

① 佘万斌,杜学元,谭辉旭.农村教育现代化的理论与实践研究[M].北京:人民出版社,2015:52.

3. 教育立法,确立现代乡村教育制度

1986年4月12日,第六届全国人民代表大会第四次会议通过了《中华人民共和国义务教育法》,这是中华人民共和国成立以来的第一部专项教育法律。该法确立了义务教育的指导思想和基本原则,进一步明确了义务教育在国务院领导下实行地方负责、分级管理的体制,对义务教育经费投入与经费筹措做出了规定,同时也明确了义务教育的主体职责,义务教育的就学与教育教学,实施义务教育的步骤以及违反《义务教育法》的法律责任等。《义务教育法》的颁行显现出国家实施义务教育的坚定意志和决心,标志着世界上人口上最多的国度实施义务教育有了法律保障,也意味着农村教育的发展进入了法治时代。

此后我国教育立法工作稳步向前推进。20世纪90年代先后颁布并实施了《中华人民共和国教师法》《中华人民共和国教育法》《中华人民共和国职业教育法》《中华人民共和国高等教育法》,初步建构起具有中国特色社会主义的教育法律体系。其中,1994年1月1日起施行的《中华人民共和国教师法》,是我国教育史上第一部专门为教师制定的法律,对建设一支数量充足质量优良的教师队伍具有十分重要的意义。经过教育领域的拨乱反正,在"尊重知识、尊重人才"政策的作用下,尊师重教的社会风气逐渐形成,教师的社会地位和经济待遇得到一定的提高,但仍有相当多的教师尤其是一些农村中小学教师的社会地位、经济待遇和工作条件还不尽如人意,而且侵犯教师合法权益的现象屡屡发生。加之当时我国中小学教师队伍数量不足、质量不高,在广大的农村中小学存在大量的民办教师、不合格教师,严重影响了教育教学质量。因而,《教师法》的颁行,对于保障教师合法权益,激发广大教师的积极性具有十分重要的现实意义,为教师素质提高提供了系统的法律制度保障,推进教师队伍建设进入现代化、法制化和规范化的新阶段。1995年9月1日起施行的《中华人民共和国教育法》对教育的性质、地位、方针、基本原则等方面做了全面的规定,充分体现了教育基本法的全面性特点,同时将改革开放以来我国教育改革和发展的成熟经验以法律法规的形式固定下来。随着社会发展和教育改革的深入,我国在2009年和2015年分别对《教育法》进行了两次修正。《教育法》作为我国教育法规体系中的"母法",具有最高的法律权威,将带动已经出台的和即将出台的其他教育法律共同构建起我国完整的教育法律框架,为我国教育改革与发展奠定坚实的法律基础。通过教育立法,在整体上不断建构完善我国的教育法律体系的同时,也为农村教育现代化建设提供了强大的法律制度保障。

四、我国现代乡村教育现代化的经验

我国现代乡村教育现代化是针对农村人民大众的教育,反映的是新民主主义向社会主义过渡时期、全面建设社会主义时期、"文革"时期和建设中国特色社会主义时期等不同阶段的农民群众对教育发展水平的期待和愿望,根本目标是提高农村劳动者的思想政治素质和科学文化水平,培养德智体美劳全面发展的各种农村建设人才,服务于我国社会主义农村现代化建设。通过对现代农村教育现代化建设的历程回顾,有以下几点经验值得总结与借鉴。

1. 党和国家确立教育优先发展理念,主导乡村教育现代化发展

新中国成立后,党和国家高度重视教育,尤其是农村教育。从思想认识上逐步树立"教育优先"发展理念,最终上升为国家的发展战略。邓小平曾说:"我们国家,国力的强弱,经济发展后劲的大小,越来越取决于劳动者的素质,取决于知识分子的数量和质量。"[①]1983年邓小平为北京市景山中学题写了"教育要面向现代化、面向世界、面向未来"的题词,这是党和国家领导人关于教育现代化的首次表述,并在随后的国家政策、文件中得以贯彻。1985年中共中央在《关于教育体制改革的决定》中把"三个面向"明确为中国教育改革与发展的战略指导方针,正式纳入党和国家的治国方略中。为了使教育真正居于战略地位,邓小平还指出:"忽视教育的领导者,是缺乏远见的、不成熟的领导者,就领导不了现代化建设","我们要千方百计,在别的方面忍耐一些,甚至牺牲一点速度,把教育问题解决好。"[②]此后,在历届党和国家领导人一以贯之的不懈推进下,教育优先方针战略上升为国家战略。2003年9月国务院召开了新中国成立以来第一次全国农村教育工作会议,颁布了《国务院关于进一步加强农村教育工作的决定》,明确了农村教育在教育工作中的"重中之重"的战略地位。[③]

党和国家通过确立教育优先发展理念,采取了一系列措施不断推进农村教育现代化发展,取得了前所未有的巨大成就。一是构建了灵活多样的办学机制。随着改革开放的不断深化,传统农村的社会结构和形式迅速发生改变,农村教育范畴远远超出农村基础教育和农业技术教育。农村教育对象扩展为全体农民,为实现全体农村人的现代化,这就进一步推动了农村教育办学形式、办学主体、教学内容方法的多样化和多元化。二是以强化农村教育行政管理作为提高农村教育质量的有效手段。通过不断探索形成的"在国务院领导下,由各地负责、分级管理、以县为主"的农村教育管理体制,改变了以往国家包揽办学、过度集权的

---

① 邓小平. 把教育工作认真抓起来. 邓小平文选(第三卷)[M]. 北京:人民出版社,1993:120.

② 邓小平. 科学技术是第一生产力. 邓小平文选(第三卷)[M]. 北京:人民出版社,1993:274.

③ 人民日报社论:发展农村教育的重大举措[J]. 中国职业技术教育,2003(29):1.

体制,给予了地方更大的灵活性和自主权,同时引入市场机制,引导社会组织和个人参与农村教育改革,有效解决农村教育经费困难的问题。三是依靠科技复兴农村教育。邓小平反复讲过:"我们要实现现代化,关键是科学技术要能上去。发展科学技术,不抓教育不行。靠空讲不能实现现代化,必须有知识,有人才。没有知识,没有人才,怎么上得去?科学技术这么落后怎么行?"① 在科教兴国战略引领下,我国农村教育现代化的科技特色比较鲜明。四是加大对农村教育尤其是中西部贫困地区农村教育的投入力度。从农村义务教育投入主体来看,先后经历了乡镇主体、农村教育集资(多方筹措农村教育经费,征收教育事业费附加)、国家对贫困地区义务教育的必要资助等政策变化。同时,自90年代以来采取对贫困地区农村教育的政策扶持,充分体现了政府在农村教育发展上的主导与保证作用。

2. 乡村学校持续变化调整,在推进乡村教育现代化发展中起到主阵地作用

新中国成立初的前17年,通过对旧学校的接管与整顿,实现了农村教育从新民主主义教育向社会主义教育的过渡。改革开放后在"三个面向"指引下,农村学校开始了新一轮的发展壮大,农村学校的办学条件不断完善。据统计,20世纪80年代初,"全国中小学危房面积占校舍面积的16%,且危房多数集中在农村,经过30年的建设,到2007年,全国农村初中和小学校舍建筑面积达81 507万平方米,危房面积所占比例下降到3.6%,农村中小学体音美器械配备达标学校数的比例也有较大幅度的提高,'老三室'改造工作不断深化,'新三室'建设正在有序推进,农村教育办学条件得到了非常大的改善"。② 到21世纪初,随着城镇化加速以及农村人口向城镇集聚,通过农村学校的布局调整实现教育资源的整合利用,通过现代化的教学设施设备建设,快速提升农村教育办学条件的现代化水平,极大地缩小农村学校与城镇学校在办学硬件条件上的差距。

3. 乡村教师队伍建设不断强化,有力推进了乡村教育现代化进程

新中国成立初,我国农村人口占大部分,广大的农村教育教师短缺,政府通过对旧学校教育的接收和整顿,将社会中有知识有文化的知识分子补充到农村教育中来,同时也积极举办各类师范和短期培训,为农村教育培养输送必要的师资。"文革"结束后及时重开"高考",为广大农村青年通过高考升入高校进一步系统学习科学文化知识、提升素质和能力开辟了新的途径,全社会"尊重知识、尊重人才"风气浓厚。其意义在于:一是国家通过高等师范院校培养了大量师资,

---

① 邓小平.邓小平文选(第二卷)[M].北京:人民出版社,1994:40.
② 秦玉友,于伟.农村教育发展面临时代挑战[N].中国教育报,2009-04-28.

充实了农村教育师资队伍。二是推动农村教师终身学习。通过举办函授、自考等多种办学形式,有效解决当时农村教师短缺和学历不达标的问题。同时,政府有步骤地推动大量的民办教师转公工作,推进了农村学校民办教师转公办教师的进程。三是多渠道加强农村教师建设。在20世纪90年代,国家通过高校扩招政策,政府通过委培等方式,多方面扩大农村学校教师的来源渠道,保证农村教师队伍的稳定。

4. 注重农民自身和乡村建设的现代化,协同推进乡村教育现代化发展

农村教育事业的发展,广大农民及其子女是最大的受益者。新中国成立后,国家十分重视农民和农村建设,采取了诸多政策和举措,提高农民素质,改善农村建设,整体协同推进农村教育现代化建设。一是扫除文盲。扫除文盲是中国农村面临的一个重要教育问题和社会问题。到1993年《中国教育改革和发展纲要》仍然提出了90年代的"全国基本扫除文盲,使青壮年中的文盲率降到5%以下"的扫盲目标。通过持续的扫除文盲,极大地降低了农民的文盲率,提升了农民的识字率和文化水平。二是实施普及教育。对农民来说,子女的教育问题是其切身利益问题。从普及五年制教育到普及七年制教育,再到80年代的普及九年义务教育,对于整体提高我国人口受教育水平和民族人口素质,尤其是提高农民素质意义重大。三是农村改革。特别是改革开放以来,我国农村改革不断推进,农村经济和社会发展取得了显著成效,农村教育在"三农"服务中发挥更大的作用。

办好农村教育,培养各级各类人才,对服务全社会,提高全民族整体素质和建设人力资源强国具有重要作用。我国新中国成立至20世纪末以来,农村教育现代化的实践及其经验,是十分宝贵的。诚然,在我国现代化进程中,农村教育现代化仍是我国教育现代化建设中的薄弱环节,仍然存在短板。农村教育的这些薄弱环节和短板,严重地影响了农村教育现代化建设乃至整个教育现代化的水平和质量。而如何消除农村教育的薄弱环节和短板问题,也成为21世纪农村教育现代化的重大使命。

第三节 我国当代乡村教育现代化的发展回望

自进入21世纪以来,我国教育现代化进入了一个区域探索创新和高质量发展之路。通过21世纪初的农村学校布局调整、区域实践以及加强监测评价等,进一步优化农村教育资源的利用,不断探索具有区域特色的农村教育现代化之路,构建农村教育现代化监测评价体系,并且伴随着乡村振兴战略的实施,推进城乡教育一体发展已成为教育现代化建设的重要认识和行动指南,当代乡村教

育现代化建设进入了一个新的发展阶段。

一、布局调整：优化乡村教育资源利用

我国乡村学校布局调整是一个陆续不断的过程,自"文革"结束后,针对"文革"期间的"小学不出村、初中不出队,高中不出社"的学校布局,1978年至1985年是整个教育的恢复、整顿时期,国家教育的重点放在加快推进扫除文盲和普及小学教育上,乡村小学布局强调就近入学。1986年颁布的《中华人民共和国义务教育法》规定义务教育实行"地方负责,分级管理",其结果是自80年代中后期,我国义务教育的普及率有所提升,但乡村学生的辍学率还比较明显。1993年中共中央、国务院发布的《中国教育改革和发展纲要》正式提出到2000年实现"两基"目标,因而从20世纪90年代开始我国教育进入了扫盲和普及义务教育的"两基"攻坚阶段。为了给农民减负,1993年中共中央办公厅、国务院办公厅颁布《关于切实减轻农民负担的紧急通知》,将农村教育集资的审批权从县级提高到省级政府,有效地减轻农民的教育负担。但广大乡村地区的教育经费仍然不足,"由于教育经费严重不足,学校危房比例在中西部地区有的地方达到10%到15%以上"。[①]

进入21世纪,我国开始对乡村学校进行大幅度的撤并调整。国家相继制定了多项涉及中小学布局调整的政策,包括《教育部、财政部关于报送中小学布局结构调整规划的通知》(2001年)、《国务院关于进一步做好农村税费改革试点工作的通知》(国发〔2001〕5号)、《国务院关于基础教育改革与发展的决定》(国发〔2001〕21号)、《关于完善农村义务教育管理体制的通知》(国办发〔2002〕28号)、《关于印发〈中小学布局调整专项资金管理办法〉的通知》(财教〔2003〕47号)、《国务院关于进一步加强农村教育工作的决定》(国发〔2003〕19号)、《教育部办公厅关于切实解决农村边远地区交通不便地区中小学生上学远问题有关事项的通知》(教基厅〔2006〕5号)、《关于实事求是地做好农村中小学布局调整工作的通知》(教基〔2006〕10号)等政策。通过这些政策的实施,乡村中小学布局得以有效调整。2001年我国小学在校生数量为12 534.46万人,2001年以后小学生在校生数量逐年递减,到2012年我国小学在校生数量降到9 695.89万人。其中,2001年我国乡村小学的招生数为1 311.83万人,比1978年减少了1 607.59万人,而2012年比2001年又减少了654.57万人。乡村小学的招生数减少,既与我国自1974年开始实施计划生育政策有关,也与我国处于社会转型与社会变迁时期有关。2001年我国的城镇化人口比重为37.66%,到2012年该项指标已

---

① 郑树山.中国教育年鉴[M].北京：人民教育出版社,2000:21.

经达到52.57%,并且有逐年增长的趋势。统计表明,农村劳动力从农村向城镇流动,在20世纪90年代,农村平均每年向城镇转移劳动力超过100万人;而在2000年之后,这一数字则达到2 000万人以上。[①] 城乡二元结构形态及城镇化进程的加速发展,致使许多农民舍弃田地进城务工,也带走了大批的随迁子女进城接受教育,导致乡村学校在校生数量急剧减少。

自2013年,我国开始进入经济转型与产业结构转型时期,到2017年我国已进入全面建成小康社会的决胜阶段,正处于新型城镇化深入发展的关键时期,这对整体提升义务教育办学条件和教育质量提出了新的要求。同时,户籍制度改革、计划生育政策调整、人口及学生流动给城乡义务教育学校规划布局带来了新的巨大挑战。为了全面建设小康社会,实现教育现代化,我国此阶段的教育工作重点也已经随着社会的发展和人民大众对教育的需求,完成了从实现"两基"任务发展到"义务教育均衡"再到"优质发展",从关注义务教育学校的"量"到关注"质",从注重"效率"到注重"公平"的转变。近年来,我国通过健全农村义务教育经费保障机制,实施了农村义务教育薄弱学校改造计划、农村初中改造工程等一系列教育重大工程项目,改善了广大乡村地区的义务教育学校办学条件。但是,边远、贫困和少数民族地区特别是集中连片特困地区的经济社会发展仍然相对滞后,办学成本高,教学条件差,生活设施不足,村小和教学点运转比较困难,教师队伍不稳定,辍学率相对较高,仍然是我国义务教育事业发展的薄弱环节。教育部2012年7月22日下发《规范农村义务教育学校布局调整的意见(征求意见稿)》,广泛征求社会对农村义务教育学校布局调整的意见,并在征求社会意见的基础上,国务院办公厅发布《关于规范农村义务教育学校布局调整的意见》(国办发〔2012〕48号),对科学制定农村义务教育学校布局规划、严格规范学校撤并程序和行为、办好村小和教学点等做出了明确规定。针对贫困地区的薄弱学校改善问题,教育部相继制定了《关于全面改善贫困地区义务教育薄弱学校基本办学条件的意见》(教基一〔2013〕10号)、《关于印发全面改善贫困地区义务教育薄弱学校基本办学条件底线要求的通知》(教基一厅〔2014〕5号)、《关于印发〈农村义务教育薄弱学校改造补助资金管理办法〉的通知》(财教〔2015〕3号)、《教育部关于进一步做好全面改善贫困地区义务教育薄弱学校基本办学条件有关工作的通知》(教督函〔2015〕1号)等政策文件,通过制定贫困地区义务教育薄弱学校基本办学条件和底线要求,加强对贫困地区义务教育薄弱学校改造的经费补助,有效地改善了边远、贫困和少数民族地区特别是集中连片特困地区薄弱学校办学条件,极大地推进了我国乡村学校的现代化建设进程。同时,针对前面乡村学校撤

---

① 邬志辉,等.中国农村教育:政策与发展[M].北京:社会科学文献出版社,2018:197.

并存的问题,教育部颁发《教育部办公厅关于农村义务教育学校布局调整有关问题的通报》(教基一厅〔2016〕5号),暂停了乡村义务教育学校撤并,保留和恢复了一些必要的村小和教学点。

2018年《国务院办公厅关于全面加强乡村小规模学校和乡镇寄宿制学校建设的指导意见》(国办发〔2018〕27号)政策出台,指出"要高度重视农村义务教育,优化农村教育规划布局……农村学校布局既要有利于为学生提供公平、有质量的教育,又要尊重未成年人身心发展规律、方便学生就近入学……在人口较为集中、生源有保障的村单独或与相邻村联合设置完全小学;地处偏远、生源较少的地方,一般在村设置低年级学段的小规模学校,在乡镇设置寄宿制中心学校,满足本地学生寄宿学习要求。"通过建设好乡村小规模学校,办好乡镇寄宿制学校,发展优质乡村教育,实现把人留下,把乡村的未来留下的美好愿景。

二、区域推进:创新乡村教育现代化特色发展之路

改革开放以来,推动教育现代化转型发展,成为国家的顶层设计,并在国家指导下不断自主探索。1985年,邓小平同志"面向现代化,面向世界,面向未来"的题词写入《中共中央关于教育体制改革的决定》,标志着教育现代化成为国家意志。2010年颁布的《国家中长期教育改革和发展规划纲要(2010—2020年)》提出"优先发展教育、提高教育现代化水平",将教育现代化提升到战略任务的高度并制定了"到2020年,基本实现教育现代化"的阶段性目标和"从人力资源大国向人力资源强国迈进"的最终目标。2017年颁布的《国家教育事业发展"十三五"规划》进一步指出"我国教育进入提高质量、优化结构、促进公平的新阶段",要"全面深化教育改革,着力提高教育质量,着力优化教育结构,着力促进教育公平"。2019年2月颁布的《中国教育现代化2035》旗帜鲜明地指出了教育现代化2035的实施路径是总体规划,分区推进、细化目标,分步推进、精准施策,统筹推进、改革先行,系统推进。

从这些影响我国教育发展的重大政策文件看,教育现代化的发展重心正从以注重数量、拓展范围、提升效率为特征的外延发展逐步转向以提高质量、优化结构、促进公平为标志的内涵发展;在全国教育现代化的顶层设计与推进路径的基础上,国家鼓励地方积极探索带有区域特色的教育现代化发展模式。鉴于我国东、中、西三个地区以及城乡之间在教育发展基础与水平上的差距,国家或者地方政府统一规划下的"梯度推进"将成为教育现代化实践推进的基本策略。[1]

---

[1] 杨小微,冉华,李学良,高娅敏.评价导引下的中国教育现代化路径求索——基于苏南五市和重庆的教育现代化调研[J].教育研究与实验,2016(4):1-6.

21世纪以来,基于教育现代化的"梯度推进"策略,我国不同地区开始了教育现代化的区域探索,其中较为的典型的有江苏、浙江和广东三省,积累了较为丰富的具有区域特色的教育现代化发展经验。

其一是江苏省。江苏省自1993年启动教育现代化工程以来,确立苏南及沿江发达地区的总体目标是:到20世纪末达到亚洲"四小龙"20世纪80年代末的平均受教育水平,21世纪中叶接近发达国家的教育水平;苏北地区,特别是苏北农村地区,以教育促小康工程为内涵,加快发展、超前发展、优先发展教育事业,达到小康目标中的教育标准;发挥教育的功能作用,利用教育来致富农民,直接有效地为经济建设和社会发展服务,促进小康目标全面实现。[1] 为加强农村中小学发展,江苏省在新世纪后相继出台了"万名大学生支援农村教育工程","一十五"期间每年选派3 000名左右优秀大学毕业生赴苏北农村学校任教。2007年开始组织实施"千校万师支援农村教育工程",在全省义务教育阶段遴选千所优质学校、万名骨干教师,与苏北农村千所薄弱学校实行"校对校"结对帮扶、对口支教。[2] 这些支持农村教育发展的诸多政策的实施,有效促进了苏北地区农村教育的发展,促进了一批相对薄弱学校提高了办学水平,在推进城乡教育均衡发展的进程中发挥了积极作用。2010年教育部将其列为国家教育现代化实验区。2013年江苏省出台《关于推进教育现代化建设的实施意见》,将苏南列为教育现代化建设示范区,力图将其建设成为教育现代化示范区与样板区。

其二是浙江省。从1998年起,浙江省委、省政府就决定在全省实施"教育强县"政策,从战略地位、依法治教、贯彻方针、发展程度、深化改革、确保投入、办学条件、师资队伍、尊师重教、精神文明等10个方面做出了明确规定。2003年浙江省修订了《省教育强县评定操作标准》,重点突出三项经费(教师工资、公用经费、学校建设资金)的落实、"四类"弱势群体是否公平接受义务教育和基础教育均衡发展等。到2005年,浙江全省通过三批教育强县创建活动达标验收,教育强县达到53个,占全省县(市、区)总数的58.89%。到2009年,浙江省初中入学率、巩固率分别为99.93%和99.99%,义务教育入学率99.97%,巩固率99.99%,完成率98.58%。[3] 根据教育科学和谐发展的总体要求,浙江省采取的一系列政策措施致力于教育现代化和城乡教育均衡发展,包括深化体制机制改革,建立健全教育均衡化的政策导向;实施农村小规模学校改造、教师集体宿舍

---

[1] 贾宏艳. 教育现代化的"世纪"探索[M]. 北京:中国时代经济出版社,2010:16.

[2] 何杰. 新世纪支持农村义务教育发展的政策执行考察——以江苏省L县为例[M]. 中国社会科学出版社,2014:3.

[3] 贾宏艳. 教育现代化的"世纪"探索[M]. 北京:中国时代经济出版社,2010:17.

改造、爱心营养餐、书香校园、食宿改造等工程,大力改善农村学校办学条件;实施农村中小学现代化远程教育工程,以教育信息化推动教育均衡化发展;实施农村中小学教师"领雁工程",不断提高农村教师的执教能力;实施教育结对帮扶工程,促进教育共同发展,全省教育均衡化水平进一步提升。2011年全省基本实现教育现代化,实现程度为84.599%,排在全国第四位,仅列北京、上海、天津之后。①

其三是广东省。广东省教育现代化的基本思路是以建设"教育强省"为推动,探索教育现代化之路。广东省在1994年就提出了教育强省的总体目标:2000年以前,扫除青壮年文盲,普及九年义务教育,大中城市和经济发达地区普及高中阶段教育,全省各类大学生占总人口的比例为3.2%。要逐步形成与经济和社会发展相适应的教育规模、教育层次和教育结构,建立起以政府办学为主体的多层次、多形式、多渠道的社会共同办学体制,适应社会主义市场经济发展、结构合理、机制灵活、开放多元、具有广东特色的教育体系,普遍提高教育质量和水平,全面提高教育者的整体素质,实现教育现代化,使广东成为教育强省。2004年广东省委、省政府发布《广东省教育现代化建设纲要(2004—2020年)》,明确提出了广东教育现代化试验的基本思路:树立科学发展观,以促进人的全面发展为根本,进一步营造崇尚知识、全民学习、终身学习的社会氛围;构建广东现代教育体系,形成体系完整、布局合理、发展均衡的现代国民教育体系和终身教育体系;健全和完善保障教育持续、协调、健康发展的体制机制,增强活力和效益;集成整合广东教育资源,形成新的竞争优势和发展能力。

三、教师队伍:夯实乡村教育现代化的关键保障

21世纪以来,我国政府针对乡村教师发展长期存在的问题,在制度、扶助与资源倾斜等方面交叉组合、强力出击,起到了立体整治作用,有效促进了乡村教师队伍现代化建设的水平,为乡村教育现代化建设构筑了强有力的人力资源保障。

1. 全面落实教师资格制度,规范乡村教师发展

2001年国务院发布的《国务院关于基础教育改革与发展的决定》(以下简称《决定》)中强调:"全面实施教师资格制度,严把教师进口关。推行教师聘任制,建立'能进能出、能上能下'的教师任用新机制。"以推行教师资格制度为工具,国

---

① 金哲.10年后,浙江实现教育现代化——刘希平解读《浙江省中长期教育改革和发展纲要》[J].今日浙江,2010(23):26.

家对乡村教师管理不规范问题,进行了大刀阔斧的改革。①

一是清退乡村代课教师。《决定》中提出"坚决辞退不具备教师资格的人员",2006年3月27日教育部宣布:"2005年我国中小学代课教师约44.8万人,分布在农村公办中小学的约30万人。随着农村义务教育经费保障机制的完善,各地将通过优化教师资源配置,创新农村中小学教师补充机制,加大城镇教师支援农村教育力度和推进中小学布局结构调整等措施,确保农村学校合格教师的需求。可以预期,在很短时间内将把44.8万代课人员全部清退。对其中学历合格、素质较高、取得教师资格的代课人员可以根据需要,参加当地统一组织的新聘教师公开招聘。"②各地政府制定相应政策,逐渐清退乡村学校代课教师。陕西省印发《关于加快中小学布局调整和优化教职工队伍,确保农村义务教育投入的意见》,各市结合实际情况,也出台了有关文件,认真加以落实。③黑龙江省市县各级政府对《决定》和《国务院办公厅关于完善农村义务教育管理体制的通知》的贯彻执行做了全面部署。④江西等六省(自治区)通过核编定编,农村中小学教师队伍进一步精简优化。⑤四川、山西、广西、宁夏、辽宁、湖南、湖北等其他各省(自治区)都采取措施清退不合格乡村教师。

二是严把"进口关"。教师资格制度是对教师实行的法定的职业许可制度,是国家对专门从事教育教学工作人员的最基本要求。从2001年开始,乡村教师发展政策集中体现在教师资格制度的试点、推广、全面实施上,各地政府竞相采取措施,"全面实施教师资格制度,规范乡村教师队伍建设"⑥。教师资格制度为乡村教师的选拔提供了现代标准,逐步为乡村教育输送了更合格的乡村教师,为提高乡村教师队伍素质与乡村义务教育质量提供了政策保障。

---

① 万红梅,唐松林.21世纪我国乡村教师政策的交叉组合、逻辑起点与反思超越[J].湖南师范大学教育科学学报,2020(7):101-110.

② 庞丽娟,韩小雨.我国农村代课教师:现实状况及政策建议[J].教育发展研究,2007(4):35-39.

③ 国家教育督导团.对陕西省贯彻落实国务院《决定》和国办《通知》情况的督导检查报告[EB/OL].[2020-03-29].http://www.moe.gov.cn/s78/A11/moe_914/tnull_8558.html.

④ 国家教育督导团.国家教育督导团关于印发对黑龙江等四省(自治区)贯彻落实国务院《决定》和国办《通知》情况督导检查报告的通知[EB/OL].[2020-03-29].http://www.moe.gov.cn/s78/A11/moe_913/tnull_1045.ht-ml.

⑤ 国家教育督导团.国家教育督导团关于对江西等六省(自治区)中小学校长教师管理情况专项督导检查公报[EB/OL].[2020-03-29].http://www.moe.gov.cn/s78/A11/moe_768/tnull_13795.html.

⑥ 田晓琴,王媛.乡村教师政策40年回顾与展望[J].基础教育参考,2019(4):7-9.

三是解决乡村教师工资拖欠问题。2001年,我国首次提出"以县为主"的农村教育经费管理体制,但是全国很多县区经济发展不足,存在乡村教师的工资拖欠问题,乡村教师工资不能按时发放。为此,2003年9月国务院发布了《关于全面推进农村税费改革试点工作的意见》,提出要"设立教师工资专户,按国家规定标准及时足额发放农村中小学教师工资,不准发生新的拖欠"[1],为乡村教师发展提供基本的物质保障。2005年12月,针对乡村义务教育投入主体不明确,以及投入比例不清晰的问题,国务院又颁发了《国务院关于深化农村义务教育经费保障机制改革的通知》,提出了"明确各级责任,中央地方负担,经费省级统筹,管理以县为主"的规定。2009年开始实行教师"绩效工资"。这些连环政策结束了乡村义务教育经费长期无保障、不稳定的尴尬局面,构建了以县为主体的农村教育经费管理机制,切实保障了乡村教师的基本待遇。

2. 支持性教育政策:专项扶助乡村教师发展

一是实施"硕师计划"。2004年颁布的"农村学校教育硕士师资培养计划"要求"从具有推荐免试硕士研究生资格的高校中,选拔部分优秀应届普通本科毕业生,录取为'硕师计划'研究生,并与地方政府教育行政部门签约聘为编制内正式教师。在县镇及以下农村学校任教,服务期三年,并在职学习研究生课程。第四年,到培养学校脱产集中学习一年,毕业时获硕士研究生毕业证书和教育硕士专业学位证书。"[2]它在补充乡村教师数量与提升乡村教师整体素质方面,起到了一定的作用。

二是实施"特岗计划"。2006年教育部颁布的《关于实施农村义务教育阶段学校教师特设岗位计划的通知》(教师〔2006〕2号)指出:"省级教育行政部门要结合本地实际,将特设岗位落实到受援学校,并认真做好教师招聘、岗前培训、跟踪服务和评估等各项工作。省级财政部门要负责统筹协调特设岗位的经费保障。"[3]这些规定在引导和鼓励高校毕业生从事乡村教育工作,逐步解决乡村师资总量不足和结构不合理等问题上发挥了重要作用。

三是实施"免师计划"。2007年5月教育部会同财政部、人事部、中编办下

---

[1] 国务院公报.国务院关于全面推进农村税费改革试点工作的意见[EB/OL].[2020-03-27].http://www.gov.cn/gongbao/content/2003/content_62076.htm.

[2] 时伟.乡村教师核心素养与教师教育课程重构[J].课程·教材·教法,2019(3):120-125.

[3] 教育部、财政部、人事部、中央编办.关于实施农村义务教育阶段学校教师特设岗位计划的通知[EB/OL].[2020-03-15].https://baike.so.com/doc/2957500-25161010.html.

发了《教育部直属师范大学师范生免费教育实施办法(试行)》(国办发〔2007〕34号),在全国六所教育部直属师范大学推行师范生免费教育,2018年更名为公费定向师范教育。"在校学习期间免除学费,免缴住宿费,并补助生活费;免费师范生四年毕业以后一般回生源所在省份中小学任教,到中小学任教的每一位免费师范生都有编有岗。"①免费政策的制定实施,"能够帮助师范生扫清经济、就业、深造等多个方面的障碍,在一定程度上体现了国家政策的偏向"。②

四是实施"援教计划"。2006年《教育部关于大力推进城镇教师支援农村教育工作的意见》(教人〔2006〕2号)文件下发,要求"积极做好大中城市中小学教师到农村支教工作;认真组织县域内城镇中小学教师定期到农村任教;积极鼓励并组织落实高校毕业生支援农村教育工作;组织师范生实习支教;积极开展多种形式的智力支教活动"。③

五是实施"轮岗计划"。2014年教育部印发的《关于推进县(区)域内义务教育学校校长教师交流轮岗的意见》(教师〔2014〕4号),明确提出"推动建立科学完善的校长教师流动机制,重点推动城乡学校之间交流轮岗,优质学校和薄弱学校之间交流轮岗,中心学校与村小学、教学点之间轮岗。"④通过实施"轮岗计划"与"援教计划",不仅有助于全面提升乡村教师专业水平,更重要的是营造了一种关注乡村教师与乡村教育的社会风气。

3. 资源倾斜:促进乡村教师吸引力的提升

一是资源分配倾斜。2016年7月国务院下发《关于统筹推进县域内城乡义务教育一体化改革发展的若干意见》(国发〔2016〕40号),"实行乡村教师收入分配倾斜政策,使乡村教师实际工资收入水平不低于同职级县镇教师工资收入水平;合理设置乡村学校中级、高级教师岗位比例;落实中小学教师职称评聘结合政策,确保乡村学校教师职称即评即聘;将符合条件的边远艰苦地区乡村学校教

---

① 教育部、财政部、人事部、中央编办. 教育部直属师范大学师范生免费教育实施办法(试行)[EB/OL]. [2020-03-09]. https://gaokao.chsi.com.cn/gkxx/zcdh/200705/20070522/909303.html.

② 沈红宇,蔡明山. 公平价值的引领:从免费到公费的师范生教育[J]. 大学教育科学,2019(2):66-71+124.

③ 教育部. 教育部关于大力推进城镇教师支援农村教育工作的意见[EB/OL]. [2020-03-26]. http://old.moe.gov.cn/publicfiles/business/htmlfiles/moe/moe_1237/201001/81598.html.

④ 教育部、财政部、人力资源和社会保障部. 关于推进县(区)域内义务教育学校校长教师交流轮岗的意见[EB/OL]. [2020-03-26]. http://www.mof.gov.cn/zhengwuxinxi/caizhengxinwen/201410/t20141017_1151644.html.

师纳入当地政府住房保障体系,加快边远艰苦地区乡村教师周转宿舍建设"。①

二是待遇奖补倾斜。2013年9月教育部、财政部下发的《关于落实2013年中央1号文件要求对在连片特困地区工作的乡村教师给予生活补助的通知》提出,"根据教师工作、生活条件的艰苦程度等因素合理分档确定,重点向村小和教学点倾斜、向条件艰苦地区倾斜,不搞平均主义。中央财政在农村义务教育经费保障机制改革经费中增列综合奖补资金,将义务教育乡村教师生活补助政策落实情况作为奖补因素之一"。② 2015年6月国务院印发《乡村教师支持计划(2015—2020年)》,提出全面落实集中连片特困地区乡村教师生活补助政策,逐步形成"越往基层、越是艰苦,地位待遇越高"的激励机制,"进一步促进贫困地区义务教育的普及和教育教学质量的提高,缩小东西部地区教育水平的差距"。③ 补偿政策向"弱势"倾斜,一定程度上增强了乡村教师的幸福感。

三是建设专业发展服务体系。2018年3月教育部颁发《教师教育振兴行动计划(2018—2022年)》,强调"加强县区乡村教师专业发展支持服务体系建设,强化县级教师发展机构在培训乡村教师方面的作用;注重新课标新教材和教育观念、教学方法培训,赋予乡村教师更多选择权,提升乡村教师培训实效;推进乡村教师到城镇学校跟岗学习,鼓励引导师范生到乡村学校进行教育实践"④,通过对乡村教师进行培训与教育,培养新时代乡村教师的关键能力,包括教育认知能力、师德修养与反思能力、专业知识学习能力、知识创新能力、教学能力与教育管理能力等⑤,从而全面提升乡村教师专业化水平,努力建设一支卓越的乡村教师队伍。

21世纪以来,国家通过推行教师资格标准、支持乡村教育发展政策与对乡村教育资源倾斜政策,"对于增加义务教育阶段教师的数量、提升乡村教师质量,

---

① 国务院.关于统筹推进县域内城乡义务教育一体化改革发展的若干意见[EB/OL].[2020-03-16]. http://www.gov.cn/zhengce/content/2016-07/11/content_5090298.htm.

② 教育部、财政部.关于落实2013年中央1号文件要求对在连片特困地区工作的乡村教师给予生活补助的通知[EB/OL].[2020-03-22]. http://old.moe.gov.cn/publicfiles/business/htmlfiles/moe/s7058/201402/163752.htm.

③ 燕晋峰.关于构建东西部高校对口支援长效机制研究[J].兵团教育学院学报,2014(2):1-4.

④ 教育部、国家发展改革委、财政部、人力资源社会保障部、中央编办.教师教育振兴行动计划(2018—2022年)[EB/OL].[2020-03-25]. http://education.news.cn/2018-03/28/c_129389367.htm.

⑤ 王明建,何杰.新时代小学教师关键能力建设的思考[J].教师教育研究,2021(2):135-138.

以及促进乡村教师队伍结构合理化等方面起到了很大的作用"[1]。它在一定程度上消解了乡村教师数量不足、能力欠缺、结构欠优等问题,提升了乡村教师队伍建设的现代化水平,促进了城乡义务教育均衡发展。

四、振兴乡村:构建乡村教育现代化发展体系

2017年10月,党的十九大报告首次提出了实施乡村振兴战略,2018年9月,中共中央、国务院印发《乡村振兴战略规划(2018—2022年)》。乡村振兴,作为顶层谋划的战略构想,其有效实施在于众多因素的合力推进,但最为根本的因素在于人及人的现代化。在乡村振兴战略和乡村教育之间的关系上,乡村教育的建设发展是乡村振兴的应有内容与要求,是乡村振兴的重要战略支撑。乡村振兴战略的要义是从过去以城市为中心的发展战略向城市与乡村并重、城市与乡村真正平等的战略性转变。在过去以城市为中心的发展战略下,农村教育更多的是"离农教育",为城市的发展服务。即使有"强农教育",也受制于整个农村作为"城市附庸"的状态,缺乏动力与活力。在乡村振兴战略框架下,乡村作为一种与城市平等的存在,将是一种与城市不同的生活方式,生活在乡村只是生活的地点不同、工作的内容不同,不存在高下的差别。[2] 因此,作为乡村振兴重要战略支撑的乡村教育,其发展势必要建构更加适应新形势的乡村特色教育体系。

1. 精准聚焦乡村教育,明确政策举措指向

以往的农村教育改革发展的举措与支持政策,对农村教育的界定不够明确、不够精准,再加上农村教育区域分布的面大、线长、点多等特点,导致政策指向性不明确,政策在落地执行的过程中偏离初始目标,总体预期收效不够好。实际上,目前中国教育发展的最大短板是乡村一级的教育。一些边远农村地区的学校,由于政策本身的指向不够精准和执行方式不够明确而没有得到应有的公平支持。因此,需要准确把握乡村振兴战略的科学内涵,乡村教育的改革发展要更加精准地聚焦于乡村人力资本的厚植,要立足于城乡一体化进程下乡村不同年龄社会群体生存、生活的教育需求,着眼乡村发展实际进行教育培训的多样态供给,针对教育体系化建设存在的问题和面临的挑战,在政策层面精准发力,切中肯綮。

2. 瞄准三次产业融合发展,建设现代乡村职业教育

十九大报告在乡村振兴战略中明确提出:"促进农村一二三产业融合发展,

---

[1] 白贝迩,程军.提升师范生免费教育政策实施质量的保障机制探析[J].教育理论与实践,2018(19):23-26.

[2] 杜育红,杨小敏.乡村振兴:作为战略支撑的乡村教育及其发展路径[J].华南师范大学学报(社会科学版),2018(2):76-81.

支持和鼓励农民就业创业,拓宽增收渠道。"显然,实现现代化的美丽、宜居乡村建设和农民的富裕和美好生活,有赖于传统乡民的生产技能顺应产业发展,通过有效的教育培训促进转型和全面提升。然而,当前的职业教育还面临巨大挑战,总的问题是能力不足,具体在于产教融合中两张皮现象及深层次的体制机制问题等。尽管也有一些针对农村的职业技术教育,但本质上都是"离农"性的,要么是为城市化培养新的生力军,要么是因为门槛高、覆盖面小或者效果差等而不切乡村生产生活实际。因此,要加强新型职业农民队伍建设,释放亿万农民的创造潜力,发展现代农业,亟待建立健全灵活、实用、多样、前沿的职业技术教育培训体系,常态化开展知识技术的更新升级,不断提高农业生产者的综合技能,实现与产业的无缝对接,并转化为农业生产力。

3. 着眼于办人民满意的教育,建设现代化乡村小规模学校

城镇化进程是中国经济社会发展的基本走向,劳动力向城市流动不可避免。统计数据显示,从2005年到2017年的十余年中,乡村常住人口数由约7.5亿减少为约5.8亿,而其中相应乡村就业人口数由4.5亿减少至3.5亿。[①] 可见,乡村人口不断减少是大势所趋。于是出现了城乡教育发展的"城市挤""农村空"的现象,大量的小规模乡村学校的存在成为乡村中小学教育的客观现实。结合世界发达国家乡村教育发展实际来看,小规模学校不仅不会消亡,而且应该成为乡村学校教育和基本公共服务的独特形态,是乡村振兴战略的内在构成要素,更是努力办人民满意的教育,实现人民对美好生活向往的本质要求。特别是在城乡一体化发展的总体框架下,需要进行科学合理规划,建立健全一套小规模学校布局调整的有效机制,走出"头疼医头,脚疼医脚"的怪圈。

4. 强化资源集约利用,建设乡村文化教育多功能中心

相对于城市,"地广人稀"是乡村社会的一个显著特点,而且乡村的分布较为散落。然而,随着经济社会的发展和人的需求的多元化增长,乡村的社会功能不断扩展。但鉴于人口少和资源稀缺等原因,乡村也不可能存在像城市一样的专业化分工,基础设施必然不可能按照功能需求进行图书馆、体育运动场、学习中心、文化场馆等的建设。而无论在何种意义上讲,有人的地方,学校就是必需的存在。那么,有效和可行的策略就是在乡村建设中进一步发挥学校尤其是村小的多元化功能,将其建设成为以乡村文化教育为主体的多功能中心,也适应国家基础教育课程教学改革深化的要求,探索融合型乡村教育发展模式,既满足乡村多

---

① 中国产业信息网. 2017年中国人口总量、城镇农村人口数量及城镇化率统计分析[EB/OL]. [2018-01-19]. http://www.chyxx.com/industry/201801/605524.html.

样化的需求,还能在一定程度上破解当下农村教育师资短缺、资源闲置等问题。这样的乡村学校,不仅承担着学龄人口的教育,还是乡村的活动中心,更是以现代化形式复兴传统乡村学校的文化圣殿与精神堡垒,而非乡村社会一个个的"孤岛"。

乡村振兴战略是中国经济社会发展新阶段的必然要求,为未来乡村发展描绘了总体蓝图和目标任务时间表,也为乡村教育现代化建设提供了背景框架。但也必须清醒地认识到,发挥乡村教育厚植乡村人力资本以支撑国家乡村振兴战略实施,除了顶层谋划、系统设计以及路径选择,还迫切需要进一步深化改革创新,破除深层次体制机制的制约,牢牢把握若干关键抓手并进行制度化的安排,从而提升乡村振兴战略下乡村教育现代化建设的保障水平。①

五、当代乡村教育现代化的经验

(一) 提升社会发展水平是教育现代化推进的逻辑起点

从我国沿海经济发达省份的乡村教育现代化实践来看,经济发展状况成为乡村教育现代化推进的逻辑起点。首先是经济发展水平决定着教育现代化为时间起点。自改革开放以来,我国沿海省份地区率先发展,经济和社会发展的现代化水平较高,坚固的经济发展基础为省域推进教育现代化创造了良好的保障条件。而且这些沿海发达省份提出教育现代化均在20世纪90年代中期这一时间节点上,基本上也与其经济发展水平相一致,其区域推进教育现代化的实践也显示了经济发展领先带来教育发展先行同时也催生着教育优先发展。快速发展的经济为教育现代化提供了充足的财力支持,同时协调可持续的经济发展又需要素质越来越高的人。经济快速发展既为教育现代化的推进提供了物质基础,也对教育现代化提出日益迫切的要求,因而经济发展水平决定着乡村教育现代化推进的时间节点。其次是社会发展水平为乡村教育现代化推进创设了背景基础。对于东部沿海省份区域,经济发展起步早,城市化水平较高,因而教育现代化启动时间也早,而内陆及西部由于城市化进程相对缓慢,所以教育现代化起步时间也相对晚一些。

(二) 坚持党和政府在乡村教育现代化建设中主导地位和顶层设计

21世纪以来,党和政府通过"把教育现代化纳入教育规划""两免一补""农村远程教育""农村教育经费投入保障机制改革""贫困农村地区教育扶助政策""农村教育对口支援政策"等政策举措②,持续整体推进乡村教育现代化。而且

---

① 杜育红,杨小敏.乡村振兴:作为战略支撑的乡村教育及其发展路径[J].华南师范大学学报(社会科学版),2018(2):76-81.

② 何杰.支持性教育政策的意蕴、特征与问题规避[J].教育发展研究,2013(23):46-52.

在乡村教育现代化过程中,高度重视教育立法,及时修改完善《教育法》《义务教育法》等国家法律,为长期可持续推进乡村教育现代化提供法律保障。从沿海经济发达省份的教育现代化实践来看,党和政府注重对本省教育现代化推进的顶层设计,采取了针对性的实施举措,也探索出具有本省区域特色的乡村教育现代化发展路径。通过党和政府对教育现代化的引领,突显了党和政府在我国当代乡村教育现代化进程中的主导地位,这也是我国当代乡村教育现代化推进取得显著成效的一个重要的法宝与经验。

(三)强化乡村学校的教育现代化推进水平

学校的现代化发展直接反映了农村教育现代化的建设水平。在我国当代教育现代化探索进程中,通过建立教育现代化监测与评价体系,里面有诸多指标涉及学校现代化建设的情况。因而,实施乡村教育现代化,对乡村学校给予重点扶持建设。在政府加强乡村学校现代化建设的同时,学校自身也结合教育现代化的目标要求不断加强学校的课程建设、教学建设、校本文化建设等内涵建设,这些内容都是乡村教育现代化建设水平的重要体现。

(四)抓好教师队伍是乡村教育现代化的决定性支撑力量

教师是实施教育活动的主体,教师的专业化水准影响着人才培养的质量,从而也间接地影响着农村教育现代化的质量。教育现代化,关键是人的现代化,没有人的现代化,教育现代化也就无从谈起。无论是沿海发达区域的教育现代化实践,还是教育现代化先行先试的试验区,都把农村教师作为乡村教育现代化的核心要素,通过加强教育培训、继续教育、提升教学技能、城乡教师轮岗交流、对口支援、改善待遇等等,不断提高乡村教师的专业素养和待遇环境。

(五)实现全体乡村人的幸福是乡村教育现代化的根本宗旨

党的十六大提出"统筹城乡经济社会发展"、十七大提出"统筹城乡发展,推进社会主义新农村建设"、十八大提出"推动城乡发展一体化"等社会发展战略,在实施党和国家的这些社会发展战略过程中,通过乡村教育实现乡村人口素质的提升是乡村教育现代化的最终也是最高目标,只有把广大的乡村人口资源转化为人力资源的时候,乡村经济社会才会拥有更大的发展动力。在乡村振兴战略实施中,乡村教育要以为乡村振兴培养人才作为其时代定位,以实现全体乡村人的幸福作为乡村教育的根本宗旨。从乡村教育的时代定位和根本宗旨出发,在乡村振兴的战略框架内,乡村教育要坚持走城乡教育融合发展、多样化发展、自主发展和高质量发展之路,而这正是乡村教育现代化的本真意义和价值追求。

第四章　中国乡村教育现代化的价值取向与使命

我国城乡发展长期不均衡,乡村人口众多,城乡二元经济结构长期存在。在较长历史时期,乡村地区出生率远高于城市地区[①],根据中国国家统计局统计数据,2005年近三分之二的中国人口仍然拥有乡村户口,近一半的人口仍然生活在乡村地区,中国很大一部分人口继续在乡村地区接受教育。改革开放进程中明确了教育的优先发展战略地位,教育被纳入我国现代化建设总体设计中,而乡村教育面向广大乡村地区,更有着阻断贫困代际传递、促进城乡人口流动、提升乡村人口素质、实现乡村文化振兴等多重角色与价值。本章首先立足乡村教育现代化进程,通过对乡村教育实践的考察,探索教育政策与乡村发展的关系,厘清进一步推动乡村教育改革所面临的挑战;其次是阐释乡村教育现代化的价值取向及其实现问题,深入总结我国在推进现代化过程中乡村教育的重要作用;再次是探讨乡村教育现代化进程中其应该担负的时代使命。

第一节　乡村教育现代化实践及其挑战

著名经济学家舒尔茨明确指出乡村教育在经济发展中发挥着关键作用,其在1960年的研究中展示了乡村教育在促进农业这一关键增长部门中的重要价值与意义[②],此后众多学者关注到乡村教育的重要作用,有学者对乡村教育在提高制造业等其他重要经济增长部门生产力方面的重要作用进行了研究。[③] 从人力资本的角度出发,乡村教育在实现人力资本增长方面作用日渐突显,很多国家

---

① Muyeed, A. Some reflections on education for rural development[J]. International Review of Education, 1982, 28(2): 227-238.

② Schultz, T. W. Capital formation by education[J]. Journal of Political Economy, 1960, 68(6): 571-583.

③ Brown, P. H. and Park, A. Education and poverty in rural China[J]. Economics of Education Review, 2002, 21(6): 523-541.

层面的案例较为清晰地阐释了教育在一个国家成功从中等收入过渡到高收入过程中的重要贡献。[①] 现代化进程中特别是改革开放以来我国乡村学前教育、中小学教育改革与实践,以投入与产出的视角对我国的教育统计数据进行梳理,从数据的层面审视我国乡村教育现代化实践及其面临的挑战。

一、乡村教育现代化的实践

(一) 学前教育阶段

乡村地区基础教育发展落后于城市地区是不可回避的现实,在改革开放以前,很多乡村地区仅有入小学前的学前班而没有设置幼儿园,对小学教育以前的儿童养育责任尚没有社会化。改革开放以后,我国的政策制定者和教育工作者开始关注学前教育领域,致力于制定规则、法规和标准,以便更好促进乡村的学前教育发展(如图4-1所示)。

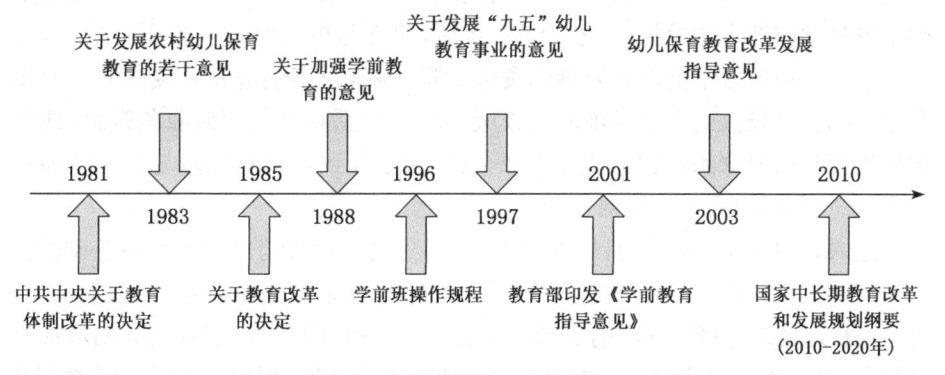

图4-1 现代化进程中影响乡村学前教育的国家政策(数据来源:国家统计局)

1981年发布《中共中央关于教育体制改革的决定》,在这一政策中关注的重点是学前教育计划的有效性。1983年,《关于发展乡村幼儿保育教育的若干意见》发布,从政策层面上鼓励各级地方政府支持乡村幼儿园的发展,不仅由政府部门投入资金进行乡村幼儿园的建设,同时也支持民间资本进入乡村学前教育领域,同时提及家庭需要支付学前教育费用。1988年的《关于加强学前教育的意见》,要求更好地对学前教育阶段的教师进行教学评估、更为科学合理地控制日托型学前教育和寄宿型学前教育学校的班级规模等,同时也明确指出:一直以

[①] Khor, N., Pang, L., Liu, C., Chang, F., Mo, D., Loyalka, P. and Rozelle, S. China's looming human capital crisis: upper secondary educational attainment rates and the middle-income trap[J]. The China Quarterly, 2016, 228: 905-926.

来由地方政府、公民资助的学前教育仅在城市和较富裕的乡村地区得到发展,反映出在未来一段时期内我国乡村地区学前教育发展仍然需要克服"不均衡性"这一发展难题。实际上,在改革开放之后,中国的学前教育要实现整体教育水平的提升,无论是在城市还是乡村地区,都普遍存在着学前教育发展缓慢与薄弱的问题,只是城市与乡村、不同地区之间其问题的表现形式和呈现方式不同而已。

进入20世纪90年代,政策制定者开始关注管理标准,如为了规范学前教育办学行为,1996年发布的《学前班操作规程》根据经济社会的发展情况提出了学前教育的若干标准,包括学前教育的入学要求(例如年龄、健康情况等)。随着改革开放的不断发展,又提出:要进一步鼓励社会资本资助和经营高质量的幼儿园。当然这一阶段同80年代一样,无论是城市还是乡村地区,只有财政稳定且经济活跃的地区才能负担得起大规模的学前教育系统。

在地方与中央财政分权之前,发展学前教育主要依靠地方政府财政,地方政府直接承担了更大的经费负担,因政府财政经费有限、投入不足,很大程度上阻碍了乡村学前教育的发展步伐。1994年后,地方与中央财政实现了分权,地方财政系统负担地方学前教育发展的资金大幅下降,很多经济发展缓慢的省份没有足够的资金投入到乡村学前教育领域。90年代后期实行财政收紧政策,地方政府投资学前教育的动力和能力下降,其结果是导致乡村幼儿园与幼儿教师的数量都急剧下降,入学率停滞不前[1]。

进入21世纪,我国开始制定和推广了一系列旨在帮助学生接受更好基础教育(小学和初中)的政策。学前教育作为基础教育的准备阶段同样受到了政策关注,许多乡村地区纷纷将独立学前班与小学合并。2010年地方政府开始大幅增加对乡村学前教育的资金投入,中央政府开始向偏远乡村地区地方政府提供学前教育补贴,对是否强制推行普及乡村学前教育,学术界也开始加强这一方面的研究[2]。图4-2所示,其展现的是改革开放以后我国乡村学前教育投入(学校和教师数量)和产出(学生入学率)的有关信息。从1980年开始到2015年,乡村幼儿园的数量是稳中有升,值得注意的是2000年后出现了下降,其原因在于政府重视乡村学前教

---

[1] Zhang, Y., Zhou, P. R. and Zhang, Q. J. From welfare to socialization: a review of early childhood care and educational policies in China[J]. China's Education Development and Policy, 2011, 9: 61-110.

[2] Liu, L. On the responsibilities and functions of government on the suburban left-behind young children problem[J]. Studies in Preschool Education, 2007, 6 (1): 12-15.

育办学规范而关停了部分不符合规范要求的乡村幼儿园①。这种学校数量上的变化,反映出从注重幼儿园数量到促进乡村学前教育规范和质量的政策转向。

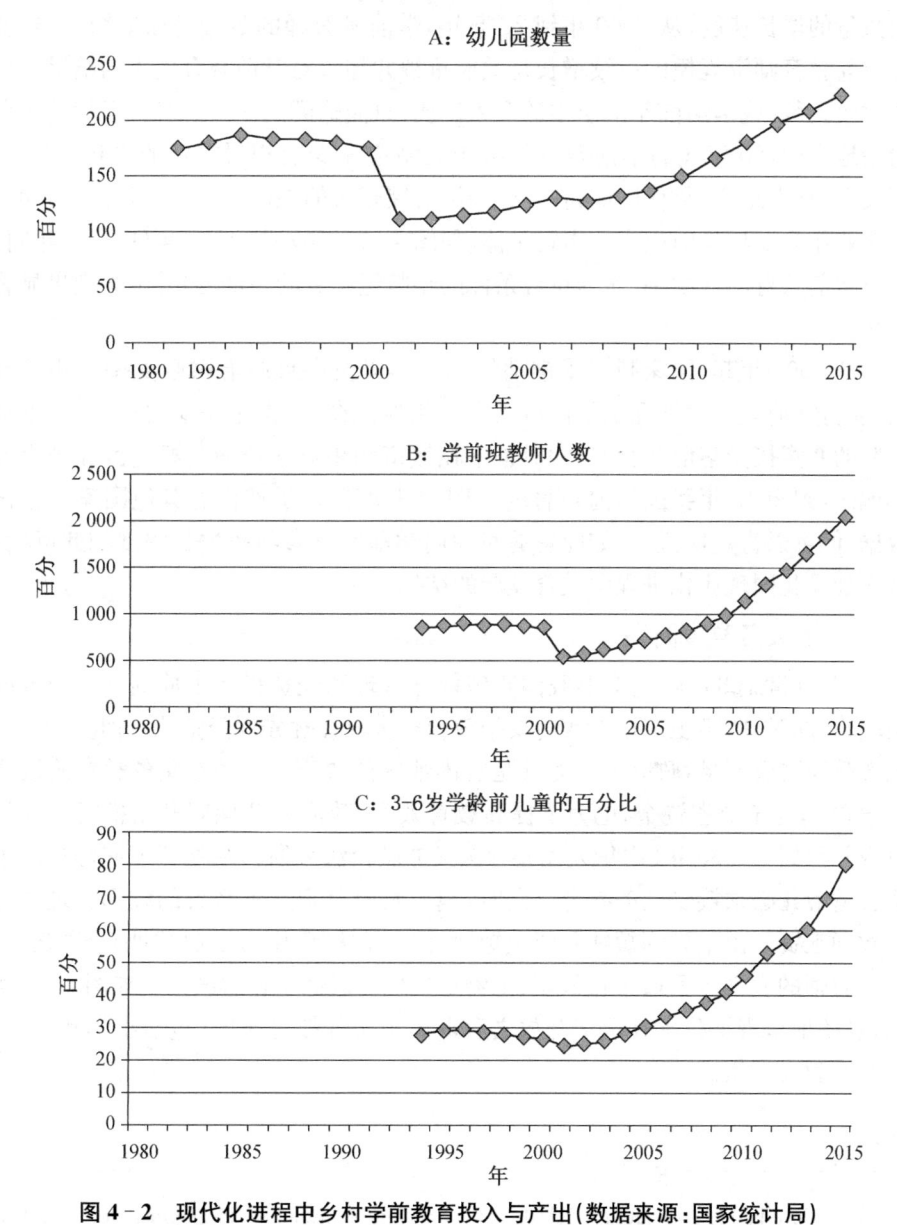

图4-2 现代化进程中乡村学前教育投入与产出(数据来源:国家统计局)

---

① Zhang, Y., Zhou, P. R. and Zhang, Q. J. From welfare to socialization: a review of early childhood care and educational policies in China[J]. China's Education Development and Policy, 2011, 9: 61-110.

如图4-2B所示,乡村学前教育教师数量与幼儿园数量呈现了较为一致的发展趋势,特别是在2000年后,乡村学前教育教师人数的增长速度略快于幼儿园数量的增长速度,从2000年到2015年,学前班教师的数量增加了约4倍,乡村学前教育师资规模的持续增长是政府重视并加大对学前教育投入的结果。虽然学生人数(或学龄前年龄组中的个人比例)只能追溯到90年代初,但相关研究清楚地表明,80年代的学前教育仅限于大城市和少数相对富裕的乡村地区[①]。事实上20世纪90年代以前,在一些经济发展较快的地区,主要由地方政府和一些企业作为乡村学前教育的出资主体,如图4-2C所示从1990年到2000年间,乡村学前教育的入学率(作为符合条件的年龄组总数的一部分)并未表现出显著变化。

从2005年起,国家制定了推动幼儿入学以及中央政府财政支持的相关政策,乡村学前教育发展迎来了前所未有的机遇。在21世纪初期,我国只有不到30%的儿童接受学前教育,且相对集中在城市和相对富裕的沿海地区和城市近郊地区,到2015年我国学前教育的入园率达95%。虽然没有其他国家的可比数据,但可以肯定地说,在如此短的时间内学前教育参与率增长幅度如此巨大,这无疑是我国现代化进程中教育发展的结果。

(二)义务教育阶段

在20世纪80年代初期,我国实施教育管理和经费投入下放到县一级政府的政策,同时,明确规定地方政府要把教育资金放在优先保障地位。但鉴于当时地方政府财政不足,政府——尤其是贫困地区的政府——都对义务教育阶段收取学费[②],为了节省资金,也为了提高教育效率,政府在此期间开始推行乡村学校合并计划。1986年《中华人民共和国义务教育法》颁行,从法律上明确规定了所有适龄儿必须接受义务教育。同时,地方政府负责义务教育的教师管理并支付教师工资。由于教师短缺和资金短缺,许多地方聘用了临时(代课)合同教师,这些教师的教学水平通常较低,其工资水平也普遍低于在编教师。如图4-3所示,系统地呈现了我国在改革开放之后聚焦于义务教育阶段(包括小学和初中)的相关教育政策。

---

① Cui, F. F. and Hong, X. M. The unbalanced regional development of preschool education in China: status, causes and suggestions[J]. Educational Development Research, 2010, 24: 20-24.

② Hannum, E. Political change and the urban-rural gap in basic education in China, 1949-1990[J]. Comparative Education Review, 1999, 43(2): 193-211.

第四章　中国乡村教育现代化的价值取向与使命

图4-3　现代化进程中影响乡村基础教育的国家政策

从20世纪90年代中期开始我国启动财政改革后,地方政府财政在教育上的投入压力持续增加,为缓解教育经费短缺问题,许多地方采取提高学杂费的做法,以保证基础教育稳定发展。[①] 2001年中央政府颁布了严格控制学杂费的有关政策,这一政策也为中央政府在2003年完全取消学杂费、实行两免一补政策铺平了道路。2006年对《义务教育法》进行修订,实行义务教育免收学费、杂费,同时也进一步明确了政府承担资助乡村教育的责任。2008年秋季学期,全国所有城市免除义务教育学杂费,中国义务教育阶段学生全部实现了免费上学。随着中央政府拨款的增加,提高基础教育质量的压力也随之增加。在21世纪初期,国家实施乡村学校办学布局调整政策,将一些小型的乡村学校和乡村教学点合并为更大的城镇和大型的乡村学校,对乡村学校的教室、教师办公室、教师和学生宿舍进行了重建和翻新。到2015年前后,我国大部分乡村小学和初中的校园都得以更新建设。在教师工资和招聘方面,20世纪90年代后期,国家相关政策不鼓励聘用合同制教师,但这一政策真正发挥作用是在2006年以后。2006年中央政府全额承担了贫困乡村地区所有公立学校教师的工资拨款,2010年以后,国家不断增加教育经费投入,以此推动教育质量不断提高。

如图4-4所示,改革时期之前(1960年至1978年)和改革开放后(1978年至2015年)的学校数量显示出两种截然不同的趋势。在20世纪60年代和70年代的至少二十年间,几乎每个村庄开设了学校,1970年大约有100万所学校。然而,自1978年以来,乡村学校数量呈线性下降。如上所述,当地方政府面临资金有限和提高教育质量的任务时,其采取的主要政策就是学校合并,实施办学布局调整。从1978年到2015年,学校数量持续急剧下降,到2015年中国乡村地区小学不足20万所。值得注意的是,在同一时期,乡村地区小学教师人数几乎

---

① Tsang, M. C. and Ding, Y. Resource utilization and disparities in compulsory education in China[J]. China Review, 2005, 5(1):1-31.

持平,如图 4-4B 所示,20 世纪 80 年代的教师人数与 2015 年的教师人数几乎持平。然而,合同制教师和正式编制教师的比例却发生了变化,2010 年,中国乡村的合同制教师占比不到 4.5%[①],远低于 80 年代和 90 年代的比例。此外,研

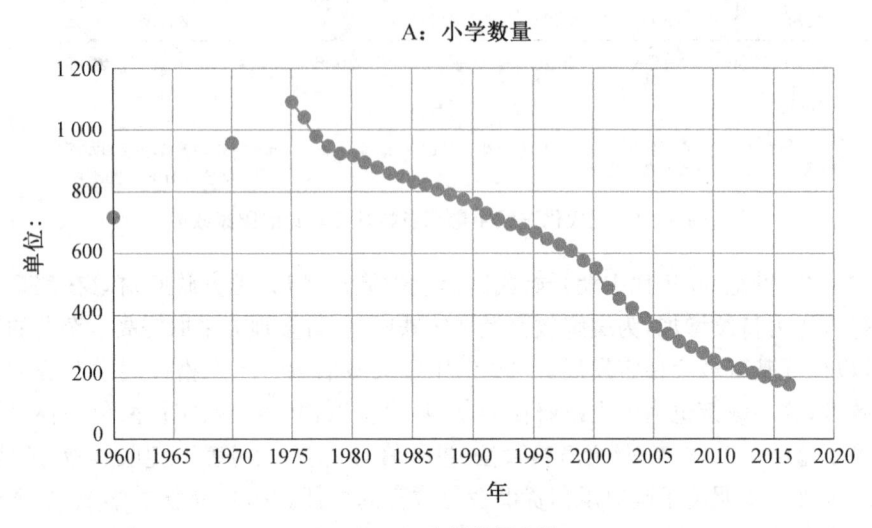

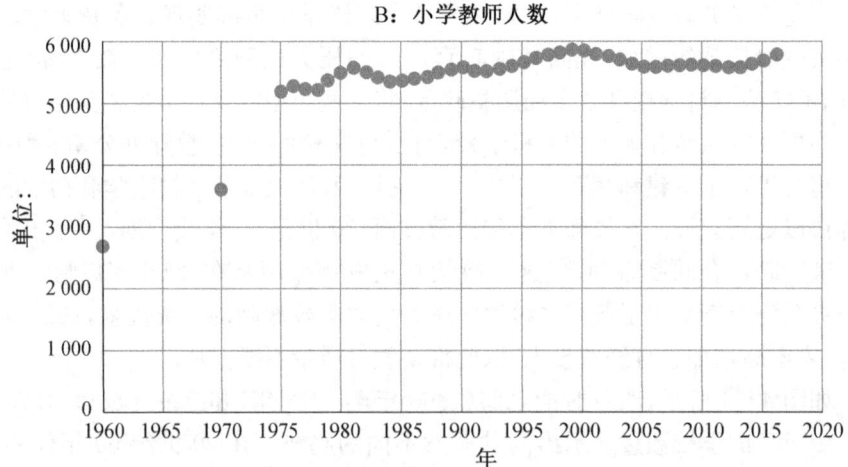

图 4-4 现代化进程中乡村小学教育投入(数据来源:国家统计局)

[①] Wang, L., Zhang, S., Li, M., Sun, Y., Sylvia, S., Yang, E., Ma, G., Zhang, L., Mo, D. and Rozelle, S. Contract teachers and student achievement in Rural China: evidence from class fixed effects[R]. REAP Working Paper, 2017.

究显示:包括乡村教师在内的所有教师的工资和附带福利都显著提高①。

如图 4-5 所示,随着时间的推移,小学生的数量呈现下降趋势,乡村教师的数量基本保持不变,因此可以得知:自改革开放以来,生师比稳步下降(如图 4-5B 所示)。这无疑也在一定程度上反映了中国乡村小学教学质量的提高。如图 4-5C 所示,在改革开放后,乡村小学的入学率一直较高。1990 年的数据显示,超过 97% 的 6 至 12 岁儿童正在上小学,根据对 9 个县 181 所学校的调查,截至 2010 年代初,超过 99% 的乡村儿童完成了小学教育②。比净入学率更值得关注的是小学毕业生升入初中的比例,如图 4-5C 所示。80 年代初,中国 60% 到 70% 的儿童完成了小学教育并继续读初中,该比率在乡村地区只会更低。1986 年《义务教育法》颁行以后,小学毕业进入初中的儿童比例逐渐上升,到 90 年代后期,几乎全部孩子都可以继续完成初中学业。

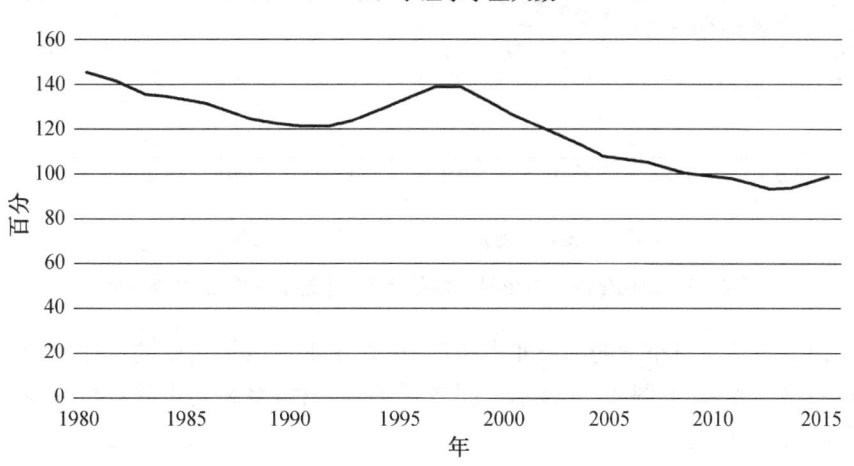

A:小组学学生人数

---

① Jiang, J. Q. and Du, Y. H. On the project design of enhancing financial input of primary and secondary school teachers' salary and its feasibility analysis[J]. Education & Research, 2014, 35(12): 54-60.

② Lu, M., Cui, M., Shi, Y., Chang, F., Mo, D., Rozelle, S. and Johnson, N. Who drops out from primary schools in China? Evidence from minority-concentrated rural areas[J]. Asia Pacific Education Review, 2016, 17(2): 235-252.

B：小学教育的师生比例

C：小学生净入学率和升学率

──▲── 小学学龄儿童净入学率　　──■── 小学毕业生升迁率

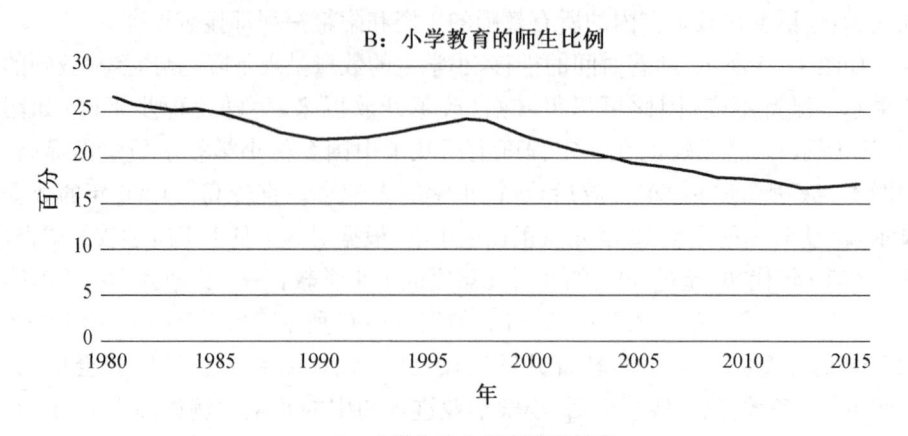

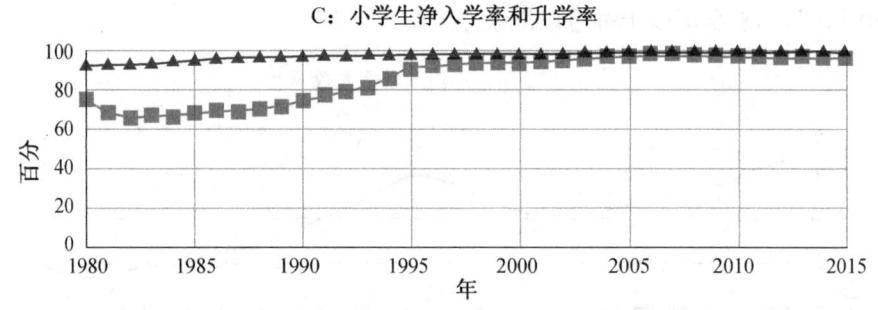

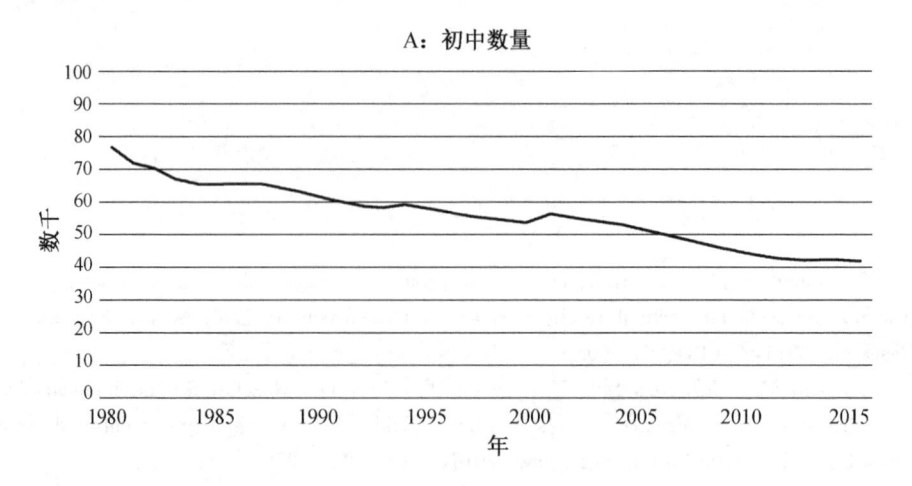

图 4-5　现代化进程中乡村小学教育产出（数据来源：国家统计局）

初中的趋势与小学的趋势非常相似，但在水平和政策实施的具体年份方面存在一些差异，详见图 4-6 所示。同乡村小学一样，乡村初中的数量在改革开放期间持续下降。

A：初中数量

B：初中教师人数

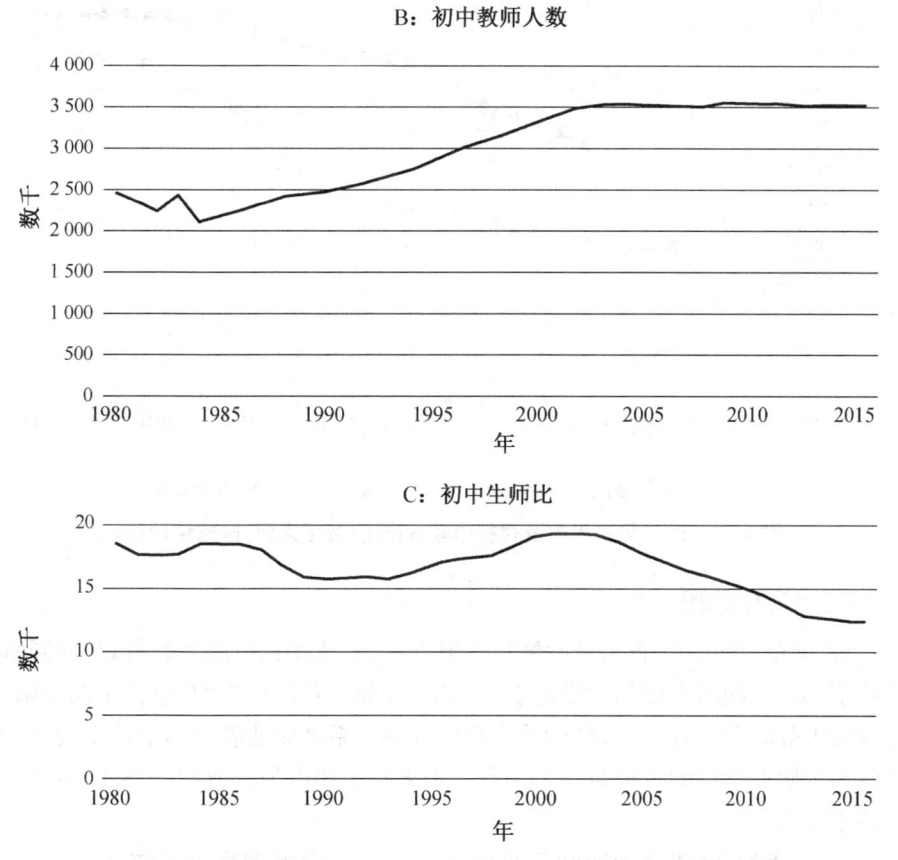

C：初中生师比

图 4-6 现代化进程中乡村初中教育投入（数据来源：国家统计局）

初中和小学的教师人数和生师比趋势也呈现出较为一致的趋势。教师人数几乎保持不变，如图 4-6B 所示，生师比的下降意味着初中学生的数量也在下降，其原因与导致小学生数量下降的人口趋势基本相同。

最后，教学质量的提高（教学质量随着生师比的下降而提高），对初中入学率产生了巨大的影响。图 4-7 显示了改革开放时期乡村初中入学率的稳步上升。在 1990 年，只有 60% 的 13 至 15 岁的人上过初中，没有接受初中教育的儿童大多数是来自乡村地区，而到了 2010 年，几乎所有 13 至 15 岁的儿童都接受了初中阶段的教育。

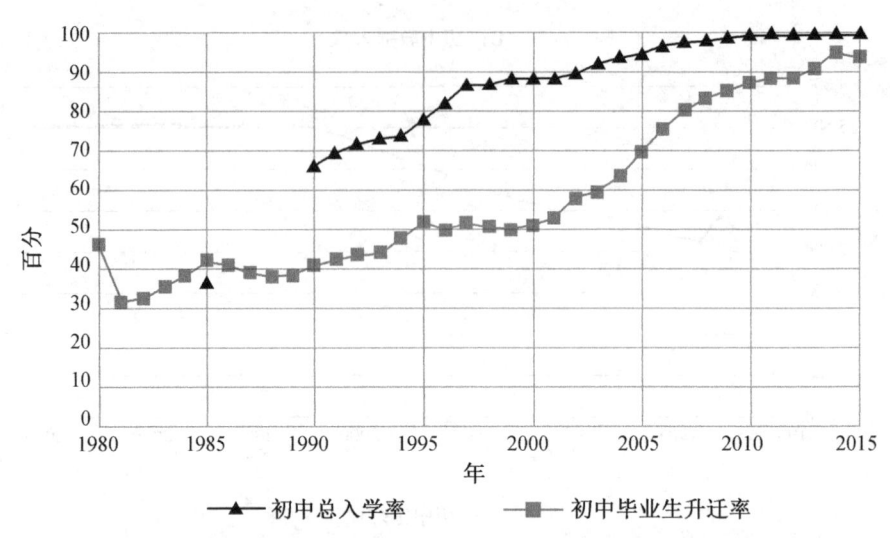

图4-7 现代化进程中乡村初中教育产出（数据来源：国家统计局）

（三）高中阶段

自"文革"结束后，我国开始恢复普通高中，关注知识与能力教育，与此同时，关停了"文革"期间出现的大量的农业高中。同时，我国从1980年代中期开始大力发展中等职业教育学校，鼓励地方政府开办一系列职业教育和培训学校，开办这些中等职业学校的主要目标是培养在未来几十年内为工业和服务业配备所需的技术工人。

在20世纪80年代后期和几乎整个90年代，学术型高中系统几乎没有变化，由于国家在高等教育尚没有实施扩招政策，每年录取的大学生人数仍然有限，因而也限制了学术型高中的发展。自20世纪90年代末至21世纪初，我国高等教育实施扩招政策，仅就高等教育的学生人数而言，其规模几乎翻了两番[1]。高等教育扩招政策，带来的是学术型高中的快速扩张。

如图4-8所示，在高中的投入（学校数量）和产出（入学学生数量）对政策的反应可能最为明显。一旦中央政府停止资助并将发展高中的责任交给地方政府，学校的数量就会急剧下降。事实上，在1980年到1990年间，学术高中的数量下降了一半以上，从30 000多所减少到不到15 000所。与此同时，建设了大量的中等职业学校，但是20世纪80年代后期到90年代后期，高中学校的总数几乎没有变化。即使实行高等教育扩招政策，高中的数量也没有显著变化，其原

---

[1] Yeung, W. J. J. Higher education expansion and social stratification in China[J]. Chinese Sociological Review, 2013, 45(4): 54-80.

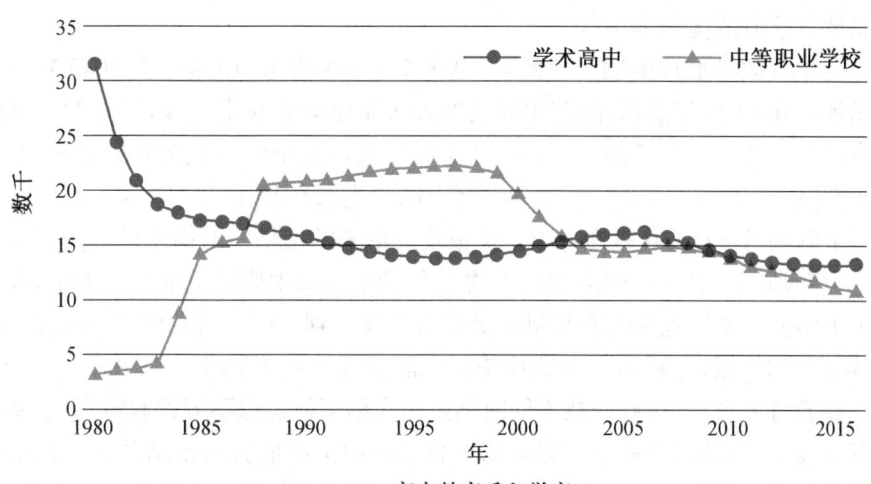

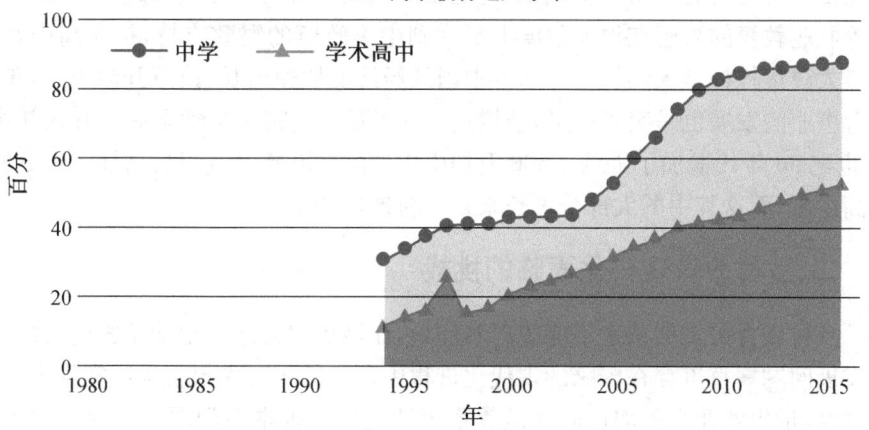

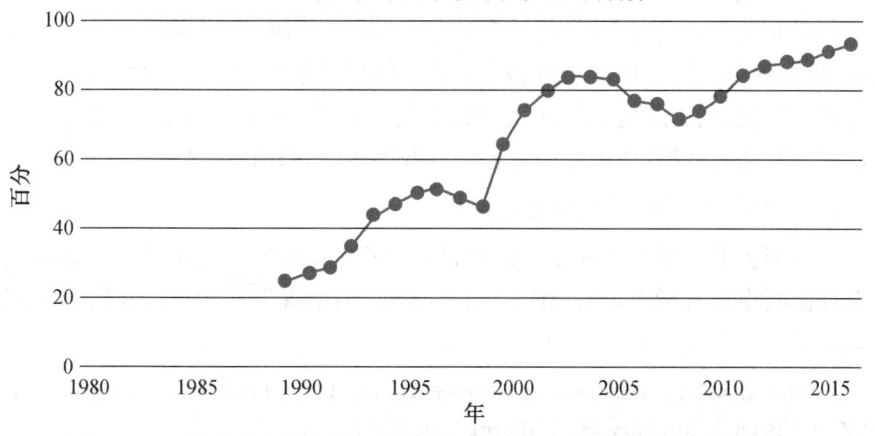

图 4-8　现代化进程中乡村高中教育投入与产出（数据来源：国家统计局）

因可能在于发展高中的大部分资金是由地方一级政府支付,所以新建高中学校不是地方政府的优先事项。

与学校数量形成鲜明对比的是,高中学生的数量在1995年至2015年间急剧增加。在21世纪前后,随着中央政府加大基础教育投资力度,接受职业学校教育的学生数量有所增加,但自1998年以后我国高中学生数量开始稳定增长。在1998年至2015年期间,就读学术高中的学生人数从16至18岁人群中的约15%上升到近50%,这是高等教育扩张政策带来的结果。对高中的真实需求如图4-8C所示。在1998年,只有大约50%的学术高中毕业生继续上大学,没有考上大学的高中毕业生则直接进入劳动力市场。到2015年,我国高等教育经过持续多年的扩招,有近90%的高中毕业生能够进入大学学习。

在教育领域,各级政府在不同时期虽然实施了侧重点不同的政策,但是基础教育的发展、基础教育质量的提高几乎总是在中央政府大力推动并为其提供较为充足经费的情况才得以实现,乡村地区的基础教育情况尤其如此。数据显示,中等职业教育的兴起在很大程度上是受到中央政府的财政支持,扩大高中教育的最大政策杠杆是大学扩招。随着中国的经济的快速增长,改革开放40多年来教育事业的发展也是突飞猛进,新增近5 000万学生完成小学学业并升入初中,20世纪90年代增加了大约2 500万初中生,在2000年及其以后增加了近2 500万高中生,而这其中的大部分增长来自乡村地区的学生。

二、乡村教育现代化面临的挑战

乡村教育的发展从来不能脱离其环境,在城乡二元结构根深蒂固的我国,乡村发展问题一直贯穿在国家的现代化进程中。党的十九大报告提出实施乡村振兴战略,指出农业乡村农民问题是关系国计民生的根本性问题。在现代化进程中,通过教育促进经济欠发达乡村地区人口迁移的同时,又需要考虑在乡村缺乏产业和就业机会的情况下,乡村教育政策和实践如何融入国家的乡村振兴发展战略,从而促进乡村地区的经济和乡村社区的可持续性发展? 因而,关注教育政策趋势,特别强调了这些政策在人力资本生产中的作用,以创造一个流动的、适应性强的劳动力队伍,以满足乡村振兴和我国现代化建设的要求。

(一) 乡村教育现代化的定位问题

联合国秘书长潘基文在千年发展目标(MDGs)通过十周年之际发布全民教育全球监测报告时指出教育"绝不应该是偶然的情况"[1]。同时,该报告呼应了

---

[1] United Nations Development Programme. (n. d.). Millennium Development Goals (MDGs)[EB/OL]. http://www.undp.org/mdg/,2022-07-15.

乡村教育的全球担忧：地理上的孤立仍然困扰着公平教育的进展，乡村群体继续被忽视。从前面对我国现代化进程乡村教育实践情况的分析同样可以发现，乡村教育的发展过程中始终面临着一系列特定背景的挑战和条件。

从功能角度看，土地利用、人口密度和生活行为质量等要素是识别城市与乡村的重点。在政治经济学中，一般是从社会生产角度阐明乡村的性质和地位，重点是乡村地域空间如何在区域范围内与政治经济发生相互作用。在我国，官方通常是将地区划分为"城市"和"乡村"两类，其主要根据是人口统计和经济状况。2020年第七次人口普查数据显示：全国城镇人口占63.89%，乡村人口占36.11%，而在2010年第六次人口普查中乡村人口占全国总人口的50.32%。对于中国人来说，由于城乡发展的二元结构，不仅城乡之间存在着不平等，而且在乡村地区之间也存在不平等，乡村出身对个体的发展机会有着重要的影响。

关于城镇化和教育改革与发展的研究，当前主要存在两种取向：一为关注城乡二元结构与教育之关系，从打破城乡教育二元结构的角度来分析教育如何改革以应对城镇化的挑战。但是这类研究对城镇化进程中人口流动的动态性、产业转型的全局性与文化变迁的深刻性缺乏必要关注。二为关注城镇化进程中的教育热点问题，如随迁子女教育问题与留守儿童问题，未对城镇化进程中的教育发展进行系统分析与顶层设计。[①] 在我国城镇化进程中，乡村教育功能呈现出弱化趋势，表现为一是经济收益弱化问题。乡村民众对教育的热情和动力很大程度上来自其产生的经济价值。随着城镇化进程的推进，乡村民众有了更多的致富途径，而且这些致富途径的经济回报是即时的。在这种情况下，乡村教育经济价值的实现似乎投入的金钱、时间资本过大，而且未来还充满了就业的不确定性，加之乡村儿童所接受的乡村教育缺乏将所学知识转化为对实践的有效助益，乡村教育的经济价值呈弱化趋势，乡村教育的经济回报低于其他行业的劳动收入，乡村教育的投入与经济收益也存在着背离。二是文化精神失守。当前，乡村教育没有很好地承担起传承和创新农村文化的重任，使得乡村传统文化淹没于城市文化主流的洪流中。当乡村教育办学以城市教育为取向，没有扎根于乡村文化土壤中，乡村学校教育"离农化"倾向明显，不注重乡村传统文化教育，乡村学子缺乏适应乡村社会生活的心理和能力，也缺乏进入城市适应现代化生活的品质和素质，乡村教育文化精神面临着失传和失守的危险。三是水平低下。在城市化进程中，城乡教育差距不断拉大，乡村教育的应试升学质量难与城市教育相比，尽管各个城市已经出台接受进城务工子女的教育政策，但是由于乡村户口

---

① 李刚，赵茜. 城镇化进程中教育发展方式的转变——让教育成为人的城镇化的不竭动力[J]. 中国人民大学教育学刊，2015(3)：105-119.

限制了儿童与进城务工父母一起移动的能力,基于各种现实情况仍有大量学生选择在乡村接受教育。乡村教育同时存在过于偏重于对知识、经济价值的追求,使得乡村教育的水平在城镇化进程中不断背离了教育本质,呈现出落后之势。

随着乡村振兴的不断推动与发展,实现乡村全面脱贫后的高质量发展,在这个过程中教育现代化的作用日渐凸显。而乡村教育功能的不断弱化,其势必会对形成经济社会发展产生巨大的负面效应。因此,在城市化进程中,强化乡村教育功能就是要积极促成乡村经济社会的和谐发展。

其一,要凸显乡村教育优先发展地位,实现乡村社会经济和谐发展。乡村教育担负起使农村民众确立起认同、重视教育的自觉,把受教育变成自身生活和存在的方式。乡村社会有了这种教育风气,乡村民众就自然会反思生命、生活的意义,在积极进取的人生态度下,对教育的期待就不会只看重它的经济利益,而是更在乎它能提升人在整个社会发展中的生活、生命品质追求,更看重乡村教育对乡村社会经济和谐发展的推动。

其二,要健全乡村教育服务体系,强化乡村民众的终身教育。乡村教育要走出单纯为了升学或经济功能而忽略了人的发展在不同阶段的任务与矛盾这一误区,也要看到乡村社会成员不可能都接受相同类型或层次的教育,因而,乡村教育就需要为从各级学校教育分流出来的学生提供接受继续教育的机会,而且,这种继续教育应当能够满足他们自己的兴趣和需求。可以说,乡村教育只有建构起为所有乡村社会成员的终身教育服务体系,才能使他们得到持续的发展并积极为社会发展贡献力量。

其三,需要构建乡村教育互补机制,促进乡村文化的良性认同。乡村教育的城镇化是当下乡村教育发展必须面对的一个问题,但乡村教育城镇化转型并非转变成"城市教育"而失去自己的"个性"。对乡村而言,城镇化不断缩小了乡村的"空间",但并不意味着乡村内涵丰富性的缩减,而且非城镇化的乡村自身就面临着如何现代化的问题。要实现这种功能,一个必要而迫切的选择就是构建乡村教育互补机制,以政府、教育行政部门、学校、教师、学生多主体共同参与,形成乡村教育承担保护和发扬乡村传统文化的意识自觉,并且通过乡村学校教育使优秀传统文化进校园,连续、系统地对学生进行传统文化教育。政府通过有计划地实施乡村文化"复兴工程",以确保通过乡村文化心理场的建设而使得乡村"文化基因"得以孕育。[①]

---

① 田夏彪.城镇化进程中农村教育功能弱化的成因及其对策[J].教育理论与实践,2014(29):17-19.

第四章 中国乡村教育现代化的价值取向与使命

(二) 教育政策与乡村发展的适应性问题

尽管乡村地区存在异质性,但大多数乡村的一个共同特征是学校或者说教育基本处在乡村社会、制度和经济的核心地位。换言之,与城市相比,乡村学校更有可能成为社区的中心。和城市有很多学校不同,乡村地区的学校通常仅有一所,学校规模也较小,但是乡村学校的家长与老师之间的关系通常更为密切,乡村学校在教育、文化、经济和家庭象征等诸多方面发挥着重要作用。

改革开放以来,我国的教育政策也越来越关注教育的市场价值。这包括两个方面:以流动劳动力的形式在个人层面生产人力资本,以及在日益相互关联的全球经济中保持经济竞争力。因此,沿着这些思路制定的各种教育改革政策在许多方面将教育重新定义为私人商品而非公共产品。虽然学生已被重塑为追求个人效用最大化的个人"消费者",但从学校的角度来看,学生代表了责任要求是否得到满足的方式。基于标准的学校改革政策,将实践者的注意力从乡村需求上转移开,而忽视教育学生了解外部标准对当地经济的影响,因而,基于标准的学校改革与教育儿童了解和维持他们自己的社区是不相容的。然而,即使从国家规定的学校标准化建设的角度来看,考虑到与学业成就相关的最有影响力的变量是学生的社会经济地位,乡村学校也应当担负发展乡村的角色。

城镇化进程强化了乡村人口的向外迁移,而且乡村人口向城市迁移流动往往具有高度选择性。相对于非流动者,来自乡村地区的外出移民往往更年轻、受过更好的教育和更加训练有素。乡村外出人口的数量往往超过流入人口的数量,虽然流入人口往往比乡村非流动人口更年轻、受教育程度更高,但他们的人力资本通常也低于流出人口。总体而言,乡村外出流动人口往往比乡村"留守者"更年轻、受教育程度更高。乡村人口外流过程,它反映了乡村地区人口和人力资源的流失,其通常是由乡村学校教育促成的。但是,如果改变当地的经济结构,通过为年轻人群提供技能和教育,乡村学校有助于为乡村经济发展培养一支有竞争力的劳动力队伍。此外,一所好的乡村学校是社区的一项重要资产,不仅影响家庭子女教育的决策,而且影响乡镇企业的选址。然而,除了这些因素之外,学校还可以通过更有目的性的方式来促进当地经济发展。因而,任何一项教育政策,其在制定过程和实施过程中,都需要考虑其与乡村发展的适应性问题,以发挥乡村教育在乡村社会、经济、文化发展中的重要作用。

(三) 乡村教育的"现代性"与"本土化"的冲突性问题

新中国成立初期,由于农业生产任务的繁重,乡村家庭对子女的教育基本上呈放任或半放任状态,教养的目的是让孩子们"听话",内容是服从,在注重传统伦理道德教育之外,也包含更多的阶级意识形态教育内容,国家政治权力成为左右村落日常生活的重要力量。从村落教化中看,传统的村落族长和家长教化权威下降,教化主体也由族长、家长逐渐转变成村级行政干部,教化形式也由传统训教变为行政制裁。对此,国内有学者曾将那一时代农民社会心理归纳为:经济心理由知足常乐到发家求富,政治心理由保守到激进再到保守,以及家族意识的淡薄和阶级意识的成长、民间信仰的衰微和领袖崇拜的形成。[①] 改革开放后,中国经济建设成为国家的中心工作,经济的发展促进了人民的生活水平的提升,人们渐从观念、意识层面接受并认同"现代化",过现代生活也成为广大乡民的一种自觉追求。

美国学者邓和特雷曼指出:在现代社会中,对"谁走在最前面"这一问题的最好回答,就是"那些获得教育的人"[②]。20世纪70年代末的中国教育改革呈现两种趋势:一是精英化趋向,二是市场化趋向。两种改革趋向都给农村教育带来了极为不利的影响。"知识改变命运"对于乡村孩子们来说,这里的知识不是乡村地方性知识,而是全球普适性知识。乡土文化是由"灰头土脸"的乡下人创造和传承的"土气"的知识,它不具备阐释普适性规律的能力,而在西方强势文化的影响下,这种乡土文化被斥责为封建迷信落后的产物,其传授空间也被迫压缩,成了福柯所说的一种"受压迫的知识",也即一种长期被剥夺合法性的知识。

随着城镇化的快速推进,村落中大量青壮劳动力进城成为务工人员,而他们子女的家庭教养责任则被推到长辈身上,而年老的村民因受教育程度有限,很难与现代教育理念对接,面对这种留守儿童的教育问题往往束手无策。这一时期,乡村学校教育与城市学校教育几乎无异,课程内容城乡学校没有差异,这些课程内容指向城市工业生活,与乡土社会隔离,村落中的学校亦无法具备向村民生活提供文化咨询的能力,村民对农业科技的需要也难以获得有效的支持。从村落教化上看,这一时期的村落教化体现出无主体承载性的特点,即在村落中各自为政,无凝聚力也无共同目标追求,村落里那种具有实质性行为规范和影响的教化功能已经不再存留。

现代性之于教育,不是业已完成的事业,而是依然向未来伸展并不断变换面孔的真实存在。"教育现代化"(educational modernization)就是"转变成为现代教育的过程"(to become modern education)。现代性在这一过程中与教育形态的变迁相伴,并不断增长和实现。[③] 现代性既蕴含教育现代化的精神内核,又能对教育现代化的价值取向进行反思和评价。伴随着现代性危机的出现,人们对

---

① 李立志.变迁与重建:1949—1956年的中国社会[M].南昌:江西人民出版社,2002.
② 李培林.中国社会分层[M].北京:社会科学文献出版社,2004.
③ 褚宏启.教育现代化的路径[M].北京:教育科学出版社,2013:31.

教育现代化的现代性的质疑也愈来愈多,并开始反思其现代性的危机。教育现代化的现代性品格主要表现在教育现代化的时空性、价值性、规则性、技术性和批判性等方面。[1] 对于乡村教育现代化而言,乡村教育现代化的现代性危机体现为:一是传统传承颠覆引起的历史断裂危机。人们往往认为,传统是落后的,跟不上时代发展的步伐,不利于教育现代化的顺利实现。在此情况下,乡村教育传承文化的功能就被乡村教育现代性所掩盖,人们甚至会在潜意识中将现代性与西方等同起来。但我们追求教育现代化,不应仅仅是向西方模式学习,更要结合现代性的进步理念,在汲取本国传统经验的基础上开拓具有中国特色的乡村教育现代化之路。二是生态意识薄弱产生的生存风险危机。吉登斯认为:生态威胁实质上是围绕知识而组织起来的结果,它是基于工业文明对物质的影响所形成的景象,这种景象是由现代性所引起的一种新的风险景象(risk pro-file)。[2] 当前实施乡村振兴战略,要实现生态文明不仅需要转变乡村经济发展模式,还需要转变乡村教育观念,通过教育促使人心性的现代性增长,进而塑造富有魅力的生态人格,这是当下乡村教育现代化的价值旨归。三是工具理性霸权导致的功利取向危机。由于人们缺少对终极价值和生命意义的反思,教育越来越多地按照技术、机器、市场等现代化的原则,而不是人的原则去运作。教育的危机归根结底是教育价值的危机,其主要表现为教育工具价值在人与自然、人与社会、人与人的关系维度上对内在价值的僭越,这是现实价值对理想价值的放逐。[3] 四是价值理性漠视带来的乡土文化断裂危机。伴随着国家化、工业化的力量深入乡村,地方性文化和传统在全球化的冲击下,传统乡土文化断裂分层,其生存空间极其狭窄。工具理性使人们对功利的追逐完全替代了对人生意义的追求。现代化在给人带来物质富裕的同时,也将人置于了一种精神匮乏和价值混乱的危机之中。在现代技术下,人的异化使人类终极价值关怀愈加缺失,并致使人类陷入精神道德危机。因此,我们应该站在维护教育现代性的立场上,反思教育现代性中工具理性和价值理性的冲突,并在充分利用工具理性价值的同时,重视乡村教育的人文价值理性,从而通过乡村人的精神道德和谐来推动乡村社会和谐发展。

乡村教育的"现代性"与"本土化"的冲突性问题的解决,关键在于要实现乡

---

[1] 袁利平.教育现代化的现代性维度及其超越[J].陕西师范大学学报(哲学社会科学版),2020(1):159-168.

[2] [美]安东尼·吉登斯.现代性的后果[M].田禾,译.南京:译林出版社,2011:96.

[3] 高伟.现代性背景下当代教育价值批判[J].陕西师范大学学报(哲学社会科学版),2010(2).

村教育的"现代性"超越。教育现代化的现代性尚未完成,它是一种面向未来、不断突破现实、变换面孔的超越性存在,它始终拥有自我批判和进步的空间。只有在现代性被完全超越的情况下,人们才能真正消除教育现代化的现代性危机,进而改造教育现代化图景。因而,乡村教育的"现代性"超越,首先要在观念层面上以观念现代化为先导,祛除乡村教育的思想迷雾。在推进乡村教育现代化的进程中,我们不但需要具备清醒的中国现代性问题意识和跨文化视界,还需要"和而不同"的中国立场,要充分借鉴西方社会科学丰富理论及资源,要充分吸收中华优秀传统文化的合理成分,促进人的综合素质提升,实现人的德、智、体、美、劳全面发展。其次要以技术现代化为手段,促进乡村教育的发展水平。技术现代化是推进教育体制改革和教学方式创新的重要途径,它使现代教育不断地发生变革。乡村教育现代化不仅仅是人们对乡村教育手段和工具的改进,也包含着乡村教育价值取向维度的进步。要坚持工具理性服从于价值理性,要充分合理利用互联网、人工智能、大数据等现代教育技术,赋能乡村教育现代化建设进程。再次要以人的现代化为根本,超越乡村教育的人格困境。教育现代化以人的现代化为根本,主要体现为教育对人的生命的最基本、最重要的关怀。人的现代化在内容上包括人的价值观、思想道德、知识结构和行为方式等从传统向现代的转化,是传统人向现代人的转化。只有坚持以人的现代化为根本,才能超越当代乡村教育的人格危机,才能实现乡村教育价值理性的回归。又次是要以制度现代化为关键,规避乡村教育的潜在问题。制度的现代化是指建立与现代社会发展和现代教育相适应的教育体制、机制和法律法规等,它使教育制度可以与社会政治、经济制度的发展相契合。教育现代化进程实际上是教育制度不断创新,最终促进国家生产力的发展并变革人类生存方式的过程。① 推进教育制度现代化,不仅要坚持以人为本,体现公平原则,要通过教育立法,充分保障公民的权利和义务,实现教育公平和民主,还要建立起科学的评价指标和监督体系,包括学校的自我监督和社会、国家的外部监督等,这是推进教育现代化的重要保障。最后是要以环境现代化为依托,保障乡村教育的育人空间。这里的环境是指自然的生态环境、校园环境、家庭环境和社会环境等,其中,社会环境包括政治环境、经济环境和文化环境等。教育现代化旨在追求人与自然、人与他人、人与自我的和谐共生,从而促进人类的可持续生存与发展。理性支配着环境,而环境决定着人及其状态。② 乡村教育需要努力超越时间和空间的限制,有机结合自然、学校、

---

① 田正平,李江源.教育制度变迁与中国教育现代化进程[J].华东师范大学学报(教育科学版),2002(1).

② 沈湘平.全球化与现代性[M].长沙:湖南人民出版社,2003:58.

家庭和社会的作用,从而为乡村教育现代化发展提供和谐的环境,进而给予现代乡村教育发展的活力。

第二节 乡村教育现代化的价值取向

在工业化、城市化浪潮中,乡村教育通过培养具备工业化和城市发展所必需的技能和知识的乡村人并让部分乡村人口外流来促进工业化和城市化。在城乡二元割裂发展的时代,城市地区成为"富裕、工业化、地位高"的代名词,乡村地区成为"贫困、农业、地位低"代名词。城乡发展不是分开的,过分强调乡村教育对城市化的单向贡献,必然导致乡村教育发展处于一种危险的、边缘化地步。乡村教育被边缘化,体现在三个相互关联的维度上。首先,与城市教育相比,乡村教育在资金、师资、教育质量和基础设施方面面临更多困境。其次,乡村学校实施以城市文化和生活为基础的城市化课程内容,并采用在城市学校应用的教学法,这种情况不完全适用于乡村学校,因为前者与乡村学生和教师的经验相距甚远,后者则需要训练有素的教师和充足的设施。再次,乡村学生接受了相对落后、低质量的乡村教育,但要求他们参加与城市同龄人相同的学术考试,因此,乡村学生进入中国顶尖大学的机会会更少。

在城乡教育一体化发展、乡村振兴战略的背景下,我们需要思考乡村教育现代化的价值取向。对于乡村教育现代化的价值取向的理解,首先需要理清乡村教育现代化的价值、价值观、价值取向等基本概念与其内在逻辑,并在此基础上理清教育价值、教育价值取向等基本概念,然后才能准确分析乡村教育现代化的价值取向,从而为进一步审视乡村教育现代化的价值取向提供分析框架。

一、教育价值

通常来说,价值是对象性客体对于主体需求的满足程度。也就是说,价值是基于主客体关系的基本内容和要素,产生于人按照自己的尺度去认识世界和改造世界的现实活动,是对象性客体属性同人的主体尺度之间的统一。[1] 在主客体关系中,在认识活动和实践活动中主客体相互作用的内容,一般涉及两个基本过程:一是主体客体化,指客体对主体的作用与影响,二是客体主体化,指主体对客体的作用与影响,后者就是所谓的"价值"的实质内容,而客体主体化具有鲜明的为我性、需要性、效益性等主体特征。

---

[1] 李德顺.价值论:一种主体性的研究[M].北京:中国人民大学出版社,2013:29.

对教育价值的认识,需要在主客体关系中来理解。教育研究者更多地接受价值的关系说,并在一定程度上强调主体的地位与作用。从关系范畴出发,有学者认为:"所谓教育价值,指的是教育活动的属性、特点、功能、效果与教育活动主体需要的适合与满足。"[①]也有学者从强调主体的角度出发,认为教育价值是"教育作为社会系统中的一种客体,对社会主体和个体主体的发展需要的一定满足(适合、一致、促进等)"[②]。从客体主体化的角度来看,教育活动关涉的主体依据自己的需要及目的、自己的主体结构及其规定性,从观念、行为、活动等方面构建、影响、变革教育活动,使得教育活动显现与教育活动关涉的主体的性质、特性等,在此过程中使得教育活动关涉的主体进步与发展,这就是教育价值的实现过程。同样,教育价值也具有为我性、需要性、效益性等特征。为我性表明教育活动是按照人的认知规律及发展过程、人类社会的发展规律等内在尺度而构建的一种育人的社会活动,而且教育活动的客观规定性也是基于人的内在尺度而建立起来的。需要性表明为了更好地实现人类社会的延续与发展,将年轻一代培育成为社会所需要的社会人,也为了个人更好地生存与发展,实现未成年人更好的社会化,在多种多样的人类社会活动中,教育活动作为培养人的社会活动,能够更好更快地满足社会存在与进步、个人生存与发展的需要。效益性表明,当按照社会的基于需求及个人的发展需求将受教育者社会化,培养成为社会所需要的人,让个人能够很好地生存与发展,与教育活动关涉的主体对教育活动的作用就得以实现,或者说教育活动就实现其目的,服务于社会发展和个人进步。在这个意义上,教育价值对社会发展和个人进步的效益就得以实现。

二、教育价值取向

价值取向是"一定主体基于自己的价值观在面对或处理各自矛盾、冲突、关系时所持的基本价值立场、价值态度以及所表现出来的基本价值倾向"[③],具有主体性、制约性、先在性、稳定性等特征。首先,价值取向与价值观密切相连,是特定的价值主体在价值观方面的集中表现,秉持特定价值观的主体在面对由不同的需求所导致的矛盾、冲突、关系时所表现出来的与价值相关的立场、态度、思想、倾向等。其次,价值取向是为价值主体所认可的优势价值观念,甚至某些价值观成为一定文化所选择的优势观念形态,或为个体所认同并内化为人格结构

---

① 扈中平.教育目的论[M].武汉:湖北教育出版社,1997:99.
② 王卫东.教育价值概念的历史考察与理论分析[J].北京师范大学学报(社会科学版),1996(2):29-35.
③ 徐贵权.论价值取向[J].南京师范大学学报(社会科学版),1998(4):40-45.

中的核心部分,具有评价事物、唤起态度、指引和调节行为的定向功能。作为一种社会文化所呈现的倾向,价值取向对价值主体的行为具有特定的导向功能。此外,价值取向具有实践品格,它比价值意向更加明确、稳定,它的突出作用是决定、支配主体的价值选择,而价值选择体现价值取向,是价值取向的具体化和现实化,对价值主体自身、价值主体间关系、其他价值主体等均会产生重大的影响。

有学者从价值取向的功能——引导价值主体进行价值选择出发,认为教育价值取向是"教育主体在教育活动中根据自身需求进行教育选择时所表现出来的一种价值倾向性"[1],这一概念的问题在于功能通常是事物本质在实践层面的外在表现,能表达事物及与之相关联的现象,却在某种程度上不能直达事物本质。因此,对教育价值取向的认识需要抓住与之相关联的核心要素,如主体需要、客体属性、主客体关系等,循着教育价值、教育价值观、教育价值取向的认知路径,形成教育价值取向的概念,然后从教育价值取向的功能的角度进行调整。在这个意义上,教育价值取向是与教育活动关涉的主体基于自己的教育价值观,在面对或处理与教育活动有关的矛盾、冲突、关系时所秉持的基本价值倾向。当然这些矛盾、冲突、关系是由不同主体需求之间、主体的不同方面需求之间、主体的前后需求之间相互作用而产生的。教育价值取向也是与教育活动关涉的主体根据自己的需求,在自身条件、所处环境、文化传统、社会背景等规约下形成的优势的教育价值观念。教育价值取向是基于教育活动的客观属性且可能实现的。当然,教育价值取向的核心功能是决定、支配与教育活动关涉主体对于教育价值的选择,将教育价值取向具体化和现实化,引领教育朝着特定的方向发展。"教育要发挥什么功效,受教育者向什么方向发展,创造什么类型的教育,培养什么类型的人才,无不受教育价值观决定,所以,教育价值取向是教育工作的出发点和落脚点。"[2]

因而,基于主客体关系的视角以及实践立场,教育价值作为客体主体化的过程,从与教育活动关涉的主体的需要及目的的角度使得教育价值观呈现出独特的主体性,而符合及满足主体核心需求及目的的教育价值观在长期的教育认知活动与实践活动中则被凝结成为教育价值取向。教育价值取向具有主体性、制约性、先在性、稳定性等特征。主体性表明教育价值取向的内涵确立与功能实现方面,与教育活动关涉的主体表现出特有的自觉性、自为性等。制约性表明教育价值取向受到与教育活动关涉的主体所处的时代环境、社会条件等的限定,而不

---

[1] 刘旭东.论教育价值取向[J].青海师范大学学报(社会科学版),1992(1):94-99.
[2] 孙杨,朱成科.新世纪以来我国农村基础教育研究价值取向研究综述[J].教育学术月刊,2011(12):34-36.

随心所欲。先在性说明教育价值取向一旦形成,就会主动地内化为主体的人格特质、思维范式、行动模式等,对未来的教育活动起着明确的价值判断与价值导引的作用。稳定性表明教育价值取向是在长期的对教育活动的认知与实践中形成的,当与教育活动关涉的主体确定了某种教育价值取向,通常会维持相对较长的时间,并且难于发生根本性的改变。在很多情况下,当受到特定事件、活动、现象、问题等的剧烈冲击时,与教育活动关涉的主体在教育价值观念上会产生巨大的认知落差,教育价值取向才可能发生根本性改变,而且对于教育活动关涉的主体而言,这种教育价值取向的深度调整与根本变革通常需要经历一个非常痛苦的过程。

三、乡村教育现代化的价值取向

乡村教育价值指与乡村教育活动关涉的主体的需要与乡村教育活动这一对象性客体的属性之间的关系,即教育主体依据自己的需要及目的、主体结构及其规定性等,从观念、行为、活动等方面构建、影响、变革乡村教育活动,使得乡村教育活动显现出与乡村教育活动所关涉的主体的本质、特性等,在此过程中促进乡村教育活动所关涉的主体进步与发展。乡村教育价值也具有特定的主体性,与乡村教育相关的主体包涵国家、社会、家庭、村民、学校、教师、学生等,如果从存在论的角度看,这些主体涉及三个方面:一是国家主体,包含民族、教育行政管理部门、代表国家实施教育活动的学校及教师等;二是乡村社会,是乡村教育活动存在的、最直接的现实环境;三是受教育者,指在教育活动中为自己的生存与发展获益的个人和群体,主要包括在乡村学校学习、生活的村民等。这些主体的需求及目的存在差异,对乡村教育价值的认知就表现出不同的样态,这就形成了乡村教育价值观。

乡村教育现代化的价值取向就是乡村教育现代化所关涉的主体基于自己的乡村教育价值观,在面对或处理乡村教育现代化活动有关的矛盾、冲突、关系时秉持的基本价值倾向。这些矛盾、冲突、关系等是与乡村教育现代化关涉的主体、主体的不同方面及不同时间在有关乡村教育现代化的需求及目的、所面临的条件及环境方面所存在的综合性联系。在功能上,乡村教育现代化价值取向引领着乡村教育现代化活动关涉的主体进行价值选择,指导着这些主体在参与及关注乡村教育现代化活动中的教育认知及教育行为。同样,乡村教育价值取向也具有主体性、制约性、先在性、稳定性等特征。如在数千年的农耕文明的中国社会中,乡村一直作为社会的最基本组成单位,这在一定程度上使得乡村教育现代化价值取向在传承乡村文化、延续乡土文明等方面,仍然具有超长期的稳定性。

第四章 中国乡村教育现代化的价值取向与使命

乡村教育现代化价值取向作为一种优势的、为社会大多数人所认可的教育价值观,必然反映时代进步和社会发展的现状与特征。同时,乡村教育现代化价值取向的作用是引导乡村教育在特定的时代背景下走向何处。因此,分析乡村教育现代化价值取向,需要理解乡村教育发展所处的时代背景和社会条件。这样就可以比较确切地发现乡村教育现代化价值取向的真实走向,有效回答"为什么乡村教育现代化价值取向会是这样"。在当下,乡村教育现代化价值取向面临着国家现代化、新型城镇化、人的生存与发展等现实需求,需要关照这些重大的现实问题,为了这些方面的可持续发展而引领乡村教育持续、健康地发展。

现代化一直是中华民族孜孜以求的伟大理想,是中国自19世纪40年代以来的历史主题,而教育是中国现代化发展的基本推动力量。从清末民初开始,中国的现代化进程基本上是实现第一次现代化,从农业走向工业,从农业经济走向工业经济。洋务运动的"中学为体,西学为用""师夷之长技以制夷",期望学习西方在工业革命以来所生发的技术,达到捍卫国家的目的,与之相应的教育价值取向就是在新式学堂中学习西方的先进技术。20世纪上半叶,除了推动以工业化与城市化为核心的现代化,面对中国广大的乡村社会,按照现代化的要求改造乡村就成为现代化的一个重要组成部分。这就要求当时的教育价值取向,尤其是早期阶段的乡村教育现代化价值取向就是为改变乡村社会而服务,如陶行知所推行的乡村教育运动、晏阳初所倡导的平民教育运动、梁漱溟所推行的宣传建设运动等。新中国成立后到20世纪末,这也是我国乡村教育现代化发展的第二阶段,此阶段我国实施了以经济现代化为核心的四个现代化,其必然要求教育价值取向主要推动经济建设,在工业建设和城市建设优先发展的需求之下,乡村教育现代化价值取向是在服务农业现代化的基础上,优先地服务于工业现代化和城市建设,向城市输送人才。在21世纪初,我国逐步形成经济建设、政治建设、文化建设、社会建设和生态文明建设的"五位一体"的现代化总体布局,这种全方位的现代化使得乡村教育现代化价值取向是通过促进城市与乡村协同发展而培养社会主义现代化建设需要的建设者和接班人。与此同时,我国现代化处于一个重要的转型时期,也就是从工业时代走向知识时代,由工业经济走向知识经济,处于两次现代化发展叠加的关键转型期,此阶段的乡村教育现代化价值取向就需要引导乡村教育有效地服务于两种现代化。总之,中国现代化的历史进程使得乡村教育必须主动或被动改造中国几千年来形成的乡村社会,迎接工业化、城市化等对乡村教育的诉求,并在新世纪促进乡村现代化建设。

在以人为本的理念越来越深入影响人们价值观的情形下,人的生存与发展无疑被置于越来越重要的位置,甚至走向社会发展的核心地位。在一定意义上,我国的改革开放过程就是现代化过程,以经济建设为中心、以工业文明为着力点的发展让物质现代化和物质文明更加凸显,更为重要的是人的现代化及其精神文明也越来越昌明,这一趋势在教育领域也有着鲜明的反映。回顾改革开放以来的教育发展历程,"从20世纪80年代以经济建设为主导,到90年代教育领域对人作为教育主体的重视,进而到21世纪初确立关怀生命的教育价值取向和对教育公平的追求,反映了教育改革不断朝着发现人、解放人的目标前进"。[①] 在这种社会发展诉求以及教育发展趋势下,乡村教育现代化价值取向需要回归乡土,赋予村民乡土气息,引导村民对乡村的认同,进而让村民服务乡村建设。

第三节 乡村教育现代化的时代使命

教育活动是国家依据社会行业分工、社会发展需要、社会条件而设定的培养人的社会化活动,其目的是促进个人社会化和社会个体化。从乡村教育现代化的功能来看,乡村教育现代化具有促进社会和个人现代化发展两大方面的主要功能。随着乡村振兴战略的实施,乡村教育肩负着人的现代化、促进乡村建设和为乡村儿童提供高质量的乡村教育的时代使命,从而构建起乡村教育现代化在实现国家、社会和个人发展的"三位一体"框架。

一、服务于人的现代化

"文革"结束后,我国通过改革开放,推行经济改革,大力推进城市化,将有限财力的主要部分投入城市经济社会发展中,重点发展城市虽然带来了显著的社会和经济成就,但由此产生的城市化也带来了城乡教育不平等的社会问题。由于缺乏资金,乡村学校,特别是偏远贫困地区的学校,面临发展的压力。他们没有足够的资金来为教育提供良好的物理设施,也难以支付教师工资并提供足够的津贴,导致乡村学校的现有教师不断流失,不得不招聘替代人员。

为应对这些问题,中央政府在21世纪初提出了加大乡村教育发展经费的三项政策。第一项政策是重新调整了各级政府的财政责任,将乡村教育资金筹集和分配的主要责任从村镇政府上移到县政府,最终转移到省政府。第二项政策是从2001年起对乡村地区实行"一费制"改革,2004年实行中国所有地区的乡村学校每学期只收取一次学生费用,并规定收取的费用必须基于省政府制定的学生人均预算。该政策旨在确保资金足额分配到乡村学校,减轻农民子女教育

---

① 冯建军.向着人的解放迈进——改革开放30年我国教育价值取向的回顾[J].高等教育研究,2009(1):17-25.

的经济负担。第三项政策是加大对乡村教育的财政投入。国家自2001年起,对农村和城市义务教育阶段贫困家庭学生实行"两免一补"政策,即免除学生的教科书费和杂费、对补助家庭经济困难学生补贴生活费,有效减少了学生因贫困而辍学的情况,促进了教育机会的平等。即便如此,我国乡村教育发展也面临着诸多的矛盾。

第一个矛盾是,在整个国家处于城市化趋势中,乡村教育长期以来一直以服务乡村和农业发展需要,提高农民生活水平为己任,乡村学生毕业后要在乡村老家工作。其时的乡村教育,采取两种方式:一是要求乡村初中生学习农业知识和技能。在改革开放初的80年代,乡村初中被要求开设与农业相关的科目,或将部分毕业学生分流到中等职业技术学校。二是要求乡村初中将300个学时分配到两门或三门与农业相关的科目,通过这些科目考试授予绿色证书,以证明学生已经学习了政府规定的农业知识和技能。通过乡村教育为乡村发展服务的方法主要是通过职业技术学校实施,而职业技术学校通常是为促进城市化而不是乡村发展而设计的。第一,乡村学生在城市建设方面没有得到很好的培训,同时在促进乡村现代化建设方面也没有发挥很好的作用。第二,为了鼓励学生进入职业技术学校学习,国家提出将他们的农业户口改为非农业户口,这意味着为他们提供了更多的社会福利。第三,大学扩招导致从对职业技术中学的重视转向重视普通中学,培养更多支持现代化和城镇化的人才。第四,为了吸引学生和帮助他们找到工作,职业技术学校只提供了在城市市场上流行的一些专业。第五,乡村学生对乡村职业技术中等教育不感兴趣,这种教育不能帮助他们比在城市里的农民工挣得更多,也难以提升他们面对高等教育毕业生时在城市就业市场上的竞争力。

第二个矛盾是,为乡村学生提供的课程以城市经验为基础,传播了一种将乡村文化边缘化的城市文化。乡村小学生的汉语课本中的图画和主题,主要集中在山水、动物和植物上,而城市小学生课本内容涉及更丰富的信息,包括建筑、人际关系和现代科技;此外,以城市生活为重点的教科书图画和主题的数量随着年级的增加而增加。在2001年开始的新课程改革通过制定国家、地方和学校三级课程,力图解决乡村课程的城市化问题。然而,这一改革忽视了乡村学生在课程教学方面的劣势,间接促进了乡村学生的进一步城镇化。一方面是乡村学校缺乏资金和师资,无法实施地方课程或开发校本课程,另一方面是以城市经验为基础的国家课程对乡村教育变得更具挑战性。大量的国家课程内容涉及城市学生熟悉的概念(例如计算机和多媒体、超市),但乡村学生和教师对此是陌生的。

第三个矛盾是,乡村学生在教育资源和课程内容上处于劣势地位,却被用城市标准来评价。在完成义务教育后,他们参加了与城市学生同样的考试,然后确定他们是否可以进一步升入高中继续学习。城乡发展的差距越来越大,导致乡村学生在高中和大学入学考试中的竞争力下降。

二、服务于新型城镇化发展

乡村教育现代化服务于新型城镇化发展需要,一方面体现在乡村学校为新型城镇化发展培养、输送了大量接受了九年以上教育的毕业生,同时,乡村学校的大量教师也流向城市,成为服务新型城镇化发展的一部分人才。伴随着改革开放,大量的乡村教师向经济更发达、提供工作机会、可以提供更高薪水和更丰富生活的城市地区流动,出现"孔雀东南飞"现象,加剧了乡村学校教师的短缺问题。首先,在职乡村教师被吸引到有更多赚钱机会的城市地区。80年代后期,出现乡村教师第一次大规模的进城浪潮,城市市场经济开始显现优势。由于乡村教师的工资低而且经常被拖欠,且城乡教师工资差异越来越明显,乡村教师流失就成为新型城镇化发展的一种必然现象。

乡村教师以三种方式流向城市:放弃教职,到城市地区打工或做自由职业者;通过在城市地区的更多学校获得教学或行政职位;继续在乡村学校工作,但是在周末或节假日往返城市,成为城市生活者。当本应在乡村学校任教的毕业生转向城市地区寻找工作时,就会出现乡村人才流失现象。20世纪80年代,师范生和大中专(大学)学生通过政府分配到乡村教书,然而伴随城镇化发展,政府实行毕业生"双向选择、自主择业"的就业政策,这些乡村毕业生就会越来越多地选择在城市地区工作。此外,在20世纪90年代国家转向重点发展高等教育时,招收初中毕业生并作为乡村小学教师主要提供者的中等师范学校被边缘化,这一政策直接结果就是导致乡村学校的教师供应急剧下降,而一些高校的本科毕业生却更愿意留在城市而不愿回到乡村从事教育工作。

乡村人才大量流向城市,推动了新型城镇化建设的进程,但也给乡村教育发展带来教师短缺的问题。为此,国家采取两种主要的方式来提高乡村教师的质量和数量。第一种方法是减少不合格的教师人数。教育部在1986年停止招聘代课教师、民办教师,并将通过考试的合格教师转为正式在编教师,将不合格的教师调离教学岗位,到2000年底完全取消代课教师、民办教师。但这一举措,也忽视了贫困地区乡村学校的可用教师短缺问题,无视代课教师对我国乡村教育做出的重要贡献。第二种方法是培养和招聘大学(学院)毕业生到乡村学校工作。如2003年实施的"大学生西部服务""三支"(支教、支农、支卫)政策,率先推动高校毕业生志愿当乡村教育工作者。从2006年开始,招收大学(专科)学生担任西部和中部地区乡村中小学特岗教师。该项目的前三年共招募了59 500名大学(学院)毕业生。2007年开始,教育部直属师范大学实行师范生免费教育,要求接受免费师范教育的学生毕业后在学校服务工作10年(其中至少在乡村学校工作两年)。这些项目都是由中央财政出资,对乡村教育志愿者给予补贴,特岗教师与正式教师工资相当,对接受免费师范教育的学生给予每年6 000元的津贴,免交学费和寄宿费。但是,这些项目对学生和毕业生的吸引力并不大。2011年,只有4.1%的免费师范教育一年级毕业生在乡村学校工作。特殊岗位教师将其职位视为临时工作,并在任职期间或任职后尝试寻找其他职位(例如公务员或城市教师职位)。乡村教育志愿者只需要在乡村学校待两三年,很少去最远的乡村学校。第三种方法涉及要求城市学校为乡村学校提供省内和省际合作援助。一是将省内的城市学校教师支援乡村学校。二是中国东部地区的学校向中国中西部地区的学校跨省结对支教,2003年东部地区的学校派出3 000名教师到西部地区支教。为确保城镇教师参与,一些地方教育部门要求新聘和现有城镇教师在评聘高一级职称时,必须具有一年以上的乡村学校支教经历。三是推动乡村教师培训。2000年至2003年间,近4 000名中西部地区的乡村教师和学校管理人员赴东部学校考察学习,接受培训。2008年制定了全国中小学教师在职培训计划,政府财政提供经费,通过师范大学和其他授权的教师培训中心,为广大的乡村教师提供现场或远程培训。

乡村人才流动,还涉及乡村学生和毕业生向城市地区流动的问题。乡村教育虽然水平较低,但仍然通过教育的筛选机制,筛选出乡村精英到城市接受高等教育并留在城市工作,为城市发展服务。那些辍学、完成义务教育或教育经历较多的乡村学生,也倾向于流向城市,成为城市的农民工。尽管农民工对城市化做出了贡献,但由于户籍制度改革的滞后,农民工子女并没有享受到与城市同龄人同等的受教育机会。

首先,尽管自20世纪80年代以来,越来越多的农民工子女居住在城市地区,但确保他们的教育权利得到有效保障直到1996年才成为政府的重要优先事项。其次,虽然农民工子女留在了城市地区,但他们的教育仍然被视为政府的责任。在此期间,流动儿童因户籍限制,不能在所在城市的公立学校享受九年义务教育,为此他们的父母不得不支付大笔的外来务工子女的受教育学费。再次,虽然农民工子女的教育责任在2001年转移到所在城市的政府和公立学校,但这些农民工孩子仍然难以接受城市公立学校的教育。这是因为国家当时尚没有改变分散的教育经费投入体制,也没有为公立学校接收流动学生提供可执行的措施和充足的资源。公立学校高昂的学费,导致农民工转而将他们的孩子送到一些民办学校或偏远的乡村学校,那里的教师数量不足而且整体素质不高,教育教学设施投入不足,严重影响农民工子女的受教育质量。

随着问题不断凸显,中央财政支持城市公办学校接收农民工子女,要求城市学校平等对待,不收取额外费用,对经济困难的学生给予补贴。然而,农民工子女进入城市公立学校,对孩子和学校都提出了挑战。城市公办学校反映,招收农民工学生导致了学校的人力物力紧张,增加了教师的学生管理负担,降低了学校的水平。对于农民工子女,他们的第一个困境是,除非他们首先满足这些学校的入学要求,否则他们不能进入他们居住的公立学校。第二个困境是他们在城市公立学校遭受的歧视。第三个困境是高考问题。尽管跨省的农民工子女可以有机会在外省的城市学校就读,但他们必须首先满足一些要求,才能在没有户籍的省份参加高考,包括:农民工家庭必须在所在城市有合法稳定的工作和住所,并已购买所在城市多年的社会保险,这对流动性很强的农民工来说要求过高。换句话说,学生在一个地方接受教育,但被要求参加另一个省的考试,而且该考试与他们所学内容有很大的不同,这对农民工子女来说,是极为不公平的。

三、服务乡村现代化建设

乡村教育可以提高乡村居民生活质量、促进乡村发展。然而,在城市化进程中,乡村教育,尤其是发展中国家的乡村教育,城乡教育的差距越来越显著。在城市化进程中,乡村教育在服务城市发展、为城市发展培养输送人才等方面做出了不可磨灭的贡献。

大力推进城市化是由国家规划并通过具体的、有针对性的经济和社会改革,在城市化进程中,国家赋予乡村教育服务于城市化需求和目标的关键角色。国家首先通过制定城乡经济发展不平衡政策,限制乡村教育资源,促进城市地区和城市教育的发展。这一政策帮助中国在国内经济发展方面取得了显著进步,同时也大大扩大了城市化进程,但在经济发展和教育方面都导致了城乡差距的扩大。其次,城市地区利用经济优势吸引乡村教育精英、优秀师资、乡村学生,服务城市发展需要。最后,当乡村教育国家成为进一步推进城镇化的障碍时,国家通过财政转移支付、调动人力资源等方式援助乡村教育,努力解决乡村教育长期存在的困境和发展劣势。

当然,我国城市化过程中乡村教育的定位本身也存在一定的内在冲突。第一个冲突是,城市化需要大量的熟练的工人和专业人员,但国家鼓励、支持乡村教育发展,以培养能够有效促进中国农业现代化的乡村学生。第二个冲突是,尽管强调了乡村教育在农业现代化中的作用,但国家并没有提供足够的财力和人力资源让乡村学生获得与农业有关的知识和技能。相反,它提供了以城市为基础的课程,并使用有利于城市学生的标准来评估乡村学生。一方面乡村教育未能培养出具备农业现代化能力和竞争力的学生,另一方面,它帮助了那些在城市标准评估中取得成功的人变得更具社会流动性,并选择在城市地区生活,同时它也为城市培养了低技能和低学历的工人和服务人员。第三个冲突是乡村教育政策与其他社会政策存在矛盾。第一个问题是乡村教育政策受到其他社会政策的制约。如受到城乡经济发展不平衡政策和中国户籍制度的影响,很大程度上阻碍了乡村人口向城市迁移,也抑制了农民工子女接受平等的教育权利和机会。第二个问题是乡村教育政策与其他政策的一致性问题。如2001年国家要求为农民工子女提供城市教育,但是地方财政责任制导致所在城市并不能为农民工子女接受城市教育提供足够的财政支持。第三个问题是乡村教育政策的适当性问题。如国家为了降低乡村教育成本,制定取消、合并乡村学校教学点的办学布局调整政策,却忽略了偏远乡村人口稀少、交通不便等问题的影响。同样,其取消代课教师的政策也忽略了乡村学校缺乏教师这一现实问题。

四、服务于国家安全发展

在加速推进城市化建设的进程中,大量的乡村人口流转到城镇,乡村空心化成为乡村的一种特殊现象。在教育资源被大量集中到城市的背景下,进城务工的家庭将子女带到城市接受教育就成为一种必然。尤其是在21世纪实施乡村学校布局调整,大量的乡村教学点被撤并之后,很多乡村的学校被集中到城镇,许多离城镇较远的偏远乡村没有学校,这迫使乡村儿童向城镇中心学校流动,也加剧他们向城市学校流动。在这些因素叠加之下,乡村学校不能有效地整合乡村社会,乡村社会在中国现代化社会中日渐衰落,这样的局面势必在一定程度上影响国家安全。

首先,乡村空心化使得国土安全受到挑战。如果因为乡村教育被弱化,严重的乡村空心化将致使乡村社会大面积消亡,广大的乡村地区被忽视,从而引起固疆守土方面的困难。极端的情况是,在一些边境地区的村落,由于缺少学校而成为空心村,给他国居民趁机非法越境生产和居住提供了机会,从而影响了边境国土安全等。因为边境地区各族人民是建设边疆、巩固边防的重要力量。通过乡村教育现代化建设,边境地区乡村教育质量不断提高,才可能将乡村儿童与村民留在边境乡村,有效地实现稳定边疆、巩固边疆和维护国家领土安全。

其次,随着乡村人口大量涌进城市,当下许多乡村因只剩下老弱病残,他们无力有效耕种土地,乡村土地的荒芜将影响到国家的粮食安全。作为一个14亿人口的大国,国家粮食安全的保障方式绝不能以工业化的成果来从国际市场上置换农业成果。因此推进乡村教育现代化建设就乡村社会发展而言可以起到凝聚乡村社会,稳定乡村社会的作用,从而保障有一定的乡村人口从事农业生产,这对于保障国家的粮食安全具有重要意义。

第五章　乡村教育变迁的教师口述

与城市学校的教师相比,虽然乡村教师工作条件简陋、经济收入不高、知识素质和能力并不丰厚,但广大乡村教师依然抱有深厚的乡村教育情怀,默默扎根乡村,撑起乡村基础教育的一片蓝天,给乡村孩子带来了明天的希望;他们身处乡村,成为乡村传统文明和现代社会文明的沟通者,使得在城镇化进程中原本孤立的乡村社会不会被现代社会所抛弃;他们身处乡村教育第一线,在日常的教育教学中切实落实党培养社会主义事业建设者和接班人的伟大使命,同时也把党和国家、政府的声音及时传递给乡村,为乡村的稳定和发展贡献了力量。乡村教师,是乡村教育的主体,也是见证新中国成立以来特别是改革开放以来乡村教育变迁的最大群体,他们的学习、工作、生活,记录了乡村教育不同时空的景象。从乡村教师对自身的乡村教育学习、工作、生活的口述中,我们可以看到一个多维度的、生动的乡村教育图景,乡村教育的发展历程也会在我们的实践视野中逐渐变得清晰。

第一节　我的乡村教育生活[①]

我是英子,1978 年出生的。1978 年是一个特殊的年头,中国改革开放的大门对外敞开,每一个中国人的命运都随着一个崭新时代发生了前所未有的改变,父辈们都说我们生在了一个有饭吃、有衣穿、有学上、有工作干的好时代。

一、初入岗位,欣喜迷茫

1993 年 9 月,我进入师范学校读书,1996 年毕业分配到我的家乡 L 县黄营乡大飞村小学工作。大飞小学是一所村级完小,共八个班级,三四百个学生,12 个老师,在当地总体规模还是比较大的。虽然学校条件比较简陋,低矮的小瓦屋,内外破旧,桌椅不齐,但是村里的孩子都能在本村上学就近读书,还是一件很

[①] 英子:女,江苏省 L 县徐集中心小学,高级职称,现任 L 县教师发展中心教研员。本部分内容英子老师口述,记录时间为:2022 年 5 月 16 日;整理人为:陈云宇、何杰。

幸福的事。学校的老师基本都是本村人,主要是民办教师和代课教师,老百姓对教育的重视和期待也不怎么高,觉得孩子能认识字,出去不是"睁眼瞎"就行,老师与家长之间相处也都是"其乐融融",我们的学生和家长都习惯叫我们老师是"小卢先生""老张先生"等等,家长们看到"先生"都很尊重,在他们心中我们都是识字的"文化人"。当时学校教师紧缺,音体美专职教师更是一个没有,由于我是师范毕业,还是音乐专业,校长把我当作"宝"一样。因为学校没有音乐教学设备,上班没几天校长就带着我和会计特地到市里去买风琴(脚踩的),他是想要把学生的音乐课上起来,让校园充满歌声。但是我也只是兼教音乐课,数学才是主教学科。

黄营乡一共 23 个村,每个村都有小学,为了教学研究和师生成长的需要,乡文教办将临近的几个村小组成一个辅导区,一个乡划分若干辅导区,位置居中的那所学校是辅导点,每所学校到辅导点之间大概 3 里路程。每学期辅导区都会组织一到两次会考,每次会考,我们带着学生步行前往,学生常常很兴奋,考好考差似乎没那么重要。老师也很高兴,因为会考过后辅导区一般都会安排会餐,所谓的会考实际就是一次"联谊活动",当时学校经费管理权在学校,校长可以自由支配。当然每次考完试后,我们也会组织评比,所以大家平时还是很重视学生成绩的,印象较深的是每次测试都要"印卷子"。在蜡纸上先刻好,然后用油墨滚印。因为我在学校是最年轻的,还有几个同事曾经是我的小学老师,所以刻试卷、印试卷的活我干了不少。

在学校的围墙外有几亩土地属于学校,课间闲暇时,校长带着老师们一起种植小麦、黄豆、蚕豆等等,秋后的收获作为福利分发给大家,这对于刚上班的我来说,也是一件新鲜、开心的事。同事们喜欢给我讲过去的故事,还会不失时机地把他们的课堂教学与班级管理经验传授给我,在这里工作实际是一件快乐的事。但是年轻人心中都有远大的梦想,我一心想调到"中心小学"去教书,后来也有机会调到中心小学。大飞小学的校长知道后,一连跑了几趟乡里,请文教助理不要把我调走,又到我家里去游说爸妈……但这终究抵不住我要走的决心,不是为了别的,只因为我心中有一个梦想,如果一直待在村小,怕我的梦想只能在梦里实现。因此,在大飞小学只工作了一年,我便调到了乡中心小学。

二、珍惜机会,展翅飞翔

黄营乡中心小学离我家 5 里地左右,规模要比村小大得多,每个年级都有三到四个同轨班级,全校 40 几个教职工,每班都有 50 个左右的学生,师资整体还是充足的,我也如愿地做了专职音乐老师,负责学校的文娱宣传等工作。唯一的缺点是,这 5 里的家校之间是一条烂泥路,凹凸不平,每逢下雨下雪,我就只能穿着雨靴在泥泞中跋涉,所以我总是祈祷不要下雨。

中心小学还有1位专职教学音乐的老师,这位老师是按国家政策接父亲班上来的工友,因为爱好音乐,所以就担任了学校的音乐老师,也就是教学生唱一些他喜欢的歌曲,算不上真正的音乐课。所以学校的音乐教学整体还是较为落后的,音乐教学器材也都被蒙上了厚厚的一层灰。中心小学的杨涛之校长也是一位音乐爱好者,虽未经过专业培训,但是能根据听到的音乐写出乐谱,学校来了一位音乐专业的老师,他很是惊喜,把学校的音乐器材都搬出来,一样一样介绍给我,让我尽可能地用起来。

当年我是在师范学校附属小学实习的,指导老师是附小的音乐教研组长汤茂盛(现在到深圳去发展了),他对我的音乐课非常欣赏,一直想推荐我执教"毕业生汇报展示课",并希望我能够留在市区学校。但因为我是委培生,留下来的可能很小,所以最后他把机会留给了其他老师。尽管如此,他的赏识也让我对自己的教学有了足够的自信。所以当杨校长要求听我的课时,我总是很乐意,听课后他总是对我的课大加赞赏。周前会上,他还会号召学校所有老师没事多去听听我的音乐课,还说:"我们的语文、数学课就要像英子老师的音乐课这样上,这样学生怎能不喜欢,怎能学不上。"我猜想主要是因为他喜欢音乐,所以我是沾了"音乐"的光。但是能得到校长的认可,对刚走上教学岗位不久的我来说,还是很受用的,他的赞赏一直鼓励着我。在他的极力推荐下,乡小教办的教研员安排我在全乡开一节公开课,当然公开课也非常成功。此外,杨校长还积极支持我组建学校鼓号队,准备"元旦节目汇演",搞活学校的学习氛围,让学生的生活多姿多彩。因为学生的基础较差,训练起来难度很大,我每天早晨基本7点到校,带着鼓号队的学生进行训练,中午、傍晚时间都带着学生排练汇演节目。舞蹈、合唱、快板等等,都要亲自编排,虽然辛苦,但因为年轻,浑身有使不完的劲。元旦那天,我们的小主持人闪亮登场,每个节目都赢得了老师们的赞赏,我也成为学校"闪亮的小星星"。

县教育局领导下乡调研工作,杨校长特地推荐我为领导执教一节音乐课,我把自己的十八般武艺全部使出来。课后,校长让我一同向县教育局领导汇报,记得领导的第一句话就是:"杨校长,你培养的人才可不能留在你这学校,我们要把她挖走啊,城里现在很需要这样的老师,要给她更大的舞台。"杨校长高兴地说:"领导看好随时可以调走,我们愿意为城区输送优秀人才。"也许领导只是鼓励,但是的的确确促动了我,让我对县城学校和更大的"舞台"充满了向往,梦想着也许哪一天我可以进城发展,开阔眼界呢,所以更加努力地工作。

三、转战语文，努力提升

2003年，县里为了加快乡村教育发展，要求乡镇学校定期选派年富力强的骨干教师到城区学校跟岗学习、锻炼，就这样，我被选派进入县实验小学跟岗学习。因为实验小学一位语文老师要退休，半途很难找到接替她的老师，所以学校让我教语文，这是一个陌生的领域，所以在实小的这段时间，我像海绵吸水一样，抓住一切机会真诚地向身边老师请教，很快我对语文教学产生了兴趣，并能站稳语文课堂。2005年9月，经过县城学校三年的学习进修，我带着满满的收获又回到乡中心小学。因为家里老人、小孩在县城生活需要照顾，我就选择调到乘车方便的旗杆村小学任教。旗杆小学十个老师，大多数老师因为小孩读书都居住在城里，早出晚归。只有两个老师是当地人，年龄较大，子女都已工作，所以他们住在旗杆小学的宿舍。从县城到学校大概40多公里的路程，当时公交车少，走一路带一路人，单程常常需要1小时左右，老师们一般早晨6点多到路上等车，晚上放学的时候再一起等公交车回县城。春夏季节还好，冬季基本是两个"黑漆漆"，早晨黑漆漆地等车去学校，晚上黑漆漆地赶回家。

旗杆小学地处唐集、黄营、胡集三个乡镇的交界处，学校整体环境较好，是黄营乡重点打造的一所村级完小，学校教学质量在乡内数一数二，口碑一直很好，但是随着老百姓生活日益富裕，条件好的家庭都想办法将孩子转往县城读书，村小和乡镇中心小学学生流失严重，所以当时学校压力很大。为了让旗杆小学的生源不再递减，保持稳定，校长带着大家认真思考如何抓好教育教学，在教学成绩上有新的突破。于是老师们每学期初、学期末都要开展宣传活动，发放宣传单，鼓励周边学生就近入学。此外，在教学上投入的时间更多，村小整体班额不大，学生的作业我们大多利用课余时间进行面批，方便一对一指导。对于背诵等学习内容，基本都是一个一个同学过关。学生整体成绩提升明显，但终究是拗不过大环境的影响，学生数还是有一定程度的下降。

四、教有所长，反哺乡村

因为县城区学校不断扩大规模，严重缺少教师，2007年9月我被县教育局选拔到县南门小学任教。在南门小学工作的10年是我专业成长最迅速的十年，在这里我认识、接触了一批优秀的领导、同事，他们让我对自己的教育人生有了新的规划。南门小学非常重视青年教师的培养，因为我来自乡村，自感基础薄弱，所以勤奋努力，也得到了领导、同事的关心、帮助，在一次又一次的磨砺中，我由一名普通的语文老师，成长为市县级学科带头人、教学能手。2015年国家提出"乡村振兴战略"，出台多项优惠政策鼓励优秀教师、骨干教师到乡村任教。

"乡村振兴计划"——再一次点燃我对乡村教育振兴的热情与激情！2016年,我经过反复酝酿,说服众人,毅然地向县教育局提出申请,回到久违的乡村,立志乡村教育振兴！这一申请得到县局领导的充分肯定,8月,我被调到上庄小学任教六年级。

徐集乡共有一个中心校,两个完小,一个教学点。上庄小学是其中的一个村小,也是一个完小（六个年级）。每个年级一个班,其中六年级学生最多,共30人,其他的年级呈递减趋势,一年级只有11个学生,全校共80几个学生。学校面积不小,但是校舍落后（考虑后期可能要撤并,所以硬件上基本不再投入）。两幢二层小楼,都是砖混结构。教室内的水泥地面凹凸不平,没有现代化的教学设备,老师教学只有教材和粉笔。操场也是最朴素的那一种,没有运动器材。小楼后是一大块土地,里面有老师们种植的瓜果蔬菜,比较丰富,有一种田园雅舍的感觉。学校有八个老师,平均年龄46岁左右。八个老师中有两个要回城里做午饭给上学的孩子吃,其他老师都在学校吃午饭,学校的楼梯间就是我们的厨房,老师们2人一组,自己买菜、下厨,荤菜从城里买过来,蔬菜到屋后的地里采摘,没有课时就可以去做饭,学生一放学,老师基本也就开饭。每天一荤一素两大盆,吃完自己洗刷,边吃边聊,吃完再聊,每天老师们是欢声笑语不断的。村小的老师心态都很平和,他们满足于现状,在个人专业发展和学生学业成长上没有太高的追求。吃完饭后,一般都会小憩一会。校长家有单独的宿舍,主任是当地人,中午回家吃饭休息。教师宿舍就是二楼的阁楼,两栋小楼上各有一个阁楼,每个阁楼大概三四平方,铺了两张1米小床,紧挨着排列,贴着窗户,够着房顶,地上是毛地坪,条件比较简陋。刚躺在床上,大队部的大喇叭就开始喊"广大群众朋友们,严紧秸秆焚烧……",我常常纳闷,为什么一躺到床上这大喇叭就开始喊,后来听同事说,这个时间段是群众在田间干活回来吃饭的时间,只有这时候宣传才能听到。

据了解,学校80多个学生,大多来自困难家庭。有的是单亲、离异家庭；有的是父母在外务工,孩子由祖父母带的；还有特殊家庭的,如父母亲为智力障碍者,生活、教育主要靠爷爷奶奶……留在村里上学的孩子,家庭经济条件都是比较差一些,学生们看起来也是那么的瘦弱、脏乱,缺少营养和教育。班里有个叫小徐的孩子,兄弟俩随父亲生活,父亲被老师们戏称为"鲁滨逊",感觉是荒岛来的,头发长长的,从没洗过的样子。孩子的母亲是云南的,因为特殊原因嫁过来,生下他以后就偷偷离开了,爷爷奶奶又因病逝去。为了抚养小徐兄弟,父亲每天早晨天蒙蒙亮就要起床去城里,做工挣钱,中午不回来,晚上天黑了才能到家,兄弟二人中午在邻居家代餐。小徐长得面黄肌瘦,到春天了,仍然穿着一件很破的小棉袄,袖口到手腕差一大截,而且这件衣服还是小徐上二年级的时候人家送给他的、衣领、袖口早已看不到布色，家里也没有钱帮他添置衣物。两只手更是黑不溜秋，脸上的皮肤吹裂开了，头发与他父亲一样，也是好久没剪……让人看了着实心疼。作为班主任，我把家里儿子不能穿的衣服都带给他，还让他每天来老师的办公室，督促他洗手，给他钱把头发剪了，教他一些做饭的技巧与注意事项。

在上庄小学工作的这段时间，让我切实感受到乡村教育的状况与八九十年代相比，不但没有进步，反而因为多种因素的影响，存在较多亟待解决的问题：教师老龄化严重，缺少活力；教育理念落后，填鸭式教学依旧；设备陈旧，一支粉笔一本书，教学缺少足够的吸引力；留守儿童、困境儿童较多，学习习惯普遍不好……2016年，也就是我再次回到乡下的第一年，我受聘为省乡村骨干教师培育站导师，我带着团队成员深入探索适合农村现状的小学语文教学策略，通过邀请专家面对面指导，带着大家进行学情调研，梳理资料积极申报课题，2017年"核心素养视阈下农村留守儿童的语文教学策略研究"被省教育科学规划领导小组办公室确立为"乡村专项"重点自筹课题。在县教学研究室的组织带领下，课题组根据现实情况广泛开展实验研究，多方探寻改善留守儿童语文学习的方法。经过三年多的课堂实验、活动实践，我们探讨形成了"培养习惯，自能发展""体验活动，自信发展""丰富课程，全面发展""多元评价，个性发展"的小学语文教学策略，并在小学语文教学实践中针对性地发展农村留守儿童的核心素养。如，我们依据各学校的实际情况开展了家书寄情活动，每个月都会组织留守儿童向远在他乡的父母写一封"家书"，汇报自己的学习、家庭生活等情况。我们也鼓励有能力的家长为孩子写回信，满足孩子的亲情需要。利用端午节、中秋节、建党节、国庆节等节日，组织学生收集有关资料，整理、设计、制作精美的手抄报，利用校园及社区等展示平台，将地方的、中国的历史、文化、风俗、人情等进行传扬，这些融知识性、趣味性、教育性于一体的活动很受学生喜欢。此外，我们组织学生每天坚持收看收集"新闻"，国家大事、地方小事，印象最深的事情都可以带到学校来交流，培养孩子的语言表达能力、思维能力、辨别是非能力，通过交流、引导帮助他们树立正确的人生观、世界观、价值观。课题组老师还带领孩子们到市场、田头、农户家中去调查、访问、参观实践，把课堂上学到的知识与现实生活结合起来，坚持课内教学与课外活动有机结合，在广阔的空间里感悟语言、积累语言、运用语言，如"宣传秸秆焚烧的危害""争当环保卫士"等服务活动，让孩子在实践活动中锻炼能力、品格。

"读万卷书，行万里路"，乡村孩子很难涉足名山大川，但是乡村的自然美景、社会变化、人情风俗、故居遗址等等，比比皆是。我们引导学生积极地走向自然、走向社会生活，记录自己的所见、所闻、所感。学生写得如何不重要，重要的是养成观察、思考、写作的习惯，培养他们对生活的热爱、对美的感知。为了锻炼学生的生活能力,我们引导孩子从基本的家务事、个人的生活自理等方面有意识地培养自己的劳动习惯,还利用校园实践基地、乡村农忙季节、帮扶孤寡老人等,让学生参与到生活、生产劳动中去,磨炼孩子的意志品格。

三年多的研究与实践,参与课题实验的老师、学生以及课堂都发生了显著的变化,学生的学习兴趣明显提高,幸福感显著增强,学生脸上的笑容多了,学习的状态更好了。

五、辐射引领,灿烂乡村教育

随着乡村学校布局调整、撤点并校政策的实施,县教育局取消了以前的"小教办",原小教办领导直接管理中心小学,小教办助理即为中心小学校长。为了充分发挥骨干教师的辐射引领作用,校长将我从上庄小学调到中心小学任教,担任教科室主任。

徐集乡中心小学在校生有800多名,教职员工40多人,其中正式师范毕业生不到10人,年龄大的基本是合同制教师转公办,地方职业学校、教师培训学校毕业的老师为主力军,还有个别退伍转业的、特殊照顾的全民工,整体教师素质未能达到教育教学的实际要求,结构也不整齐。语文、数学学科教学老师们能基本胜任,音乐、美术等专业学科则勉为其难。政府每年都在招聘教师,但因语文、数学、英语老师缺口较大,招进来的个别专职老师都要带主科,所以音体美学科主要还是由语文、数学老师兼教。近两年,受双减政策等影响,教师行业相对稳定,吸引了不少年轻人积极加入教师队伍。2022年全县计划招聘400名教师,合计报名8 000多人,整体形势良好。

在教学硬件配置方面,中心小学情况较好。因为2013年省教育现代化验收,学校阅读室、书法室、电脑室等功能室配备比较齐全,校园文化氛围浓厚。校园地面基本硬化、新建了教学楼、班级添置了"四位一体机",多功能教室安装了电子显示屏,乡村学校硬件与城区学校相差不大。相反,因为学生向城区学校流动,乡村学校的班额控制都非常好,每个班级40个学生左右。与城区学校相比,乡村还多了许多天然的教学资源。广阔的田野、流淌的小溪、淳朴的民风、勤劳的农民等,这些都是语文教学的丰富资源。

2018年我带领团队继续进行乡村语文教学策略的深化研究,我申请立项的省规划课题"基于儿童语文核心素养发展的区域内乡土课程资源开发与利用研究"以"新课程"理念为指导,以"关注乡村儿童的语文核心素养发展"为主旨,立足乡村儿童的语文核心素养培养,转变教师的语文课程资源观念,在实际教学中自觉拓展语文学习的空间,创造性地开发和利用区域范围内丰富的乡土课程资源,创设语文学习环境,拓宽语文学习渠道,积极培养乡村儿童的语文核心素养,使语文学习的过程成为儿童能力形成、品质提升和精神发展的过程,从而提升学生的语文综合素养,提高教学效益。

  我们了解区域内乡土课程资源开发与利用的现状,真实、准确地把握该课题研究的现实基础,研究、分析出影响、制约乡土课程资源开发的因素,探讨乡土课程资源开发与利用过程中存在的普遍性问题。通过抽样调查,我们发现不少老师对区域内乡土课程资源情况不甚了解,更有部分老师、学校领导对教师进行乡土课程资源的开发和利用的意义认识不到位,乡村课程资源的开发与利用受到很大程度上的限制。如何合理选择、开发和利用丰富的乡土课程资源,使之成为语文教学的有机组成部分,助力学生学科核心素养的和谐发展,就成为课题组研究的重点。课题组实验老师遵循整合性、适应性、实用性、地方性等原则对区域内的乡土课程资源进行合理分类,总结归纳出可供开发和利用的乡土课程资源。借助丰富的乡土课程资源让语文教学与生活联系,与社会联系,与学生联系,与家庭联系。通过实践研究,我们总结探索出自然风景资源、地方名人资源、地方特产资源、红色文化资源、民风民俗资源和方言俗语资源六类有利于促进乡村儿童语文核心素养形成的乡土课程资源,并形成了科学、合理地利用乡土课程资源的策略和切实可行的操作方式。我们在平时的教学中引导学生努力了解地方或社区的历史、地理、经济、文化、风土人情等方面的乡土文化知识,训练学生的思维和表达能力。课题组老师在语文课正式开始前都会安排三分钟的"课前小活动"。如,组织学生讲述家乡名人故事,介绍乡镇名称来历,宣传家乡特产,学唱家乡童谣,表演乡村游戏等,我们要求学生平时注意收集、学习,然后轮流上台,每个学生都有表现、展示自己的机会。村村有故事,户户有故事。学生看到什么事,听到什么事,做了什么事,我们都会鼓励学生表达出来。除了课前3分钟,我们还会利用晨会、午读等时间让孩子读一读,说一说,记一记,演一演。鸡毛蒜皮,瓜秧豆菜,事无大小,只要是学生感兴趣的人和事都值得一说。家里公鸡斗架,地里收割庄稼,爷爷奶奶的闲聊,邻居大妈的争吵,都是有意思的语文教学资源。我们还会组织学生就某些话题进行讨论和辩论,孩子听的多,读的多,想的多,说的多,写的也多。

  从2017年开始,全国大部分地区统一使用部编版教材,小学语文统编教材的选文将中国文化摆在第一位,教材中有较大比例关于传统文化教育的文章,其插图设计具有鲜明的"中国味道"、浓郁的"传统气息"。我们利用这一教材特色,精读文本,深入挖掘其中的文化元素,关联地方文化,激活乡土课程。如,在讲解《金色的鱼钩》等课文时,我们引入地方红色故事,带领学生寻找革命足迹,参观革命历史纪念馆,鼓励学生了解战争年代的英雄故事,交流讲述故事,感受英雄的不朽功业。再如,在学习《富饶的西沙群岛》之后,为了激发学生对家乡的热爱,我们开展周末"游五岛湖"活动,布置学生课前搜集资料,以小组为单位,以小导游的身份分别介绍"五岛公园",探究"白鹭岛"的得名及由来,撰写游览体会。

课题研究中,我引导教师要有树立"大语文"观,以开放的心态,利用生活中一切可利用的语文课程资源开展学习活动。一年四季,每个季节都有美,我们积极鼓励学生带着发现美的眼睛,去观察、寻觅乡村世界的五彩斑斓、变幻莫测。从家到学校,从学校到家,每天往返的路上能看到瓜田薯地、桃李芬芳,听到虫鸣鸟叫、小溪流淌,让学生带上眼睛、鼻子、耳朵、嘴巴,有意识地去看、去闻、去听、去说、去想、去摸、去写……借助农家节日,我们组织学生查资料,访长者,做花灯,包粽子,煮汤圆,贴春联,编小报,出"端午"相册,收集民间农谚,学生通过地方特有的民风民俗的探寻,感受到乡村生活的其乐无穷。我们组织开展了"家乡民俗探寻"等系列活动,在活动中熏陶、感染学生,激发学生对乡村生活的探究热情,调动学生学习的积极性。

地方名人是地方的社会文化资源,他们独特的精神品格、人格魅力,对地方文化建设有着非常重要的推动作用,是地方文化建设强有力的支撑。为引导学生用心灵去亲近这些名人,帮助学生树立正确的人生观和价值观。我们举办"我学名人"演艺会,让学生通过在舞台上的动态表演或个性展示,将地方名人的精神气质具体化、形象化。开设"百家名人讲坛",让学生搜集名人故事自己讲,邀请地方名人走进校园亲自讲。我们还让学生走近"名人身边",组织开展名人研究,围绕"我喜欢的地方名人"进行研究,其出生、读书、工作、成就等都能为我们补充满满的正能量。正如很多追星族一样,让学生成为这些地方名人的粉丝,将名人的精神气质传承下去。

我们积极利用学校的"自留地",开展种植活动,青椒、黄瓜、番茄、豆角等等,学生亲自翻土、播种、浇水、施肥、除虫、收割,参与劳动,收获喜悦,理解体会农民的不易。此外,我们还组织学生参观蔬菜基地,成立绿色环卫小组,开展"土特产介绍会""方言交流会"等各种语文实践活动,提高学生的语文能力。同时,针对乡村振兴、新农村建设过程中许多地方存在脏、乱、差现象以及生活垃圾、废水处理等问题,我们鼓励并引导学生走出校园开展专题调查研究,培养学生发现问题、提出问题、分析问题、解决问题的能力。如"垃圾乱倒问题研究""沉迷麻将问题研究",类似于这些主题的研究还有很多,它都是以学生生活中的真实事件为落脚点,让学生建立学习与生活的有机联系,在生活中学习语文,提升能力。

该课题研究历时三年,涉及 8 所学校,带动和成长了参与研究学校的许多老师,且课题多次在县内外推广研究成果,辐射、引领着诸多乡村小学对乡土课程资源开发与利用的再认识。2021 年,在专家指导下,经过提炼总结,我创造性地提出以"联系生活实践开发、训练学生言语智能"为核心的"生趣语文"教学主张,践行具有生活本色、乡村格调、儿童趣味的乡村语文教学,从而激发儿童语文学习的原动力,培养儿童智趣共生的学习力,生长儿童感受生活的幸福力,培育儿童志存高远的梦想力,让学生在体验、浸润中"产生、生发、生长"学习兴趣、生活情趣、人生志趣,在情趣共融中习得语言、发展思维、提升品格。在省里组织的"风范教师""教学主张"汇报活动中,江苏省教育科学研究院原副院长杨九俊这样勉励我:"好好干,乡村教育有许多事情需要做、可以做,只要目标坚定就一定能做成功。"

第二节 扎根乡村,撑起心中的教育理想[①]

我是L县朱码中心小学的一名普通教师,叫春子。我1993年8月走上工作岗位,一晃已经二十四年。在这二十四年的教育生涯中,我走过一所乡村小学、三所县镇小学。回首这二十多年的乡村教育经历,简单却充实,平凡却快乐!

一、青葱的理想:缘于大孩子对小孩子们的喜爱

我很小就喜欢孩子,是出了名的孩子王,又因家庭的影响自小就想做一名老师。1993年8月,我中师毕业后如愿以偿,来到了保滩中心小学,开始了我的教学生涯。1993年正赶上使用新教材,领导便安排我任教一、二年级两个年级的数学,虽然离家只有七八里路,我却选择住在学校里,因为这样可以有更多的时间和学生在一起。上课和学生一起学习,下课和学生一起游戏,那时候有些老师会用异样的眼光看我。可我不在乎,我只想做学生喜欢的老师,而因为我的付出学生的确非常喜欢我,非常喜欢我的课,每次看到我来他们都会露出一张真诚的笑脸,而当我宣布下课时,孩子们又会跑到前面问我:"老师,你什么时候再来上课?"对农村的孩子来说,像我那样的课堂教学以及下课后和他们打成一片的热情是别的老师给不了的。

刚工作一学期,有位老师调进市区学校,校长又临时将我调到四年级任教语文。当时社会治安不是太好,一个学生的自行车被偷了,作为班主任的我在放学后和几个男孩子一起去追查,天公不作美,半路上下起了大雨,我因全身淋湿重病不能上班。睡在宿舍的床上,同事那两天背着我去医院挂水,而我心却寄在学

[①] 春子:女,小学数学特级教师,小学正高级职称,从事乡村小学教育工作二十余年,现任L县教师发展中心教研员。本部分内容春子老师口述,记录时间为:2022年4月22日;整理人为:何杰。

生身上。每天下课后,我的宿舍门口、窗边总是围满了我曾教过的一二年级、四年级学生,有的拿着几块饼干,有的拿着一个苹果,眼巴巴地看着我。那样的场景深深印在了我的脑海中,我发誓要永远做学生喜欢的老师!

二、环境的磨砺:压实了对职业的由衷热爱

  1997年我应聘到南门小学,南门小学是一所新建校,一切对我来说都是新鲜的,我想让自己进步,却又感到自卑,一个农村刚进城的小老师,能有多大能耐?南门小学的领导给我们提供了很多机会,学校组织多次活动,让我们锻炼自己的胆量,丰富我们的经验。无论是怎样的活动,我都积极参加。为了讲好一个童话故事,我每天对着镜子练习自己的表情、动作;为了参加说课比赛,我一次次请教原先在城区工作的老师,请他们告诉我什么叫作说课?怎么说?那时还没有电教设备,只有教学挂图和小黑板。为了上好每一节课,我买来大白纸,利用晚上在家的时间将第二天的上课内容画在大白纸上,或者在黑板上练习简笔画。我知道我能力不足,唯一能做的便是比别人认真、比别人下更多的背后功夫。南门小学的李校长在新老师讲课完毕后,在会上说:"我从春子老师的身上看到了我们南门小学的希望!"这句话对我是莫大的鼓励!促使我用更刻苦的精神对待每一项工作、每一节课。在南小的第一学期我就上了几节公开课,还作为县里唯一的代表参加市优课竞赛。

  在南门小学,学校领导给了我更多的上公开课、参加赛课活动的机会。为了上高质量的课,我不知道熬了多少个夜,牺牲了多少个周末。那时三周岁多的儿子在学校陪我,我经常因为忙工作顾不了儿子,儿子困了,我便脱下外套将他抱在办公桌上,盖上外套让他安睡,而我继续忙着自己的工作,直到一切忙好再抱着他回家。周末,我一个人来到教室,对着空空的教室一次次试讲。也正因为这样玩命的工作,我在南门小学六年的时间就已经成了县内知名的教师。可也正因为这样玩命工作,我在南门小学曾有几次昏倒在课堂,被人紧急送往县医院。有一年南门小学组织一次市级课题展示活动,我作为课题组长,每天要去准备汇报材料、要去为承担公开课的老师磨课,为了不给上公开课的老师造成负担,我还帮她写说课稿、做教具,一天下来我的腰已经酸得不能弯,我只好将白纸铺在地上,两腿跪着趴在地上为她做教具。我以为那只是因为过于劳累,休息一下会好。可是活动结束后我并没有恢复,去医院检查才知道我患了肾积水。

  2003年郑梁梅小学的领导是通过县委将我抽调过去,在他们的眼里我就是骨干教师,就是一个有着丰富经验的老教师。刚到郑小时,领导给了我一项课题,让我总负责这项课题的研究与实施,为了不给我负担,他们说这项课题没有任何基础性材料,你能忙到什么样就什么样,即使不能结题也不会怨我。我开始利用在有关科研书上学到的知识带领老师们一起搞课题研究,并补足了之前缺少的所有材料。在迎接中期评估时,我硬是带着十来位年轻教师,花了一个多月的暑假休息时间,编写了一套校本教材。在南京参加中期评估会时,学校获得了课题中期评估先进单位,当我捧着那块闪闪的铜牌时,我有了一丝自信,更知道什么事情只要用心去做就会成功。如今,我已经主持过近十项课题研究工作,其中还有两项获得省优秀科研成果征集二等奖,我也成了许多小学数学老师心中课题研究的专家,从课题研究中我获得了成长,也走向成熟。

对教师来说,年龄过了35岁便难得有赛课机会,为了让自己能跟上形势,我每学期给自己定目标,不能因为年龄的增长而颓废。而近几年我更是抓住一切机会,让自己多上课,即使是学校领导安排的公开课,我也会尽心准备,将每节课都作为赛课去备。只有这样认真,才不至于让自己退步,让学生在短短的四十分钟里获得更多。

2011年5月份我被推荐参加省教研室组织的公开教学活动,为了那次省级公开课,我牺牲了一个多月的业余休息时间。我儿子当时初三,正面临中考,可我无法顾及他。5月初儿子总感冒,为了不耽误我备课、不耽误儿子学习的课程,我先生将他带到学校附近的小诊所就诊,退烧后立即回到课堂。我从外地上课回来,看到儿子依旧发烧,小脸黄黄的,很是心疼。我就将他带到县医院去看病,医生说感冒拖得太久了,需要连续治好几天。那天在注射室,我一手举着吊瓶,一手扶着儿子,准备找个地方坐下,可是在我身边的儿子忽然倒下,小脸苍白、两眼紧闭,吓得我眼泪直掉,连喊护士快点救儿子! 因为我的公开课,将儿子的病拖得这么久,我深深地自责。同事总说我是最负责任的老师,最不负责任的妈妈! 我在自己孩子身上花的心思不及别人孩子的十分之一。好在,让我欣慰的是如今儿子已经大三,每每和他谈到我的工作,他都表示非常理解,以有我这样的妈妈为傲。

三、不辍的笔耕:升华了我的教学理念

我这些年发表了不少论文,有些老师认为我天生就会写文章,其实并非如此。我意识到要写论文是在1997年调到南门小学以后,我遇到了一群优秀的领导和老师,让我越发感到自己的不足,意识到优秀的老师不仅要会上课还要会写论文、搞研究。我记得写的第一篇教育教学论文题目是《怎样做个好老师》,熬了大约二十天左右才写出来。当时没有电脑,写文章都是手写,这篇文章我抄写了好几遍,才郑重地拿给我的搭班语文老师看,请她读一读,评价一下。她当时给了我肯定的答复,说我第一次写,已经非常不错了。我非常激动,又斗胆拿去给当时的教务主任也就是现在的小学语文特级教师、幸福里校长陈云宇看,陈主任

肯定的同时又提出了一些建议，我从陈主任的话语中感受到自己写的根本就不是一篇教学论文。

我有点沮丧，觉得自己太笨，可是既然想进步，怎么可能轻易放弃。我开始往阅览室跑，只要没课，改了作业我就一定坐在阅览室看书，除此之外，我还自费订阅了《小学数学教师》等几套杂志，这些专业杂志读起来是很枯燥的，如果不静下心来读，很难读下去。为了逼迫自己，我在不想读时就动手抄，规定每晚抄写一篇论文。这样的日子大概持续了一年多。1998年12月，我花了一个月的时间写出了一篇教学论文，参加市评比获得三等奖。我非常激动，知道自己的努力没有白费！从那时开始，我便一发不可收，每学期都参加教学论文评比，也因此得到了许多论文获奖证书。

那时虽然没有网上比对，但我写论文都是原创，为了写好论文，我会将自己订阅的杂志铺在地上方便阅读，我们当时住的是25平方的小房子，先生取笑我说："人家写论文是坐在那儿写，你写论文倒好，满地爬。"我告诉他我在找灵感，只有多读写，论文的质量才会高。

2001年我参加了江苏省首届小学数学骨干教师培训班，当班主任让同学们介绍自己时，我听到的是有人在教育杂志出了专题，有人发表了五百多篇文章。我回来对校长说："通过培训才发现能人太多，我太微不足道了。"校长鼓励我："你在我们眼里是最棒的，坚持做下去就行了。"也正因为在外面的培训让我开阔了眼界，我才知道老师还可以将课堂中的问题作为课题去研究。后来，我花了一个星期的时间写出了一份高质量的课题申报材料，后来被评为淮安市重点课题。

2004年，学校有了网络，我开始学会利用网络为教学服务。我在网上去寻找投稿信息，将自己所写的教育教学文章尝试往外投，我规定自己每学期至少写三篇论文和几十篇教辅稿件。我那几年在各级杂志发表了一些文章，在2007年参加了两次国家级赛课，2010年我顺利评下小中高，算是当时本县最年轻的小学中教高级教师。

四、跟着梦想起舞——从沙龙走到教研前台

一个人走得快，一群人走得远！2012年我和省内外有共同爱好的小学数学老师组成了一个民间小团体——教材研讨小组。每个学期我们都会自费聚会，在一起研读教材，活动中所有人都要发言，因为我们不是官方的，相对来说自由，有时活动还没开始，我们就在宾馆的房间吵起来，吵得兴起，一整夜都忘记了睡觉。也正是因为2012到2015这几年的吵吵闹闹，引领我开始理性思考我的教学，思考我们的教材，不再将教材看得神圣，而是用审视的眼光去打量，去找教材不足的地方和它的优势。当然，这几年我也发表了好多篇有关教材研究的文章。

随着自己业务的渐渐成熟,学校领导也越来越给我压担子,工作上的杂事越来越多,在上班期间我根本不可能再去阅读与写作,只能是偶尔写下只言片语,或者记录一下课堂教学的感受与教学反思。在每年的暑假与寒假,我都会抽出一星期左右的时间闭关修炼,将自己记录的材料拿出来整理,撰写文章。寒暑假是我写作时间最充裕的时候,我近几年发表的文章都是在这个时间段完成的,夸张的是,我为了写作曾经连续七天没迈出自家大门。至今我发表省级以上的期刊论文有五十篇左右,数学童话数学故事有两百余篇,有多篇文章被人大报刊复印资料转载,有的被网站和老师的博客转载。

　　因为写作,让我得到了别人所尝不到的快乐,也认识了许多外地的优秀老师。教育局领导和郑梁梅小学领导信任我,让我承担了几次市大型教研活动。每次我都会尽全力去设计活动方案,去定人员,去组织活动,将活动细化到每个环节的前后衔接,包括每位老师的说话、语气、表情、服装、体态。每次活动的成功举办,让我赢得了许多老师的尊重。可是因为工作付出太多,在一次学校中层干部开会时,我在上楼梯时两眼漆黑,扶着楼梯半天不敢动。有一次承担市级教研活动,我的两手抖得厉害,捧不住一本讲义夹,活动刚结束我便被送进医院。有一次我住院刚做了小手术,从医院的手术台上下来,因为校长急要材料,我脸色蜡黄走不了路,只好让三轮车送我到办公室门口趴在电脑桌前费力打字做好材料。一路走来,真的是太不容易了,但我知道我并没有别人说的那样无所不能,并没有如超人一般任何困难都能攻克,我只是意志比较坚强,我只是能吃别人吃不下的苦!

　　这些年我指导了好多青年教师参加各级各类赛课,每次我都会从课的设计、课的环节、过渡语的设计,甚至是一个手势进行指导。有时为了让他们上出理想的课,我在梦中都在构思某个环节,我对待他们的课比对自己的课更为上心。2022年5月我要参加省"蓝天杯"会课活动,而同时学校领导又请我为同事汤老师磨课,为了她的课我放下自己备的课,花了三个多小时和她一个环节一个环节落实,一句话一句话过,后来还经常抽时间去过问她在实施过程中的问题,去考虑课堂突发事件怎么处理,预设学生回答怎么应对。后来,我在省会课中获得了一等奖的优秀成绩,而汤老师也被市教研室选拔准备参加省教研室九月份组织的赛课活动。好多年轻老师跟我说只要有我在,他们上课就有了底。

　　去年春天,县教育局推荐我做小学数学乡村骨干教师培育站的主持人,虽然我知道会有很多繁琐的事务,但我更知道这项活动非常有意义,因为我也来自农村,我知道农村老师太缺少学习、锻炼、展示的机会。我欣然接受了这项任务,在参加了省里主持人培训后,我开始着手制定我们培育站的活动方案,拿活动计划,和老师们进行每个月至少一两次的研讨活动,在师资科、教研室、名师工作室领导的共同努力下,培育站的学员从最初活动中的沉默寡言到后来的滔滔不绝,从最初的被动参与到后来的积极踊跃,我知道这一年没有白费。在培育站终期考核中,我们培育站被评为省"优秀培育站",我也获得了"优秀导师"称号。而学员们更是开心无比,在最后一次的学员成果展示汇报中,学员所做的发言让我数次感动,让我知道所付出的苦都是值得的!

五、信任是一种沉甸甸的感觉——带给我鞭策与动力

工作二十多年来,我从一年级教到六年级,各个年级都有接触,从农村到城区,又从城区到农村,各类学生我都见过;我从普通教师、班主任到教研组长、课题组长到中层正职,又从中层正职回到普通教师,学校里面的大部分角色我都担任过。其间,我也获得了无数的荣誉,我曾三次获聘"市小学数学学科带头人",获市政府表彰"优秀教师""师德标兵",获省"333工程高层次人才培养对象",多次被表彰为县"名教师""模范教师""巾帼标兵"。我在国家、省、市级执教公开课或做专题讲座五十余次,我指导的青年教师遍布县里的各所小学。但这些都不是让我值得骄傲的,我最骄傲最自豪的还是学生的喜爱和家长的信任。

记得十几年前我曾经外出培训学习一个月,其间跟校长电话,他说:"你们班的学生都在想你,家长每天打电话给我请你早点回来。我帮你拦着,告诉他们你出去学习是为了更好地教他们的小孩。"记得我参加省里组织的英国短期研修,我跟家长们说:"如果你们不放心,怕我不在的时候耽误了孩子的学习,你们可以请求调班,调到别的老师班级去。"可家长们都说我们等你,我们孩子喜欢你,我们就信任你!在英国的二十一天,我努力倒时间差,每天利用QQ群听学生汇报自己的学习情况,帮学生解答他们的难题。每天会有家长和我私聊,告诉我孩子在梦中又梦到了我!我从英国带回巧克力,分给班级的每个学生,孩子们舍不得吃放在文具盒里。

记得有次开学分班,我在上海看病,校长急得一次次电话,快点回来,你们班要挤炸了,两百多个学生家长想让小孩进你们班!记得有家长去和校长谈天,对校长说:"我问女儿你喜欢春子老师吗?女儿说我不是喜欢,我是非常非常喜欢!"记得妈妈离世的小月抱着我说:"老师,我一想妈妈就梦到你,你做我妈妈吧!"记得二年级的小池说:"老师,我就喜欢你,等我长大了我要和你结婚。"记得我曾经每天晚上放学后为学习成绩差的小凯补课,连续一个多月,小凯妈妈硬要塞钱给我作酬劳,我回绝后她竟然从家里摘了满满一箱小黄梨送到我办公室:"老师,这次你一定不能拒绝,因为这是我自家梨树上长的,对你们老师的嗓子特别好。"

记得我走在路上,一个五十多岁的妇女走到我面前,给我九十度鞠躬:"春子老师,谢谢你,我家女儿有今天幸亏有你!我女儿现在也做老师了!"回想她和老公是重组家庭,生了这个女儿后宝贝得不得了,因为父母的忙碌与娇宠,女儿学会了撒谎、偷窃,我每天耐心教导,为孩子补课,用尽了心思让女孩改变。"长大后我就成了你"正是对老师最好的回报啊!记得有个阶段,学生小婕在我的课堂上经常瞌睡,我仔细分析她的瞌睡规律,去她的QQ空间寻找蛛丝马迹,终于察觉早恋的苗头。小婕心思细腻敏感,为了保护女孩的自尊,我想办法去听她喜欢的歌、去读她喜欢的小说,去接近她和她谈心,告诉她我一直将她当成好朋友。虽然现在早就不教小婕了,可她还是经常和我联系,过一阵会告诉我老师我想你,过年过节会给我发个信息。记得父母离异的小灿因为成绩不好胆子又小,经常被同学欺负,被我发现后找同学谈话,找家长沟通,并组织班级活动为小灿挽回面子,得知她爱读书后我还从家里找了十几本她爱读的书送给她,笑容又回到女孩脸上,而她也总是将自己的心思和我分享。

记得从一年级就在我班级的先天心脏不好的小凡,因为不能参加体育活动不能在课间奔跑,他的心理产生了问题,三年级时不仅会伤害同学还会自残,我想尽了办法去保护这个有着玻璃心的脆弱男孩,给他拥抱、给他温暖,小凡终于从内心充满怨恨的男孩变成了我的得力助手,每每下课我在教室改作业,他都会依靠在我的桌子旁,帮我将做错的本子递给同学订正,做小老师教给同学怎么订正。到了四年级小凡已经成为非常受同学欢迎的男孩,四升五的那个暑假,小凡去上海做手术,手术前、手术后每天都和我联系,告诉我他在医院里的所思所想,小凡的妈妈说因为有了春子老师小凡才有了今天。不记得有多少次接到收到大学录取通知书的学生家长打来的报喜电话,我总说是因为孩子优秀,最要感谢的是初中高中的老师,可那些家长在电话中会说:"老师,正因为你的小学启蒙,我孩子才这么喜欢数学,这么喜爱学习!"

去年我重新调回到农村学校任教,我更是感受到了好多离异家庭、留守儿童的心理问题,看到他们对自己的不自信、对老师的戒备、对父母的失望。每天中午我早早来到教室,只是为了利用一点中午休息的时间和他们谈天、做游戏,或者给某个同学补习功课。从刚去的无声课堂,到后来的积极举手,从原来我问十句不会回答一句,到后来主动向我提问题,从下课了躲着我玩游戏到后来主动邀请我和他们一起玩,从离我很远,到请我用手机为他们拍照、请我在他们的毕业纪念册上留下文字。那是农村孩子的觉醒,我不知道我能传播多少知识给他们,但我知道我想给他们更多爱的体验和感受,我想让他们知道外面的世界非常精彩。当那些农村家长们由最初我打电话都不愿接,到后来的跟我握手,真诚地感谢我给他们的孩子带来的改变。我知道,只要你用心对待孩子,也就会成功赢得孩子及家长的信任!

回顾自己的二十多年教育历程,我清晰地看到了每一个阶段的迷茫和进步,看到了一个年轻教师逐渐走向沉稳的挣扎和坚持。我无法预测结果怎样,但有这段行走的过程,足矣。萧楚女曾说过:"人生应该如蜡烛一样,从顶燃到底,一直都是光明的。"我想让我所遇到的每一个孩子因我而感受到人间的温暖,燃起学习的热情,充满昂扬的斗志、下定进取的决心。我相信这个过程带给我的不仅仅是工作上的收获,也是抵达幸福的一种途径,是一种安静的自我修行。

第三节 乡村教师群体的口述史分析

改革开放以来,身处乡村教育一线的广大乡村教师群体,见证了这一段乡村教育发展的历程,也深刻感受到在乡村学校从教的酸甜苦辣。为了更好地呈现乡村教师各自独立的人生轨迹及其对乡村教育生活的点滴与体悟,通过对13位在职的乡村教师进行访谈及其对自身乡村教育生活经历的口述[①],我们将更能感受到乡村教师学在乡村、长在乡村的经历以及他们矢志乡村教育的情怀,而正是有了这样大批的乡村教师,我国的乡村教育振兴才更有保障、更有希望。

一、做乡村教师是最好的选择

对于为什么选择做乡村教师,研究者通过"Q1:当时的家庭情况如何?父母当时从事什么职业?"对乡村教师进行访谈。相关被访谈人员口述如下:

A口述:我是1973年出生的,学生时代全家5口人,父亲、母亲、妹妹、弟弟和我,父母亲都是农民,80年代初期,我刚入小学那时候,家里很穷。

B口述:我1972年出生于乡村农民家庭,父母都是农民,种地务农。

C口述:我是1973年出生的,姊妹6人,农民家庭,父母均为农民。

D口述:我是1976年出生,家庭共有6口人,父母均为农民,家庭收入主要来源于农田。

---

① 本研究访谈了15位乡村青年教师,其中前面已经有2位乡村教师单独做了乡村教育的口述史,另外13位乡村青年教师做了一个群体口述史分析。这13位乡村教师的具体姓名隐匿,以字母代替。其中A、B、C、E四位教师来自陕西省宝鸡市F区,D、F、G、H、I、J、K、L、M等9位老师来自江苏省淮安市L县。13位老师通过对相关访谈问题的叙述,并经过研究者的整理,研究者从"为什么选择做乡村教师、乡村学校的办学条件、乡村学校的课程与教学质量、乡村学校的变迁情况、乡村学校的印象与希望"等五个方面对乡村青年教师的口述史进行分析。

E口述：我是1977年出生，兄妹四人，父母以务农为生，兼做一些小生意。

F口述：1971年，家庭收入较低，父母是农民。

G口述：我出生在1975年，父亲从18岁起做了民办教师，一直到我工作后第二年才转为公办教师，母亲是个地道的农村人，读过一年书，识得几个字，在家里务农。

H口述：我1969年8月出生，农民家庭，家里有姊妹六人，当年家庭经济状况不好，上不起学，有很多时候需要接济。父母都是农民。

I口述：1971年出生，6口人，兄弟2人，姐妹2人，父亲是民办教师，母亲是农民。

J口述：我出生于1968年，生日是农历的正月初三，这是一个让许多小伙伴羡慕的生日，因为初三正逢过年时，家里有不少好吃的东西。我家里8口人，父母之外，一个奶奶，我兄弟姐妹5人，2个姐姐，1个弟弟，1个妹妹。我父亲是乡村中学的一个代课教师，高中毕业，到80年代中期才转正，现在还健在。母亲是一个地道的农民，2004年在田间的劳作中去世。她没读过书，不识字，后来在年纪很大时认识了一些字。

K口述：我是1977年出生，当时兄弟三人，家境贫寒，（继）父母都是务农。

L口述：我于1980年10出生在一个普通农村家庭，父母都是农民。

M口述：本人1979年10月出生，父母都是普通的工人。

从被访谈者年龄来看，大多是20世纪70年代出生的。由于当时国家尚没有实行"计划生育"这一基本国策，因而当时每个农村家庭的子女基本上三个以上，有的甚至更多，被访者B和H家庭中有姐妹6人。通过被访谈者的口述，在20世纪70年代前后，西部地区的乡村家庭中生育的子女要多于东部家庭生育的子女。这批出生于20世纪70前后的乡村教师，他们之所以选择做乡村教师，一方面是他们出身于农村家庭，家庭里的兄弟姐妹多，二是二十世纪八九十年代选择读师范学校是不收取学费的，可以减轻家庭的经济负担，而且师范毕业后国家直接包分配工作，做教师，这对于乡村家庭的子女来说是个不错的职业选择。他们的父母虽然没有多少文化知识，但他们的父母无一例外都是很重视子女的读书受教育问题，这从被访者对"Q11：当时父母对您的教育重视吗？"的回答得到证明。

A口述：母亲读了小学，父亲初小都没有读完，他们吃够了没有文化的苦，决心要我们姊妹几人念好书，所以省吃俭用给我们攒学费，督促激励我们几个努力学习，地里的农活很少打扰我们，非常重视我们的学习，盼望我们能"念成书"。

C口述：父母均为农民，从来不过问我的学业，内心只渴望自己的孩子好好学习考上学，能有个工作就是他们最大的希望，至于上什么学，从事什么工作都不重要，也许这是那个时代父母的共同的心愿吧。

G口述：父亲对我的教育是非常重视的，因为他自己是搞教育的，他希望每个学生都能成才，对我更是，家里虽然很穷，父亲还是经常买书给我读，还订过《小学生作文》《小学生数学报》《少年文摘》《中学生数理化》等等。母亲虽然是个农村妇女，但从没有重男轻女的思想，因为我身体不好，她从不让我下地干活，只要看到我在屋里读书，她就会觉得安慰。

J口述：我的父亲本身是一名乡村的民办教师，所以对于我的学业相对于其他的家庭应当是重视多一点，但也仅限于关心成绩考得如何。对于怎么去学，如何分配学习与玩耍的时间，他也没怎么去管，我的童年是比较快乐的。母亲以前基本不识字，到了中年认识了一些字，对于我的学业也没有多少要求。我记得小时候想买一个笔记本，抄录古诗，结果跟母亲磨了好长时间才答应给钱买了一本。

K口述：我的父母都是本分的农民，没什么文化，但宁愿自己受苦，也尽力让我们多读书；虽然对我们多是训斥、棍棒教育，但都尽力让我们读书成才。

L口述：父母从小就教育我要好好读书，考上好的学校，离开农村，家庭经济能力有限，但会尽全力给我最好的学习环境。

虽然这些乡村教师出身农村家庭，但他们的父母对子女的教育还是非常重视的，都努力为子女教育创造一个良好的学习环境，都期望子女通过读书"跳出农门"。我们也发现，家庭条件相对好点的，如父母中有做教师或者其他职业的，往往都会给子女买一些课外读物，来培养孩子的学习兴趣，拓宽孩子的知识视野，这对很多家庭中的子女成才都是十分重要的。而父母的期望值，往往会影响孩子的职业选择。因为农村家庭父母多是期望子女"跳出农门，有个稳定的职业和收入"，而且他们在小学和初中阶段学习成绩都很好，因而从初中毕业选择读中师是这批乡村青年教师的共同特点。

访谈者对"Q4：当时小学升学考试在哪里？考试成绩怎么样？您的感受是什么？"和"Q7：当时初中升学考试在哪里？考试成绩怎么样？您的感受是什么？"的回答如下：

E口述：我的小学升学考试是在当时的石家营乡中学进行，只考语文和数学。我当时的成绩是168分，是我们小学的第一名。我是第一批上小学六年级的学生，当时我们全班只剩下了28名学生，原有的二十多名学生或因为成绩好或因为年龄大在五年级时就参加小升初考试了，以弥补当时由于小学变成六年制造成初中一年级的生源不足。初中升学考试我是在凤翔县西街中学考的。初试成绩505分,属于全校前十。我是一心想要考中专的,所以参加了复试。但在复试中由于发挥失常,不得已上了凤翔中学。现在想来多亏自己没上中专,那些中专毕业后被分到工厂的同学大部分失业了。

G口述:我们一个班有29名学生,都来自本村各小队。老师几乎没有正式编制,都和父亲一样属于老民办教师,虽然他们工资非常低,但他们都很敬业,也就是在这样的一所学校我以全乡第二名的成绩考进了乡中学,当时成绩好的才能进乡中学。我记得我的成绩是243分,我分在了初一(2)班,班主任朱老师在教室里介绍我时,说我是"鸡窝里飞出的金凤凰"。我当年因为一直在学校稳居校排名第一或第二,因此我也就顺利地以高出中师录取分数三十多分的成绩考上了师范。那一次父亲骑车回到家,还没下车就在我家刚建几年的房子前告诉我考上了。因为我自小身体就不好,母亲总是担心地说你要是考不上学校怎么办?考上师范,也就预示着我能够脱离农村,有了一个非农户口,我也不用担心自己不能干农活了。

J口述:我在小学三年级留了一级之后,成绩开始好了起来,在五年级时数学考了全乡第一名,还担任了班长。我在上初中时却没有分配我到乡镇上的陈师中学,而是把我分到我父亲所在的另一村里的初中(高庄学校),而我们同一个生产队的同学,却被分配在陈师中学。我感到很委屈,因为高庄学校只有初一初二,不仅条件差,而且离家也更远。初中的升学考试,我第一年(1983年)没考上高中,差了3.5分,初三复习一年后考上了涟西南校,这个高中是当时仅次于县中的重点学校。

K口述:我89年考初中时,家人当时选择带我到红窑中学考试,考上了,当时也挺自豪的。当时我们这里流行考取前三类:首选中师,其次中专,再是重点高中。当时我想读重点高中,被班主任一训:你家穷,谁给钱给你念高中,就考师范,能考上,还有生活补助,包分配,早工作。就这样,初中毕业后考了师范,还是统招(当时分统招、委培、定向),也算命运吧!

L口述:记得我小升初的成绩是全乡第二名,由于各种原因,没有在乡中学就读初中,听小学同学说,开学很长一段时间,初一老师上课点名还天天点到我,对于我没到乡中学读书感到可惜。中考考了496分,这个成绩大约在班级的15名左右,刚好达到师范学校的录取分数线,就上了中师。

在二十世纪八九十年代,初中毕业生可以考中师、中专和重点高中,而且中师的分数比重点高中要高。大部分乡村教师,从小学到初中的学习成绩都非常优秀,他们大部分人选择读中师,很少有人选择读重点高中,因为读中师,一毕业就业国家包分配工作,而读重点高中还要考大学,当时高考录取率很低,只有很少一部分人能够考取大学,所以选择读重点高中是一个前途未卜的选择,因而很多乡村家庭的子女选择了读中师,毕业以后做教师,这在当时的社会条件下,是一个最佳的选择了。

二、乡村学校的办学条件

对于乡村学校的办学状况,研究者首先通过"Q2:哪一年上小学?当时小学所在位置、办学历史情况如何?小学的班级学生、老师等情况如何?"和"Q5:您上初中是哪一年?当时初中办学历史情况怎么样?"对乡村教师进行访谈,并对相关人员的口述整理如下:

A口述:我是1980年开始上小学,当时是五年制,读了一年学前班,上到五年级。当时的小学是村办的,学校是20世纪60年代由大队牵头建的,当时正逢新中国成立后第一个人口生育高峰的入学期,人力财力薄弱,刚开始借助村上祠堂建的教室,后来慢慢扩建至5个年级10个教学班的规模,最多时有400多名学生。1986年秋季,我上的初中是柳林镇中学,是一所建在镇上的中学,每个年级6个班共18个班,班级学生达75人左右,班级严重超额,当时条件有限,面对入学压力,学校采取的也是没有办法的权宜之计。

B口述:我是1979年9月上的枣子和劳教所子弟小学,老师主要为劳教所职工,文化程度普遍较高。学生大都为劳教所职工子女,学习氛围比较好。后来在凤翔县董家河乡中学上了初一,初一当时有6个班,每班五六十个学生,班级男生多,女生少。董家河乡中学,是政府在六十年代末七十年代初建设的一所公办初级中学,老师大约有七八十,有公办老师,也有民办老师。离家比较远的学生允许在学校住宿,宿舍是土木结构的大房子,左右是上下两层长长的通铺,按照年级班级给大家分段住。学校有学生食堂,饭菜简单,也便宜,但总觉得很好吃!

D口述:我是1983年上小学,小学位于村委会旁边,单轨制五个班级,每个班级近60人,全校近300名学生,老师有近10人,均为民办老师。我上初中是1988年,当时初中位于乡街道的一端,有30年的办学历史,曾经有高中部,后为单纯初中。班级为四轨制,全校12个班级,每个班级近60名学生,全校老师有近40个,有师范专科毕业生,有民办教师转正的,也有代课的老师。

E口述:1983年我在我们的村小上了小学。该小学位于在宝鸡市凤翔区城关镇三里河村,这个村小是新中国成立前后兴办的。在我的记忆中,学校教师不足十名,公办老师只有两个,其余均是民办教师。共设班级十个,一年级到五年级各设两个班。1990年我本来应该在石家营乡中学上初中,后通过熟人介绍参加了竞存中学的入学考试并于1990年9月在竞存中学上了初中。竞存中学属于县办直属学校,是东北爱国人士车向忱创办的,由于东北沦陷车校长领着学校师生一路流亡到了西北地区的陕西省宝鸡市凤翔县纸坊村一个小破庙里学习生活。1989年凤翔县政府在县城东关太白巷北部重新建造了竞存中学,校内建有校史馆,新生入学第一件事就是参观校史馆,学唱竞存校歌,瞻仰先辈英雄事迹。全校共设三年级,教学班6个。老师都是从其他乡村初中抽调的优秀教师以及从刚毕业的年轻师范大学生,学生大部分是从县城小学里录取的优秀学生,其余小部分学生是从各乡村小学通过选拔考试录取的优秀学生。

H口述:小学上的是涟城街道荷缘村的村办完小,一个年级就一个班,老师大多数是半工半农。1983年上的牌坊初中,学校办学历史悠久,老师基本都是公办老师。

I口述:1978年我在唐集镇费窑小学就读,办学条件简陋,教室是民房。小学生比较多,老师少数是民办教师,多数是临时代课老师。1985年上的是唐集镇费窑村刚刚举办的联办初中,语文、数学老师是民办教师,其余均为临时代课老师,当时学生成绩都比较差。中考那年,一个学校只有我考上了师范,其余的普通中学也没有考上。

J口述:1975年那年,我7岁上的是陈师乡中心小学。陈师中心小学1956年开设,主要街道是一条东西走向的路,大约1公里。由东向西分别是陈师中学、陈师中心小学、街道沿路的几个村民小组、供销社、乡政府、医院,我家住在最西边的医院向北大约1公里远的官路村(以前叫前进大队)。这个小学是当时乡里最好的小学,那时每个村也都有自己的村小。1981年我上初中,学校叫"高庄学校",设在高庄村(高庄大队)大队部边上,与高庄小学在一起,只有初一初二两个年级,每个年级1个班,班级人数40人左右。我毕业之后没过几年,高庄学校就被取消了,学生合并到陈师中学和跨河中学,老师分散到其他属乡镇管理的小学或中学。

从乡村教师的访谈中我们可以看出:一是我国的乡村学校在20世纪80年代采用的是小学五年、初中三年。我国在1986年颁布《义务教育法》,提出实施九年义务教育,但也指明"省、自治区、直辖市根据本地区的经济、文化发展状况,确定推行义务教育的步骤"。二是乡村学校布局情况基本是沿用了"文革"期间"小学不出村、初中不出队、高中不出社"的办学布局。乡村儿童就读的小学、初中多在本村、本队所开办的小学、初中。三是乡村小学、初中的办学历史大多是新中国成立后创办的,部分小学、初中的历史较长,如乡村青年教师E所述"竞存中学,属于县办直属学校,是东北爱国人士车向忱创办的,由于东北沦陷车校长领着学校师生一路流亡到了西北地区的陕西省宝鸡市凤翔县纸坊村一个小破庙里学习生活"。四是当时乡村学校的规模基本是小学、初中一到两轨,学生数300—500人左右,这是和乡村小学、初中所服务的村及其邻近村就学儿童人口大致是适应的。五是当时乡村学校的教师十分短缺,以民办教师和代课教师居多,公办教师占少部分。

对于乡村学校的办学经费,研究者通过"Q8:当时上小学与初中的时候,学费是怎么收的?"这一问题的访谈来了解乡村学校的经费情况。

A口述:当时是要交学费的,大概分学杂费、书费、本子费,标准应该是统一的,大致随着年份的更迭有变化,不过那时候都很穷,尤其是上小学那一段(1980—1986年),常常有学生因为家里交不起学费而辍学,其中女生居多一些。

B口述:学费每学期开学时报名时,必须按照学校报名流程,先开票交费,然后在班主任处注册。小学学费每期好像是几块钱,初中是几十块,高中是二百元左右吧!学费都是父母的血汗钱,有时卖粮食,有时卖家畜等。

C口述:小学应该交学费,中学也应该交学费。小学时曾经从家里带麦子上交学校顶替学费,初中时统一组织学生拾麦子替学费。

G口述:小学在父亲任教的学校上,学费好像几角钱吧,如果村里的孩子没钱,听说是可以勤工俭学,以其他方式抵学费的。初一那年交的是两三元吧,后来每学期都要增长一些,到初三那年已经收20元左右了。但即使这么点学费,对我们家来说还是比较多的,因为父亲是民办教师,工资也就一个月几元钱,还要养一家人,而且工资发得也不及时,很多时候我家都是在借钱度日的。我考上师范那年,要一下子交380元的代办费,父亲将家里小园田的树都卖了才凑齐了学费。

H口述:当时小学学费5—6元,有时候因家庭贫穷,还会免3元。中学大概30元每学期,都要卖粮食。学费是老师催交,学生交费。由于家庭经济困难,一到收学费时,很多学生就睡早沟里不上学,没钱到学校也会被赶回家要学费。有些特别困难的同学,就辍学了。

J口述:小学好像是5角钱一学期,初中多少不记得。在小学的时候,学费可以通过上交一定的粪和干草来代替部分。在冬天的时候,我们男孩子会早早起来,到家里周边的麦地里去拾粪,拾的主要是狗屎,偶尔运气好在路上也可能碰到一堆大大的牛粪,可以装满一粪箕。上学的时候,一个肩上背书包,一个肩上背粪箕,那也是乡村道路上有趣而常见的一景。小学周边的生产队会在课间过来收粪,可以折算成若干学费。干草一般只在秋天开学时收,所以暑假里我们会忙着割草,晒干了交到生产队作为工分或者交到学校顶替学费。

教育投入是学校运转的必要条件。1980年12月《中共中央、国务院关于普及小学教育若干问题的决定》提出"两条腿走路",一方面是国家出资,另一方面是鼓励社队集体、厂矿企业、群众出资。1983年5月《中共中央、国务院关于加强和改革农村学校教育若干问题的通知》重申,办好农村学校教育,要坚持"两条腿走路",中央和地方要逐年增加教育经费,鼓励其他渠道经费投入农村教育,实际上是延续了计划经济时代"群众办学"的政策。1985年5月《中共中央关于教育体制改革的决定》明确提出"地方负责、分级管理"的基础教育管理体制。1986年颁布的《义务教育法》也指出,实施义务教育所需事业费和基本建设投资,由国务院和地方各级人民政府负责筹措,地方各级人民政府按国务院规定征收城乡教育事业费附加,鼓励社会力量和个人自愿捐资助学。1987年国家教育委员会、财政部《关于农村基础教育管理体制若干问题的意见》指出基础教育实行地方负责,进一步细化了分级管理,县级财政承担城区少数学校的教育经费,乡镇财政负责本地中心小学和乡镇中学教育经费,行政村负责村办小学教育经费。如访谈者对"Q14:您了解当年小学初中的办学体制吗?乡村又是如何参与学校办学的?"的回答情况如下:

A口述:村办小学乡镇办中学。村委会代表全体村民提供基本办学条件,全体村民有义务办学,"普六""普九"过程几乎家家都参与了建校,集资建楼,集资建校。

B口述:小学好像村级管,初中是乡政府管,高中是县级政府管。当时,有许多中小学教师都被拖欠工资。当地的乡村对于办学,也只能是出点钱、出点力。当时小学和初中都有自己的农田,乡村人员会帮着收种。

E口述:我当年是第一批上的六年制村办小学,小学毕业时通过小升初考试大部分学生是可以升入所在乡镇初中就读的,我是小部分学生中的个例,家里托熟人介绍参加了县直属的竞存中学的入学考试并于1990年9月在竞存中学上了初中。上小学五年级时,班主任要求我们回家,催家长上缴村里的提留款,否则不让继续上学。提留款是充当乡村办学经费的,当时很多村民家里穷,提留款是一拖再拖,大队村干部就和学校联合起来,让学生回家催家长交提留款。

I口述:当时小学五年,初中三年,上完初二时,要考初三。各个村都办学校,较大的村都办初中校,上面没有分配老师,只要稍微识点字的人,就可到学校代课,有的老师小学还没有毕业,就到学校代课,一直干到退休。当年小学办学由乡小教负责业务,村出资建校舍,如果需要维修的,要向村申请。村干部定期到学校了解办学情况。

J口述:当年小学初中的办学体制主要是财政包干,就是地方小学初中的办学经费,包括教师工资都是由乡镇来发,由于苏北的乡村普遍比较穷,所以经常出现教师工资被拖欠的情况。学校要添置物品、改建校舍等,也是村里、乡镇筹钱。

对于我国基础教育管理体制这一问题,乡村教师可能不太关心,因为这一问题太宏观,但乡村教师对于学费收缴、当地乡村参与乡村学校办学情况还是有一些直观感受的。"乡镇财政负责本地中心小学和乡镇中学教育经费,行政村负责村办小学教育经费"这一经费投入体制,导致20世纪的80年代到90年代一方面是教师工资拖欠严重,农村地区普遍拖欠教师工资,城乡教师同工不同酬;二是因为很多农村家庭经济困难,学生学费收缴存在困难,一些学生因为欠费而辍学;三是在"分级办学、乡村自给"政策下,以农业为主的乡镇,农民实际成为农村教育投入的一个重要供给主体,而广大农村、农民的经济收入又十分有限,导致农村学校办学条件差,办学水平低,区域教育严重失衡。

三、乡村学校的课程与教学质量

针对乡村学校的教学质量问题,研究者首先通过"Q3:当时小学开设的课程有哪些?当时小学的教学质量如何?""Q6:当时初中开设的课程有哪些?当时初中的教学质量如何?"来了解乡村小学、初中的课程开设情况。

A口述:开设的课程主要有语文、数学、音乐、体育、美术、自然、地理、思想品德等课程,语文每周有六七节,包括2节作文(三年级开始),1节写字,写字课一二年级是铅笔字,三年级开始是毛笔字,记得每周写大字几页,小字几页,数学课差不多是天天有,音乐、体育、自然、地理一周2节,自然、地理三年级才开始开设,思想品德大概是1985年我们上五年级的时候开始开设的,一周1节。初中开设的课程主要有语文、代数、几何(初二起)、英语、物理(初二起)、化学(初三起)、地理(初一,初二)、历史、植物学(初一)、动物学(初二)、青少年修养(初一)、社会发展简史(初二)、法律常识(初三)、体育、音乐、美术等。语文、英语差不多天天有,代数、几何、物理、化学应该每周3节,地理、历史、植物、动物、政治、体育、音乐、美术每周2节。当时考试的主要组织方式是学校在教育局的安排下自主组织科任老师命题阅卷,不像现在是全县甚至全市统一组织,横向比较,所以对教学质量的衡量一般只限定在本校区域内。

C口述:小学开设了语文、数学、自然、体育、音乐、美术、劳技等,均能按标准课时开设。重点突出文化课教学,体音美劳等课程开设方面师资缺乏,以自由活动为主。初中开设课程齐全,有语文、英语、几何、代数、政治、历史、地理、生物、物理、化学、体育、音乐、美术、劳技课等。统一使用人民教育出版社的教材,教学秩序良好,教风正,学风浓,学校发展良好。

D口述:当时小学开设的课程有语文、数学、思想品德、自然、历史、地理、音乐、体育、图画等,每周上6天课,语文、数学基本上上下午都有,音乐、体育、图画科目在高年级上的少,教材正常使用,教学质量在全乡名列前茅。当时初中开设的课程有语文、数学、英语、物理、化学、政治、历史、地理、生物、音乐、体育、美术、劳技等;具体开设以语文、数学、英语、物理、化学为主,其中语文科目使用省编教材,生物科目分为"植物学""动物学"两门;当时乡初中名列全县前几名。

L口述:我们小学只开设语文和数学两门学科,老师上课几乎没有什么时间概念,一节课可能上一个小时,也可能是半个小时,上午一节语文、一节数学,下午一节语文、一节数学。很少考试,教学质量不大清楚。初中开设的课程主要有语文、代数、几何、英语、物理、化学、政治等,每门学科都有专职老师教学,教材使用非常好,教学质量也很好,每年每个班级都有20名学生考上前三类学校(县重点中学、师范学校、中专学校)。

从乡村教师的自述中,我们可以看到,乡村学校执行的是国家统一的课程、教材,从全国各地来看,乡村小学、初中课程内容基本上一致,虽然一些乡村因为教师缺乏,部分课程没有开齐开足,但整体上学校的课程开设是按照国家标准来开设的,同时学校的课程教学质量也不错,有的乡村学校价值质量甚或居于县域内同类型学校课程教学质量的前列。同时,我们也发现,一些乡村学校的教学质量还是存在很多问题的,其根本上的原因在于乡村学校存在大量的民办教师和代课教师,而这些民办教师和代课教师大多没有接受系统的教师教育,因而教师的教学水平不高。对此,J老师回忆说:

我上小学的时候是五年制,课程有语文、数学、自然常识、体育,音乐和美术也应当开过,但没有开全。当时留级学生比较普遍,我本人就在小学三年级留过一级,留级之后稍微懂事了一点,在一次被语文老师表扬过"词解"背得很好之后,学习成绩明显好了起来。到了四年级以后,喜欢主动地背古诗,每天放学时经过书店,背书店里挂的几个书法条幅,记得印象比较深的是杜牧的《山行》。小学的教材用的是国家的统编教材,不管是什么科目,里面有比较多的毛主席语录。对于认真学习的孩子,老师教得倒是很认真,每年全县会进行五年级的作文比赛和数学竞赛,各个公社(乡)会先行进行选拔。我在四年级时,看到一个亲戚家的孩子得了全公社数学第一名,学校敲锣打鼓地把奖状送到他家里,心里非常羡慕,发誓也要考第一。结果第二年,我果然也考了全乡数学竞赛第一名,这成为自己少年时代取得的最高荣誉,可惜的是学校只奖励了一支钢笔,并没有敲锣打鼓地把奖状送到家里,我感到非常遗憾。

到初中的时候,我在父亲所在的跨河中学上学。他教初中物理,后来又做分管后勤的副校长。他是高中毕业做民办教师的,其他人也类似,大都是民办教师。后来学校撤销之后,我父亲调到中心小学管后勤,费了好大的力气才转正为公办教师。当时的乡村学校总体上还是缺教师,初一我们开外语课时,一个外语老师都没有,请跨河中心小学一位女教师来兼课,后来有一位老师边学边教,许多英文字母都读错了。这个学校的教风和学风都不怎么样,教师喜欢打麻将,学生喜欢玩。当时好像不打麻将的乡村教师很少,有一次教育局局长下乡视察,看到学校的国旗没有飘扬起来,就开玩笑说:你们看,昨晚一定是打了一夜麻将,连旗子都没精打采的。有一次我父亲找我,把我一份只考了30几分的试卷给我看,当时气得打了我一巴掌,还没收了我口袋里的小人书(连环画),这书是我借同学的,后来我同学自己找我父亲把书要回来了。还有一次我们四个同学不上课,爬到一个上学路边的铁架子上打扑克牌。乡村里的这种铁架子,我们都不知道它有什么用,有人说是给飞机导航的,现在也不清楚。但那是我小时候能爬到的最高的地方了,站在上面看四周的远景,颇有一览众山小的感觉。

乡村学校存在大量的民办教师和代课教师,这部分教师多为高中毕业,也有部分是初中毕业,虽然当年他们在学校时成绩很好,但由于他们中部分人上的是"文革"中的初高中教育,加之他们没有接受系统的教师教育,因而他们在教学中总会存在诸多的问题,如教师对待学生态度粗暴、教学虽有激情但教学方式不民主等,也在很大程度上影响了学生学习的积极性,影响学校的教学质量。研究者通过"Q12:当时乡村教学等安排是否符合学生的发展情况?老师是否能够同等对待每一位学生?"和"Q13:当时乡村学校的教育方式是否适合自己?您是如何看待这些教学方式的?其他同学的情况如何?"对乡村教师进行访谈,情况如下:

A口述:当时的课程门类没有现在这全,教材不怎么变化,体育、音乐、美术方面的老师比较缺,实验条件不是很到位,有些实验没有条件做。老师对学生是一视同仁的,但当时学生学习的态度差距较大,一部分学生及家长不重视学习,相对来说差生的群体会大一些,面对这些学生老师仍然能够苦口婆心地劝说,尽职尽责引导这些学生学习。其实回想起来大多数老师讲得非常精彩,有些课堂的教学情景现在还历历在目,老师在课堂上很有激情。

B口述:在我的成长求学过程中,一直都是跟着应试指挥棒走。学校全力追求分数,学生一切靠分数。分数是学校和学生的命根子。自己觉得,当时学校教育总是满堂灌,我们只是顺着老师的节奏走,学生自主自学的机会太少了,我一直不喜欢。在暑假寒假,自己挤时间自学,但又缺少帮助与好资料,很苦闷。

E口述:当时校园文化生活也是较多,每年的六一节非常隆重,全镇搞文艺汇演。也经常开展运动会,我小学三年级曾代表学校参加县上的田径比赛。小学和初中都感觉学习压力不大,没有做不完的资料书和习题,主要就是课本,每天的学习生活充实快乐。当时教师体罚学生比较常见,家长都不认为是对学生的教育不当。我记得上小学四年级时,由于作业里出现错误,数学老师用竹棍在我头上狠狠打了四下,因为我错了四道题。数学老师说这样我就记住了,事实上我的数学越来越差,上课尽管也很认真但就是听不懂,内心总是处于紧张状态。现在一想起这个老师还是不舒服。

G口述:上小学初中时候,大家都不富裕,老师们也并不势利,所以对学生能够一视同仁。老师的教学水平不咋地,比如我初一的语文老师在课堂上将士大夫的DA读成DAI,我便向他提出,说他错了,老师一点也没觉得面子上过不去,而是课后认真查阅资料,并跟我交流,说我这孩子了不起。高二的物理老师因为经常拖堂,被我写在了作文中,而我的作文又被同学们传阅,这事被物理老师知道了,他一下子也没批评我,还真得改变了一些。至少老师们对学生是关爱的,无论他们的教学方式是讲授法还是启发法,对于当时的我来说都是喜欢的。

J口述:在七八十年代的苏北,大部分的学生小学或初中毕业后就不再读书了,小学及初中的教育奠定了他们一生文化水平的基础。在受教育的过程中,教师区别对待学生也是很常见的事,学业好一点的学生、聪明的学生,老师当然喜欢,成绩差的,又不听话的学生,老师从内心里都不希望他们坐在教室里。在五年级时,有一次上级来核查学生的辍学率,老师就让那些成绩不好辍学的孩子来学校充充人数,检查结束后又让他们回去,因为成绩不好的同学待在班级,会拖班级总体成绩的后腿。由于师资的水平有限,大部分教师的教学方式都是传统的"教书"模式,语文课,教师就是让学生死记硬背,学生是否理解,老师也不会问那么多。

K口述:当时教育资源相对均衡,有很多乡镇领导干部的子女也在乡镇中小学读书。学校老师的教育方式主要局限于书本课堂的应试教育,所学范围不像现在要求的宽泛,作业也不多。学生空余的时间多,可以看课外书,我的语文成绩好,就是得益于小时候借看了不少小人书、小说书(当时梁羽生、琼瑶等的小说比较盛行)。

从乡村教师对自身小学初中的学习经历叙述中,我们可以看到,当年他们的乡村学校教师一方面在努力地按照国家要求去做好相应的课程教学任务,对待学生也是"爱心满满",但也存在着体罚学生、对待学生态度粗暴的现象。如C教师说:"当时感觉学习压力不大,每天学习生活非常快乐。全体同学均能受到公平对待,教师敬业,乐于奉献,学生学习氛围好,普遍学习认真踏实。只是对于个别不听话学生体罚非常多,而且都不认为是对学生的教育不当,打学生给每个孩子内心留下非常大的阴影。我记得上小学一年级时,由于生病没有完成语文老师的作业,老师用柳树条(上面有疙瘩的枝条)狠狠打了我,头上全是包,回家也不敢给父母说,只是内心产生了一种不想上学的念头,害怕一到校就遭受老师暴打,父母问原因时哭着说出实情,最后在大人的处理下未再遭受老师的打,但至今内心的阴影仍然存在。在小学高年级时,老师曾经让全班不听话男同学站一排,脱下裤子逐一将屁股打一遍,至今给我留下非常深的记忆。当时对学生的体罚非常普遍,大家也习以为常。"虽然我国的《教育法》《义务教育法》和《教师法》等教育法律中明文规定,不得对学生施以体罚或变相体罚,但在八九十年代的乡村学校,体罚学生还是较为常见。体罚这一教育顽疾之所以存在,一方面是乡村教师自身的问题,他们中的很多人没有接受系统的师范教育培养,在教育教学方式、对待学生态度等方面显得粗暴,尤其是当遇到一些成绩不好、习惯不好的学生,他们往往还对学生进行体罚;另一方面是乡村社会的不良习俗的影响。很多村民信奉"棍棒底下出人才",要求老师对自己的子女严格管理严格教育,如违纪违规,可以"打骂他们,如同自己的儿女一样"。这是把子女看作个人的私产,可以随便处置。这一不良的乡村社会习俗,需要在社会发展进程中移风易俗,同时强化教育法律法规的执行运用,需要不断加强对乡村教师的培训,从多方面消除乡村学校的"体罚与变相体罚",让乡村学校成为一种"善治""向学"的场所,成为乡村儿童心灵放飞、愉快学习、快乐成长的乐园。

四、乡村学校的变迁情况

对于乡村学校的变迁情况,研究者首先通过"Q9:所在的小学与初中办学情况后来发生了哪些变化?您认为是什么原因导致了这些变化?"来了解乡村学校的变化情况及其原因。

A口述:村里的小学在"普九"过程中建起了教学楼、老师宿舍和办公楼,办学条件也得到了很大的改善,2000年初期,办学规模达到了最高点,随后,在学学生不断减少,至2018年在校生下降至30多名,2018年秋季母校撤并。初中的办学条件在"普九"的过程中也得到了很大的改善,学校先后建起了教学楼1栋,实验楼1栋,教师宿舍办公楼1栋,综合楼1栋,学生综合楼1栋,卫生厕所1栋,餐厅1座,校容校貌发生了根本性变化,和小学一样,也经历了学生由盛转衰的过程,现在在校学生700左右,相比最高峰,已经下降了差不多70%。原因是计划生育政策的作用显现,2004年前后,适龄儿童大幅减少,同时也是城镇化加速发展导致农村人口的锐减,在农村学校学生数大幅下降。

C口述:目前,我上学的小学、初中两所学校都已经不存在了,随着农村城镇化发展,外出打工的农民越来越多,好多孩子随父母外出打工地入学,农村生源日益减少,这是全国普遍现象。加之,随着农村经济发展,尤其改革开放四十多年发展,农村家庭对孩子教育的重视与日俱增,都愿意让孩子在县域或市、省内优秀学校入学,接受更加优质的教育资源,促进孩子最大化发展。

D口述:我所在的小学后来生数逐渐减少,最后撤销教学点。所在的初中因为教育现代化,也曾经被撤并,后来又恢复办学。导致学校的变化的原因是多方面的。

E口述:目前,我上小学的三里河小学已经变成了"寻味农家乐"。随着农村城镇化发展,外出打工的农民越来越多,好多孩子随父母外出打工地入学,农村生源日益减少,同时,也随着农村经济发展,农村家庭对孩子教育的重视与日俱增,都愿意让孩子去县城上学,接受更加优质的教育资源。上初中时的竞存中学已更名为凤翔师范附属中学,已成为凤翔的超级中学,在校人数已达2 000人左右。一方面由于师资力量雄厚不断扩招,另一方面由于中考成绩一直稳居全县第一,重视教育的家长们挤破头皮也要让孩子在此上学。

G口述:我所在的村小已经消失了十几年了,而我所在的乡中学也在五六年前不存在了,城镇化建设,让农村的学校渐渐萎缩,农村收不到学生,学校自然也就不存在了。保滩中学应该是我们全县唯一消失的乡镇中学,这和它所处的地理位置有关,保滩处在淮安与涟水中间,南边学生去了市郊读书,北边学生到滨河或者涟水实验中学读书,当一所学校只有几十名学生或者十几名学生时,这所学校自然就退出历史舞台了,真希望还能回到小学、中学时,让村里的孩子能在家门口读书,而不是要跑十来里路到远远的学校读书。

I口述:我初中毕业后,初中就不招生,两年后初中学生毕业,就不办初中了。到2010年,因布局调整,小学也被撤并。

K口述:我就读的小学现在已经没有学生了,这也是许多村办小学的命运趋势吧?就读的中学后来一段时间学生数逐渐增多,这应该是办学质量和适龄上学学生增多叠加所致;后又渐渐减少,个人觉得应该是城市化及教育资源欠均衡等所致。乡镇中学和中心小学合并,在2010年改扩建成一所九年制学校,我们镇逐渐被定位发展为周边中心乡镇,叠加上级教育资源的倾斜,生数空前递增。

L口述:我就读的小学已经撤并了,初中还在,硬件设施比以前好多了,这和国家经济的发展和办学理念的改进有关。但是教学质量和以前相比差了很多,这大部分受就近入学政策的影响,生源质量不如以前了。

对于乡村学校变迁的情况,很多被访谈的乡村教师都说以前的小学没有了,被撤并了,有的初中也被撤并了。乡村学校之所以发生这么多的撤并现象,原因在于自21世纪以来,国家实行了新一轮乡村学校的办学布局调整,大量的乡村小学与教学点被撤并,基本上是乡镇保留一所中心小学和初中。同时,国家加大了对乡村学校的教学设施建设力度,改造了乡村学校的危房,建设了现代化的教室以及一批功能性教室,乡村学校的教学条件发生了翻天覆地的变化。

研究者通过"Q15:您当年的乡村学校和乡村教师和乡村存在什么样的互动情

况?"来了解乡村、乡村学校与乡村教师之间的关系。

A口述:基本上,乡村学校代表一个乡村的文化高低,乡村教师就是一个乡村的文化灵魂,乡村教师在乡村学校给孩子们传道授业解惑,教育了下一代,也潜移默化地影响和改变了乡村的容貌。逢年过节,红白喜事书写对联,执事讲话往往都是乡村教师,他们被村里人尊敬的称为"先生",称为"能人"。

H口述:当年的乡村学校和乡村教师和乡村存在互相依存的关系,学校领导经常与所在村干部交往,互相了解。老师都是本村的,不外出打工,就在村小学或初中代课,农忙时就到地里去干农活,有时甚至还把学生带回家去帮忙干农活。

J口述:由于小学初中的许多老师都是民办教师,所以包括我父亲在内的民办教师都处于半耕半教的状态。也就是说,在乡村开始进行分田到户之后,大部分的乡村教师都会在课余时间在家种田,其妻子也多半是农民。教师作为文化知识分子,也会深度介入乡村的事务。如在春节期间如果地方乡村排戏,有一些文艺细胞的教师常会担任一些组织者或教练的工作。农村里的红白喜事,也会请教师去帮忙,如写些挽联、记些账、代收钱等。总的来说,乡村教师与村干部的地位差不多,是具有相对较高的社会地位。他们对农村生活也比较熟悉,这是与现在的中小学教师不一样的。

K口述:学校用水用电等,都会请乡、村进行协调,教师生活困难等或教育教学过程中需要联系家长时,都会找乡村干部协调。每年到教师节的时候,村干部会到学校慰问老师,晚上和老师一起聚餐。

乡村中小学是国家基础教育的重要组成,由于我国实行的"分级管理、地方负责"的学校管理体制,乡村学校和地方政府、乡村存在着密切的关系。一是学校要执行、落实上级政府布置的各项任务。如C教师叙述:"我觉得乡村学校办学一度很受当地政府行政干预,我们柳林镇中学属于镇上学校,政府一有上级检查就提前安排学校师生上街打扫卫生,当然是停课状态。镇上的一些部门的工作往往就下派到学校,让老师、学生参与其中。教育扶贫工作档案建设,我们学校是辖区仅有的一所九年制学校,从扶贫工作开始,就将辖区内八个村的村级教育扶贫档案资料建设划归学校承担。村上专管人员很少参与,信息采集时偶尔配合一下,有时不合作。每逢上级专项检查来了,就脚忙手乱,就会让下派的包村老师配合他们迎接上级检查。至今已经五六年了,村上干部觉得这是学校的事,与他们无关。"当然,地方政府过多地干预学校的事务,往往会给乡村学校教育教学带来极大的干扰。对此,C教师说:"学校每学年包抓帮扶校内外学生总计几百人,定期下村入户开展帮扶,外地就读通过网络联系家长开展远程帮扶,工作开展非常扎实认真。但这些工作的承担,由于校小人少,对正常教育教学冲击非常大,逢检查停课是常态,逢迎检必下村是常态,极大地干扰了学校正常教育教学秩序,给全体老师增加了额外工作负担和心理压力,尤其负责扶贫下乡档案建设的老师非常压抑。"二是乡村教师参与乡村社区各种活动,在乡村社区中具有很高的社会地位。中国历来尊师重教,乡村更是如此,乡村教师在乡村社区中是"文化人",是"能人",他们有的参与乡村治理,如为乡村发展出谋划策、参与乡村婚丧嫁娶事项、解决村民家庭纠纷等,对于乡村社区发展、稳定和乡村习俗传承发展等发挥着重要的作用。J教师说:"我所在的生产队,总体上村民是朴素的,但是家家户户的矛盾也很多。村子里陈姓最多。我们一个庄子3大家,其余两家王姓,是兄弟俩,我们蒋姓是单门独姓,与王家有点远亲,由于势单力薄,总体上算是容易被欺侮的弱势一家。好在父亲是教师,有一点社会地位,所以情况要好些。"

对于乡村及其人口的变化,研究者通过"Q16:您当年所在的村庄现在情况如何?40年来有变化吗?"来了解乡村所发生的变化情况以及乡村人口的教育情况。

A口述:我的老家是柳林镇窦家庄村,9个村民小组,3 000余口人,在镇上算是一个小有规模的村子,距离镇上3千米。二十世纪八九十年代全是土路,遇到下雨天,出行受阻,上学全步行,遇到连阴雨天气,往往在"泥窝"里边拔出踩进。工作以后,周末遇到雨天往往叫人发愁,出不去,回不来。2000年以后,通村水泥路渐渐修通,城镇之间先后开通通村公交,出行状况得到了极大的改善,近十年来,随着小轿车逐步进入寻常百姓家,人们出行更加便捷。

B口述:当时,都是土泥路,都是骑自行车,住土木结构的房子。我的村子比较小,只有十几户人家,地处偏远山区,信息相对闭塞。现在,全村移民搬迁了,搬到了7里路之外的开阔平坦地带,交通也便利。全村都是楼房,水泥路面,统一绿化村子,夜晚路灯明亮。

C口述:我当年的村庄由于受当时经济落后影响,普遍是土路,2000年以后逐步修建成了柏油路、水泥路。住房当时以土坯房为主,随着经济发展,国家对灾后重建(2018年地震)大力扶持,扶贫政策扶持,逐步农村面貌发生了非常大的变化。家家户户普通盖起了砖瓦房,二层楼也越来越多。我们所在村有500多户。人口约1 500人。随着新农村建设,村子环境卫生都大为改观,普遍通上网络、天然气、生态厕所。以前,受经济落后,民风不够好,邻里之间易发生矛盾纠纷。记得印象最深刻的是,春季麦田灌溉时节,全村只有一眼井,往往为浇地,邻里之间大打出手,甚至出现意外伤害事件。村里小偷小摸现象非常普遍。村里文化娱乐活动几乎没有。改革开放后,一部分人通过勤劳智慧率先富裕起来了。万元户,成了那个时代最响亮的名词。通过放一场电影,就是对外宣传,激励更多的人自力更生,发家致富。当时农村精神文化建设非常落后,无法满足人们的精神需求。记得有次在村学校放映《少林寺》,父母出于安全不让我去,我就大哭大闹了一场。现如今,经历40多年改革开放,农村发生了翻天覆地的变化,农村人享受到了城市人一样的生活,物质生活富裕之后,随着新农村建设,精神文明带来了巨大变化,农村人口素质得到极大提升,正如习近平总书记所说,人们对日益增长的物质文化生活需求成了农村发展的主流。国家脱贫攻坚政彻底解决了我国农村绝对贫困地区人们的生活现状。乡村振兴战略的实施,必将推进我们农村地区广大人民群众生活更加崭新的时代。

D口述:当年所在的村庄交通落后、住房条件差,40多户人家,300口人左右,乡风淳朴。现在,交通发达,大部分家庭汽车开到家门口,住房条件得到改善,大部分家庭在县城有商品房。

G口述:我家所在的村子共八个生产队,我们家在二队,我们二队的人员还是非常特殊的,听说都是以前从山东讨饭到了这儿,一个庄子的人都是亲戚,所以我们庄叫"颜庄",大概住了二三十户吧,和父母亲同辈的我都称呼伯伯、叔叔或姑姑、婶婶,因为各家各户都是亲戚,所以一个庄子的人也非常团结,小时候无论怎么玩耍,父母也不会担心我们跑丢了,而邻居孩子在我家吃饭的画面也是经常上演。那个时候都是乡间土路,条件好一点的家庭盖上了瓦房,条件差的就是茅屋。好在我们庄子在废黄河旁边,都是沙土,下一场雨后不到半小时,路面又像干的一样。我们颜庄人听说都是来自颜回的后代,所以家家都非常重视教育,在我小时候,有人来我家庄子找"颜先生"(颜老师),必须问清是哪个颜先生,因为我们庄子从事教育的人太多了,也正因为一庄人勤劳、团结,经过40多年的变迁,现在我们庄子家家都是独门独院二层楼房,每次回家,几乎家家门口都能停上一两辆轿车。我们庄上的年轻人活跃在上海、苏州等城市,不少人已经小有成就,比如我弟弟在上海有了自己的公司和自己的房子,我邻居大妈家六个儿子只有四儿子在家陪她,其他几个儿子在外面都发展得非常好。

H口述:道路都是土路,房屋都是土墙,用草做屋顶的草房子。村庄的交通非常落后,土路、油泥,一下雨,非常泥泞,无法出行。一个大队有400多户,2000多口人,乡风比较纯朴,以种田为生,靠天吃饭,还记得小时候经常烂麦子。一到麦收时,农户是抢收抢割,脱粒是一个庄子一个庄子接力,一家脱粒,一个庄子上的人全部上阵,日夜不停,麦子脱完后,人人都累得精疲力尽。现在,一切靠机器,农活干得很轻松,基本上不需要多少人力。

K口述:我曾在两所村小工作过,当时交通不太便利,是砖石路,冬天一下雨多是烂泥巴;老百姓多是砖石房,偶有平房、楼房,少有土墙房屋。一个村200

户左右,一千几百人口,民风淳朴。后来随着农民工进城、城市化进程加快、教育产业化、教育资源欠均匀、生育观念转变等,乡村面貌虽越来越好,但村小甚至有的乡镇中小学学生越来越少。

改革开放以来,中国社会发生了极大的变化。对于乡村来说,一是乡村家庭的住宿、出行条件改善极大。很多乡村家庭住宿条件从原来的土墙草房变成了砖瓦房,加之20世纪后国家实行"村村通工程",乡村泥土路变成了水泥路,乡村通上了公交,极大地方便了村民出行。如J教师说:"我家虽然离乡镇的街上并不太远,直线距离只有500米左右,但交通状况一直不是很好。有很长一段时间主要是土路,平常还好,一旦下雨,出行就很不方便。在没有分田到户之前,地方也组织民工,修建了不错的乡村公路和河堤,但后来改革开放之后,弱化了生产队一级的管理,许多人家盖房子到大路边上挖土,路面交通受到了很大的破坏。总体上,苏北乡村的住房条件还是比较差的,小学读书的时候,家里有7口左右的人口,住的是草房子。也就是墙是土墙,房顶是麦草。过几年就需要用新的麦草换屋顶。每年春天,都要用麦壳和泥搅拌在一起,用之泥墙,到了夏天,几场暴雨之后,泥墙就会褪了几层,所以春天里泥墙就是必备的功课。夏天暴雨的时候,也会经常担心房屋倒塌,房子经常会漏雨。后来家里经济好一点之后,父亲就张罗着盖瓦房,砖、瓦、石头、水泥等都不是很容易买到的,既需要关系,也需要钱,还需要人帮忙。我家算是一个生产队里较早盖瓦房的。"二是乡村流动人口加剧。东部经济发达地区以及新型城市化的进程,吸引了大量的乡村富有劳动力,农民进城务工人口剧增,其一方面是带来了乡村居民的家庭收入,改善了落后地区乡村的经济状况,另一方面也带来乡村进一步发展的人力资源的短缺。很多乡村留下来的都是"老年人、妇女和留守儿童",乡村经济发展尤其是农业发展仍然面临着新的压力。对此,J教师说:"现在苏北的乡村总体上处于凋敝的状态,大部分人口都迁出了,虽然公路交通很好,各家的房子也不错,但没有什么年轻人,只有少数的老人还守在家里,乡镇上人也不多,许多人在县城里买房子,土地有的被流转,有的租给一些种田大户在种。"三是乡村学校出现了大量的"留守儿童"。因而青壮年都进城务工,留下孩子在乡村学校就读,爷爷奶奶负责孩子接送,孩子的家庭教育和监护管理出现极大问题,对乡村下一代儿童的健康成长带来隐患。

乡村人口的受教育情况,也不容乐观。通过访谈得知,在七八十年代的中国,农村人口中文盲较多,识字的人不多,老一辈人几乎很少有高学历的,年轻人中受教育程度逐渐提高。因为农村经济不好,以农业为主,基本上是没有返乡创业的大学生,考上学校的基本上都分配在乡镇机关或者县城单位,返乡工作的也较少。如E老师说:"我是1996年考上大学的,当时我们村比较重视教育,考上公费大学和自费上大学的孩子很多。早我之前就有考上天津南开大学的,有考上北京航空航天大学的,我姐早我一年考上了西安外国语学院。我就是属于返乡工作者之一,作为高等师范生,1999年毕业之后被分配在我县的柳林镇中学任教。工作之余我拿到了本科文凭,并凭借自己的努力和不断的学习于2007年考进虢角中学任教至今。在高中任教期间,我通过自己的不断学习和努力获得了市级教学能手并担任了虢角中学的英语教研组组长。"对于那些考不上大学的农村青年人,多是选择外出打工。如G老师说:"大部分同学读到初中毕业就不上学了,一届同学大概一百一二十名学生,有三四位同学考上前三类,十多位考入高中。没有考上学校的比较多,不少同学后来在外面打工,干得还是很不错的。"这种情况,通过其他老师的访谈,也得到了印证。

H口述:当年乡村人口中学历非常低,大多数是小学毕业,初中约占30%,考取大学的占少数,一年难得有一两个能考上前三类的,也就2%这样。考上前三类的,像中师中专生返乡工作的多,其他基本返乡的少,都在外地企业或政府任职。

J口述:我所了解的家乡比较熟悉的仅限于一个村民小组(一个生产队),印象里我们那个时代的同龄人中以初中毕业的最多,大约能占到80%,小学毕业就不读书的有,但不多,大多是女孩子,读高中的大约10%,能考取大学(包括中师中专等)的大概有5%。返乡工作或创业的大学生几乎没有,如果说有的话,就是个别读了农校的,回乡做个农技员或兽医。在拿一份不算太高的工资的基础上,结合专业开个店铺,卖些农药或兽药。不过有高中毕业的同学,在苏南打工之后,有的留在苏南,创办了自己的企业,也有的回到乡村,凭着在苏南工厂里学的技术,回来创业。

L口述:小学和初中学历居多,老人大多不识字,考取大学和中专的人比较少,大约四五个人,现在只有我留在家乡教书,其他的都在外面,没有大学生返乡创业的,但返乡工作的师范类居多。

M口述:大多数是初中文化,也有一些考上师范、中专、卫校等中等学校。返乡工作的人不多,大多数在苏南等大都市工作。

二十世纪八九十年代,我国基础教育面临着"两基"攻坚的重任。一是对于乡村教育而言,主要任务是扫盲和控制义务教育的辍学率。乡村教师C说:"我是1990年考上凤翔师范学校,当时全村就我一人,全镇考上中专的就6人。大学生基本没有。到了1990年以后,随着初中开始不招收复习生,高中生开始增加。几年后村里考上大学的人越来越多。当时乡村人口中学历普遍低,高中学历就算是高学历了,普遍是初中学历,还有不少文盲,随着国家扫除青壮年文盲大力推进,落实义务教育法,青年一代接受教育的年限延长了。"二是通过充实乡村教师队伍,不断提高乡村义务教育质量。C教师说:"我就是属于返乡工作之一,作为师范生,凤师毕业之时又申请参加了陕西师范大学招生(全省师范学校内招收了25名中专生,定向培养大专学历师范生),原则上回本地从教,我通过申请直接回到了自己的母校参加了第一年工作,之后就在本县从教至今。大多师范生基本走的都是这条路。当时老师工资由乡镇统一发放,但是由于当时经济不景气,拖欠教师工资是常事。我工作的第一年没有拿到一分钱工资,平时吃住均在家里,还算勉强渡过了难关。1997年香港回归每名教师涨了工资22元,1999年澳门回归又涨了22元。工资每月就是270多元,一拖欠就是一年半年。直到2000年后教师工资由县财政统一支出才结束拖欠教师工资的历史。"国家为了发展乡村学校教育,通过实施教师资格证书制度、加强乡村教师学历培训等,不断提升乡村教师的学历达标和合格率。不可否认的是,乡村学校的民办教师和代课教师,他们为了乡村义务教育付出了毕业的心血,支撑了那个年代我国最薄弱的乡村教育,但他们的收入经历过的人都知道,先由工分再补贴粮食,再发工资,其中又有多少人迫于家人孩子生计无奈弃教从农,而又有多少人忍饥挨饿,遭受世人歧视、家人数落,坚守了下来,用他们的青春、他们的智慧,支撑起乡村教育的一片蓝天,最终守得云开日出,通过国家民办教师转正政策,求得了正身正名,赢得了世人的尊重。

五、乡村学校的印象与希望

乡村学校的学习经历是美好的,它已经成为乡村教师生命中的一段宝贵经历。很多乡村教师从乡村学校起步,迈入师范学校的大门,最终成为一名乡村教师。为了解乡村学校对乡村教师的影响,研究者通过"Q10:乡村小学与初中学习对您影响特别大的事情是什么?""Q18:您是如何成为一名乡村教师的?乡村教师的经历如何?"等问题对乡村教师进行了访谈,其情况如下:

B口述:影响深刻的一是老师讲得人生理想、前途教育,对我人生启蒙非常重要,我非常感激;二是老师的性格、脾气、为人处事的影响,我觉得远远大于知识教育。我参加了两次高考,考到了宝鸡师专,毕业后被分配到县区的乡中学任教,走上了教育之路。教育教学中,首先做好充分准备,绝不做无准备教育活动;其次是对学生尊重,爱护,关心,平等,一视同仁,绝不以师高居,同时是耐心,细致,不厌其烦,宽容学生的一切,做让学生感激、敬佩你的事。

D口述:老师对学生的关心和鼓励是学生前进不竭的动力。在我的工作中,我永远关心我的学生,鼓励我的学生,不论是学习,还是生活。初中毕业以后,我考取中师学校,成为一名光荣的人民教师,觉得教师是了不起的人,教师职业是了不起的一份职业。一次,我冒着雨去看望一个生病多日没来学校的学生,学生和家长非常感动,对我表示,无论家庭有多困难,无论成绩好坏,都会把初中书读到底。

E口述:中考初试成绩505分,属于全校前十。我是一心想要考中专的,所以参加了复试。因为中专一毕业就能工作赚钱,在当时农村复习两三年就为考中专的学生比比皆是,反倒上高中考大学被许多家长和学生认为是不得已的事情。但由于我在复试中发挥失常与中专失之交臂,不得已上了凤翔中学,三年后考上了咸阳师范高等专科学校。现在想来多亏自己没上中专或中师,那些中专毕业后被分到工厂的同学大部分失业了,即使中师毕业后能被分配到小学工作,但要继续深造除非上进心很强又有毅力,否则很难到达一个更广阔的平台和提升自己的整体素养。而事实证明我上了高中之后发展前景更好一些。离开家乡来到大城市上大学开阔了眼界、增长了见识,对自己个人发展和如今的工作学习都有着很大的帮助。1999年被分配回家乡成了柳林镇中学一名英语教师。2007年,通过县招考进入彪角中学任教至今。这几年,乡村学校的环境是越来越好,但孩子们的文化素养和品质却有下降趋势,原因是随着农村城镇化发展,外出打工的农民越来越多,好多父母外出打工,把孩子留在农村爷爷奶奶身边生活。而爷爷奶奶仅可以照顾孩子的饮食起居,对其学习根本帮不上一点忙,导致这一部分孩子整体素养不高。当然也有部分农村家庭对孩子教育重视,有些家长愿意陪伴孩子去县城或市区上学,接受更加优质的教育资源,这些孩子进步很大,却已经远离了乡村。

F口述:上学期间小学和初中我都是班级或整个学校成绩最好的,所以我也有了许多表现自己的机会,比如参加竞赛或者做老师的小助手,在黑板前教同学们,也让我自小就觉得我就是为做老师而生的。初中毕业后考上淮安师范,毕业后分配到乡村任教。刚毕业时农村条件还是比较落后的,有不少家庭因交不起学费(30多元,但当时也不少),而让学生辍学,我们经常上门动员学生上学,对那些家庭特殊的孩子更是关爱有加。

K口述:在读初三时,突患眼疾,视力遽降,不得已休学,后复学,学校免除学费。中师毕业后是分配工作,也许是家乡情结吧,当时还要求到自己家乡镇的。想起1996年刚毕业,教五年级,相当于大孩子带一帮小孩子,班级里学生家境参差不齐。有一位小女生,老是红眼圈,谈心并家访,了解到她爸爸在广州发财了,要和她妈妈离婚,后通过电话与其父母交流沟通,小丫头学业一直不错。

L口述:因为我是一名农村孩子,从小就目睹父辈的辛苦劳作,所以从小我就立志离开农村。我初中直接考取的师范,赶上最后一拨分配工作,被分配到现在的乡村学校教书至今。我中考的分数和学校录取分数线相同,怕录取不到,父母还托了关系。2015年后开始从事乡村孩子的科学教育工作,带领乡村孩子开展科技活动,参加科技竞赛。在工作中感受最深的是,农村的孩子一点也不比城里的孩子差,他们在学习上也非常勤奋,非常刻苦,在这几年我为农村家庭培养了一大批早期科技人才,郝茜米同学还被评为新时代全国好少年。

M口述:在以前学习经历中遇到很多学习上的困难,老师都能耐心教导我。现在我也成为一名老师,小学和初中老师他们都是我工作中的榜样。初中后我考取了师范学校,当时国家分配成为一名教师。乡村学校有些孩子比较腼腆,学校专业老师匮乏,我就结合在师范学的绘画、舞蹈等才艺,辅导一些孩子参加一些县举办的文艺表演,多次获得县一、二等奖,孩子们可高兴了,非常喜欢我。

乡村学校的学习经历是难忘的,它给我们留下了很多难忘的趣事。J教师说:"小学学习生涯中对个人后续的学习生活影响比较大的事情,我想就是小学三年级的留级。大约是因为年龄小,心智发育不健全,所以小学一年级至三年级时成绩很差,但三年级留了一级之后,成绩就变好了很多,个人对于自己的学业也产生了浓厚的兴趣,所以教育不可以拔苗助长,还是非常有道理的。在小学大约三四年级时,自己对于诗歌产生了兴趣,先是抄背天安门诗抄,后来到处去抄背古诗,我想这恐怕就是我个人文学兴趣的源头。初中生涯中对于个人影响比较大的事好像也是初三的复读,由于复读比较普遍,因此对于心理上没有多少负面的影响,但在当时的师资条件下,复读一年对于基础知识的掌握和理解,对于高中的课程学习应当是有利的。我初中后读了高中,继而读了大学,上了一个师范高校。我在大学里读生物学,其中学得最好的一门课是植物学,各种各样的花花草草,别人很难记得,但我很容易就记住了。为什么呢?是因为小时候在农村的家里,挑菜喂猪,割草喂牛是生活中重要的一部分,所以跟在母亲后面,知道了田里各种野菜野草的名字,这些名字虽然不是学名,但在学分类时,一看一说,就重新认识了,所以说农村的孩子跟在父母后面做事,同样学会了很多对于生活生存重要的一些知识,这也是教育的一部分,是真正的生活教育。现在的孩子这方面欠缺很多。"但是乡村社会也有很多的无奈,一方面是乡村经济文化的不发达,影响了很多从乡村走出来的人返回乡村工作,另一方面乡村社会也存在诸多愚昧、落后,其对乡村教育、文化甚至经济等方面的发展影响是消极的。如J教师说:"在读书时代也想毕业回去后过一过像父亲那样半教边耕的生活,但真正到了就业的时候,还是努力争取留在城市里。回到乡村中学的同学,从总体上发展而言,并不是太让人或自己满意。一旦回到了乡村,在业余时间都是打打麻将,事业上很难取得大的进展。"

改革开放,对乡村儿童和乡村学校带来的影响是深刻的,作为乡村教师身处其中,感受尤甚。A教师说:"改革开放以来,中国的乡村发生了彻底的改变,具体到吃、穿、住、行多个层面,人们的生活质量不断改善,生活的幸福感不断提升,归根到底,是人民对改革红利的一种分享。对于新世纪的乡村儿童而言,影响是多方面的。就正面而言,是直接提升了新世纪儿童的生活幸福感,他们衣食无忧,没有经历过70年代的'饿肚子''穿不暖',出门'量天尺'的穷困,随着学校标准化现代化建设的推进,电视、手机、电脑、平板、网络游戏相继走入了新世纪儿童的生活,乡村儿童更比以往任何时候更容易获得知识,更容易塑造个性人格和学识,当然,也表现出了一些负面影响,'近视眼''小胖人'等健康问题,'网瘾''自闭症'等心理问题,'早恋''沉迷网络游戏'等社会问题相继出现,给现代乡村教育提出了新的挑战。"在访谈中,其他老师叙述着同样的感受。

D口述:作为乡村教师,我觉得,改革开放以来,外面的世界发生了翻天覆地的变化,包括衣食住行等多个方面,这些变化是政治、经济、文化、社会等多方面影响因素引起的,这些变化或因素对乡村儿童的成长是有影响的,现在的乡村儿童大多是留守儿童,对乡村学校的教育带来一定的难度。

H口述:以前,老师被人看不起,老师不如在工厂上班的工人。现在农村办学条件越来越好,一些硬件设施和城里学校也相差无几,教室都安装了四位一体机,各种活动可以在线上开展,通过线上活动可以让农村孩子看看外面的世界。国家很重视教育,老师的地位会越来越高,对老师的尊重程度会影响老师的工作积极性,更影响儿童的成长。国家不断提高乡村教师待遇,可是,我们这里乡村孩子涌入城里读书的较多,造成乡村教师过剩,工作量小,城里老师负担重,待遇和乡村教师一样,调他们进城还不愿意来。

J口述:改革开放对于乡村的影响是非常巨大的,很多人可以真正靠自己的劳动富裕起来,工业和经济发展起来后,农业不再是被剥削的产业,农民普遍有了获得感,感受到生活是一天比一天好。开放也使得人们的视野拓宽了很多,一个一个的哥哥姐姐上了大学,对于后来的孩子来说,起到了一种榜样的作用。更多的家庭开始更重视教育,高校扩招之后,上大学不再是少数家庭和少数人的事了。这些变化与党和政府实行一系列正确决策方针有密切关系,希望这些发展变化能反哺乡村学校教育,更多地充实乡村教育资源,特别是教师资源,以更好地实现国家发展、时代对人才的多元化要求,更有利于实现乡村振兴。

L口述:我觉得这几十年来教育上变化最大的就是办学条件的改变,国家富强了,在教育上面的投入也增多了。但是教育资源大多集中在城区学校,好的老师也大部分在城区学校,农村学校的师资力量和城区相比,差距很大,这就导致农村学校的孩子享受不到优质的教育,享受不到教育公平。庆幸的是政府也在积极改变,希望农村孩子的教育公平早日到来。

第五章 乡村教育变迁的教师口述

作为出生于70年代成长于改革开放时代的乡村教师,我们目睹了改革开放给国家尤其是乡村社会带来的巨大变化,大多乡村教师都感慨乡村社会变富裕了,乡村学校变得更加现代化了,但乡村留守儿童的教育是大问题。对此,来自西部陕西省宝鸡市的C老师给我们述说了贫困户留守老汉老李的故事:"老李今年65岁了,儿子儿媳妇在宝鸡打工,孙子孙女跟随父母在打工处一所小学上学,家里常年只有老大爷一个人。老大爷的身体也不太好,有慢性病,双耳听力基本丧失。为了家人生活得更好一点,他坚持种田地,农闲时就在村里打零工,挣点零花钱补贴家用。有次我们去家访,等了快一个小时,才见老人背着一大捆柴摇摇晃晃地回来。和我们在闲聊中,老人最牵挂的是自己的孙子孙女,当李大爷看到我手机中他孙子孙女的照片时露出了最开心的笑容。"在国家对西部联片贫困地区开展教育扶贫工作中,C教师作为教育精准扶贫一分子,承担起了学生和其家庭成员的信息联络纽带。随着教育精准扶贫工作的深入开展,参与教育扶贫的老师也了解了更多贫困家庭背后一个个感人至深的故事,同时也深切感受到帮扶乡村留守学生的发展是乡村教师的一项光荣而艰巨的任务,更希望国家和社会能够关注乡村教育,促进乡村教育良性发展。

A口述:从当地教育发展的情况看,差不多在2005年前后,乡村教育达到了一个高点,随后开始逐渐衰落。近30年乡村教育的亲身经历,让我见证了乡村教育的发展,繁荣和衰落,目前,我县初中、小学的数量急剧下降,今后随着城镇化的水平进一步提高,相信有更多的人口会向高一级的城市集中,乡村的人口会进一步下降,乡村的教育规模必然进一步缩小,乡村教师必然成为乡村教育逐渐式微的最后见证者。

H口述:我们那时候读书,经常组织去生产队劳动,如拔秧草、收豆子、捡麦穗、割牛草,劳动技能得到提高,劳动观念得到增强。当下发展乡村教育是否需要考虑立足乡村的特色,如乡村的孩子对农作物的了解比较多、乡土教育资源比较丰富等,在乡村学校办学特色、人才培养等方面引导学生多元发展、个性化发展,和城市教育错位发展。

放眼当今中国的新农村,越是偏远的农村,最漂亮的高楼就是学校所在地。农村中小学校已经成为师生学习生活的幸福家园,成为每一个农村家庭的未来希望。随着国家一系列教育改革政策的切实落实,学生们享受到了义务教育两免一补、高中和大学各类国家教育资助政策,农村中小学教师工资按时足额发放,还享受到了奖励性绩效工资、薪级工资,夏季降温、冬季取暖津贴等岗位职业待遇,接受各级各类培训的机会越来越多,加之农村中小学远程教育工程、教育现代化工程、义务教育均衡县创建等惠民工程的实施,真正意义上的城乡教育均

— 181 —

衡发展正在逐渐实现。民族兴盛，国人之福，时代兴盛，教师之福。改革开放四十多年，乡村教师他们亲身见证我国基础教育事业由弱变强，由强变盛的历史变迁。站在新时代的新起点上，他们也对乡村教育提出了诸如加强乡村学生的劳动教育、加强乡村小规模学校建设、加强乡村教师培养、加强城乡义务教育的均衡发展、切实减轻乡村学生的学习负担等建议，这些建议既是当前乡村学校教育存在的突出问题，也与新时期国家倡导的乡村教育改进政策有更多的切合之处。作为生活在幸福时代、成长于奋斗年代的乡村教师，他们自始至终坚守当一名人民教师的初衷，践行习近平总书记提出的做"有理念信念，有道德情操，有扎实学识，有仁爱之心"新时代的好老师。

第六章 乡村教育变迁的校长口述

1985年颁布实施的《中共中央关于教育体制改革的决定》明确了我国中小学实行的是"校长负责制"这一学校管理体制,校长是一个学校的法人代表,校长全权代表学校并对学校工作全权领导和全面负责,校长对学校管理赋有决策权、指挥权、人事权和财务权。2022年1月26日中共中央办公厅印发《关于建立中小学校党组织领导的校长负责制的意见(试行)》明确了新时期中小学校管理体制的"党组织领导下的校长负责制"。校长,是学校发展的关键人。在新中国特别是改革开放以来乡村教育变迁的历程中,乡村学校的校长是乡村学校事业的开拓者、推动者,他们对于乡村学校的发展作用巨大,影响深远。乡村学校的很多校长都是生长在乡村、学习在乡村、工作在乡村,他们对乡村学校的感情自是深厚,对学校发展也是付出了诸多的心血和汗水。因而,从乡村学校的校长角度来叙述乡村教育变迁中自身的乡村教育生活故事和乡村学校发展进程中的点点滴滴,自会带给我们对乡村教育变迁的不同视角的认识。

第一节 W校长:我的乡村教育寻梦之旅[1]

一、单人校,一生的财富

1996年我从山西太谷师范学校毕业,分配到离家50余里,位于大山深处的东坡小学工作,那是一所单人校,全村四十几口人,住的全是窑洞,学校建在山顶上。村里几经周折盖起了三间土坯房,里外间一大一小,大的做教室,小的做卧室兼厨房,门窗是别的地方拆下来的变形了的旧门窗,门窗玻璃破了就用塑料布补上,墙和房顶用麦秆和泥摸过一层,到处都吊着麦秆稍,地面是坑洼不平的土地。墙上挂一张三合板,刷点油漆就是黑板。孩子们的桌凳是那种古老的、笨重的连体桌凳。里间宿舍一铺一桌一缸一霸王火,为什么叫一铺不叫一床,就是靠

---

[1] W:男,中学高级职称,从事乡村中小学教育30年,曾在多所乡村小学、乡村初中任教,现任山西省T县Z学校校长。本部分为W校长口述,李卫华、何杰整理。

墙四根立柱,横担四根木棍,钉了几块木板,北方叫通铺,霸王火就是北方农村临时用土坯和泥垒的灶火,上面火口大,下面有多个出灰口,放在十几平方米的屋子里取暖带做饭,夏天很闷热。房子背面靠山,西面有个小土丘,挖了两眼窑洞,住着本村打工放羊的农民。学校位于一个小土台上,场院宽十二三米,长有二十来米,没有围墙,站在院子里一眼望去全是山,四周围层层叠叠的大山,山下是深不见底的沟谷。山上风大,经常停电,站在院子里,呼呼的风声,偶尔几声狗叫声,远处和着獾叫声,一不留神头顶悄无声息地飞过张着大翅膀的蝙蝠,最悦耳的还是蛐蛐的欢叫声。

东坡小学由于地处偏远,民办教师待遇很低,没人愿意到这里教书,公办教师每年全乡分配三两个,根本到不了这里。我参加中考那年,学校有两个定向师范名额,统招线 500 分,定向线 470 分,我的成绩是 507 分,所以我是统招师范生,但在师范毕业分配的时候,被一个"有关系"的定向生顶替,我却是迟迟没有分配落实工作。直到当年的 9 月 24 日,教办主任把我约到办公室,和我说东坡小学原来找的代教辞职不干了,而村里边连个初中生都没有,学校开不了学,问我是否愿意去东坡小学任教,我说:"不管到哪里,已经耽误快一个月了,请马上安排。"就这样,不到 20 岁的我第二天就到了东坡小学,开始了单人校的生活。

艰苦的环境我不怕,真正让我痛心难过的是学生的学习状况。全校 11 个学生四个年级,十个姓常一个姓武(父亲是别的村入赘来的,大哥随妈妈姓常)。开学第一天,我让孩子们自我介绍,齐刷刷趴桌子上不敢抬头。我说:"好,咱不说话,拿出作业本,把姓名写上去,我总得知道你叫什么。"孩子们拿出新买的作业本,开始写名字,"常"字,除了横就是竖,我下去一看,作业本封面就写了一个"常"字。接下来的调查,更是令人瞠目结舌,我问:"平时考试,哪些同学能及格?"学生一脸茫然地看着我,有一个胆儿大的问:"老师,什么是及格?"原来班里没有人知道及格是多少分,也没有人及格过。我又问:"大家上过音乐课没有?""老师,什么是音乐?"至于广播体操、美术什么的更是无从谈起。有两位同学,上学迟,留过级,因为一个年级一个人,老师直接把高年级的同学留级多上一年就变成了两个人,升入五年级毕业班的时候,已经十四五岁了,居然不知道三位数加法怎样列竖式。其他三个年级是四年级四个同学,三年级三个,一年级两个。

开学一周,我主要做三件事,首先要解决生活问题,学会燎火,用的时候能起来,不用的时候能封住。第二要制定作息时间和教学计划。第三摸索四个年级复式教学的上课模式和管理办法。生活和工作对我来说不是难事,虽然只有不到二十岁,但是我的生活经历还是蛮丰富的,五岁的时候父亲患病瘫痪八年,14岁的时候母亲劳累过度患上神经官能症,就在我参加工作的前半年母亲住院,父亲又发生车祸,好在老天有眼,九月份的时候,父母身体好转,能够自理。我是家中长子,还有一个小四岁的弟弟需要照顾。在这样的环境下,家务活、种地、管理果园、照顾病人无所不能,而且有一套适合自己的学习方法。我由于患眼疾结膜炎四五年,晚上不能看书,即使到了初三每天睡眠时间也在十个小时左右,所以上师范的三年,当晚上大家都在教室加班加点学习的时候,我却在宿舍睡觉休息。上学期间因为学习成绩优秀,我从初中到师范毕业,一直担任班长,也积累了丰富的组织管理经验。

我的经历让我学会直面生活,面对这样一种困境,我依然信心满满,自信一定能干出个样子来。我给自己定的第一个目标就是高段及格,低段达优,一个月学会广播体操,每月学会一首歌。为了这个小小的目标,我早六晚九,把学生一个个过手,针对不同年级、不同学生的情况制定教学计划和内容,可谓真正做到了"因材施教"。别的山区老师是周一上午到校周五下午回家,一周五天工作日真正在校时间只有4天,其中一天是在路上。而我给自己规定:一月回家两次,路上来回走一天,农忙的时候是上12天班,回家休息两天,冬天家里没活的时候上15天班,回去休息一天,拿点吃喝用度就走。早上六点起床,洗漱,做饭,孩子们六点到校跑操,口号在空旷的山野里显得特别清新响亮。七点半下课,孩子们回家吃饭,八点开始上课。有的年级复习做题或写字,有的年级默读课文,有的年级提前在黑板上写好练习题,老师先给一个年级上新课,然后布置作业或抄写背诵,再给别的年级上课或检查,一个不落,挨个面对面批改、辅导。每个年级至少两个人,很多时候都是同年级互查、互讲,低年级遇到问题可以问高年级同学。现在回想起来,应该就是小组合作的雏形,到现在从教二十多年,一直在探索研究小组合作学习。每天上午有半个小时课间操,要教队列队形和广播体操,整整两个多月才看着像那么回事,新年的时候举行了一次队列队形广播操展示,图画展,唱了几首歌,也算是有了点学校的活力。中午12点放学,午餐大多数以炖菜为主,菜的种类还是很丰富的,村里有个不到四岁的小男孩,一到中午就哭闹着要到学校来玩,其实是"吃惯的嘴,跑惯的腿",每次到学校我都会舀一小碗菜给孩子吃,小孩子一见我就叫"老师伯伯"。下午有一个小时活动时间,我上学的时候喜欢踢足球、打篮球,学校现有条件只能玩玩足球,我在靠山一面垒了个小门,买了两个足球,下午活动时间组织孩子们踢足球,做游戏。为什么买两个足球,原因有点好笑,经常就把足球踢到山下,捡回来要十几二十分钟,所以要备用一个。下午放学,如果是冬季,六点半回去吃饭,七点上自习,其他季节就是先上自习再吃饭。下学时间也是根据实际情况而定,一是要看学生作业完成情况,当天的作业当天完成并面批面改,二是看家长是否在家,家长回来孩子还没做完作业,就到学校等,学校就成了村民们劳作一天后的交流中心,天暖的时候村民就在土疙瘩上围一圈,抽烟唠嗑,天冷的时候就在我的里间卧室或蹲或坐,为此村里木匠还专门钉了几个小木凳。

在开学一个多月的时候,我也打过退堂鼓,原因有两个,一是经过快一个月的努力,一二年级成绩还可以,但是中高年级几乎看不到效果。稍息、立正、齐步走,竟然还有两人左胳膊左腿一起迈,广播体操更是五花八门,和我的预想差太远了,突然感觉好难。第二个原因是我的一个表兄,是部队干部,十月份休假回来看望我父母,听说我分配到山里教书,又因我上学的时候学习挺好,就动员我母亲,让我当兵考军校,这个表兄就是从乡卫生院当兵考的军校。我当然想着当兵考军校,但弟弟在这一年九月考入了省重点高中太谷中学,又怕父母身边没人照料。我把自己关在房间里两天两夜不吃不喝,蒙头大睡,哪能睡得了?这个家我不能放下一走了之啊,家人幸福才是真正的幸福。后来弟弟考入海军航空学院,也算是圆了我的当兵梦。

凡事都要遵循客观规律,都需要一个过程,是不是我对学生太操之过急了?从学生来看,学习习惯在逐步改变,记得开学第一周,从上课开始,没一个安生的,一会儿一个举手上厕所,后来我就悄悄地跟了过去,哪有上厕所的,全在茅厕外边打闹,不亦乐乎。不得已规定,上课不准去厕所,尿裤子里也不行。早上跑操,每天有迟到的,一开始我是罚,罚多跑几分钟,感觉学生不买账,每天生气,不是个办法,就改为奖励。山里有个小卖部,我就每次去的时候带点糖果、干吃面,我是不吃零食的,对按时到的学生,给大家把一块方便面分着吃,迟到的没有,结果第二天无一个迟到。从此以后,我在屋里洗漱、做饭,孩子们喊着响亮的口号,在院子里跑步,伴随着叽叽喳喳的鸟叫声,有一种世外桃源的感觉。一天早上,我睡过头了,院子里悄无声息,"这帮小家伙",我气呼呼地起来,开门一看,孩子们齐刷刷在院子里走空步,"怎么不跑步""灯不亮,怕影响你睡觉",一股暖流涌上心头。于是,我规定:以后按时出早操,步子要响,口号要亮。我就是要让村里边除了鸡鸣狗叫,还有孩子们的口号声、欢笑声、读书声。第二学期我们举办了一场热烈欢快丰富的六一活动,文艺演出、书画展览、趣味活动,整整三个小时,村委给送来一箱近一百元的奖品全部奖励给了学生,中午邀请村干部和几个年轻人共进午餐,一醉方休。"桃李不言,下自成蹊",升学考试四个年级11个学生全部达优,还有两个同学拿到了满分。全乡有24所小学,成绩从倒数第一晋升到全乡第八名。九月份开学,我兼任了东庄乡教办团支部书记。

在村子里,我有四个称呼,学生们叫我老师,小孩子叫我老师伯伯,年龄大一点的叫我老师先生,同龄人直呼其名。很快,我就融入这个大集体中,学校在村民眼中是文化的象征,唯一的老师就是大家心目中的文化人,红白喜宴都会邀请你去参与谋划,正日子要坐礼房。让我深刻体会作为老师不但要有深厚的知识功底,还要了解地域特征和风俗民情;既能登台侃侃而谈,又能食得人间烟火;既能舞文弄墨，又能跑跳踢打。

1998年正月开学前我接到通知，调我到盘道小学，原因是盘道小学一位民办教师因失手打了学生，家长闹到乡里，乡文教办领导决定把我和他对调一下。正月十九我到东坡小学去办交接，村里人提前得到消息，没有一个人外出，我是开着三轮车去的，十点左右进村，全村44口人全都聚在学校小操场，默默地看着我收拾行装，竟然一句话都说不出来，收拾停当装好车，一位年长的村民说了句："到家里喝口水吧！"，这才打破这难捱的沉默。一共十四户，从山顶开始，一家一户走一走，坐一坐，喝口水，相互叮嘱一番，中午在村长家吃的饭，下午接着走访家户，一直到下午四点多，眼看着日落西山才恋恋不舍地开车回家。一路走来，山上坡下，全村人站在家门口挥着手，含着笑，眼睛直直地盯着移动的三轮车，我都不敢直视，心中五味杂陈。幸运的是11个孩子最后都初中毕业，在那个年代的落后山区是很不容易的。单人校的经历让我以后无论到哪里工作，无论工作有多难多累，从无畏惧，它奠定了我以人为本、全面发展的价值观，以学定教、分类管理的教学观，小手拉大手、引领乡村文明进步的教育观。

盘道小学离家不到一个小时的路程，半小时公路，半小时山路，交通比较便利，村里有二百多人，学校是一排正房，五个年级三个老师，其中有一个临时代教，虽然是复式教学，但办学条件和学生基础水平以及家庭条件、家长对教育的重视程度和原来的学校不可同日而语。我代二三年级，学校基本上是按作息时间上下学，我的工作生活步入正常，唯一不足的就是学校没有操场，孩子们活动要排队到村里的扬场，我坚持带领孩子们进行两操一活动，根据自身条件尽量多开几门课。村里有不少年轻人，大多数初中毕业，吃过晚饭就聚到学校，聊天侃大山。那时候农闲玩牌打麻将的很多，但是我不玩扑克麻将，也不允许在学校玩。村庄紧挨龟龄山庄，那时候正在修建旅游景点，满山栽树、家家通水。年轻人有挖沙卖沙的、搞装修的、泥瓦工、焊工、厂子里上班的，除了农忙的时候帮家里干几天，大多数时候都是在外打工，年长的跟着村干部栽树，搞基础建设，家庭收入和生活还是不错的，学校成了全村的信息中心和年轻人讨论国家政策的场所，经常争得面红耳赤，然后大家掰手腕定输赢，我始终是赢家，车轮战都没有掰过我的，无论干农活、体力活，我还是一把好手。

九六年开始，全县开始山区小学撤并，政府集资、企业捐资修建希望小学，办学条件得到改善，教学楼、宿舍、食堂以及基本的一些教学设施和音体美设备，小操场等都有。九八、九九年学校陆续撤并，东庄乡二十四个小学合并为三个中心小学，全部是寄宿制。寄宿制学校的建成对山区学校是一次大的跨越，最主要的是师资整合，有限的公办教师集中起来，加上民办教师考试进修转正，临时代教基本上被辞退，留下的少数代教都是高中毕业，素质优良的年轻教师。整合以后各类专长的教师也英雄有了用武之地,学校课程能够开全开足,教研活动也能有效开展,一批优秀教师脱颖而出,教育教学质量发生根本改变。撤并学校还带来了交通条件的改善,也给山里年轻人走出去打工创业创造了条件,解决了孩子上学问题和年轻人不好找对象的难题,很多人早早进城摆摊开店,现在早已成为城里人。

二、撤并前的辉煌

1998年8月我被选拔调入东庄中学。东庄中学位于山脚下,交通便利,大树环绕,独立安静,门前一条小河,称得上山清水秀,是办学的理想之地。但是校园里的办学条件却是一片破败,两年换了两任校长,我是赶上新任校长到位,全乡选拔教师,才得以进入中学。两排破旧的瓦房共六个教室,一排斑驳的窑洞是学生宿舍和行政办公室,校门两边各有几间平房,依次为小卖部、教工宿舍和一个大办公室,拐角几间老房是简陋的食堂,东南拐角围墙开了个小门,出去是厕所,学校后边空地是安装了两个木头框子的篮球场,还有距离学校二里地一道沟的十来亩地是学校的实践基地。我去中学那一年,从小学选拔了五六个老师补充到初中,中考六科老师基本配齐,其他学科全部是兼职,说是兼职,实际是主科老师挤占了,没人上的班主任看着上自习。

东庄中学三年虽然工作很紧张,却是我最快乐、思想最轻松、业务提升最快、最怀念的三年。我入校代初一两个班的数学兼任学校团支部书记,负责学校团建活动、墙报板报、文体艺术和卫生工作。学校领导班子共五人,校长、教导主任、政教主任、后勤主任和我,有幸参与和见证了学校的发展变化。

二十多年前学校经费维持日常办公、电费取暖、零星维修都很难,要想改善基础设施必须另辟蹊径。县人大一位女干部到学校调研,听说学校课桌凳和冬季取暖的火炉都破烂不堪,而她老公正好经营着一家企业,直接给学校用油桶做了二十个火炉,买了一卡车木料送到了学校,时过多年依然感动。过六一,学校邀请乡村干部到学校开座谈会,酒过三巡大家纷纷表态,捐钱、捐砖、捐沙、捐木头。利用暑假全校老师做义工,男老师干体力活,女老师轮流帮厨做饭,学校雇了三个师傅,解木料钉桌凳,垒墙修房顶,铺地刮墙,油漆涂料写大字,用最小的开支,让学校在短期内焕然一新,老师们基本都是山里农家出生,吃苦耐劳朴实无华,那个场景、那种精神至今怀念不已。学校十来亩地是有收成的,以班划片均衡搭配老师。那时候没有现代化的农具,冬天深耕用我家的手扶拖拉机,学生们跟着打土坷垃,捡烂不掉的根须,用铁锹挖地边,用石块垒堤堰。春天耙地搭畦堰,靠河沟的种菜,其他地倒秧种玉米、高粱、谷子、糜子、土豆、地瓜、黄豆等农作物,会邀请老把式家长扛犁撅棒牵着牲口帮忙下种,遇到干旱学校就会组织学生抬水,老师和大一点的孩子刨坑点种。接下来要间苗、追肥、除草,遇到下雨还要拦截雨水浇地。一夏天,无论老师灶还是学生灶新鲜蔬菜是吃不清的。秋天是最快乐的时节,每个班都有收成。学校靠山掏了个山洞,喂了两头猪,粮食要晾晒储存,土豆地瓜等要入地窖存放。一年的劳动实践课那是足足够数,通过劳动实践,最能培养人的品格意志、合作意识和集体观念,也能够引导老师们多视角观察和评价学生。

20世纪末开始实行教师聘任制,学校根据核编人数实行超编人员尾数淘汰。东庄乡小学撤并,一些民办转正的老教师面临落聘,初中一直缺额,正好需要后勤厨师和宿管员,于是三年解决了三位老教师的上岗问题,第一年聘的程老师正好第二年退休,第二年聘的赵老师正好第三年退休,第三年聘的陈老师如今仍在后勤岗位工作。前两位老教师在教师岗位工作了近40年,一直在本村工作,兢兢业业,曾经也是乡里的优秀教师,他们在获得这个岗位之后,带了一个子女住在学校完成食堂工作。回到母校东庄中学工作倍感亲切,很多我的老师变成了同事,全校三个数学老师,一个是我的老师,一个是同村的。俗话说"师傅引进门,修行在个人",我特别感谢几位教学师傅。数学程老师和我谈教学就说过一句话:"你从入门开始做中考题,天利三十八套,连着做三年你就知道什么是重点,什么是考点,就知道什么该讲,什么重点讲,练什么,怎么练,初一初二首要练好基本功,再适当穿插中考题,初三综合训练就会水到渠成。"这个办法对新入职的教师确实管用。还有就是县教研室的两个数学教研员张老师和王老师,后来分别成为教研室主任和副主任,两人各有所长,张老师善于组织课堂,王老师善于命题。教研室每个学期至少下乡一次,听两节课评一节课,我的课是每次必听,而且两位老师会抢着点评,经常是一个小时不够再来一个小时,从备课中的问题设计,情景创设,训练的选题、改编、层次、难度、坡度等,课堂老师的组织、讲解、提问,学生的展示、交流、合作、测试等,以及如何上好新授课、复习课、讲评课等若干教学环节技巧无不尽心讲解,多年以后,我把这种教研叫作教研训一体化,即教学实践、教研、培训一体化。还要感谢校长,在那个年代把县城的优秀老师请到学校上示范课,一对一辅导老师,每学期期末考试卷也都是送到县城学校一起阅卷,这种校际联盟活动为农村教师的成长提高搭建了平台。

我任教初一数学,两个班共64名学生。一开始,我就严格要求学生必须完成作业,采取边讲边练,讲练结合,当堂展示,面批面改。作业先做先交,随交随批随辅导,大多数学生的作业是在课堂完成的,剩余同学课间、中午交,每天中午吃过午饭就到办公室,学生一个传一个,先是住校生,改完差不多就到睡觉时间,休息半个小时,走校生陆续到校,一个学生也就是几分钟的时间,真正做到了"堂堂清,日日清"。第二学期开始,变成作业做得快的我批,后交作业的找批了作业的学生批，后来又实行学生一对一结对帮扶。学生学习数学的积极性高涨，好多学生超前预习超前完成作业，我批改辅导后，课堂变成了学生讲，学生的很多方法思路成了我的教学资源，自主开放，合作探究，展示交流才是真实的和谐课堂。功夫不负有心人，第一学期有3个满分，校长拿着试卷满校园给人看，第二学期有7个满分，初二时候最多15个满分，班级均分84分。

升入初三政策有了变化，要求各校办分流班又叫课改班、素质班，中考加试体育占30分，重点高中录取采取统招和指标相结合。分流班在初三开学前由学生申请，家长同意，学校抽调师资单独组建。我又兼任这个班的班主任，采取课堂教学、课外活动、社会实践相结合的模式，每天六节文化课，要求完成课本作业，适当选做练习册习题。其余在校时间集中参加艺术、体育、劳动、阅读等活动，每周有一天外出参加实践活动，如定期到果树所参加蘑菇种植，学会了蘑菇栽培，到梨园、杏园、果园、葡萄园等园区学习枝剪、病虫害防治、腐烂病治疗、施肥、浇水、存储等技能，到养鸡场、养牛场、养猪场参观学习，带领学生自带炊具、食物爬山野炊，到交通技校、职业高中等中专技校参观了解制定职业规划等等。我还带着毕业班的数学课，因为体育是化学老师兼职，所以我还负责全校早操和初三体育训练，每天下午教师组队和学生组队打一场篮球赛，真的是忙得不亦乐乎。一分耕耘一分收获，2021年中考我们创造了重点高中统招和录取都是历史最高，最高分考入全县前50名，用老百姓的话是"放卫星了"。学生均分、及格率、优秀率、特优率均创造最好成绩。其间，我获得了县教学技能比武山区组第一名，团县委授予"新长征突击手"称号，被评为县优秀教师。

为了做好学生教育工作，三年来我开着自己的农用车带上两位老师，走遍了全乡24个自然村的64位学生家，而且有的学生家里还不止去过一次。初二的时候，有一个姓孟的女孩周末返校的时候托同学捎话说不想念书了，后来是一个星期没到学校。班主任就和我商量该怎么办，于是我和班主任还有政治老师约定周日我开车带他们去家访。我们早上七点出发，车子开到半山腰路断了，下雨河水冲出一米深的沟，我们只好徒步上山，到村里的时候已经下午一点了。找到女孩家，发现家里就她一个人，原来女孩从小没有母亲，父亲放羊种地为生，每天早上出去带点干粮，傍晚才能回来。小女孩给我们拿出鸡蛋、面粉、土豆，我们一起做饭，边吃边聊，了解到父亲特别希望她能上学，将来到外面找个工作，是她自己觉得太辛苦，而且村里上学的就她一个女孩。为此，我们又走了大约五里路到另一个村找到同年级另一个班的一位女生，约好两个人一起走一起回。临别的时候，这位同学拉着班主任老师的手说："老师，我一定念完初中!"直到现在，我每年都会组织全体老师到学生家里入户走访，拉家常话理短，切身感受学生的生活环境、家庭情况，了解学生，这样才能个性化地指导学生学习生活。

三、艰难转折

2001年8月我从东庄中学调往任村中学担任教导主任,分管教学工作,同时代一个班数学。任村属于丘陵地区,在县城东南边上,属偏远地区。任村中学是一所四轨制乡办中学,在校学生700余人,教职工近60人。接手任村中学也是临危受命,过去的一年原校长因病请假,学校内部管理松散,老师们有的干私活,有的打扑克,在岗的也是出工不出力。学生自由散漫,逃课是家常便饭,课堂玩耍捣乱更是习以为常,学习成绩以我接手的初二数学为例,全班五十多个学生,及格学生才十人。

我们在开学初制定了一系列考核制度,包括教职工考勤、结构工资发放、年终测评量化考核、全面考核细则等,明确管理职责,快速理顺学校管理结构,引领学校快速进入正常轨道。制定制度很简单,难在执行落实。学校教师多年在一块工作,形成了盘根错节的关系,外人很难融入其中,日常检查评比可知一二,人情关系占主要成分,特别是到了年终考核评模选优更是想多设法为自己站队的人拉票争取。校委会既要在教师队伍中树立模范典型,也要平衡各部门之间的利益,以便于稳定开展各项工作。总体来说大多数一线教师是努力的,无私的,奉献的,都能以工作为重,学生为重,自觉维护学校荣誉。但总有极个别人,自己不想努力,还嫉妒别人努力工作,矛盾聚到了校长和主任身上。有一次,别有用心的人从窗户跳进我和校长办公室,可能是想找点什么把柄吧,把抽屉柜子里的东西都翻到地上踩上几脚,再到床上踩两脚,以发泄胸中的怨气。还有一次是,时间是2003年元月7号、8号两天,县里组织初三期末考试,任村中学作为一个考点,接待兄弟学校的考生和带队领导。9号下午,校长突发心脏病送医,10号中午我返回学校,下午上课的时候,我依照惯例要到各教室转一圈,看看师生到位情况和课前准备情况,意外的是初三两个班没有老师。到任村中学工作一年半了,头一次遇到这种情况,我也没有多想,就在教室外等候,想着可能是睡过头了还是有急事忘了。等到已经上了半节课依然不见人影,我感受到了问题的严重性。那时候师生全部住校,休息时间老师聚一聚玩一玩,也是很正常的事情,但今天这个事令我后背发凉,头脑一片空白,难道真像他们说的,没有一任校长能熬过三年就要让他走路。我压下心中怒火,满校园找人,只要找到人去上课,其他一概不予追究。直到第二节课快下课的时候,才有一位快退休的后勤老师实在看不下去了,冲我朝着西北拐角努了努嘴。我瞬间会意,径直向锅炉房走去,果不其然,四位老师从锅炉房拿着暖壶、醉醺醺地走了出来。我便转身回到了办公室,放学的时候居然有人威胁我,让这件事不了了之,否则……当天晚上我就回到县城去看望还没度过危险期的校长,第二天参加完县里的期末考试分析会便返回学校。经过两天的反复思考,最后以教导处的考勤制度对违纪教师作出旷课两节、扣除当月工资二十元、年终考核扣5分,并全校通报的处理。这种公开处理教师违规违纪,也埋下了隐患。在年末教育局组织领导班子测评的时候,这伙人又发动老师们给我打不称职,上级领导随后进行调查,了解到事情的来龙去脉后,在暑假期间,通过竞聘,把几位老师调整到附近的几个小学分别担任中层干部,算是化解了学校教师管理中的矛盾。

经过两年多的制度建设,任村中学逐步形成了良好的教风和学风,师生宿舍经过几次修缮,同时不断改进食堂管理,又新建了专用实验室、仪器室、图书室,修建操场。师生食宿条件和学校办学条件得到全面改观,教学质量从倒数第一到正数第二,还培养了一大批美术特长生。任村中学成为老百姓认可的乡村学校,最明显的就是外出借读的学生越来越少,教师子女也都选择自己的学校而不去县城借读。

四、见证课改

2004年2月侯城中学领导班子出了点状况,我和校长同步调进侯城中学,并在侯城中学工作了15年。在这15年里,亲历课改从摸索到模仿再到模式最后打破模式能够将教书育人相统一,成为有思想的教育工作者的过程,并在不断交流与思考中形成自己的办学思想。

撤乡并镇: 2002年四个山区乡镇撤并,东庄乡和琥珀乡并入侯城乡,2003年侯城中学盖起两层宿舍楼,东庄中学和琥珀中学的学生并入侯城中学,很多山区家长在撤并学校的时候有的投亲靠友,有的到县城租房打工,所以在2003年9月份到侯城中学的山区学生三个年级只有不到100人。这些孩子由于小学撤并,初中撤并,由原来的小班教学突然放到六七十人的大班额,学习基础差,大多不适应新学校,成为班级拉分学生,再加上治安不好,经常有社会人员到学校捣乱,山上下来的学生经常受到欺辱。我来侯城中学以后,首先是住校生生活补贴优先山区学生,然后是对学生欺辱事件从严从重处理,还有就是深入调查了解山区学生家庭状况及经济来源,利用开例会的时候给全体教职工普及山区的落后与不易,唤起人们的同情与关注。经过一年多的融合,逐渐消除了合并学校带来的教师团队和学生群体的相互不适应状况。

2005年侯城乡的杨家庄学校撤并到侯城中学。杨家庄紧靠山西农业大学,村民以摆摊开店租房为主要经济来源,大街上网吧林立,农村中小学生深受其害,老师和家长为学生上网斗智斗勇。有一次,班主任上课发现有两个学生白天上课老打瞌睡,学生的反馈是晚上做作业睡得迟,问宿管老师也没有什么异常,几个班主任坐一起聊天才发现好几个班都有这个情况。政教处于是就安排宿管员半夜查房,才发现书包枕头盖被子里,人不知道去哪了。同宿舍的人说了实话,这个学生每天晚上12点多爬围墙出去,凌晨四五点回来。宿管员就和衣睡在学生床上等到快五点,跑出去的人回来抓了正行。全校进行了一周的排查整顿,几乎各班都有类似情况。那几年,由于杨家庄各村都开了网吧,中午不回家的或者早早离家的,晚上从家里逃跑出来上网的,把家长搞得焦头烂额,还有少数学生屡教不改,家长不得已就在学校附近租房陪读。

控辍保学:十年前的农村学校学生流失一直是一个严重的问题,造成学生流失的原因是多方面的,有的老百姓认为孩子升学无望不如早点回家劳动早早步入社会打工,有的学生被社会不良青年勾搭混吃混喝,有的学生是学习上完成不了作业天天挨训不愿上学,加之学校排名或社会关注的是重点高中考了几个,学校和老师都在关注所谓苗子生而忽略了大多数,以至于学不懂、跟不上的学生越来越多。有一句话叫七年级不相上下,八年级两极分化,九年级天上地下,很形象地说明了学生学习状况。学生流失,会带来严重的负面反应,家长为贪图眼前利益为不法商人提供没有任何保障的廉价劳动力,所谓打黑工,还得东躲西藏和老板一起应对上级有关部门的检查。学生心智尚未成熟,早早地步入社会被不法分子裹挟或被诱骗。一位初中学生跟上一帮社会不良青年每天好吃好喝好玩,最后在游戏厅稀里糊涂给同伴打了一张借条,结果第二天就让还钱,并且每天威胁要断胳膊断腿,吓得这个孩子到处躲,每天晚上不敢睡觉,神经高度紧张出现幻觉,神情恍惚心不在焉。一个月后,那帮人找上门来直接要一万元,一个月翻一翻,家长报警,警察也没办法,白纸黑字打的欠条,最后由派出所出面协调付了欠款本金才罢休,完事以后立马将孩子送回学校。还有一些学生流失以后,家里也没人管或管不了,在社会上游手好闲,偷鸡摸狗,打架斗殴,不但危害社会,更是搅得学校不得安宁。学校政教处、值班室经常要耗费大量精力处理这些事情。类似的情况频繁发生,查找根源都是流失惹的祸,于是我们制定了严格的控辍保学方案,各班制定转差计划,学校各级领导配合老师们进行重点学生家访,开展丰富的第二课堂活动,让这些问题学生帮助班主任和值班领导巡查,带在身边,边教育边重用,发现问题及时处理,把所谓的"捣蛋学生"圈在校园里,开展了一系列学生个性化评价的探索和尝试,最终在2010年左右基本控制住了学生流失,初中三年流失率在2%以内,在那时候是非常了不起的成就。

课改探索:2004年1月份我调到侯城中学担任教导主任,课改从学生评价开始,制作了"特色卡"激励学生积极参与学习活动及校园活动,2007年、2012年两次补充完善形成了现在使用的文明礼貌卡、热爱集体卡、遵守纪律卡、工作认真卡、优秀作业卡、创新思路卡、精彩发言卡、成绩优秀卡、学习进步卡、积极合作卡、积极发言卡、比赛优胜卡、特长展示卡、优秀作品卡等14种"特色卡"。这些卡的设计充分体现了学生个体差异,并关注了学生全面发展,为实现课程改革的具体目标奠定了良好的基础。到现在"特色卡"使用了将近二十年,依然方兴未艾,越用越活。签发特色卡,由各任课老师及班主任进行,卡的背面要有教师签名、主要事迹及发卡时间方可生效。特色卡每月一小结,汇总在学生成长记录卡中,并有学生自评和小组互评,促进学生不断进步,共同提高。每学期末,根据得卡情况评出等级,对达优的学生,学校授予"希望之星"荣誉称号,对单项卡数最多同学以"×××之最"进行表扬奖励,并将评价结果记入学生档案,同时反馈给家长,以便家长全面了解学生在校情况。"特色卡"在学生过程性评价中,活跃了课堂气氛,激发了学生兴趣,激活了学生思维,加强了小组间的交流合作,培养了学生能力,促进了学生全面发展。论文《多一把衡量的尺子多一批优秀学生》获山西省十年课改论文征集一等奖。

2005年县里组织中学校长和骨干教师参观学习洋思经验,2006年县教育局分批次组织全县校长,中层干部,学校又组织全体教师远赴杜郎口中学学习"三三六"模式,2007年太谷县教育局提出"二十四字"教学模式,即"阅读感悟、自学检测、合作交流、展示点评、分层训练、拓展延伸",并以此推进全县课堂教学改革。起初,老师们都把二十四字模式当作六个教学环节,每节课都像是电脑程序一样依次进行,课堂成了千篇一律。在评教评学总结会上,大家一致认为,模式严重制约了教师和学生的主观能动性,有人听课就按模式上,没人听课还是老模样,各教研组应根据学科特点确定教学模式。因此,第二轮评教评学就按照各学科制定的模式进行。由于是按照老师们自己的想法上课,大家非常用心,精彩纷呈,充分展示教师创造性的设计和组织方法。2007年12月我们召开"侯城中学课堂教学模式交流会",人人发言,我把大家的发言中出现频率最高的关键词摘录下来就是"自学、交流、展示、点拨、检测、探究"。充分发挥"草根模式",使全体教师的思想发生了根本性的转变,奠定了以生为本的课堂理念。最后我们将"二十四"字教学模式作为侯城中学课堂教学指导思想,灵活运用而不是死搬硬套,我们的课堂从此活了起来。我的第二篇课改论文《动起来更精彩——让活动成为课堂的加油站》就是围绕从学生实际出发开展打假活动,假提问、假讨论、假合作等,提出"四个起来"办学策略:认识提起来,德育工作真正成为学校工作的重要组成部分;课前唱起来,每天中午10分钟课前唱歌;学生动起来,全面开展体艺素质展示和学科兴趣知识竞赛;课堂活起来,师生互动、生生互动、展示交流。2008年4月,县教育局将侯城中学确定为课改示范校,并在我校召开了第一次全县中小学课改推进会暨"二十四字"教学模式研讨会,紧接着全县行政推动课改,提出"不换思想换校长",经过一年多的逐校过关,初步形成以"自主学习、合作交流、展示点评"为课堂主旋律的生本课堂。

如何灵活运用"二十四字"进行课堂教学？经过近一年的探索改进，我们逐步形成导学案，并总结出一套导学案设计模式和使用办法，即按照"温故互查、设问导学、自学检测、巩固训练、拓展探究"的模式步骤，把教师的教学目标转化为学生的学习目标，将知识问题化、问题具体化、要点习题化、难点分解化、重点突出化。在学案中落实学习目标，学习流程，学生课前、课中、课后学习活动的内容和方法，成为沟通教与学的一座桥梁。课堂上教学重心由教师如何"教"转变为学生如何"学"，充分体现了以教师为主导，学生为主体的教学思想，促进了教学方法和教学模式的改革。导学案为学生合作学习提供了交流展示的平台，学生依据设问导学，有目的地自读课本内容，自主钻研教材，感悟本节知识点，完成自学检测，解决基本问题。学生对自己读不懂或有疑问的地方做圈点，勾画。然后小组内进行交流互相启发，共同探究。小组交流过程中教师要深入各组，采取听、看、问的形式了解学情，以学定教，实现师生、生生平等对话，交流释疑，展示反馈，点拨评价的互动教学。利用"兵教兵、兵督兵、兵管兵"，使后进生都积极争取机会参与教学全过程，每天每节都在帮扶中，后进生在不断转化与进步中、优生在小组合作过程中强化知识的理解与应用，中等生通过帮扶学懂本节内容，学困生日有所长，有效提高了课堂效率。2010年太谷县第二次全县课改推进会即"导学案教学研讨会"在侯城中学召开，提出实施导学案备课，进行有效教学的工作安排。我的课改论文《实施导学互动，打造高效课堂》也在《信息教研周刊》刊登。

高效课堂的核心是高效管理，高效管理的关键是加强合作，合作的动力来源于学校的管理和评价体系。一所好学校、有内涵的学校一定是由若干个优秀班集体组成，每个班集体又是由若干个优秀小组组成，所以学校文化建设离不开班级文化建设，而班级文化建设的关键是小组文化建设。教师和学生之间永远有一道不可逾越的鸿沟，你对学生的了解远远不及学生同伴之间的了解，以小组为单位进行管理和组织学习成为最受欢迎的班级管理模式。一般采用4人一大组，2人一小组，先确定组长候选人，通过公开投票选举产生组长，再确定副组长人选，组长和副组长双向选择，班主任从中微调，避免组之间的不均衡。组长和副组长商量选择另外两个组员，组员也可以提前瞄定组长，及早靠拢争取组长认同。我们重在让学生经历小组产生的过程，提前一个月为组长和组员确定努力目标和双向选择分组方案，激励组长候选人争取认同，帮助组员积极表现争取被选。小组成员要发挥每个人的优势，人人当组长，各司其职，人人有事管。教师重在管理组长，既要对组长的学习提供指导，同时还要想方设法提高组长的管理能力。以抽查促全体，以组长带组员，组长管组员。组长要学会做好组员的思想工作，要协调好组内成员之间的关系，求大同，存小异，要充分发挥本组成员的特长与聪明才智,调动积极性,形成小组合力。对小组还要灵活调控,这段时间卫生情况不好,那么就要考核每组的卫生组长,做述职报告,把自己工作中好的地方和不好的地方讲出来,再把对手组的优点和缺点讲出来,也就是开展批评和自我批评,在这个交流过程中,取长补短,资源共享。根据他们的述职情况,和平时工作情况选出优秀卫生小组,逐渐在历练中培养学生的管理能力和合作能力。小组竞争机制的形成是小组发展的动力,我们采取小组捆绑评价,小组得分直接影响个人综合素质评价结果和年终各类标兵楷模的评选,并且通过小组得分调整座位,老师们也要通过挖掘每个人的潜能平衡各小组。引导学生将合作交流成为一种学习方式,在与同伴交流的过程中学会合作与交流,沟通与倾听,学会尊重、包容与欣赏,学会取人之长补己之短,即学会学习。2012年10月太谷县第三次全县课改推进会暨多元评价与合作学习交流会在侯城中学举办,我们组织老师们编写了《为心灵护航,为成长扬帆——德育系列活动与学生多元评价体系构建》一书。2013年4月全国区域性推进课改研讨会在太谷县举行,侯城中学作为观摩点进行展示,全校42位教职工,36位老师在12个班级展示了公开课及主题班会,侯城中学的课改举措和成效获得了参加研讨会的全国同行的高度赞赏。哈尔滨的同行说:"这儿的老师观念变了,课堂上老师在努力引导学生学习、交流、展示、讲解,而不是老师一个人发挥。"江西的同行说:"这儿的课改不但有血有肉,而且有思想有灵魂;课堂非常真实、自然、和谐、有效。"沈阳的同行说:"小地方办大教育,当我们都在为升学率累死累活的时候,他们已经面向全体学生,为学生的全面发展和个性发展找到一条合适的道路。"学校课改能够快速推进并且不断创新取得显著成效,得益于县教育局顶层设计并且多次在我校召开现场会,每次全县交流都催生一个阶段性成果,全国教育同行到学校交流更是为师生搭建了展示的舞台,无形的力量促进了全校师生不断反思完善,不断改革创新。学校教育教学质量全面提高,学生巩固率、总分及格率、优秀率连年提升,连续多年中考成绩位列前茅。全市中考状元首次出现在农村学校,中考作文满分,各级计算机、音乐、体育、美术、征文、演讲、小制作等比赛均取得优异成绩,2013年,学校获评为晋中市课改示范校。

学校课程改革出成效后,经常有省内外的中学观摩团队到我校交流,听课观摩交流研讨已经成为学校的常态,由于学校在村子中间,各色大巴车从几辆到几十辆穿村而过,成为侯城村的一道亮丽风景。2010年10月30日山西潞城市教育局邀请我讲学交流课改经验,面向全县教育局领导,中小学校长及中层干部和骨干教师千余人,讲座持续三个小时。会后有校长问我:"你就是一个分管教学的副校长,把德育、教学、评价管理做到如此精细,校长给你多少钱?"我一下就愣住了:"一分钱没多给呀!"对方又说:"做成这样一件事要静得下心,耐得住寂寞,守得住清贫,一心一意谋事业。"印象比较深的一次是江西吉安的一位教育局长到山西考察,经人介绍到了侯城学校,看了我们的课堂,听了介绍直接邀请我正月去吉安对全县三千多教师进行培训。2013年正月去了江西省吉安市,对全市13个县区进行了为期一周的巡讲,每天上午一个地方,中午赶到下一个县,有时晚上还要加一场,大礼堂椅子不够,很多老师从家里自带塑料凳,走廊、门口都是满满当当。特别是在吉安县的时候,县委主要领导和教育局全体领导以及全县教师参加了培训,三千多人的会场三个小时除了掌声之外,没有半点杂音,这是当时吉安县规模最大的一次培训,可见县局领导课改决心之坚定。最值得骄傲的一次是2013年7月9日,我在北京师范大学教师培训中心面对来自全国各地的一百多位名校长做课改讲座,上午九点多中场休息的时候,手机铃声响起,一看是我班一位家长的电话,我顺手接起电话,那位家长激动地告诉我,孩子中考数学满分,我也很激动,打开会议室话筒,让这位家长再说一遍,会场响起热烈的掌声。

通过课程改革,我们的老师自身思想境界、道德情操、教育理念、工作方法、人格魅力得到不断提升。很多到校交流的领导都会问,你们是怎么调动老师课改积极性的?我想说的是,课程改革营造了和谐的发展环境,造就每一位教师以宽容的心态对学生、对同事、对家人,并且引领他们掌握了一套以生为本的教育教学管理办法,使工作轻负担高效率,提高了职业幸福感。

五、文化育人

从2018年开始,县里实行校长职绩制,教育局公开选聘校长,校长选聘副校长和中层领导。我在2019年7月参加了朝阳学校的校长竞聘并幸运地成为朝阳学校的校长,离开学还有一个多月时间,我和原学校班子成员以及一部分老师和家长进行座谈,调查了解学校整体办学水平,教职员工结构及工作状态,学生日常习惯等。朝阳学校初中部是2012年撤并学校,村民阻力较大,不得已留下的教学点,2015年和朝阳小学合并为朝阳学校,由于各种原因,到2019年我已是该校的第四位校长。校舍破旧,设备落后,人员短缺,学科结构严重不合理,老师们纪律松散,满腹牢骚,学生打架斗殴,逃学旷课更是家常便饭,村里对学校干扰很多,家长也是稍有不慎就对老师和学校发难。

接手朝阳学校校长后,我始终相信并坚持文化立校,首先是班子建设,思想统一,理念认同,团结一致,相互补位。集体研究制定三年规划,一年完善制度稳中求进,二年精准定位重点突破,三年文化立校塑造品牌。确立学校发展方向:文化立校、依法治校、质量兴校、特色强校。明确办学目标:让全体学生获得全面发展,促进乡村文化振兴。遵循的办学理念是德育首位与教学中心科学相融,素质教育与升学考试相辅相成。开学前一天召开全校教职员工大会,用两个多小时解读了我的办学思想和办学理念,说明重大决策根本原则要看是否有利于学校发展、干部发展、教师发展、学生发展。朝阳学校是一所农村学校,最大的问题是师资问题,虽然最近几年农村教师乡镇补贴逐年增加,留下了一批老教师,但是年轻教师为了个人发展和孩子教育还是想方设法往县城挤。农村学校一个是缺人,一个是学科结构不合理严重制约学校发展。2019年县里开始实行教师"县管校聘",我借势而为,坚持"按需设岗、竞聘上岗、合同管理、绩效激励"的原则,通过新教师补充,校际交流,校内转科,优化学科结构,采取老中青组合,跨年级代课,分学段教研。利用学科组、班级组捆绑评价,下大力气培养新教师,用新鲜血液推动全校教师大流通,大循环,从根本上解决学校的发展问题即人的问题,教师结构与专业发展问题。经过两年调整,学校师资结构达到基本合理。按照"县管校聘"坚持"多劳多得、优绩优酬"的原则,健全和完善学校岗位目标管理制度,班主任津贴和教师绩效工资发放细则,评模、选优、职称晋升方案,一举扭转了学校平均分配大锅饭思想,教师的绩效工资从原来的无差别到现在最高和最低相差四五千元,极大地调动了教师积极性。

学校的好多办学特色只有纳入课程体系才能系统完善、发展和按计划开展,才能长久地坚持下去,潜移默化地深入人心,逐步形成办学特色,从而达到特色文化育人之效果。结合学校实际,我们构建了五大课程体系,即:生本化基础课程、主题化德育课程、校本化特色课程、立体化阅读课程、多元化评价课程,逐步发展为学校特色文化。教学常规管理上推行"六三一工程",即实行六个有效:一是有效备课;二是有效作业反馈;三是有效课堂;四是有效合作;五是有效教研;六是有效反思。借助"三个捆绑评价"年级备课组捆绑评价,班级代课教师捆绑评价,学生小组捆绑评价与多元评价,引导教师合作、学生合作、师生合作。"落实一系列德育活动"促进学生完善自我,实现教书育人的和谐统一。同时,通过课题引领教师专业发展。第一年以德为先,通过开展系列化德育活动,立标兵树楷模,营造向善向美的育人氛围。每月一个主题,每周一个活动为全校师生做思想引领和行动指导。第二年构建学生相互监督、相互制约、相互帮助、相互促进、相互竞争的自我发展性评价管理体系。结合我校德育活动及特色评价,提炼出"善诱约礼,涵养品行;育爱润德,奠基人生"为主题的育人品牌"爱德生",被晋中市教育局命名为第一批"特色文化育人品牌"。第三年的课题是创新合作模式,构建生本课堂,正在实践研究。与此同时,积极创新开展学校的主题教育活动,每月有一个大主题,如一月份"走进农家",全校家访,深入学生家庭,实地了解学生生活学习环境,培训家长,制定个性化的学生成长方案;二月份"寻找年味"系列活动,全民参与社会实践活动,帮扶孤寡老人,参与乡村文明建设,参加社火节,做家务,聊年俗等并进行作品展评……我们以主题教育结合课题研究的方式引领老师、学生、家长共同参与,共同经历成长过程,达到理念认同,行动一致,和谐持续发展,促进老师学生家长社会一体化协同教育,教化一方百姓,有力促进乡村文化振兴。

朝阳学校是九年一贯制学校,学生都是走读生,这种情况下,三位一体办教育尤其重要。一次家长会,影响半个村,一次家访,走遍全村,小手拉大手,全民受教育。我们通过宣传造势,扩大影响,利用网络推送美篇,发放问卷调查、撰写研究报告、发布倡议、激励评价等方式,潜移默化中教育和引导家长配合学校工作。家长的口碑是立足的根本,家长的支持和配合是发展的动力。村委领导亲自带队为学校修理水塔、硬化路面、修剪花圃。家长和老师、学生一起清除杂草、清理卫生、修理桌凳,特别是冬季扫雪,一声令下,几百位家长自带工具,那种冰天雪地里,热火朝天的劳动场面,让你真实体会什么叫亲如一家。不由感慨群众的眼睛是雪亮的,群众的力量是巨大的。学校的一切工作都要坚持公开、公正、公平、透明。让师生家长社会各界都能感受到学校在全心全意为学生服务,为地方服务,从而从社会舆论到实际行动全力支持学校工作。2021年朝阳学校加入"全国家校共育数字化项目"试点学校,2022年1月1日,《中华人民共和国家庭教育促进法》正式实施,家校共育成为当前一个热门话题,我们始终坚持对家长多帮助、少训斥,多沟通、少埋怨,多教育、少批评的原则,构建和谐的师生关系、家校关系,实现协同育人。

2021年"双减工作"落地实施,学校开展每天两小时延时服务以及周末托管服务,我们通过挖掘学校教师资源,逐步形成篮球、足球、晋剧、科技模型、彩泥工作坊、棋类、合唱、竖笛、电子琴、国画、儿童画等特色课程,各项活动开展得有声有色,成绩喜人。小学男子篮球获县冠军,女子足球获县亚军,晋剧乐队演出获晋中市一等奖,书画汇展有21幅作品获奖,科技比赛、柔力球比赛、羽毛球比赛均获得奖杯。新华社一年之内三次到我校蹲点采访,《踢向远方的足球》《魔性篮球操》《课间十分钟》浏览量均突破百万。我们的目标是让孩子们长大成为能弹会唱、能写会画、能说会讲的综合型人才。2021年11月,朝阳学校被教育部认定为第三批全国中小学中华优秀传统文化传承学校。

2020年1月突如其来的新冠疫情彻底改变了我们的生活方式,学校教学也变成线上线下相结合,经过几轮疫情考验,发现居家学习最重要的是精神和意志,要有仪式感,我们开发出一系列线上教学管理模式,学校搭建平台引领班级活动,如开展线上升旗仪式,梦在前方路在脚下主题班会,利用家校联系卡记录、总结、评比,颁发电子奖状,视频直播形式召开线上学习标兵表彰大会、线上家长会、线上素质测评、线上班主任交流会、线上综合素质评价等。2022年2月20

日凌晨3点接到上级电话,朝阳村被纳入管控区,下午便要开展第一轮核酸采集工作。因为状况突发,村委没有足够的人手来保证核酸采集工作的正常进行。值此疫情防控紧急关头,在校的十八位领导和老师全部毅然决然地挺身而出,化身"大白"和医务人员并肩作战。下午两点半,核酸采集工作正式展开,我们十八个人也各负其责,全校600学生,涉及家长2 000多人,约占全村核酸检测人数的一半,通过学校安排学生及家长错峰、排队、保持一米线进行核酸检测,以及学校老师现场维持秩序,保证了核酸检测快速、有序进行。看到各位村民,尤其是自己学校的学生、家长,积极地配合核酸采集工作,我们感到自己的选择是正确的,付出是值得的。一直到晚上八时许,核酸采集工作基本结束。后来的一次次核酸采集工作,我们还是义无反顾地冲上去,每次听到全员阴性的消息,我们才能稍微松一口气。多难兴邦,逆向而行,真正做了一次志愿者,才感受到为民办事,服务社会,帮助需要帮助的人是多么自豪和骄傲的事情。

著名文学家梁晓声说,文化可以用四句话表达:植根于内心的修养,无需提醒的自觉,以约束为前提的自由,为别人着想的善良。以德润心,以文化人是教育工作者一生的使命。作为校长要有引领学校健康发展的办学思想,与时俱进的办学理念,不断创新的开拓精神。我既然选择了做一名乡村教师,并且通过努力担任多所乡村学校的校长,就应该不辱使命,无愧我心。

第二节　Y校长:矢志奉献乡村教育[①]

一、扣好人生的第一粒纽扣

对于家庭来讲,父母亲是最重要的启蒙老师。对于将来要做教师的我,父母的影响就显得更为重要。我的母亲没有机会读书,我小时候在外婆家偶然一次机会见到母亲的老师,他说我的妈妈聪明,没读书可惜了。母亲虽然不识字没有什么文化,但她一直看重学习,所以懂人情明事理,做事情有自己的看法,不随波逐流。在生活中注重潜移默化地引导我们了解家庭、了解邻里、了解我们生活的环境,以至于了解我们的社会与国家基本发展方向,并经常举身边好例子来培养我们处理事情的行为方式,鼓励我们要有自己的想法,尤其是说靠自己努力改变

[①] 本部分口述对象Y校长,小学正高级职称。1985年毕业于江苏省淮阴师范学校,先后获得江苏省小学数学特级教师、江苏省名校长,入选江苏省教育家培养人选。本口述时间:2022年5月2日和5月5日;口述记录与整理:何杰。

自己、让自己能够成为有用的人。现在看来,这是一种极其朴实也是了不起的做法,对我后来做好教师,教育学生,以及教育自己的孩子,都有着积极的影响。

父母亲善良而坚强地对待生活,深深地影响着我。父母亲经常会说:当别人遇到困难的时候,要理解他人的难处,尽量去帮助。这对我后来学习、工作与生活都有影响,特别是我做了老师后,影响更是深远。伴随着年龄的增长,特别是做了教师,自主、自律、自觉,成为影响我一辈子幸福的重要元素。即便是后来生活条件改观了,父母亲还是经常在你耳边唠叨,要求为人善良,要脚踏实地把小的事情做好。她一直都会这样要求我,即便是我后来考上师范学校了,进入小学工作了,她都一直讲这个非常朴素的道理。

父母亲教育自己的孩子,都会注重中华民族的优良传统教育,注重品德的教育,这对孩子的影响必然是一生的。我在做教师后,也这样要求自己,并坚持注重对学生品德方面的教育,做了学校校长后也要求教师能够耐心地、多种方式多渠道做好学生教育工作,帮助学生扣好人生的第一粒纽扣。因为这样做,能够帮助教师理解好教育,更好地教育学生,同时对促进家庭、社会的发展都是有积极作用的。

二、村学印象

上小学的时候,我记得教我们班级的是民办教师吴老师,他高中毕业。一次,他在给我们上数学课,他的板书漂亮、写字有力,字非常整齐,写得非常认真。那个很短的粉笔,他都坚持使用,不能用的粉笔头他也都是小心地放下,擦黑板都是擦得干干净净。上课时,讲话抑扬顿挫,很有精神,虽然他的普通话不够好,但他努力讲普通话。这些,一直到现在都给我留下深刻的印象,有的细节到现在都还清楚记得。当时教室的条件很不好,一到冬天,教室门也关不好,风呼呼的。但是在这样的环境里,老师们都很认真工作,一门心思教书。以至于有时候长大了,碰到老师都会很亲切地喊一声吴老师好。老师在课堂上的精神状态非常饱满,体现了老师的内心爱着学生。我觉得老师能够站稳课堂,让自己的孩子爱听自己的课,就是老师的大本事。

当时,我读的是村小,学校和村庄连接在一起,就在村头边。学校办学条件很简陋,师资也比较缺。四十多年去了,我们的小学当时叫河东小学,就是以大队的名字命名的一所学校,后来还成了戴帽子的联中,就是联办中学,小学5年,初中2年。虽然是村小,学校给我的第一印象是很干净。尽管是泥土地的校园,但是一直都保持着很干净。教室是土墙茅草房,不过比农民居住的茅草房要大一些,后来翻盖,建成了瓦房。教室里的课桌、地面,教室内外都是比较干净的,学生也是比较爱劳动的。第二个印象是校园里有很多高大的树,有柳树,有杨树,有榆树,还有槐树。校园里的树很多,寓意学校教育就像是树人育人一样。第三个印象是学校的卫生条件十分简陋,像厕所,它没有什么排水,特别在阴雨天的时候,厕所的污水就会溢出来。桌子是泥糊的,地面是泥土的地面,窗户那是破了缝的,甚至教室的墙也会开个洞。后来有了瓦房,桌子也是木头做的桌子,还有大板凳。第四个印象是当时上学很自由,轻松。那时候课本简单,也就是语文书、数学书、自然书,那时候的自然书不叫科学,叫自然。印象当中也没有什么音乐书和美术书。我们的体育课也就是在教室外面做做活动,上学放学孩子比较自由,那时候课程的设置也比较宽松。文具也就是简简单单的,当时自己有钢笔,自己都舍不得用,珍惜得不得了,书包大多是用布缝成的书包。在我们印象当中,那时候农村生活贫困,农村学校的教学条件是非常简陋的。

尽管那时候老师生活很穷,尽管那个时候学校的校长、老师真正是师范学校毕业的不多,在编的老师也很少,但社会上还是比较重视教育的,老师对学生也是一片真心。尽管学校的条件很简陋,但是整个学校的教育教学活动还是生动活泼的,孩子也是非常天真烂漫的,教师、校长都能够全身心地投入工作当中。当时,这些老师家里面还有土地,但是他们还是把学校工作、学生的课当成重点,从不耽误学校工作,按时按点给学生上课。当时每个大队里均会有一个小学,我们大队的小学和周边几个大队里的小学相比,校舍规模、学生数量和老师数量都是排在前面。小学毕业后,考上了包圩初中,我是村里第一个考上包圩初中的。后来,也就是在2000年前后,这所初中没有了,学校在编老师就被安排到其他学校工作,有的还成了我后来的县实验小学的同事。包圩初中的房子也是非常的简单,教师的条件也不好,当时老师的一日三餐都是在学校,基本上都是山芋烧稀饭,能外加一点面饼之类的,生活是很艰苦的。但是老师非常专注自身的业务提升,当时教语文的老师是包义武,是淮阴中学高中毕业生,他当时已经参加了淮阴教育学院的大专班学习。那时候他都是骑着自行车,从学校到城里去培训,上课的时候他就把他听到的看到的学到的故事讲给我们听。夏天天气热的时候,他就把我们带到外面的柳树下上课。他是一位受到全县表彰的优秀老师,后来由民办教师直接转为公办教师。包老师身体不太好,在我们毕业后时间不久,他就去世了,记忆中他是一个非常正直的老师。记得当时初中的校长是王兆国,教我们数学,还有一位老师叫高发忠,他是既教物理又教化学。他们三人是老淮中高中毕业生,讲课非常精细,也有方法,对课程整体的理解非常好,从哪里开始讲,哪里是重点,板书非常流畅、非常整齐,教师的素养非常高。我工作以后,会抽时间去看望他们,这些老师留给我的印象非常深刻,是我学做好老师的榜样。

进入21世纪后,随着政府对乡村学校办学布局的调整,我所读的小学、初中都被撤销了,也有一些学校从初中又变回小学,也有一些乡村小学、初中的学生变得越来越少。办学布局的调整，基本上是以乡镇为中心来办学，教师也越来越集中到乡镇中心小学或初中了。原来的就近入学的乡村学校办学格局和乡村学校办学生态遭到了破坏，乡村学校成为我们那一代人心中永远的记忆了。有的村小，办学历史很长，当时也是由一个村里面有名望的人来牵头办学的，它解决了当地农民子女接受教育难的问题。新中国成立以后，特别是在80年代，在很多小学里面开始办初中，也就是联办初中，因为我们县政府财政比较短缺，就调动老百姓参与办学的积极性，当地的村队出资一些教育费用，百姓也有办好学校的热情。就像我读的包圩初中，虽是一所联办初中，但在那个时候，包圩联中可是全县有名的联办中学，与当时的乡镇中学甚至县城的初中相比也一点不逊色，这取决于当时学校有一批好老师和一批优秀的学生，学校每年都会有一批考上师范，考上中专和县重点中学的，当时考上师范，考上中专的人是非常稀少的。在当时，追求这样的升学率，是有积极意义的，提高了学校的社会地位，同时也确实改变了当时努力读书的学生的命运，改变了这些学生家庭的命运。但即便如此，在社会发展的大潮中，包圩联中仍然逃不掉被撤销的命运，退出了历史的舞台。随着社会的发展，现在乡村中小学的办学条件逐步改善了，乡村中小学的教师待遇也提高了，对于如何进一步优化乡村学校的布局，如何进一步办好乡村学校，就如现在推进义务教育均衡发展，可能不单单是教师流动、改善学校物质条件的问题，我觉得还需要配套出台治理教育的一些制度，这里面有很多值得思考、研究的地方。

三、读师范做教师

我是出生在1967年，1983年上的中师。过去那个时代贫穷，选择做教师主要为了跳龙门，可以解决工作问题，解决生活问题，对于做教师还是懵懵懂懂的，也没有什么做教师是成就自己的理想、自己的抱负之类的远大理想。我只是在进入师范学习的时候，才知道怎么去做老师并一步一步地爱上教师这个职业的。更重要的是，有了做教师的经历以后，伴随着自己对学生教育、学校管理以及与社会交往的过程当中，不断增强了自己对教育的理解、认同，同时自己做教师的水平和能力提高以后，才逐步树立了自己做教师的自信心和自尊、责任感和使命感，这个时候才确立了自己做教师的理想，也就是追求做一名好教师的理想。从我的经历来看，做老师选择报考师范做教师，大概应该有两个方面的原因。

第一个原因是自己进入师范之前，受到教过我的小学老师、中学老师，甚至是作为家庭的父母给我的影响。父母，都是很关心子女成长的，但这和老师的关心又有不同。当时教过我们的老师特别是一些优秀老师，他们教学方法、工作态度、对待教育工作的责任感，一直到现在也印刻在我的脑海当中，都会对我产生积极的影响。例如,在小学教过我们的一个民办教师,尽管他的家庭贫穷,但是他对我们学生的一片爱心与关怀,那是影响我一辈子的。所以,做教师搞教育,对学生的爱的影响,学生是会看得见的,社会能体会到的,它甚至是影响学生一辈子的事。这一点与父母对自己,对子女的爱是有区别的,但有很多是相同的,那就是在你人生关键点的时候,会给自己导航、指导、提醒、激励、唤醒。这些,都会对我后来做好老师,全力做好老师的观念,以及不断历练自己的行为,都有积极作用。进入初中以后,也遇到一些优秀教师,这些老师更多地会表现出对教学的专业性,精心钻研自己的讲课艺术,努力表达自己对学科的专业理解,他们特别有学问。这个学问除了包括知识水平,而且还包括对运用这个知识教育学生的艺术水平,体现出爱心和教育智慧的紧密结合。我的舅舅,是我初中的物理教师,他既带我生活,又带我学习,见我喜欢阅读,就订阅了诸如少年文艺、少年文学之类的杂志给我阅读,大大拓宽了我的阅读面,这也启示做老师的我对学生要能够进行个别差异性的生活关怀和教育。

第二个原因是自己当时就想做一名教师。从小学、初中学校的一些老师身上,自己能明白选择了做老师,明白做老师的职责,明白做好老师需要哪些基本的要求,例如:能够真心地爱学生,了解学生,能够了解自己将来做老师具备的宽泛的基本素养,以及自己将来从事的小学教师的学科专业要求,等等。有了这样的一个明确的任务目标要求,就有一个动力。这个远远比说我一定要做什么样的好老师重要得多。当然,在正式做老师的工作当中,接受师范教育是非常重要的。师范教育是树立、培养做好老师这一伟大理想的一个重要阶段。在进入师范学校的大门,自己能否确立好将来做好老师,觉得做老师是否具有尊严感,是否具有将来乐于做教师的心理倾向,都是非常重要的。所以,师范教育应该树立更多的为人师表的优秀教师作为学生将来工作的学习榜样。我在师范学校学习的时候,我也会非常关注师范学校给我推荐的优秀老师,包括从书本当中学习到的,也有从师范开设的名师课堂这个课程中学来的。

四、提拔当教导副主任

1986年师范学校毕业后,我被分配到县里的实验小学当老师。1990年那一年的毕业班中设置了一个实验班,这样的实验班就是好的背景的学生,集中到一个班。这当中有一些家庭条件好的,学生家庭的要求成为学校办实验班的需求,学校当时也就为这个班配备了不错的老师,这是缓解当时这种社会需求的一种办法。当然了,随着时代的变迁,现在不允许办实验班了。当然,当时即便是进不了实验班,同学和家长的心理上也没有现在感觉到那么强烈的不平等,那个时候也还是比较单纯的。那个实验班,考了6个县中,而我带的非实验班考了19

个县中,考得非常好。因为带的班级考得好,在当时的这个城镇上成了一个爆炸性新闻,也给我的职业发展带来机遇。有一天晚上,我一个人正在办公室安静地写班务日志,与我搭过班的大我约20来岁的包老师,拍拍我的肩膀,告诉我说校长准备要给我点担子挑挑。我就想,我说我没犯错,怎么会给担子挑,他也没有多说,只是笑笑。第二天,学校的其他老师见到我就告诉我,学校里准备提拔我做教导副主任。我当年是23岁,教学才5年,学校就提拔我做分管全校数学的教导副主任,是全县最年轻的学校中层干部。

做了教导副主任之后,要教学好,要管理好;同时还要兼任一项工作,那就是承担全校的奥林匹克数学竞赛指导工作。那个时候有全国小学数学奥林匹克竞赛的,这样要求就更高了。当时全国有两个竞赛,一个叫华罗庚杯数学竞赛,一个就是奥林匹克数学竞赛。当时学校里搞奥林匹克数学竞赛,与重视学生的成绩和升学率是一致的,成为当时学校的价值取向。当然,现在的学校教育不能这么搞了。当时搞奥林匹克数学竞赛,也说明对教学质量还是比较重视的,也没有偏离数学教学的本质,特别是重视数学知识学习与运用。在奥林匹克辅导的这上面,我记得有两个孩子留给我的印象非常深刻。一个孩子很聪明,他看到题目,就会很快看出思路,他参加奥林匹克数学竞赛,也得了奖,但是他最后并没有考上很好的高中,因为他习惯并不怎么好,学习不够严谨,这也导致他中考的分数并不高。还有一位孩子,在我看来并不聪明,但他很严谨安静,甚至有时到发呆的程度,但是他学习的专注程度很高,最后获得了全国奥林匹克数学的特等奖。这个特等奖是非常少的,当时我可高兴了。当时全校师生集中在升国旗的旗杆下面,区教研室主任到场宣读了对我的表扬信,教育局的局长亲自给我颁发了优秀辅导老师证书,我现在都记得那个激动人心的场景。

我工作的第二年,学校就决定让我带毕业班了。这个毕业班当时还是非常重视考试的,尤其是毕业班考上重点中学的人数多少很重要。学生考上重点中学人数多,的确能体现教师的教学成就。我工作第四年的时候,我带的是第三个毕业班,这个毕业班的成绩是非常好。学生成绩怎么好呢?因为我教的是数学,这个数学最难学的时候是五年级,五年级最难学的就是分数应用题了,分数应用题是用算术的方法来解决的。这当中的抽象性很强,学生需要经过一系列的训练,具体的和形象的体验,然后才能够看出来它之间的数量关系。那时候,我已经教了两三年的毕业班,也积累了一些经验。当时只能说这个经验是对我本人来说的,是一个经验,因为年轻无法说出它其中的道理,只觉得教师这样教、学生就容易学。后来,我认识到这当中有两种数学的表达,现在看来就是进行多元化的数学表征,叫多元表征。这个多元表征是学生差异性学习的一个非常自然的规律。一种是用线段图比较直观地来表达。当然,线段图对中学生来讲是很形象的。但对小学生来讲,是抽象的,也是比较难的。因为要融通,在融通上还要把所理解的条件要标上去。这样的一个过程非常复杂,而抽象对小学生来讲,如果在线段图上理解这样的数量关系又是更加复杂的。所以我在这个方面,抓住了这样的一个学习的方法,引导学生对分数应用题进行突破。恰恰在那一年,这一届的毕业班考试,当时出的分数应用题比较多,又比较难。当时我训练学生,在黑板上讲一些通识的方法,但我很重视对学生个别技能的指导,通过个别指导的学生,他就能把老师的教和学生的学在这个方面很容易融通起来,学生就能感受到老师所提供的学习的脚手架,他就能不断完善自己的这种学习方式和学习技能。这样一来,我觉得给学生一个学习的方法,这个方法可能是方法的本身,也可能是技能,学生数学学习也就有个很好的路径,他也就不会感到数学学习的困难了。

教育教学工作中,坚持善良对待学生,把笑容留给学生。学生见到老师的笑容,心里就容易体会到温暖,会积极影响学生的学习,更会带来学习的效果。我记得大概是1988年,有一个学生,他家庭条件还是不错的,在家里比较受宠,这个孩子身上会有一些娇气,自我管理比较弱。因为我也刚工作时间不长,有时候我也就跟他在一起像孩子一样玩,包括参与他们的跳皮筋活动,课间和这个孩子无所不谈。这样一来,这个孩子跟老师之间的距离就比较近。你说的话,他就会很容易听。教育学生的时候,都是需要我们老师把笑容挂在脸上的,老师的笑容表示老师跟孩子之间的距离是比较近的。老师只有进入学生的内心世界,他才容易听你的话、信你的话。当然,通过教育那些比较调皮的孩子,老师教育孩子的能力也就会得以提高。也就是大概1990、1991年的时候,我的班级有一个很调皮的孩子,家庭教育不太好,身体发育得早,五年级了就跟老师差不多高了,身体的壮实程度比我还壮。这个孩子是很调皮的,经常搞些恶作剧,他的爸爸是铁匠,家里对他要求很严厉,所以孩子也常常用一些行为表现来反抗家长的要求。对于这类学生,如果教育不当,往往会给老师、给学校带来很多的麻烦,你批评不当,方法不对,师生也是容易出现冲撞,教育就会陷入僵局,很难进行下去。

有一天,这个学生在校园里和同学打闹,被我批评了。这个顽皮的学生家就住在学校的门口,在下午整队放学回家的时候,班级的一些同学走到他家门口时,就跟他爸爸讲你家儿子今天又调皮了被老师批评了。这个铁匠家长很厉害,在晚上的时候把这个孩子带到学校,由于我不在学校,就带他到学校领导的面前,结果爸爸让孩子跪在我住的房子门口认错道歉。第二天,我的邻居老师告诉我这个事,我心里面很愧疚,想到"体罚"我就情不自禁地想到这件事。为什么呢?就是因为我年轻还不能找到教育这个孩子的真正方法,特别是面向这个家庭教育的问题。因为我经验不足,这个孩子受到他父亲的体罚,一定会给他的身心带来很大的伤害。后来,我就时常想起对于家庭教育不好的孩子,我们做老师的应该把笑容挂在脸上,给孩子笑容,孩子也就会把笑容挂在脸上,体现教育从里到外的温暖。当然,老师做到对孩子的善良、细致入微的了解还不够,老师还需要能够和家长一道,促进孩子的好习惯培养,习得走上社会所需要的一些内容。家庭和孩子只有融入学校教育的框架下,教师的这种爱心作用才能发挥出非常大的作用。

五、担任小学校长

我是在2003年担任了实小的副校长,后来到二附小担任首任校长。作为一所小学的校长,首要的职责是带领学校发展。比如说在学校发展过程当中,学校为了改善办学条件,硬件建设需要向上面争取资金。局长让我负责这个筹措资金的事情,我跑到教育局多次找教育局长汇报学校硬件建设情况,存在资金困难,需要支持与帮助等等,前后跑了不下于20次。我讲这个事情,意思就是从你当了副校长、校长,你就不仅仅是普通的老师,你要想方设法去为学校的发展、教师的发展谋划。再如,我当时所在的二附小,地处苏北,地方经济困难,作为一所新建的城郊学校,学校要发展,特别是就读学生多的时候,学校需要盖房子,没有房子,又该怎么办呢?学校也没有钱,后来我们就去主动给局长讲,局长也解决不了你这个问题,局里也没钱。实在没办法,我就跟教育局要政策,那时候政策允许学校对老师借钱办学,学校给老师一些利息,但要经过规范的程序,就是同意支持我向老师借钱付息。我记得,2008年学校整个跟老师借了三四百万,盖了幼儿园的楼,有了幼儿园,可以缓解小学办学经费困难。老师也是非常理解、支持学校工作,全校大约一百位教师参加了这样集资办学活动,借老师的钱都是要纳入财政管理的,每年都要还利息的。后来,大概经过了三四年之后,国家不允许借老师的钱了,需要把这个本钱还掉。我几乎是每周都到财政局局长那里,有一年都要到年底除夕了,我都去跟他要钱,只有要到钱才能还老师的利息。后来,我也就直接找到区长了,区长也很关心,当时我就记得他打了电话给财政局局长,把财政局局长喊到办公室,最终这个老师的借用款在那一年由财政兜底全部还清。尽管借用老师的钱款还清了,但是学校的压力仍然很大。主要是整个地方经济太困难了,学校的办学经费特别紧张。而作为校长,要改善办学条件,要做很多不是校长职位就能够解决的事情,真是太难了。当时很多乡村学校都遭遇到经费困难,作为学校的校长,解决好学校发展中遭遇到的方方面面困难,把事情做好,也是校长的职责所在吧。

学校教育要全面贯彻素质教育,重要的是要坚持平等地对待每一个学生,要特别关注对学生的全面教育。这个全面的教育体现在一个都不能少。为什么呢？特别是体现在对有问题的学生教育，特别是那些有特殊需要关心的学生，要更加发挥教师的善良作用，这些学生更加需要教师的关爱和温暖。有一个学生从幼儿园升入小学的时候，对小学的生活不能很好地适应。这个孩子的老师也管不住他，他会从教室后面跑到前面，完全是一个不由自主的状况。发现这个问题之后，我和老师就与家长进行交流沟通，了解到他在幼儿园教育受到的特别优待比较多，幼儿园甚至安排一个相对专门的人给他幼儿园的生活和学习服务。到小学阶段，他的这个学校生活的方式就跟原来的幼儿园不一样了，再加上刚进入小学，小学的知识性要求和幼儿园的游戏性相比，变化很大，他就会不适应，以致孩子在上课的时候，在班级里一会跑到后面，一会跑到前面，一会跑到这个班，一会又跑到那个班。即便是这样，我们要求班级老师需要不断地去引导他，培养他。同时我们还联系家长要带孩子到医院去看一看，要求家长不安排孩子参加辅导班，不要给他太大压力。经过沟通之后，家长接受了我们这样的意见。因为家长内卷得很厉害，我们跟家长沟通之后，家长也采纳了我们一些意见，平时在家就给他多讲一些故事，多一些课外陪伴，逐步丰富他的生活。后来这个孩子上到三年级，见到老师也主动问好打招呼，坐在位置上都能容易坐好。我在这个巡课的过程当中，看到他眼神都能与你做到心中有数的对话，能够默默地读懂我们看他的意思，他能反馈给我们的那个状态，都是令我们比较满意的。

大约是在 2020 年，学校里有一个孩子，当时他表现出非常的不一般，他跟同学相处具有明显的攻击性，他跟这个班级的很多学生有矛盾，以至于其他学生的家长对这个孩子都有意见，向学校提出把这个孩子转出这个班。这个时候，这个孩子的家长也来学校了，也同意签字接受孩子转班。面对这样的一个情况，我们该怎么办？通过了解，这个孩子的父母亲都是农村考上大学来到城里来工作的，对孩子的目标比较高。这个孩子的妈妈内卷很厉害，在孩子很小的时候，这个孩子妈妈每次带这个孩子回到外婆家的时候，在这个公共汽车上她都会让孩子来背古诗，有的孩子能背上来，有的古诗孩子背不上来。家长对这个孩子的学习抓得很紧。父亲觉得这么紧不太好，要给孩子一个自由的空间，但是在这个家庭当中，妈妈就像虎妈一样要求很高。孩子在这种环境下，他就不知道到底该怎么做为好，时间长了，这个孩子在心理上就会出问题，他就容易跟别的同学起冲突。面对这种情况，学生焦虑，老师和家长也很焦虑。现在，孩子的家长答应孩子不进这个班级，那孩子又安排到哪一个班呢？作为学校的校长，怎么办呢？通过和班主任会商研讨，决定对这个孩子采取个别化的教育，跟踪这个孩子每天是怎么进步一点点的。然后拉了群，把孩子的这种进步的点点滴滴、方方面面的内容和进步点，我们都在群里面进行交流，然后不断地调整这个孩子的教育方法，不断地与家长进行交流，最后是一步一步形成专为这个孩子设置的一张课程表。通过各方教育力量的两个月时间的协同,这个孩子有了很好的改观,他能够跟老师进行比较好的交流。有一次我们在和孩子交流,我说你最喜欢什么呢?他带了一个包来,我说这个包里面是什么?一打开是240种画笔,然后他给你讲起这个画画的事情了。里面有我们所学的语文课上面的画画,而且他把自己画的内容画成连环画。既然他喜欢画画,那么我们在教育过程中就要努力满足他个性化的发展需求。如今,这个孩子可以说是完全与这个班集体的孩子融为一体了。在"六一"儿童节的时候,班级举办"真心的倾诉"活动,这个孩子也在节目中倾诉了自己心中对班级的感情。"真心的倾诉"这个活动搞得非常漂亮,这个孩子最后在这个班会上与班级的同学拥抱。拥抱的这种场景,给我们班主任老师带来深刻的印象,我们成功地把儿童期遭遇的矛盾转化成孩子成长过程中的一个美丽的故事。孩子是可爱的,无论是身体上,还是心理、习惯上有些不足等,他都是有一些可爱的一面,这些可爱的一面,就是孩子教育、孩子成长的空间。在这个过程当中,显然需要发挥教师教育学生的胸怀和专业性,需要家庭、学校的密切配合。

近期,学校里还有一个特殊的孩子,这个孩子的父亲是财政局局长,孩子的爸爸当年是经过公开竞选的,当过街道办的书记,是军人出身,也是干部家庭。这个孩子的父母也同上面那个孩子的父母亲情况差不多,都是忙,陪伴孩子的时间少,这个孩子的习惯没养成好。然后我们就给家长同样的建议,要求老师统一思想,我们每个人都要鼓励他从做好作业每一道题、做好家庭作业开始,一步一步引导他进入学习的轨道,同时要尊重孩子的学习兴趣和爱好。从孩子的内心来讲,在童年的时候都还是比较敞亮和纯净的,你是真心爱这个孩子,孩子他也会真心地回馈你。所以,尊重孩子,的确是教育的最重要的一步。我和家长这样交流,孩子的爸爸也很能听进去,孩子他爸也就经常约我的时间来和我交流孩子的教育问题。所以说,老师不要总指望教到好学生,好学生也要靠教师的引导。真正转化、教育好一个薄弱学生,才最能够体现教师的教育情怀和教师的专业化能力,才最能够让教师体验做教师的成就感。

刚工作的前几年,我一般都是利用周六和周日骑着自行车到家长家去去家访。因为那时候家长也休息,有的家长即便是在工厂加班,他家里面也会有人。通过家访了解孩子在家里面的学习情况,了解家庭教育情况,当然也有一个很大的作用,就是说能很好地密切老师和家长的关系,引导家长支持学校的工作。记得大约在1988年的时候,我有一个学生,这个学生家庭条件还是不错的,比较宠孩子,同时又对孩子寄予很高的期望。在这种情况下,孩子他心理上就容易逆反,不听家长的话。后来我通过家访,了解到这个孩子也很聪明,帮家长分析孩子教育中存在的问题,也大大拉近了老师和学生、老师和家长的感情距离,促进家长与学校一道正确地对待学生。孩子也会这样认为:你看老师还到我们家来。

通过家访，很容易调动学生对学校的情感，容易让孩子积极地投入学习当中。后来这个孩子，因为我去过家访，再加上跟这个家长密切地配合，也就转变得很快，把心思用在学习上了，逐步也是很好的，后来考上了东南大学，毕业以后分在国家电网工作。现在手机普及了，家访就都改成电话联系了，现在很多"家访"变成了"校访"了，也就是定期让这个家长到学校来开家长会，这也是现代很多学校的工作生态。当然，后来做校长了，事情也多，但是我仍然会通过电话同孩子的家长进行沟通。现在实行"双减"之后，我们的老师还是十分辛苦，新时期老师做好"家访"这一课，仍然是非常重要的，需要老师们下功夫研究它。

六、我的专业成长

做教师，专业成长首先要先从自己教的那个学科开始。这一点，我觉得我们老师要能够拓宽思维，实现教书育人。有的人还说把它倒过来，叫育人教书。当时我听起来，也会觉得蛮有道理的，现在认为也是不科学的。在自己这个专业成长过程当中，伴随着做教师的一生。所以无论怎么忙，我一定要看书学习，要坚持第一时间学习，要多交流研讨。这一点，我是一直坚持着做的，而且在不同阶段也对自己提出不同的要求。

例如，我是教数学的，农村出身，在师范的时候，普通话尽管有进步，但是进步也不怎么明显。我记得刚工作，坐在我前面的是数学老师，坐在我后面的也是数学老师。我记得我的办公桌和我上初中的那个课桌差不多样子，破旧简陋。但是学校再困难，那个时候给我们老师准备了一块可以挂在黑板上的正反面小黑板。小黑板是留给老师课前准备用，写好习题，在上课的时候可以节省时间。因为那个时候没有PPT，连幻灯片都没有。我当时的学校是县实验小学，在当地的这个城镇来讲，已经是最好的学校了。当时我就跟我前面和后面的老师学习，这两位老师写的粉笔字整整齐齐，方方正正，写这个横线的时候，稍微长一点，都是用直尺打在小黑板上的。尽管后来我被调到城郊的一所小学教书，但是在这段时间，两位数学老师对待教学的严谨态度，给我留下来的印象非常深刻，这些都是在书上没有办法学到的。刚开始的时候，我的普通话不标准，我就主动跟一个老师请教，他会把我读错字的音纠正过来，要求我语速放慢。后来我就发现了，我只要把语速放慢一点，很多的音也就比较准了。这对我的启示是，岗位实践中锻炼成长。

1990年学校提拔我做学校教导副主任，大约在1994年的时候，我就积极推动数学教师的备课改革。这个备课改革，就是给老师备课笔记上留一个空白的纵向的页数栏。老师上完课之后有什么样的想法，有什么样的不足，有什么样的精彩地方，老师可以在空白栏做做记录。这样一个小改革，在当时来讲尽管很简单,但是体现了教学观念的很大转变。这一个措施,很好地促进了教师重视学生的学习研究,重视学生学习后的思考、反思的行为习惯的养成。在我看来,多少年过去了,这是一项很好的教学改革活动,简洁易行,能够有效促进老师在教学实践中改变过去的教学行为,提升自身的品质和教学质量。

我觉得教师的专业成长一定要放到生活当中,因为在生活当中值得学习的内容,要远远大于我们在学科教学当中学得的内容。要在生活当中寻找到自己的老师,有时候学生也是老师,要懂得在社会当中角色互换。小时候给我感受最深的就是我的母亲,母亲也没有什么说教,但是她一直都重视学习,她是要求我通过听广播接收社会的正能量,通过这种积极的事例来引导我们。后来在我初中学习过程当中,我的舅舅,既是舅舅又是老师,他看到我的知识面比较狭窄,让我看课外书,找儿童文学,特别是少年文艺。大概是四十多年过去了,我现在都记得少年文艺的封面是什么样子。尽管带给我的少年文艺,我只是泛泛地翻翻看看,知道这个书的名字和书里边的故事大概,我还是没有从这个故事当中学会文学写作。但是这个书的香味一直在浸染着我。所以,生活才是大学校,才是大教育。教师要提高自己的专业化水平,就要善于寻找自己生活当中的老师,寻找一个更广阔的世界。

我还记得大概在师范一二年级的时候,我会和我的同学一起到学校附近的果林场去玩。那时候,我也带着我们的同学去做社会实践。什么社会实践呢?利用周六周日到附近的小学进行调查,了解学校。现在回想起来,正是因为有这个经历,才觉得教师的社会实践经历是多么重要,你会觉得现在对孩子的劳动教育、社会实践教育远远大于你的特长培养,远远大于你的什么学科培训之类的作用。我还清楚地记得,当时师范学校南边的营西小学,我带着我的同学去营西小学那里去试讲,给孩子上辅导班。这个辅导班不同于现在讲的辅导班,老师就和孩子来补补作业,不懂的问问,更多的是我们在师范学校的课堂里面没有学习到的。当时去实践的营西小学,冬天都是用塑料纸把门窗户挡起来的,条件十分艰苦。但是当我们进入那个环境中,在这样一个真实情境下培养教师,培养教师对教育的热爱,专业提高才是最有效果的。

教师的专业成长要和学校的实际和社会的实践锻炼联系起来,通过实践培养教师,在这个过程当中不断提升教师对教育的追求。我在刚做教导副主任的时候,大概是在2005年这样,我给自己定的第一个座右铭,叫"大爱无疆"。后来,做二附小校长的时候,我提了一个座右铭叫"天天阳光,拔节向上"。2016年前后,区教育局安排我负责区教师发展中心的筹建工作,这个时候我给自己的座右铭是"学而不恃,为而不友",这是庄子的一句话,就是学习没有别人的帮助和支持下,强调自己也要会主动学习,帮助别人,不要去享受成果。所以在2016年到2019年这段时间,我把我的名师工作室的老师定期集中起来,我上课给他们看,课后工作室成员一起研讨教学主题,讨论教学框架,设计最科学的教学实施流程。我觉得我作为工作室的主持人,也是作为他们的所谓师傅来讲,引领他们专业发展的方向,这方面是对他们专业成长的最大贡献。通过工作室,我培养了四位特级教师,好几位正高级教师,他们都在省内外、市内外有很好的影响。后来我又到了一个小学,我提的座右铭就是"阳光谦逊,自主向上"。座右铭是我在不同阶段对教育与生活、教育当中的人与人、教育中我与社会的一种追求、实践和价值取向,通过不同时期的座右铭引领,逐步提高自己对教育的理解,促进自己的专业成长。

　　当然,我觉得教师的专业成长更离不开进修学习。在2000年,我参加国家级骨干教师的培训。拓展培训是一年,其中有3个月是集中在华中师范大学学习。这次培训,是为了国家第八次课程改革举行的全国基础教育各个学科骨干教师培训,培训班邀请了数学教育领域的高尖人才给我们讲课,包括我们当时的班主任老师周东明老师对我们都是特别关心的,记得当时还有张奠宙、郭元祥等一批非常优秀的专家、教授都给我们上过课。培训期间,我利用大学的图书馆资料复印了有一千多块钱的资料,连同我买的图书装了一蛇皮口袋拖了回来。与此同时,省市教育部门的领导也给我们参加一些学习进修的机会,包括到我国台湾和香港,还有到美国、英国、加拿大的培训,成员有省市教育局的行政领导,还有特级教师,全省的领军人才的培训,每一次研修培训的主题都不一样,但每一次我都特别珍惜机会。我还记得到英国培训的时候,我去了22天,写了23篇日记。我当时正在研究同伴交往的这个主题,就一直用同伴交往的主题来观察分析、记录每天的路途生活,不断提升对同伴交往主题的理解。后来还到了美国、加拿大,包括一直到现在还会经常参加一些专题培训和学术研讨会。我觉得每一次的考察、研修、交流分享,都是很好的学习提升机会,都是万分珍惜的。

　　我觉得,做校长,一定要努力协调、创造好条件,搭建老师成长的平台。我刚到二附小工作的时候,这个学校是刚创不久,经过5年的发展,全区有十九个四级学科带头人,学校占了十个,也就是说超过了一半。另外,就是着力培养好老师,打开老师的视野。我当时跟省教科所联系,成为省教科研联盟学校之一,当时全省只有九个成员校,我们定期选派老师外出交流学习,每次都是十几个老师外出去学习。通过联盟校之间的学习交流,打开老师的广阔视野,因为地处苏北,老师不打开视野,那就很容易成为井底之蛙。我记得有一次搞活动的时候,研讨的主题性明显,大专家云集,我们老师就像小学生一样,通过参与活动心态就越来越放开了,越来越自主提高读书的能力了。培养人难,培养教师更难,培养好教师就更难。在这个过程当中,我觉得我自己还是要做榜样的。比如说我做的第一个课题叫作"自查、自评、自纠——小学生数学学习自主性培养实践研究",这个课题也是当时学校的第一个省"九五"规划课题。后来在2000年的时候,我参加了全国骨干教师的培训,我就带着"同伴交往学习"这一个课题,培训中学会了查文献,学会了上网,学会使用信息技术。以至于到现在的结构化学习课题研究,也是边学习边研究的。经过了五六年的结构化学习研究,现在我们在面对这个新课标的时候,我们的老师收获很大。

作为校长,在学校建设、学校管理工作当中,还面临着学校管理干部队伍的专业提升问题。我首先要求管理干部要阅读,多研究工作中的事情,提高执行力。作为学校管理干部,就要通过多阅读,能够比普通的老师看得多一点、远一点。比如说,我们这个班集体的读书风气怎么养成,我们管理干部队伍的读书风气就怎么养成,并在实践中树立榜样,逐步培养管理干部的阅读习惯,通过阅读来培养他们研究如何干事的这个执行力。这个也就是要解决管理中的"水桶短板"现象。其次,我也是时刻提醒自己,包括对待老师,对待中层干部,学校工作那一定是立足于培养人,立足于发展人,立足于奉献,让他们能够成长。这是由学校本身的公益性质决定的,它不能采取办企业的市场化的办法来对待。所以在帮助教师发展方面,既要能够看到教师比较辛苦的一面,同时也能够立足提升教师对教育教学的本质理解,通过实践锻炼,促进他们专业水平的提高和专业发展的自觉性。

作为一名教师,每一个人非常渴望自己能够成长,在学识方面,在专业化方面能够渴望成长,教师专业成长的过程会带来精神方面的满足和幸福。教师的经济生活保障是要靠社会地位来维持的,需要社会给予保障。而对他个人的幸福是取决于他的专业成长,通过把教师的专业成长享受给学生和家长,学生和家长们的精神也会一步一步充盈起来。我觉得教师的这种幸福的根本意义在这里。所以,我就要求分管教学的副校长,要有一个明显的团队意识,通过提出团队发展的意识,产生一种传递作用。如果你对教师特别真诚,教师也会把真诚传递给你,同时教师也会把真诚传递给周围的教师们,也会传递给学生们。现在我们学校教师团队的发展情况,在这一点上体现得非常明显。比如说:我进到一个教室,分管教学的校长正在讨论这个单元整体教学怎么样去拓展他的课程、他的课堂,他的课题是怎么做的。比如说新课标出来了,学校就会及时组织教师去学习、研究新课程标准,教师如何在课堂教学实践中体现新课程标准的精神,通过结合实践发现问题、解决问题。这样有心、细心地做实践研究,教师的研究氛围也就一下子上来了,学校教师团队的发展当然也就指日可待了。

第七章 乡村教育变迁的研究者口述

教育研究者是乡村教育变迁中的另一类群体。教育研究者往往多有乡村教育的亲身经历，或者是工作以后因为工作的原因接触乡村教育或者研究乡村教育，因而对乡村教育具有较为深刻的了解和把握，他们往往具有浓厚的乡村教育情怀，对乡村教育怀有深厚的感情。同时，通过自身对乡村教育的关注和研究，对乡村教育尤其新中国成立以来乡村教育的变迁历程、国家教育政策较为了解。通过教育研究者对乡村教育这一话题的口述，有助于我们能够从另一个层面或者另一个群体的视角来理解乡村教育变迁中个体的感受，来审视新中国成立以来的乡村教育变迁所带来的个体的变化以及整个乡村教育的变化。

第一节 Z教授：情系乡村教育[①]

一、出生书香家庭，从小励志读书

我是出生在江西省J市P县一个乡村的知识分子家庭。我的父亲是当老师的，祖父也当过老师，后来当医生，曾祖父也做过老师。我出生的这个家庭三代有人教书为业，在当地农村里面应该说是不折不扣的一个书香家庭。我后来大学毕业以后，也做教师，我的妹妹也是教师。现在，我的侄儿、侄女也当教师，算起来家庭里五代都有人从教了。因而，我的家庭里比较重视教育，就是有一个读书的传统。虽然我祖母、妈妈她们都是家庭主妇，没有什么文化，都是普通的劳

[①] Z教授：男，汉族，江西省P县人，教育学博士，教授，博士研究生导师，曾任江西省J师专校长，N师范大学联合国教科文组织国际农村教育研究与培训中心常务副主任。专业研究方向为教育政策与农村教育研究，先后主持国家社科基金课题、教育部教育科学规划重点课题、联合国教科文组织中国全委会重点课题教育部人文社会科学重点研究基地（华东师范大学基础教育改革与发展研究所）重大项目等十余项，出版10余部学术专著和课题研究报告，主编全国教育科学规划重点教材和高等师范教育教材3部，发表学术论文100余篇。先后在日本、菲律宾、缅甸、新西兰、美国、加拿大和中国台湾地区进行学术交流与访问。本部分为Z教授口述乡村教育历史整理稿；记录时间：2022年5月12日；记录及整理人：何杰。

动者，但是整体上这个家庭还是跟读书人打交道的多，重视读书重视教育的氛围比较浓。在当地，我的家庭无论是过去还是现在，都是很受村民尊重的。特别是我曾祖父当时在当地的乡村教书，我祖父解放前也在乡村做过教师，解放以后也一直是国家正式职工，后来当医生，他们在当地乡村威望很高。

我从小跟着祖父生活，是他带着我，从小就让我读唐诗。我祖父是中医，他带了几个学医的徒弟，我从小也跟着他们的徒弟读《医学三字经》《药性赋》等，现在还能背出不少。小时候家庭里就有一种重视教育的氛围，而且他们从小就会给我灌输要好好读书的思想，只有读书才有一个更好的未来。我五岁就被送到学校里读书了，比一般的孩子要早两年上小学，因而在小学也好，在初中也好，我都是班上年龄最小的，大部分同学都比我大好几岁，甚至大我五岁的同学都有。其实，那时候农村的孩子上学不像今天这样年龄上比较整齐，因为家庭条件的影响，能够上学就很不错了。受到祖父、父亲他们一辈的影响，我没到五岁的时候，他们就让我读了一些蒙学的读物，也就是一些浅显易懂的唐诗宋词，或者是大人读给我们小孩听，或者是让我们小孩读给他们大人听。这样，我从小就养成了一个非常爱读书、喜欢读书的习惯，也就是从小就对读书有一种特别的向往、一种特别的追求。

我当时就读的小学就在本村里面。我家是住在村庄的西面，小学坐落在村庄的最东面，家离学校也就几百米路吧，有六七百米的样子。那时候，我是每天早晨天蒙蒙亮的时候，就一个人背着个书包，往村里面的那个学校里去上学了。我记得，当时的那个学校屋子很大，有两三间屋子，原是一个家族的祠堂，由于比较大，就把它腾让出来做村小了。由于来得早，我到学校的时候学校基本上还没有开门，我就坐在那个学校的门口边读书边等着老师开门。我父亲也当老师，但那个时候他不在本村教书，他在另外的一个比较远的地方教书。我小学一二年级是在村小里面上的，因为年龄太小了，父亲也没办法带过去。人很小，但每天很早一个人独自上学，我从小就知道：我要好好读书，好好读书才能够有一个更好的人生和未来。我记得小时候父亲曾经说：你一定要好好读书，读书了，长大了你可以上大学，甚至可以留洋。那时候人小，我都不知道留洋是个什么意思，但是我很小的时候就有这样一个概念灌进脑海，就是：读书可以怎么样，不读书又是怎么样。其实我的家庭条件也比较困难，但家里长辈大概就是用这样的方式来激发孩子读书鼓励上进的。

我并没有上高中，我只是上过初中，七七年参加高考考上大学的。后来我的弟弟又考上大学，然后我的妹妹又考上了中师。一个家庭里三个孩子考上中专和大学，这个都与家庭比较喜欢学习、崇尚读书的影响有关，当然我的弟弟妹妹好学上进也与我在前面做榜样有关。我初中毕业后参加劳动，也算是一个知识青年了,当时尽管是"文化大革命"时期,但当地村民们对我们家庭还是非常照顾的,这大概是与当地村民崇尚读书、尊重读书人的传统有关,也跟我们这个家庭跟整个村庄的人相处融洽有关。

二、感恩乡村教育,往事历历在目

我读了两个小学,一个是村小里,一个就是人民公社的小学,现在叫中心完小。我们村庄当时有40多户人,大概有200多人口吧,在我们那个地方,算是一个比较大的村庄,所以我们大队的小学就放在我们的那个村,周边三四个村庄的孩子也都到这个小学读书。这个学校的校舍其实是很简陋的,就是一个利用当地的空余的祠堂办起来的,当时我们那个祠堂也就两三间房子,也很破旧,就被用来做村小的校舍了。学校里读书的孩子不多,小学一年级大约有二三十个孩子,二年级有十几个孩子,三年级也有十来个学生,采用复式班教学。村小只有三个年级,四年级就要到公社的中心完小去上学了。老师呢,至今我都还记得我小学的三个老师,一个姓刘,一个姓马,还有一个姓夏。这个夏老师和马老师都是城里来的老师,他们都是正规师范学校毕业的,他们到村小来当老师,算是我们村小孩子的幸运。马老师和夏老师,是女老师,后来了解到是因为她们出生的家庭背景不太好,才被下放到村小做老师的。那个刘老师呢,不是我们村里公社的,是当时隔壁一个公社的,被分配到我们村小来教书。在我的印象中,他们都非常爱学生。因为学生家庭都在学校附近,老师经常走访家长,老师和家长也是非常熟悉的,会叫上每一个学生的家长名字,学生跟老师也很亲近。

我们那个小学虽然是一个村小,但它的办学很有历史,在40年代甚至更早就开始创办了。后来村小换了一个地方,不在原来那个地方了。我祖父就是那个村小的老师。当时,一个大的村庄或附近几个村子一起办一个村小,这是一个传统。我们读小学的时候,我们那个学校是公办学校,老师是拿薪水的,我们也不用交学费。但是当时也有一些私立的学校,都是村民自己来交一些费用。但那时候交给老师的也不叫学费了,就是平时每家每户凑米凑茶,然后规定每年一起给老师多少钱,每家每户就分摊给老师多少钱,大家集体一起凑份子供养老师。但是,我读的村小是公立学校,我印象中基本上教材要自己拿点钱,也就一两块钱,其他就不需要交了。后来到公社的中心完小上学,我记得到小学六年级的时候有40多人。因为是公办小学,一两块钱的教材费基本上是需要家庭承担的,后来到了初中,我记得也就是缴三块五毛钱的学费。

我小学三年级以后就到彭泽县湖西公社的中心完小去上学,因为我祖父在公社医院当医生,与公社的中心完小隔得不算太远,他就带着我走读,我就成了走读生。我的印象中,第一,公社中心完小的师资都是来自四面八方的,有来自外县的,比如来自临近的湖口县,更多的是彭泽县的,但并不是同一个公社的。那时候乡镇叫公社。第二,中心完小的老师有一二十个人,他们的学历非常整齐,基本上都有中师、高中以上的学历,有的是解放前的中师毕业生,有的是解放后的中师毕业生。其实,我读的小学的老师整体素质要比"文化大革命"的时候读的小学的老师甚至初中的老师的整体实力要强。

当时的老师都是住在学校里面,老师们的经济条件都不好,回家需要搭车之类的,就需要花费,因此那些家离得比较远的老师,可能就回去得很少。我印象中,学校的老师都非常敬业,非常爱学生,师生关系非常好,到现在我对以前的这些小学老师印象非常深刻,一个个都很鲜活地呈现在脑子里。他们不光书教得好,就是语文的教语文,数学的教数学,那都是很合格的老师,而且他们的音体美都很强啊。我们学校曾经有个文工团,学校语文课堂上,学生和老师一起演话剧,我记得我也演了一个话剧叫作《红霞》,这个男主角是一个姓李的老师扮演的,女主角就是叫红霞,是一个姓叶的六年级的学生扮演的,在整个公社里演出很轰动。还有,小学的运动会,六一儿童节,老师们也是积极参与到学生活动中的,而且这些老师也都很年轻,很活泼,整个学校氛围也很好,我对我们的这个小学是非常怀念的。对于一些调皮的学生,老师跟他们的关系处理得非常好。我记得我们那个班上有一个孩子叫"妖怪",他的名字就叫妖怪。他家是安徽逃荒到我们公社的,在当时的湖山大队。他家里非常穷,冬天就是穿着一个又薄又破的棉袄,就用一根草绳系着,连纽扣也没有。但是他又特别调皮,经常是不顾场所,顶撞老师,跟学生打架,甚至偷东西。那时候我们都是带着米,一个星期就带着几斤米到学校去,都是蒸饭吃。记得有一天,我们班上有一个学生向班主任报告说他的米被偷啦。班主任是一个中年老师,这个班主任其实很厉害的,他就把一个班的学生都喊起来。当时学生是住一栋两层的小楼上,楼下住着老师,楼上住学生,楼上没有间隔,全是打通的,所有寄宿的男学生都睡在一层楼上,一个班分一块,被子挨着被子,叫"睡通铺"。当时的学校,虽然没有围墙和保安,但基本上没有外人进入,学校失窃,也基本上是内部"案件"。那位向老师报案的学生,其实是有一定的线索的,班主任心里有数。学生报案不久,班主任一脸严肃地来到这个班上,把那个门一关,他就开班会。他就说:这样,你们自己承认,如果自己承认了,就把米交出来就行,我就不处分你们,也不告诉你们的父母,不然你们就坐在教室里一直等。当然气氛稍微有点紧张。结果那个叫妖怪的孩子憋不住了,其实那个时候大家的眼睛,大部分的眼睛都已经投向了他。因为他以前也做过这样的事,后来他就举手说是他偷的,偷了米以后,他就把米交学校了。后来,老师也没有怎么样那个学生,批评了他一下,后来找他谈话。但是这个孩子呢,家里实在太穷了,穷到什么地步呢?他就一个脸盆,早晨拿它洗脸,中午拿它蒸饭,晚上拿它洗脚。因为家里实在穷,后来实在是读不下去了。我记得那时候晚自习,大家都是用煤油灯,把那个煤油灯的灯芯拨一下,这样发光亮一些。结果有天晚上,他又调皮了,跟学生打架,两个人打得鼻青脸肿,把同学的煤油灯都打坏了一个。当天晚上,班主任又赶过来,当然又是吼啊又是批评的,终于制止了两个打架的学生。但是,后来也没有对他们进行特别的处分,至少没有开除他们。后来"妖怪"这个孩子不是因为表现差,而是因为家里实在困难,就没有到学校来上学。我记得校长还带着班主任亲自到他家里,劝导他到学校来上课,但他终于还是没有继续来学校上学。

对于这个的调皮学生,我还记得他调皮的一个事情。那个时候我们上课,提前五分钟是预备,预备的五分钟,全校各班都唱一首歌。唱五分钟停下来,然后开始上课。有天,班级正在唱歌的时候,班主任走过来了。这个叫"妖怪"的孩子就在班门口对着全班同学模仿行军礼,装做很正色的样子向全班同学报告:"汤司令到!"因为那个班主任是个光头,那时候我们看一个电影叫《战上海》,里面有个汤司令,就是个光头。他在班级里大叫汤司令到,结果刚好那个班主任老师走到教室,全班就哄笑起来。班主任就问全班孩子笑什么,怎么回事?后来有个同学忍不住说出去了,那个班主任也就是让"妖怪"站起来,上课以后还是叫那个孩子站在边上。上课后,班主任在黑板上写了一个词语让学生到黑板前去造句,但是,那个学生的造句不好,"妖怪"就主动要求上黑板造句。结果那个句子造得很漂亮,这个班主任呢,就忍不住表扬那个学生。他就当着全班的面表扬"妖怪"说:他虽然很调皮,但还是蛮聪明的,句子造得很好。他建议全班的同学为他鼓个掌。从这一点来说,当时的老师还是很了不起的。

当时小学开的课程,我印象最深的是音乐,就是唱歌。那时候的学校,唱歌比现在唱得多,每个星期都要唱一首歌。另外,老师每周还要排练排练,还有合唱,还有吹笛子,还有拉二胡,还有吹口琴的,我觉得小学时期是很丰富很快乐的,特别是课外活动的时候,整个校园里面都是歌声。语文、算术使用的教材就是国家的统编教材,就是新学期发一本语文、发一本算术课本,其他的课程包括美术等也都有课本。教材不多,就是几本教材。但是,一旦发新书的时候,我们都会拿着那个特别好的图纸,小心翼翼地把书包好,封面上再写上课本几个字,放在书包里面,这样起到保护书本的作用。我读小学的那个时候,考初中是很难的,录取率是非常低的。当时我们整个县里面就两所初中,一所初中在县城,另外一所初中就是我读的那个太平初级中学,它主要招收八个公社和两个农场的小学毕业生。我小学毕业的时候,全班有40多个人,只有六个孩子考上了初中。只有六个孩子考上初中,这并不意味着我们小学的教学质量不高,而是因为那时候初中的升学率确实是太低了。

第七章 乡村教育变迁的研究者口述

太平初级中学创办于1958年,是当时全县唯一的一所乡下初中。当时初中就四个班,初二是一个班,初三是一个班,我上的初一当时是两个班,那算是扩招了。那时也有十几个老师吧,这些老师都是全省各地的,都是具有大专甚至本科学历的。有赣南师专等专科学校的毕业生,也有江西师院(1983年更名为江西师范大学)和外省的师范院校毕业的,中师毕业的好像只有一个老师。学校教师队伍非常整齐,教学质量也是非常棒。教师宿舍就在学生宿舍旁边,老师每天都跟学生在一起。老师也是周末回去,那时候年轻的老师也好多,当时有很多教师还没有结婚,就住在学校。结了婚的教师,有的老师家就住在学校宿舍,有的老师家是在公社旁边的宿舍,要是找了当地的女孩子结了婚,他就回到校外的家里去住。学校校舍条件也不怎么样,除了教室,还有学生宿舍,有运动场,有篮球场,有乒乓球室,还有那种排练话剧等活动的地方,学校的基本场所、基本设施也还是有的。在当时的情况下,那个时候的学校条件虽然不怎么样,但有那样的办学条件确实是非常不错的了。

初中生活是需要自理的,学生自带大米和菜,学校有个大灶为学生蒸饭,早餐吃学校大锅熬的稀饭。那时,只有光稀饭,没有任何馒头之类的供应。吃早餐时,食堂用脸盘为学生准备好稀饭,八个学生一大脸盘稀饭。吃早饭时,装着稀饭的脸盘放在宿舍前的空地上,八只空碗围着脸盘摆成一圈。每个脸盘中有一个长柄勺子,每天由值日的学生负责将稀饭打到学生的碗中。记得每次分稀饭时,大家的眼睛都盯着勺子,谨防分配稀饭的学生有不公平之举,现在想来很有趣。学校蒸饭是用干柴,这要靠学生自己上山砍柴,老师也是这样。我是52年出生的,1963年上初中也就11岁的样子,上初中的时候每个星期周末就要到附近山上砍一些干柴之类的,然后肩挑回学校。一开始我大概能肩挑20斤的样子,到后来可以肩挑50斤的担子了。那个时候,大家生活整体上都是非常艰苦的,学生都要靠自己勤工俭学。初中开课是很正规的,有语文、代数、几何,有历史、地理、政治、化学,我记得化学、物理可能到了初二才开,甚至初三开。初中的教师都很敬业,上课那真是一丝不苟。那时候,初中经常有师生联赛,比如说打篮球等活动。学校有自己的文工团,老师做指挥,带领学生唱歌。活动中老师也跟学生开玩笑,学生也不生气,师生关系还是非常好的。记得有一次:一个老师的爱人怀孕了,老师拿一只碗和筷子敲到学生宿舍来,问哪个学生家里有酸菜,带点酸菜给我一点呢,老婆怀孕啦,她想吃酸的。这样的趣事很多,也反映了当时师生关系确实是非常好。后来"文化大革命"开始了,学校老师对学生就比较客气了,不敢得罪学生,当然那是另外一个问题了。

在初中阶段,老师对学生的态度虽然严厉,但没有一个老师处罚学生,对待那些犯错的学生,有的老师可能就是"罚站""敲头","罚站"我们当时叫"钉钉

— 219 —

杠","敲头"也就是老师拿那个手里的课本教材之类的,在学生头上磕几下。由于学校都离家不远,老师和学生的家长也会很熟悉。家长希望小孩读书成才,家长碰到老师,经常会说:"老师,小孩不听话,你就给我打他,给我骂他。"农民家长,并没有把老师对学生的打骂当回事,在当地农民心里,对待孩子教育,有一个"不打不成才,不打不成人"的说法。我初中毕业后也当过一段小学老师,我并没有去打骂学生,但我知道当地农民希望孩子读书、接受老师教育的心理诉求。

我们初中的教学质量非常好,上一届初中考高中的升学率几乎是100%,只有一个学生没被录取。这在当时,我们那个初中的教学质量是名列前茅的,比城里的初中考得还好,平均成绩排在整个市所有初中的前列,单科成绩数学曾是市第一名。所以,我觉得我很有幸读了那样一个初中,这个初中给我打了非常好的基础。比如说我碰到一个非常好的语文老师,他的名字叫汪滨。这个汪老师,原来是江西日报报社的一名资深编辑,是部队文工团转业的,是老牌的大学毕业生,他被打成右派了,后来他举家下放到太平人民公社。由于他有文化,就安排到这个初中学校当老师,碰巧是当我们的语文老师。"下放劳动"对于他个人来说确实是一种不幸,但是对于我们这些乡村的学生来说,又真的是一种幸运。我记得他当我们语文老师的时候给我们上的第一课就是上毛泽东诗词,就是《念奴娇·昆仑》这首词。他首先就是朗读起来:横空出世,莽昆仑,阅尽人间春色……他的这个朗诵进入角色很快,声情并茂,气势非凡,一下子把我们征服了,引得我们同学们纷纷模仿。几十年过去了,他当年的那个朗诵的情景,那个朗诵的气势,到现在我还挥之不去。很幸运在太平初中读书,又很幸运遇到这么一批优秀的老师,我读书期间培养起来的朗诵、唱歌、拉二胡等喜好在"文化大革命"期间多少也有了点用场。

我初中毕业后,在生产队务农4年,先后进了大队和公社的毛泽东思想文艺宣传队,在文艺宣传队做了两三年吧,是专门的做演员,就是演一些当时的话剧、样板戏之类的。现在回想起来,太平初级中学对我的一种培养,不单单是一个知识上的教育,更重要的是一个综合的教育,它培养了一个人多方面的素质和技能,更重要的是培养了我的吃苦耐劳的精神。而且,那个时候不光是师生关系好,同学关系也是特别的真诚、可贵。那时候,大家都在一起上学,住在一个宿舍里面,我记得我跟一个学生是两个人住,睡一张床,两个人共用一个脸盆,那时候是穷,条件都这样。特别是去山上砍柴的时候,我个子小,力气小,另外一个同学他的年龄大一点,个子也高一些,我们每一次砍柴挑着回来,中间还过一条河,他都是挑着柴在前面走,然后过了河再跑到中间来接我。那时候同学之间都互相帮助,有的同学带的菜好吃一点,同学们都很慷慨地拿出自己的菜,与同学共享。还有,因为我离家比较远,周末有时候不能回到自己的家,就到附近的同学家里去玩,他的父母就弄好吃的菜给我们吃。由于和那个中学同学之间的感情相处特别深、特别好,后来两个家庭的父母也就都交往起来。这两个家庭之间一直到现在还保持非常好的关系,甚至每个月双方都会打打电话,嘘寒问暖一番。

非常遗憾的是,因为"文化大革命",1966年我辍学回乡后就没有上高中,后来也就读不了高中。"文化大革命"期间,缩短学制,从小学到高中也就是九年级。但不管怎么说,我从小学一年级到六年级,初中三年,系统地接受了"文化大革命"前的九年正规教育,这个教育给我终身带来了一种很好的奠基作用。这种奠基,给了我多方面的一种教育滋养,即便是在"文化大革命"期间,让我也能够一方面继续保持一种学习的愿望,另外一方面也让我能够更好地融入社会。非常的感念、感恩当时的农村学校,感恩他们对我的教育。在农村学校九年的时间里面,让我获得了一种精神的寄托,得到了一种成长,那真是我成长的摇篮。学校虽然穷困,但是非常温馨。后来我做九江师专校长的时候,那个中心完小还让我题写了学校校牌。现在每次回到家乡,我还会经常到当年的那个小学、初中去看一看,虽然当年的学校发生了很多变化,但我心中依然十分怀念当年读书的乡村学校。

三、乡村教育变迁,一路且行且思

我1977年上大学,上大学就离开乡村了,确切地说我是1975年就离开乡村了。七五年之前是在农村里当民办教师,大学毕业以后,分配到江西省九江师专工作,通过考察、参观等途径去了解乡村教育的情况,后来虽然做学校行政工作了,但也会经常到乡镇学校去看看,比如看望实习生等,也还对乡村学校有些了解。工作当中,也做过一些农村教育研究,做过乡村教育的调查,但对乡村教育整体上是一些间接的感受,更多的应该是个人乡村教育的经历。

当前的乡村教育发生了翻天覆地的变化,学校的校园、校舍这些办学条件比过去好多了,交通确实方便,现在是村村通公路,都是柏油马路。学校办学的软件、硬件设施都得到极大的改善,乡村教师队伍都有大专以上的毕业文凭,教师整体素质得到极大提高。这种变化当然是由于改革开放以后农村经济得到了极大的发展,国家对义务教育特别是乡村义务教育也是越来越重视。国家为义务教育立法,政府主动承担起义务教育的责任。为此,国家投入的教育经费不断增加,乡村学校的办学条件得到了普遍的改善,这是毋庸置疑的,是值得肯定的。这种变化,在我曾就读的乡村小学和初中都有很好的体现,学校房子盖得很好,校园变得漂亮了,每次回到家乡,我都会专门去学校看看。

我当年就读的那个小学村小还在,当年就读的中心完小,后来成了一所初中。我当年就读的初中呢,也还是初中,但它在"文化大革命"中,是初中和高中联办的，后来高中撤掉了，现在依然还是初中。在生源方面，就是我那个读书的村小，相比以前生源是大为减少，乡村初中现在生源也减得很厉害。2018年我春节回去的时候，碰到我们的村小校长，校长就是我们村庄里的，四十岁左右，他比我小很多岁，但是按辈分呢，他是跟我一个辈分。他说，现在基本上一个年级也就一个班了，每班学生大概就是二三十个学生，甚至更少，很多学生都到县城去读书了。现在乡村的大部分家庭，都在县城买了房子或者是租房子，他们的孩子都不在本村小学、本乡初中读书了。至于乡村学校的师资情况，都是中师以上的初始毕业文凭，后来要求他们去进修不断提高学历，现在基本上都有本科文凭了。因为城镇化，大家都去县城买了房，所以大家都想调到县城学校去教书，可能县里的学校条件好一点。也有一部分教师，觉得教师工资低，书不教了，从学校流失到经济发达的地方和城市里另找工作。现在是县里的初中在扩张，近几年县里办了好几所新的初中，更重要的是，办了新的初中以后，缺教师，就把原来的那些乡镇里的、位置偏僻地方的那些初中的好老师调走了，或者呢，一些老师直接跑掉了。所以，现在的乡村学校师资也出现问题了，至少在我们那个地方的乡村学校，师资整体情况是堪忧的。好的师资走掉了，学生也走掉了。留下的这个老师呢，就成为看守老师了，看守老师和看守学生在一起，学校成了看守学校。

现在国家大力实施振兴乡村，我认为如果没有教育的振兴，没有乡村教育振兴，那就不是完全的乡村振兴。但是教育的振兴，现在让乡村学校还能回到当年那样一个生源兴旺、师生关系很好的时期，我觉得已经很难了。孩子离开乡村学校，到县城读书，再回到乡村来读书，基本上不现实，这个问题非常令人担忧。这个情况，这当然是与农村学校布局结构调整有关系，另外就是与乡村的这个农民都出去打工了，至少是到县城或者是到其他的地方，他们的孩子也带到县城或其他地方读书这一很现实的问题相关。另外更重要的是，县城里的学校规模足够大，可以接纳更多的学生就读。县城的新楼盘不断开发，建了楼盘要建学校，建了学校要老师，没有那么多的新教师补充，就只有从乡下学校选调好老师，导致乡村学校的好教师基本都被县城学校调走了。县城建了房子，想让你去买，现在农村里的女孩子要找对象，也要对方在县城里买房子，所以这样就带来了农村人口流失的问题。可以说，城镇化使乡村教育遭受了前所未有的困难。这种情况，至少在我所在地方的乡村学校存在，其他地方的乡村教育也是大致如此，不过是程度有差异罢了。

当年读小学初中的时候，我们所在的人民公社人口大约有7 000多人口，我们那个大队是比较大，有1 000多人口。现在几十年过去了，乡镇调整后，区域也扩大了，当年的大队，变成了村。我们那个自然村当年是40多户人家200人不到，现在是80多户人家400多人。我们那个村，比较尊师重教，有一个非常重视读书的传统,也是个很争气的村。出的大学生比较多,1977年高考,我们那个公社(现在叫乡或镇)有四个人考取大学,我们一个村里面就考上两个,就是我和一个堂弟考上了。后来每年都有考上大学的人,也有考上研究生的。而且都考的是很好的大学,考上北京大学、山东大学等985高校、211高校也有。今年暑假,老家乡村里有个女孩子,她考的是陕西科技大学,也是很不错的大学。从我这个家庭讲,我自己家里面就有三个上学,我堂弟家三个上大学。我们家庭的后辈孩子,也都上大学。我们这个大家庭,目前高级职称的有六七个,正教授四个。我的侄儿,就是弟弟家的孩子,也就是从乡下学校读书读出来的,后来在县二中高考,上大学后又读研究生,是北大博士毕业,现在是安徽大学的特聘教授、博导。所以,我觉得一个地方乡情乡风淳朴,非常重视读书,是非常有利于人成才的。我记得有一个乡村主题的电影,就是在我们那儿拍的取的景,山清水秀的,风景很美。我们那里的乡村家庭重视读书,重视教育孩子遵纪守法,就是外出打工的那些孩子也没有一个出事情的,他们都是挣正当的钱,不做那些不正当的事情,也没听说过的村里的人在外面打工违法犯罪了,被抓起来,整个村子里面的风气非常正。我们每次回去,当年在外面打工的那些年轻人,现在年龄也都是四五十岁了,都会到我家来坐一坐。他们虽然没有上大学,但是我听他们的谈吐都是非常不错的。有的人,自己开了公司,业务也做得很好,有一个人都成亿万富翁了。再一个人,是作为几个省的销售总经理,也算是大老板了。前几年过年回去,我发现有一种现象,就是我们乡村里,有孩子读书上大学的家庭经济条件相对差一些,那个没有读书的、出去打工的孩子的家庭,经济条件都比较好一些,都是自己开企业或者合伙开企业,一个人发展好了,会把家里人都带出去,把亲戚、左邻右舍等带出去,家庭年收入四五十万以上的都有,而且占了很大的比例了。

乡村孩子考上大学后,就大多会选择在城市工作,极少有回到乡村工作或生活的。也有孩子是返乡工作的,就是当老师,就是读了书以后回到乡下做教师,但不一定是在自己村的村小做教师,多是在城里当老师。现在的乡村学校的老师都是本土的,基本上是本土化,没有什么外地的。也有考上大学,在外地工作一段时间,现在返乡创业的,也有回来当干部的。现在的乡村学校的教师,本土化现象严重,他们在乡村学校之间流动,这倒并不是一个太大的问题。我读书的那个时候,一个乡里的小学老师,过一段时间就会从这个村小调到另外一个村小当老师。像我父亲,就没安排他在自己村的村小当老师,而是安排在别的村村小当老师。

20世纪70年代末到80年代中期甚至到90年代初,乡镇有一个文教办公室,是管理本乡镇教育的管理机构。那时候国家经济还是刚起步,国家经济底子薄,提倡"人民教育人民办,办好教育为人民",乡村教育的管理主要是以乡镇为主,乡村学校教育经费投入也是靠乡镇政府。有一段时间教师工资都是乡镇政府发的,由于乡镇经济财政条件不好,这个时候全国很多地方也就出现了大量拖欠教师工资的现象,后来,管理层级上移到省级统筹,县里管理,拖欠教师工资的现象也就没有了。当时的乡村学校布局应该还是比较合理的,基本上是两公里左右的范围内能够有一所小学,所以那个时候孩子读小学都是很容易就近入学。一所乡村小学,往往是办在一个大的自然村里面,或者几个村的中间位置,便于几个村庄分享小学。这样布局乡村小学,是乡村村落的自然呈现,孩子上学放学自己走走路,互相追逐打闹一下,孩子的读书时代一点不闷。2000年左右,对乡村学校布局进行大调整,对乡村学校是"关、停、并、转、撤",结果是很多乡村小学、初中消失了。我们那个自然村的小学没有了,原来的太平初中仍然保留,现在是一个乡镇只有一所初中,一所中心小学和几个小学教学点,其他的萎缩了、取消了。现在农村孩子上学,家长都是要骑摩托接送,路程也要有几公里路,接送孩子上学放学很费时费力。乡村学校布局调整对乡村学校发展带来的影响是非常深刻的,随着乡村振兴战略的实施,乡村教育、乡村学校如何与乡村建设、乡村振兴协同共振,必然成为我们需要关注、研究的重要问题。

四、情系乡村,从事乡村教育研究

2000年,我调到南京师范大学教育科学学院工作,担任联合国教科文组织农村教育研究与培训中心常务副主任。工作中,一直关注并研究农村教育,发表了一些农村教育方面的论文,主持了多项国家级、省部级和联合国教科文组织中国全委会的重点课题,这些课题都和农村教育有关,也出版了多部以农村教育为研究主题的专著。在多年的乡村教育研究当中,我觉得当前对于乡村教育研究,需要我们进一步去澄清几个关键问题。

第一个问题就是乡村教育概念的科学界定问题。现在的乡村教育跟以往的乡村教育,用传统的那种乡村教育的概念来界定现在的乡村教育显然不合适了。今天的乡村教育,由于现代化的影响,特别是城镇化的推进,乡村教育的内涵和外延都应该发生变化。当然,传统的乡村教育是一个依靠农村,立足农村,为了农村,是为了发展农业的这样一个教育。现在的乡村教育它可能就是办学地点在农村,对于建设农村发展农业的使命感可能不足,但是这个内容也是教育现代化、实现乡村振兴、建设美丽乡村的一个重要方面。实际上,现在乡村教育发展遇到的一个最大问题,就是乡村所蕴含的那种传统精神、教育内容丧失了,导致乡村教育发展所依托的土壤、环境发生了根本的改变。

乡村,是以农业为主的这样一个村落,现在其受到挑战的最核心的一个问题就是乡村农业人口凋敝。作为14亿人口的大国,农业是国之根本,无论是劳动力还是农业生产所产生的经济收入,它依然是一个国民经济的基础。所以我觉得现在的乡村教育,它实际上更加应该突出以人为本的这样一个理念,它应该是着眼于对整个乡村人口的这种教育。这种乡村人口的教育,既包括立足于那些在乡村里面要依靠乡村进行生活的乡村人,乡村本身的发展需要这样一大批乡村人留在这里,要好好让他们享受一种现代教育,同时也包括对那些要走出乡村的人口进行教育,应该让这部分人享受一种现代文明的乡村教育。所以这样一种乡村教育,其内涵、教育的方向,教育的目标、教育的内容,乃至教育的体系都要发生一些变化。

当下的中国社会是一个开放的、向现代化行进的社会,中国现代化在某种程度上的最大问题就是均衡发展,就是要缩小城乡差距,实现城乡共同富裕,这是中国发展实现现代化的一个必然追求。当前阶段,我国的城乡差距还是比较大,发达地区还好一些,而城乡差距最根本的表现就是教育差距,这种教育差距在乡村,也不只是表现在一个失学儿童少年的差距,同时也表现在成人的差距。所以,今天的乡村教育,它既要包含普通教育,也应包含职业教育和成人教育。基于这样的认识,我们对乡村教育的界定要更宽泛一些,对接的人口也要更广一些。当前对乡村教育,国家不仅需要立足于为农村儿童接受教育、通过乡村振兴来振兴乡村教育,还应立足于一种更广阔的视野,为农村的发展和现代农村建设培养建设现代农村的人才,即使这种人才将来可能到农村去,也可能不到农村去,通过培养这样的人才来重新建构中国的乡村教育规划和乡村教育的整体建制。这是一个很大的课题,包括更高层次的高等教育,都应该添加如何面向中国乡村,包括乡村生态环境建设等方面的内容。当然,作为现代社会的"轴心机构"和典型的利益相关者组织,现代大学的治理多遵循多元共治的逻辑和理念,形成多元力量共同参与的治理形态和格局。[①] 目前,中国很多乡村人口虽然城镇化了,城镇化率也不低,但是现在流到城市的乡村人口其所依属的土地还在乡村那里,国家还有一大半人口在乡镇,中国社会的发展仍然存在城镇人和乡村人之间的沟通、互相交往问题,这将直面整个社会的和谐发展。也就是乡村人群要接受城市文明的洗礼,城市人群也要和乡镇文明接轨。这个文明洗礼和文明接轨的过程,也是实现城乡共同富裕过程中需要考虑的一个大问题,当然这个文明接轨不是跟乡镇中的那种陋习接轨。

第二个问题是关于我们乡村教育的功能问题。我们以前提出一个观点是"离农"还是"为农",也就是乡村教育到底是为乡村培养人才还是为城市培养人

---

① 陈金圣.从单位化到大学化:事业单位背景下的大学治理转型[J].教育发展研究,2022(11):17-23.

才的问题。当然,乡村教育的功能不是单一的,它应该是一个多元的。在当代,乡村学校既要为乡村的农业振兴培养人才,也要为非农业发展培养人才,更要为乡村人群向城镇转化服务。我觉得乡村教育的功能是多样化的,但是这种多样性,要体现在乡村教育培养人的内容要多样化,就是要使接受过乡村教育的人,成为一个完整的现代乡村人,他要有一种多元化的、一种开放的思维和多元化的本领。所以,我觉得最关键的是要抓好乡村义务教育阶段的素质教育,这种素质教育一定要培养发展好乡村孩子的素质,要培养他们掌握一些乡村现代农业经济发展方面的技能,要培养乡村孩子具有一种开放的视野,也要有热爱乡村的这样一个情怀。作为乡村里的孩子要热爱乡村,要保留对从事农业工作人员的一种同情心理,如果没有这样的教育内容,未来的乡村教育、乡村学校发展必然会遭遇更大更多的困难。但是也不能为了振兴乡村就要把乡村的孩子留在乡村,在当下社会,人是否留在乡村或者返乡创业,要取决于未来乡村社会的发展态势,要从根本上提高乡村教育对未来乡村社会对各类人才的吸引力和服务能力。

乡村教育的功能,和它相对的是城市教育的功能,我们是否可以提城市教育、乡村教育的功能说法?两者的功能是否相冲突,或者相融?其实,这个问题本身就值得讨论。教育的基本功能,就是培养人,在这个意义上,乡村教育和城市教育的功能在整体上应该是一致的,但是实际上两者的功能可能会有不同,或者在需要层面上可能会有不同。比如说今天的乡村教育,我们就是要强调乡村教育更好地立足于乡村发展,更好地为乡村的现代化振兴服务,这是乡村教育在功能上的定位。对于某一类教育,可以突出它的一个特点或者某方面的功能,但是城市教育的定位就不能说是为城市发展服务。我觉得,乡村教育和城市教育应该在培养目标、培养方向一致的前提下,再谈两者存在的差异性。今天的乡村教育,它不只是乡村人的教育,更是培养乡村的人去建设乡村的教育。教育,它就是为一个整体社会的人口利益、人口发展服务的,乡村教育和城市教育在这方面要实现城乡共享。但是,由于现在中国特有的国情,乡村在一定时期内将依然存在,因而在城镇化进程中,我们的教育,无论是乡村教育还是城市教育,都要立足于培养建设美化家乡的人才及其对建设家乡的一种情怀。建设美好家乡,不一定就是你就在这儿当农民,你离开了农村,但是你照样可以去建设美好家乡,为你的家乡建设出力,何况现在与未来的家乡建设早已不是那种刀耕火种的年代。城市教育也要培养有志于为城市与乡村建设服务的人才,在这个功能上向乡村教育靠拢,这也是城市教育支持乡村教育的一个关键问题。当前,振兴乡村教育作为一个国家教育战略,就需要对这样的国家工程进行合理的定位,同时要有这样一个意识,就是要鼓励有志者、有为者去为中国的乡村经济建设或者教育发展,做他力所能及的事情。

第三个问题是关于乡村教育的研究方法问题。乡村教育它作为教育的一部分,作为教育研究的一个领域,教育研究方法对乡村教育研究都是适用的。对于乡村教育研究,我们更应当强调研究者的"好的研究",比如说,好的质性研究应该是很真实、生动的、深刻的,能够很好地揭示乡村教育的现状和问题;好的量化研究也能达到这样一个目的。因而,研究方法具有普遍适用性,同时我们也需要看到研究方法要与研究问题之间的适切性问题,比如说研究乡村教育的发展经验及其政策驱动等,是乡村教育的理论研究,就可能选择文献、案例等研究方法;如果是针对乡村教育发展进程中的存在问题、政策执行等进行研究,就需要采用调查、统计等研究方法。我个人认为,当前的乡村教育研究,整体上还是比较弱的,我们对乡村教育的真实状况及其存在问题的研究还很不够,我们需要对乡村义务教育、职业教育、成人教育发展中的问题进行研究,应该多出一些调查研究报告。

因而,对于乡村教育研究,首先要找准研究的问题,研究方法上也应该更多一点实证调查、实证分析。比如,以前的乡村学校会有很多的学生,学校热闹得很,师生关系也很融洽,而当前的乡村教育面临着乡村人口大量减少的严重问题,也存在乡村学校的教育很冷漠的问题,这需要开展乡村教育的调查研究,寻找问题症结所在。又如,要鼓励研究者开展更多的乡村教育实验研究,通过更多的乡村教育实验,探索中国乡村教育现代化的未来发展路径。当然,对乡村教育研究更需要进行哲学上的思考,需要对乡村教育发展进行理论上的建构。

第四个问题就是关于乡村教育研究中口述史研究方法独特性认识问题。口述史运用在乡村教育研究当中,跟其他的研究方法相比,它的独特性体现在什么地方呢?我觉得首先是能够把一个乡村教育、乡村学校的历史,通过完整的叙事给保留下来。乡村教育的口述史研究,需要找一些乡村学校中的老校长、老教师,甚至是老农民,让他们叙说对乡村教育的一种感受和体验。其次,我觉得这样做,就能够比较生动地反映乡村教育的一种发展的脉络,能够更好地总结乡村教育的经验,解释乡村教育变迁进程中存在的问题,甚至也可以探讨乡村教育未来的发展之路。通过口述史这一研究方法的运用,能够让乡村教育研究成果更加生动,更加立体化,它的可读性更强一点,也更加有质感。有一个历史学家叫唐德刚,他运用口述史的研究方法去研究哲学家胡适,然后他写了一本书叫《胡适口述史》,这个蛮有意思的。我们的乡村学校,现在很多都消失了,它虽然不是一种非物质文化遗产,但是我们作为教育研究者,还是要有这样一种使命和担当,要让过去的教育内容或者即将遗失的这种教育形态,以某种方式来继续保存,就像非物质文化遗产一样,我们来研究它、拯救、保护它。所以,我觉得运用口述史来研究乡村教育,对于乡村教育研究来说,是研究方法上的创新与尝试。

第五个问题是关于乡村教育研究与教育政策决策的关系。我们做教育研究要服务于现实需求,我们乡村教育研究也是如此。我们很多的这种教育政策包括乡村教育的诸多决策,也是源于我们学者的一些研究结果并通过一定的程序上升为国家和政府的政策的。因而,对乡村教育研究者而言,为了提高乡村教育研究成果的理论水平和实践价值,就要对乡村教育决策这方面的内容开展研究。目前,我们对乡村教育的研究工作,可能更多的是要放在乡村教育的经验或者问题上面,或者是决策执行的研究层面上。比如说义务教育入学就读难问题,也有当下的乡村生源流失、留守儿童问题、农民工子女入学难问题等等,这方面的研究已经做了很多,而且我们在法律体系建设方面也比较完善,但在政策的决策机制、政策的执行效果等方面,我觉得还是需要加强研究。

我们不能说乡村教育研究是研究者的事情,教育决策是教育政策决策者或者政府官员的事情。政府官员在决策的过程当中可能会关注到我们研究者的研究成果,或者是一些理论研究成果。从这个法理上讲,决策是要有程序的,从效果上看,如果决策失误,影响范围大,建立追责机制也是需要的。这个在实践上也是行得通的。对于一个错误的决策,可能在决策机制、决策程序方面看不出问题,但是我们一旦加强决策失误的追责,也就会同时加强决策的科学性和合理性。因而,加强决策失误的追责研究,我觉得这是可以做的一项研究工作,很有意义。当然,我们更应关注的是,怎样的乡村教育决策才是一个好的决策。我们的乡村教育的决策者并不完全跟研究者是分开的,决策者本身或者有一些决策者本身也可能是、也应该是乡村教育研究者,或者是他很关注乡村教育研究成果,也就是教育决策者要具备研究意识。同时,我们国家今天的政策与法律建设本身,它已经形成了一个科学的决策咨询制度,包括教育决策之前,会召开专家决策咨询会,听取专家的意见,对多方面的多种意见进行比较、甄别、选择,然后才能制定决策方案,这样的教育政策决策才是理性决策的结果。所以,在政策决策的过程中,通过建立一种良好的决策机制,对于保障乡村教育政策决策的合理性和科学性是非常重要的。

第六个问题是对未来乡村教育研究的预测与期望。我国的乡村教育几十年来取得了非常丰富的理论与实践研究成果,对于未来的乡村教育研究,我期望:第一,乡村教育研究在国家层面得到更多的关注与重视。当前有相当多的学者在关注乡村教育,国家也会组织开展一些乡村教育方面的各类课题研究工作,每年国家级课题申报结果,都会有很多的乡村教育方面的课题,甚至是重大课题中标。很多高校也设立了乡村教育研究方面的机构或者研究中心,形成了人数众多的乡村教育研究队伍。对于有志于乡村教育研究的学者,可以着力于加强推进中国式乡村教育治理研究,特别是现代化进程中振兴乡村教育方面的研究,这种研究我想在未来的一段时间仍然会得到一定的加强,因为这样的乡村教育研究是符合国家战略需求的。第二,要加强对乡村教育研究的支持力度。现在很多研究工作,是一种政府导向的研究,在这样一个研究制度安排上,可能更多一些对乡村教育振兴方面的课题研究。开展振兴乡村教育意义重大,需要政府引导并组织研究力量开展联合攻关的。另外就是鼓励更多的个体或民间研究机构参与研究,并能够给予他们一些政策与经费支持,让他们能够深入开展乡村教育研究工作,做乡村教育政策方面的决策咨询研究。通过联合攻关,一方面是激发个体可以自觉开展乡村教育方面的研究工作,另一方面鼓励乡村教育研究的多样化,特别是要引导乡村教育实践的一线工作者或者是老师加强对自身实践的表达。这样,乡村教育研究会越来越枝繁叶茂,才会推出更有特色、更高质量的研究成果。

第二节　G教授:难忘乡村教育[①]

一、我的乡村小学

我出生在江苏省苏北地区L县的农村,我父亲是淮安师范学校毕业的,毕业后分配到盐城建湖县一个乡村小学当老师。听大人讲,在我大概四个月大的时候,我爷爷奶奶、我母亲一家带着我到我父亲工作的地方去,我爷爷就把我放在柳条筐子里用担子挑着,一路紧走慢赶的,上百公里的路程,第一天在一家旅店(现在叫宾馆、酒店)住一晚上,第二天晚上才赶到父亲工作的那个村小,我在那个地方一直待了几个月。五岁的时候,我父亲从建湖调回来工作,先是调到我们县里的一个村小当老师,等到我7岁的时候,又调到本庄子里的小学做老师。

我从一岁开始,就被送到外婆家,跟着外公外婆生活了四年多。当时,外公外婆家庄子上有两个孩子,一个跟我同年龄的但也就是比我大几个月,另一个比

[①] G:男,汉族,1958年1月生,江苏省L县人,教授,硕士研究生导师,江苏省教育督学,市"有特殊贡献"教育专家,曾任H师范学院教育科学学院院长,市教育行政干部学院副院长等,曾赴西藏拉萨支教,华东师范大学高级访问学者。专业研究方向为教育基本理论、教育管理等,先后主持省部级课题多项,主持建设国家精品资源共享课程1门,出版4部学术专著,主编高等师范教育教材6部,发表学术论文40余篇。本部分为G教授口述乡村教育历史整理稿;记录时间:2022年5月5日;记录及整理人:何杰。

我大一岁,两个都是属于堂舅舅,加上自己的亲舅舅也和我差不多大。5岁那年的暑假期间,我父亲来我外公外婆家,就把我们四个孩子一起带去叫义兴小学报名上一年级,每人都买了一个新书包,整天是高高兴兴的。

我外婆家所在的那个村庄,它离一个小镇不远,小镇也就是一条小街。学校就在那个街南头,离我外婆家的庄子也就一点点距离,大概三五百米不到,在庄子的东头。这个学校是一所完全小学,因为靠近街上,隔三岔五有人赶集,街上人多热闹。班级里家住在街上的孩子多,他们比较皮闹,还有点欺生。但还好,我们是一下进去四个人,而且我们四个孩子是一个班级,加上又是老师安排进去的,街上的那些孩子也就不敢说欺负人的话了。这个学校的环境条件,在我们感觉当中,应该说还是不错的。小学前后两排教室,前面一排是两幢平房,东面一个平房是两间教室,西部又是一个平房,又是两口教室。然后后面又是一排,西边的一个平房也是一个两口教室,东边方向的是教师的办公室之类的。然后中间南北走廊相连,形成一个"工"字形的一个校舍建筑。学校周边,没有围墙,只有围沟,围沟有半人深,围沟边上栽上一些带刺的钢针树之类的灌木,这个实际上也就是挡挡农村的什么狗啊猪啊、鸡啊牛啊之类,防止它们跑到校园里拉屎撒尿的,影响孩子上课,影响校园卫生。学校教书的老师,基本条件应该说都还可以,一般来说是师范毕业。那个时候也没有民办教师的说法,但是有代课教师,代课教师后来逐步转为民办教师,到了90年代后期,很多民办教师通过学习进修,大部分也都转为公办教师身份。

我是63年上的小学,那个时候已经开始普及小学了,基本是村村办起了一所小学。有的村小是一到三年级,有的是一到四年级。所以,等到我们上到四年级的时候,附近的一些村小的学生就到我们所读的这个完全小学来上学了。我们刚开始读一年级的时候,班级学生也就二十来个,但是等到上四年级以后,班级的学生一下子有四五十个。很多地方,因为学生和教师少,会实现复式教学,但是我所在的学校在那个时候没有进行复式教学,说明这个完全小学的师资条件是很不错的了。因为我小时候跟我外公外婆生活并就读于乡村小学,因而对乡村小学的那段读书经历记忆深刻。多年以后,也是前几年,我作为省政府基础教育督导组成员,还到过父亲曾经工作过的那个建湖县去督导,也到我父亲工作的那个学校去看过。没去的时候,地方学校很紧张,担心省里面专家来他们学校督导,会给他们下一个不好的结论。但实际上我去了这个乡村小学,心里还是有父亲当年曾经在这里工作过的那么一层关系,是很亲切的。

我父亲调回到我们本县工作以后,先是在我们公社里一个村小做老师,后来他又被调到隔壁一个公社的小学去做教导主任,"文化大革命"刚开始的时候,他又被调回我们公社的灰墩小学做小学校长,后来又被调到公社去做民政助理。我母亲她会裁缝手艺,帮前后村的村民做个褂子裤子之类,平时这个副业还是有一些收入。加之我从小就跟随外公外婆生活,外公外婆那是宝贝一样地疼爱我,也宠着我,我和外公外婆家庄子上的孩子们处得也不错,尽管我们在街上的小学上学,那街上的孩子基本上不大敢欺负我们。要是街上的小孩欺负我了,庄上一起读书的孩子,都会出来帮我,不会让我受到一点点委屈。

我外公曾经被国民党抓壮丁在国民党的部队当兵,做那个国民党师长的警卫员。抗战的时候,那个国民党师长的一条腿被日本鬼子子弹打断了,我外公把他从战场上背下来,那个师长后来就非常感激他、器重他。但是抗战胜利后,国民党打内战,他就跑回来了,不愿再当兵打内战。也多亏那个时候跑回来,要是参加内战再跑回来,就很难了。外公性格豪爽,加之年轻时候在外面当过兵,所以见识多。我外婆虽然是大字不识一个,但是她特别智慧,就好像下棋,前考虑多少步,后考虑多少步,进退周到考虑周密,因而家庭成员,包括左邻右舍,都对外公外婆这两个老人特别敬重,无论有什么事,外婆只要一发下话,那周边村民是没有人敢不听的。应该说,我从一岁就跟着外公外婆生活,他们是我的启蒙老师,外婆这样有智慧、有见识、特别有主见的人在指导着我,外公又是那么洒脱,那么勤奋,种地方面是一把好手,他们对我的成长影响很大。

那时候,很多的孩子家里是吃上顿没下顿,家庭条件不怎么好。由于父亲做老师,母亲会缝纫,外公外婆又很勤劳,我小时候家庭生活条件还是非常不错的。良好的家庭条件和氛围环境,让我从小就养成了一个爱读书的好习惯。我记得一年级二年级就开始读《三国演义》《西游记》了,记得还有本书是《春秋列国故事》。当时,周边的一些孩子比我看书多的、阅读多的,基本上找不到。我们庄子上的大人一闲空下来,也会围着我,让我来讲讲书本里的故事。因为爱读书,读的书比较多,所以在我的小学这个阶段,成绩应该是一直不错的。在四年级的时候,我回到父亲做教导主任的村小上学,那个学校的条件比完小的条件差,也就几个教师,学生也少,采用复式教学。我父亲后来调到公社做民政助理,我偶尔也会随父亲到公社大院里,公社里面的那几个领导他们都认识我。有一次一个人武部的领导来到我们读书的那个小学,我那时候读五年级,他专门找到校长和班主任老师把我喊过去,我去的路上,心里吓死了。当时,人武部的领导是挂枪的,一个挂枪的领导找我,心里怎会不害怕。因为我父亲跟他是同事,他听说我在这个学校读书,就要来看我一下。他问老师,这个孩子学习成绩怎么样?不得了,你想,机关里的人到小学里面来看一个学生,还问老师说这个孩子成绩怎么样,老师心里肯定也是很忐忑的。实际我的成绩很不错,用不着老师特别关照,但是老师对我还是很好的。

一转眼,几十年过去了。哪怕几十年过去了,我魂牵梦绕的,还是街南头的没有围墙、只有围沟的那个校园,还有那"工"字形的校园教室,还有在那个校园里面跑啊跑啊的快乐场景。几十年过去了,我仍然怀念过去的那个乡村小学,怀念在乡村小学读书的无忧无虑的童年时光。

二、我的乡村中学

我们读完小学五年后再上初中的时候,"文化大革命"实际上已经开始了。当时,国家要求学校教育要与生产劳动结合,于是很多地方就设立了农业中学。我们那个地方一开始也设立了一个农中,后来农中又跟小学并到一起,等到我上初中的时候,农中变成了七年制学校。那个时候,学习和生产劳动、民兵训练连着安排,从暑假到寒假一直没有闲着。当时,小学五年、初中两年,也就是七年制的学校,是村里办的。当时大办农中的时候,缺教师,这个代课教师或者民办教师也就大量出现了。新搞了很多乡村学校,正式教师不足,就从以往的初中、高中毕业生中找他们来上课,这些人叫代课教师。因为,学校的办学经费、教师工资都是乡村集资的,所以后来这些代课教师紧接着就转成民办教师。我在上初中的时候,那几个老师都是代课教师和民办教师,但他们也都是选拔出来的,教学水平也很不错,他们的敬业心责任感,和现在的教师比,一点都不差的。

但是,这些代课教师和民办教师,毕竟不是经过那种正式的师范学校训练出来的,因而也就会在教育教学中出现这样那样的问题。在初中阶段,我们班里有一个数学老师,他上课的时候,那种歇后语,那种成语,那种俏皮话,那是如同小毛毛雨一样,是连续不断的,也能够提神,也能够调动大家积极性,然后批评学生的各种挑剔话,比较尖刻。作为学生,我当时也并不感到这个老师的教学有什么问题,后来工作以后自己做老师了,才感觉到那个老师教数学存在不严谨、不准确等问题。一次,县教育局领导到我们的学校来调研教学质量什么的,就安排学校考试,结果我们一个班级的数学成绩只有我一个人是 61 分,其他同学都不及格,还有不少零分,那个老师也因此受到了上面领导的严肃批评,后来这个数学老师被安排到其他学校上其他的课,听说课上得还很不错。但是一直到我工作以后,我也是始终觉得不是他个人文化水平不好,只是他没有掌握好教育教学方法。当时学校里有两个比较称职的语文老师,一个教六年级,一个教七年级,两个语文老师那水平都是特别高,只要有他们两个老师在那地方顶着,其他语文老师都排不上号。所以,我就觉得,这个里面有一个教师使用的问题,教师使用要得当,要用教师的长处,评价一个教师也是如此,要给教师改变的机会。

当时，我虽然上初中了，但只有13岁左右，毕竟还是未成年人，在班级里面也是好玩的一个学生，运动量也比较大。语文老师都把我那个情况告诉我父亲，我父亲当时已经做小学校长了，我母亲也有一定文化，他们也没怎么批判我，只是要求少玩点，要求我多读点书。父亲对待小时候的我们读书，总是说什么"书读百遍，其意自现"，要求翻来覆去地读，读的次数多了，也就几乎都把它背下来。其实，父亲购买的书，都被我翻来覆去地读过好多遍。因为是"文革"时期，初中的数理化差不多没怎么学，学校要求学生都参加民兵训练，实行半军事化管理，因为我成绩不错，又爱运动，体质好，大家就推一个年纪大点的同学做连长，我做指导员。学校要求学工学农，也不谈什么文化成绩，就是参加运送农田肥料、学习栽棉花、学习种大豆种花生这样一些生产劳动，在劳动中大家交往多了，也就比较熟悉。所以，多年以后，前后几个年级同学一起参加集体劳动，大家都知道我的名字，都说我文采好，文章写得好，会劳动，劳动能力强。现在大家见面的时候，很多比我年级低的同学都认识我，他们都还是开玩笑叫我"大师兄"。有的时候，我们一见面，比我小几个年级的，我也会说我们是同学，我们都是"灰墩中学"毕业的，大家都是同学。

到高中的时候，一开始强调一点教学质量，课也上。从1972年开始，对学习社会科学理论或自然科学理论有发展前途的青年，中学毕业后不需要专门劳动两年，可以直接上大学。这样一转变，全国教育事业出现一些新气象。那时特别提倡"启发式"教学，时兴什么"开门办学"了，就是"走出去，请进来"。"走出去"就是将学生带到田头听老贫农讲忆苦思甜的故事或者土改往事，"请进来"则是老师不讲，请插队知青或老干部、老党员、老退伍军人来校给学生上课。但到1973年，教育界发生了"黄帅事件"等，这些事件影响特别大，学校一下子又不敢抓教学了。因为这个原因，我高中大概也就认真学习了一年，其余两年多是参加劳动。

在高中阶段，我的学习还是很好的，高中的师资条件还是可以的。我们当时高中的老师，有一部分是从小学初中提上来教高中。有一个老师，是南京一个工厂的技术员下放下来的，这个技术员被安排来上我们的课，教学水平不错。但当时学校整个设备条件是很差的，比如说物理，我们从来没做过物理什么实验，大概只有演示课，没有实习课。我记得那个化学朱老师做什么酚酞实验，说什么pH值等于4的时候，这个就是粉红色。我当时在班上年龄属于中等，个子也不算高，所以在教室里面大概坐在第四排或者稍微靠后一点的位置。所以在朱老师做那个化学实验演示，他问这是什么颜色的时候，结果大家都能看出是什么颜色，就我看不出来，但我又不敢说。就这一个不敢说，后来就坑了我不少。高考体检的时候,医生把色谱本拿到我面前问这个是什么,色谱上是小公鸡,结果我说是羊,色谱上是五角星,我说是三角形,反正都是错的。结果呢,医生就判了一个"死亡",所以我做科学家的梦就没有了。1977年参加高考,当时家里坚持叫我考理工科,成绩出来后一看不能读理工科,赶紧再请人去改报师范志愿。因为"色盲"(其实是色弱),上师范还没得其他的选择,只能上数学。其实,我当时的文理科应该说比较平衡,但是文科更好一些,我要考文科会更好一点。

三、我的师范教育

1977年,国家恢复高考。我这个高考的过程也是一波三折,当时是先抽考,再复考。在抽考时候,我是我们班级中几个高分同学中的一个,然后到复考的时候,也就是第二次考试的时候,结果语文试卷我大概是做了40分钟就好了,就坐在考场的位置上消磨时间等考试结束。而等到交卷的时候,才发现背面的作文没做,真是懊悔万分。后来高考分受到影响,我就上了江苏师范学院淮阴分院(后来叫淮阴师范高等专科学校)。如果说当年我不是考理科而是考文科,加上我不出现"漏写作文"这样的顶级错误,那我怎么也会考一个像模像样的大学,后来的发展前景可能就会不一样。

我大学上的是数学专业,但是自己的兴趣不在这个方面,学的也就一般。毕业以后,先是到市第二中学做了两年数学教师,还做了团委书记。工作中先是函授进修汉语言文学本科,后来考到江苏教育学院脱产学习教育管理本科,也就逐步从数学这个理科专业跳到了人文社科这个方面来了。我为什么要报考江苏教育学院教育管理本科毕业呢?是因为当时省里招生要求是教育管理干部、骨干教师,这是最起码的岗位履历要求。我当时正被抽调到市教育局组织人事科,是教育局重点培养的干部,因而有资格参加报名考试。当时全省大概有五六百人报名,最后也就录取了40个人,可以说是过关斩将,很不容易。这个专业,很明显的就是培养教育领导干部,我们班四十个人,有担任县市教育局长的,也有担任县级领导干部的,有一个同学还做到了市级领导干部,就是常人眼里的发展最差的一个同学,后来也担任农业中专学校的校长。当然了,还有一部分同学成为大学的副教授、教授,各个同学的个人发展还是很不错的。

我大学报考的是本科南京师范学院淮阴分院,后来这个学校改成了淮阴师范高等专科学校,变成专科了。这对我们那批学生是不公平的,大家很是不服气。但是,1979年爆发了对越自卫反击战,然后组织上对每一个同学都做说服工作:国家都打仗了,你们还为这三年专科四年本科产生矛盾。四年本科又改成三年专科,这也算是高校发展在那一段特殊时期的特殊情况,但也并非个例。虽然我们后来也是安心接受本科转专科的事情,但我认为,三年的师范训练时间,对于做教师来说,实际上是不够的,而且课程面也不太宽,大都是专业类课程。当时教我们教育学的老师,每周来上一次两节课,上课也不生动,没有心理学老师,整个大学期间,我感觉教育学心理学的训练比较缺乏。从做教师的这个角度讲,我们当时在学校中受到的教师教育训练,跟现在的情况相比那真是差远了。所以,从教师培养来讲,我是主张这个专业面要宽一点,要强调教师教育综合素质的培养。你不管教语文还是教数学,除了学习要教的学科课程知识,还应该掌握教育学、心理学、社会学、政治学、哲学等较为广泛的人文科学知识,要有学科教学法方面的知识与教学实践训练才行。

毕业后我到一个学校做教师,先是教数学,同时做班主任,班主任工作中对于这些孩子的要求也很严。也就是几年前,我三十多年前教的那个初中班同学聚会,邀请我去参加。聚会上,大家都说老师您当时给我们上课和做班主任对我们要求可严了。当年教的那些孩子的名字,现场我都能够叫得上,我就对他们说:"你们刚才把我这么夸来夸去,应该说我那个时候事业心责任心强。我在没上大学之前,做过生产大队青年书记,并且入了党,18岁上大学,在大学里边我也是学生干部,所以说这个基本素质是没问题的,教书做班主任,也热心、认真扎实。但是毕竟当时所受的师范教育训练的系统性、全面性不够,对教育没有那么多的理解,对学生也没有那么多的尊重,方法也不尽正确。尽管我工作的出发点是好的,但是按照现在来看的话,有的还是需要调整调整。当时的我不怎么懂教育,有的做法不完全正确和科学,如果让我再来一次重新做你们的老师,我会做得更好的。"我当年教的那些学生,现在都五十几岁了,他们的孩子也都读大学了,也都成家了。我对他们所说的一番话,意思就是说做教师光是凭你的认真是远远不够的,你还必须有足够的素质,必须有对教育的足够的理解,有一整套科学的方法才行,这个观点也是我从读了大学、一路教书走过来对教育的一个基本认识。

四、我的乡村教育情缘

我刚参加工作不久,有一段时间把我抽调在市教育局组织人事科工作,因工作需要会时不时到乡村学校调研了解情况,或者到学校去考察学校干部。当时,苏北地区乡村学校的条件还很差,我们到乡村学校首先是看学校的房子,就是要求学校不要有危房,不要动不动房子哗的一声在上课倒了,把老师砸了学生砸了,那就是不得了的大事。在80年代初,我们这边很多的乡村学校危房普遍存在,有的学校连教材都缺乏。记得有一次我去了两所乡村联办中学,我去看的时候,那个教室里面,那就是一张像样的学生课桌板凳都没有,都是那个缺胳膊少腿的,教室那个水泥地坪呢,也就是把那种不规则的建筑水泥块把它敲碎抬过来就用了,犬牙交错的,教师门板也破烂了,窗户就是一个出气孔,上面哪有玻璃什么窗户框的,到冬天天冷的时候,那就是用什么塑料薄膜把它钉一钉。所以当时学校的条件确实是很差,当然不同的学校也有差异。还有一次是到一个镇上中学去考察去调研,那是一所初中,现在还在。学校的校长就出面给我们介绍学校的情况,并带我们在校园里四处走走。你知道,一个学校的校长在一个地方是很有地位的。下午考察结束后,学校安排我们吃晚餐。当时,学校也没有禁酒一说,校长那天酒喝大了,喝大了以后回到学校宿舍。半夜了,他带着点酒劲,衣服扣子也没扣好,脚上的鞋带也松了,就站在操场上喊几个学生的名字:某某某,来,你们唱小唱给我听。我们现在说起这个校长半夜叫学生唱小唱的故事,都觉得很好笑。当时很多乡村学校的规范化建设、学校领导的素质问题等等,都是不够的,很不规范的。后来这个校长被人家反映了,县里就把他调整到其他学校担任副校长去了。

1985年全国第三次教育工作会议召开,然后就发布了《中共中央关于教育体制改革的决定》文件,这个文件的一个重要的精神,就是教育体制改革问题,强调把发展基础教育的责任交给地方,有步骤地实行九年制义务教育。教育体制改革首先强调这个办学体制调整,提出"人民教育人民办,办好教育为人民"这个口号,调动地方政府、老百姓参与基础教育办学的积极性。义务教育经费投入的主渠道就是国家财政和地方财政投入,要求乡财政收入应主要用于教育,通过"产、税、费、社、基"多渠道筹措教育经费,缓解了义务教育办学经费短缺的问题。其中,老百姓为教育出了不少钱,既包括财税费中的部分,也包括老百姓孩子读书上缴的学杂费等,农民的负担确实是很重的,他们为义务教育发展做出了重大的牺牲,当然这也是农民对义务教育发展的重大贡献。后来国家财政条件不断好转,在2001年开始实施"两免一补"政策,也算是国家对农民当年教育付出的一种补偿吧。因为教育经费短缺,20世纪80年代中期到90年代后期,大中小学差不多都在做"校办企业",把学校围墙全部拆掉,建成小平房,对外开店开场,每个学校都成立一个机构,叫勤工俭学办公室。学校办企业搞钱,一度成为学校的头等大事,很多学校都是校长或副校长抓校办场。有个故事说:学校的校长究竟应该姓钱还是姓教?大家讨论得很热烈。学校没有钱,校长干啥都不行,学校的校长要姓教,但是必须要有个姓钱的副校长来抓钱。当时很多的校办产业很红火,国家政策在这块也是放宽的。

很多乡村学校所在的县市,虽然经济条件不好,教育经费紧缺,但是当地却是非常重视教育。特别像我们这个苏北地区,当年的宿迁作为一个县级市,的的确确是以"再难也要办教育"出名的。你去宿迁考察会发现,乡村里的最好房子一定是学校,县城最好的房子一定是学校。所以这个霸王故里,那种霸气还是有的。又如涟水也是"再穷不能穷孩子,再穷也要供孩子上学校",重视教育的风气浓厚。它是农业为主的,那才是正儿八经的穷,孩子不读书就没有出路,打工的地方都没有。但那个地方的家庭重视读书,社会上尊重读书文化人,这种重视读书的传统造就的人也是这样的,不是那种大呼隆出风头的风格,培养出来的人都是性格敦厚,基础不错,是稳扎稳打、按部就班地办事。学校也是建得整整齐齐的,追求的是一种朴实、大方。一直到现在,涟水的教育应该说也还是一个品牌,是对外交往、展示地方形象的一个重要名片。

教育管理体制改革的一个重要内容就是改革这个学校内部管理体制,强调实行校长负责制。改革开放初,学校正常的教学秩序还没有完全建起来,我记得是刚做班主任,当时我们学校有七八个老师一起去了校长办公室,都把书本还给李校长了,说没法上这个课,学生在教室里面闹得乱得不得了。那个校长就说:你这个课堂站不下去也得站,要想尽办法跟孩子们斗智斗勇,把孩子镇下来。所以,那个时候学校正常的教育秩序都没得到恢复,教学也好,当班主任也好,你要想办法,你要稳住孩子,你要软的硬的都来,跟他左谈右谈的才行。现在实行校长负责制,就强调校长办学的责任,要挑起学校这副重担。校长负责制,它是四位一体的,就是上级领导、校长负责、党组织党支部监督,教职工代表大会审议。1985 年的教育体制改革,我们国家特别是通过对中小学经费投入、中等教育结构以及学校内部的管理体制等方面的改革,为稳定、健康发展当时的基础教育提供了一个重要的保障。一直到 1993 年《中国教育改革和发展纲要》才出来,这个纲要是一个解决教育领域中各种各样问题的系统性文件。"文化大革命"那么多年,百废待兴,1985 年出台的《关于教育体制改革的决定》就主要解决体制问题,到 1993 年的时候,把教育所有的各种各样的问题都摆出来,以改革发展纲要的方式去全面解决教育中的问题,包括农村中小学中的教师问题、经费问题、质量问题等等。后来,也就是在 1999 年国家发布《面向 21 世纪教育振兴行动计划》和《中共中央 国务院关于深化教育改革,全面推进素质教育的决定》,再到 2001 年的《关于基础教育改革与发展的决定》《基础教育课程改革纲要(试行)》,再到 2003 年国务院发布《关于进一步加强农村教育工作的决定》等等,通过解决基础教育中的普遍问题,再到重点解决农村教育问题,把农村教育问题与农村建设统一纳入考虑,进行统一规划,一步一个脚印,乡村学校办学条件在不断改善,乡村教育质量在不断提高。我从乡村小学、初中、高中一路走过来的,得益于这个乡村学校,对乡村学校带有深厚的情感,同时也深深感受到乡村教育自改革开放后发生的巨大变化,当然希望乡村教育未来有更好的发展。

因为从事师范生培养工作,我经常深入乡村学校调研,通过调研,我发现:第一,随着城市化进程加速,乡村学校规模大为缩小,学生数锐减。伴随着改革开放,大量乡村里面的年轻人就进城成为新城市人,农村人口就逐步地减少,这样一来的话,学校教育也就有一个结构性调整的问题。乡镇上初中的规模当然也在缩小,很多也就是一两个年级,一个年级也就一两个班,整个学校加起来学生也就200余人。第二,各个乡村学校办学困难重重。比如说教师缺编问题,很多乡村学校教师缺编不是说人员缺编,而是它缺一些课程教师,是结构性的教师缺编,有的课程它没有教师,有的课程教师又年龄偏大,这就会带来教学质量问题。我们在调研中也发现,很多地方通过城乡学校教师交流,来改变乡村学校的教师整体结构和教育教学水平,我认为这个教师交流最好要与整个新农村建设配套。第三,乡村学校的现代化建设,它不单纯是一个学校设施设备现代化,也不单纯是教师的现代化问题,还包括整个社会的人的现代化问题。现在我们说这个全球化,美国是想退出全球化,它也要搞小圈子,但是我们的现代化进程不会被打断,它也打不断。我们现在提出壮大内循环外循环,也叫双循环,就是建立完善国内统一大市场。乡村学校的师资、生源、教育经费等等,这些都要纳入全国统一的教育大市场来考虑,就是教育的双循环建设。所以,要站在更高的视野,从这个更远大的时空看学校整体的现代化,推进学校现代化建设,实际上是追求我们学校办学的个体或者主体的这种自我意识的觉醒。在现代化的进程当中,我们学校越来越有主体性了,我们学校中的人的自我主体性越来越强了。现在,很多乡村学校的办学水平、师资质量、教学质量都提升了,它必然需要经历一个从外控走向内生发展的过程。我们强调规范化,首先要规范化学校建设,在规范的基础上再强调自主性,强调内在性。从乡村学校的现代化而言,就是在原来的非常贫弱的基础之上,我们先追求均衡,在追求均衡的基础之上,我们再强调这个内涵的建设,走向内生的、一种优质的高质量发展,这是在更高水平上的乡村教育现代化。

我在工作中,与乡村教育结缘的另外一件重要的事情,就是我工作中一直关注乡村中小学校长培训的问题。我从江苏教育学院毕业后,就调到淮阴教育学院工作,当时主要承担教师培训工作,包括80年代中后期的中小学校长培训工作,参加培训的大多是乡村学校的校长、副校长。刚开始培训,我发现乡村学校的校长在学校管理方面的专业性远远不够,更谈不上什么教育思想。李岚清同志说过:"一个好校长就能带起一个好学校。"这是很有道理的一句话。一个学校的发展是无止境的,校长的发展同样是无止境的。在人生短短的几十年里,如果说有那么一个阶段把你推到一个学校的领导岗位上,让你负责一个学校的建设和发展的任务,那真是难得的机遇。你在这个岗位上能待的时间也就是十年八年的,需要好好发展自己的专业从而服务所在的学校。所以我在校长培训中经常会说:做一个承担责任的人,不要辜负这样的职场,一定要珍惜,一定要在这个岗位上充分施展才华,一定要尽职尽责,发挥自己的才干,负起责任来,尽可能地能把所在的单位建设好。等到你退下来的时候,要说我尽责了,有付出也有收获,没有遗憾。凡是在岗位上的,校长也好,普通老师也好,你要敬业,要敬重敬畏这个岗位,一定要发挥作用,一定要创造价值。回过头来,你也会很欣赏你的过往。

经历过"八五""九五""十五""十一五"近二十年的校长培训工作,很多校长的学校管理能力大为提升,也使得我们的基层学校发生了本质性的变化,一大批学校办学不断升级,办学水平显著提升。基础教育也从 80 年代初强调"双基"(传授基础知识、训练基本技能)和"双力"(发展智力、培养能力),到强调个性化、兴趣、需要、动机、情感、态度、价值观,再到 90 年代全面推进素质教育,到了 2016 年又提出核心素养,强调发展核心素养是实施素质教育的关键。从校长培养的这个角度,校长的教育事业在提升,整个学校的发展任务、发展水平也和以往大不一样,所以新时期校长培训工作也要迭代升级,要从学校管理规范培训、学校管理质量培训,走向强调学校文化、学校个性化培训。培训也为校长的专业发展搭建了平台,乡村学校校际这种交流变得频繁起来了,很多校长经过努力学习努力实践,后来成长为教育家型的校长。通过校长培训工作,我也深刻地认识到:没有教育思想引领的那种教育是没有灵魂的教育,你不把教育看透,不进行教育理论和实践这种交融,缺少教育理论的品质,缺少教育实践的底蕴,那你即便是做一个合格的教育领导者和管理者,也是不可想象的。

五、我的援藏乡村教育行

1998 年下半年,我报名参加省教育厅的援藏活动,经过教育厅选拔培训后,我就被派往西藏拉萨师范学校支教半年。到西藏支教,很辛苦,特别是到冬天的时候,那里空气中氧气含量只有我们平原地区的百分之五十六十,而且高原上紫外线辐射强,然后你看着脸上的皮一层一层地褪掉了黑掉了,还有胸闷,不能快走。当年在拉萨师范学校,我负责教授他们两门课,大专班的教育学、心理学这两门课,一周六节课。另外每周四下午给他们全校的老师开一次讲座,听众有他们的校级领导和二百多教职工,后来附近的拉萨第五中学的老师也参加听课,加起来有 400 来人。西藏拉萨和江苏这边有点时差,我一般是下午三点半钟开始讲座,中间不休息,从三点半讲到六点钟,讲两个半小时左右。援藏期间,我是每周一次报告,每次报告都换一个话题谈教育。除了专题报告,我还有一个任务就是对拉萨师范学校整个学校自主办学水平评估的所有评估材料把关评阅,并提出修改意见。通过这两次把关修改,把材料中欠缺的东西也就补充完善了,后来学校评估结果非常好。

  工作之余,我有的时候也会出去转转看看,拉萨市区的城关小学、城关中学都去看了,还有西藏大学附中,墨读工卡县中学、小学也去考察了。西藏地区的人口非常稀少,你看我们一个乡镇都是好几万人口,当时查巴拉县是西藏最大的县,大概也就是两万多人,不到 3 万人,那还是西藏最大的一个县,县里面有完全小学,但更多的是教学点,我去了县里的一个教学点。很多的教学点,学生人数少,教师要常年坚持在那地方工作。西藏的面积大,人口又那么少,国家对西藏办学投入也需要很多。所以这些地方,普及义务教育更不容易。因为我们国家东西地区差异很大,所以对待教育,确确实实不能一刀切。西藏是属于少数民族地区的,还有一个双语教学的问题。在西藏,是鼓励双语教学的,作为老师如果说你能够用汉藏双语进行教学的话,那么多加一级工资。所以很多的老师,他就要努力能够进行双语教学,这也是国家在少数民族地区办教育方面很不得了的成就。

  西藏等西部边疆地区,地广人稀,它的教育包括义务教育的实施需要国家在整体层面上统筹考虑。就如江苏的洪泽湖湖西地区,以前有船上学校,就是为了解决渔民子弟上学的问题,现在村民都上岸了,整个湖区都封湖了,国家就需要合理安置好这些湖区的渔民生活,解决其子女的教育问题。我知道,支援西藏等少数民族地区建设是持续多年的国家政策,从国家整体发展战略的这个层面上是大力倾斜与支持西部地区建设,对于西部地区的教育也是如此,它的学校发展还是比较快的,问题也都在逐步扎扎实实解决。比如说,西部地区的义务教育问题,国家强调到 20 世纪末基本普及九年制义务教育,还有个叫基本扫除青壮年文盲。大家都知道,我们国家东西差距太大了,就是在城市建设方面,东部地区的县城建设也是远较西部地区的县城发达。因而在义务教育实施上,就要有东西部地区的差异化要求。我在西藏援教期间,多次到周边去考察,当时拉萨地区的义务教育还好一些,但很多大山里面才是基本普及六年制教育。西藏地区的义务教育,一方面是学校周边的自然环境比较恶劣,同时也很缺师资,虽然西藏地区也有几所师范院校,但培养的师资远远不能满足需求。随着国家颁布义务教育法,西部地区的义务教育发展速度也很快,就是说整个基层学校的情况逐渐变好起来了。随着国家提出《面向 21 世纪教育振兴行动计划》，启动义务教育六大工程，西藏地区在义务教育教师队伍建设等方面也都逐步改善。我相信，西藏地区的城市教育也好，山区教育也好，在祖国强大力量的支持下，会变得越来越好，我也希望我能够再次去西藏，看一看当年支教过的拉萨师范学校以及考察过的藏区小学，和他们再聊一聊我心中的乡村教育。

第八章 乡村教育走向何方？

乡村教育在乡村振兴战略实施中处于十分重要的地位，振兴乡村必须振兴乡村教育。从乡村振兴战略的视角出发，乡村教育应视为提升乡村振兴建设者素质的大教育。在价值定位上，为乡村振兴培养人才是乡村教育的时代定位，抓好乡村适龄学生的素质教育是乡村教育的关键，为了乡村人的幸福是乡村教育的根本宗旨。从乡村教育的价值新定位出发，在乡村振兴的战略框架内，乡村教育要坚持走城乡教育融合发展、多样化发展、自主发展和高质量发展之路。在实施新型城镇化和乡村教育振兴进程中，面向 2035 年的教育现代化提出的要求，我国乡村教育发展仍然面临时代发展所带来的种种挑战，需要解决乡村教育发展进程中所出现的各种争论，建构面向世界、面向未来、面向现代化的乡村教育发展的未来图景和实践径路。

第一节 乡村振兴视角下振兴乡村教育的再审视

党的十九大报告中提出乡村振兴战略，2018 年 9 月，党中央和国务院印发了《乡村振兴战略规划（2018—2022 年）》。乡村振兴作为国家当下的一种发展战略，是对党的十六大提出的"统筹城乡经济社会发展"、十七大提出的"统筹城乡发展，推进社会主义新农村建设"、十八大提出的"推动城乡发展一体化"等政策的延续与深化，同时也进一步突显了在国家振兴整体战略中乡村振兴的重要地位，是城乡关系的又一次重大调整，是对乡村主体地位的再确认。伴随着乡村振兴战略的实施，发展乡村教育事业被摆在了重要位置，教育部也颁布了多项政策文件，策应推进乡村教育事业发展。但是，在实践层面，乡村教育仍然存在着短板，在师资条件、教学质量、文化基础、教育资源供给等方面仍然与城市教育存在较大的差距，这些差距很大程度上制约着乡村教育的进一步发展，也将影响乡村振兴战略的实施效果。振兴乡村必须振兴乡村教育。从乡村振兴战略的视角出发，我们仍然需要对新时期的乡村教育概念、价值取向、振兴路径等问题进行新的审视，这也是当下乡村教育研究与实践亟须解决的重要问题。

一、乡村教育概念的再解读

1. 乡村教育是乡村居住地人口的教育

谈及乡村教育,必然会谈及乡村。对于乡村的概念,一种观点是将其视为一个与城市相对的农村地域,另一种观点是将其视为行政区划上与县市、乡镇区分的农村地域。其实,从地域来看,乡村与农村基本是同义的。如费孝通认为中国社会是乡土性的,乡土性是中国传统社会的典型特质[1],梁漱溟指出中国就是一个村落社会,"求所谓中国社会者,不于是三十万村落其焉求之"[2]等。伴随着改革开放,中国社会发展取得了巨大成就,县镇和农村在经济、政治、文化、教育乃至生存环境、生活质量等方面与城市已经是非常接近了。作为与城镇相对的一个概念,《乡村振兴战略规划(2018—2022年)》指出:"乡村是具有自然、社会、经济特征的地域综合体,兼具生产、生活、生态、文化等多重功能,与城镇互促互进、共生共存,共同构成人类活动的主要空间。"[3]当下中国的很多乡村,山青、水秀、田美,经济文化繁荣,交通便利,跟以往经济文化落后、交通不便的乡村相比,事实上已经发生了极大的变化。

乡村教育需要与农村教育加以区分。对于农村教育,普遍认同的是"农村教育是以农业为基础产业的农村的区域性教育,是指县和县以下的教育,包括县、乡(镇)、村教育"[4]。1999年的《关于统计上划分城乡的规定》指出"乡村包括集镇和农村","农村指集镇以外的地区"。2008年国务院批复的《关于统计上划分城乡的规定》"将我国的地域划分为城镇和乡村。城镇包括城区和镇区。乡村是指本规定划定的城镇以外的区域。"[5]《中国教育统计年鉴》2011年前约30年都是以城市教育、县镇教育和农村教育来分类统计,从2011年开始设置城区、城乡结合区、镇区、镇乡结合区和乡村教育来统计。按此城乡的区域划分和教育统计情况来推断,农村教育是指在农村的教育,是对生活在农村地区的农民及其子女的教育;乡村教育是指在乡村的教育,是对生活在乡村地区的居民及其子女的教育。2003年《国务院关于进一步加强农村教育工作的决定》提出,要把农村教育

---

① 费孝通. 乡土中国[M]. 上海:上海人民出版社,2006:5.
② 梁漱溟. 梁漱溟全集(第四卷)[M]. 济南:山东人民出版社,2005:911.
③ 乡村振兴战略规划(2018—2022年)[N]. 人民日报,2018-09-27(13).
④ 李少元. 农村教育论[M]. 南京:江苏教育出版社,2000:1-2.
⑤ 国务院办公厅关于印发乡村教师支持计划(2015—2020年)的通知[EB/OL]. http://www. Moe. edu. cn/jyb_xxgk/moe_1777/moe_1778/201506/t20150612_190354. Html.

作为教育工作的重中之重,优先发展农村教育。2018年《中共中央 国务院关于实施乡村振兴战略的意见》再次强调优先发展农村教育。相关国家教育政策表述所使用的农村教育包括县城教育、乡镇教育和乡村教育。由此可见,从区位来看,农村教育涵盖乡村教育,乡村教育是指乡村民众居住地的教育,与农村教育的内涵及其外延还是有很大差别的。

2. 乡村教育是提升乡村振兴建设者素质的大教育

乡村教育是指对乡村民众居住地的教育,这一概念表明了乡村教育的服务区域,当然它也具有为乡村民众及其子女接受教育提供服务的功能。伴随着我国城镇化进程,存在大量的农业人口到县城购房并居住在县城里,但其户籍仍然留在其所在的乡村。2016年全国总人口138 271万人,城镇人口79 298万人,占57.35%;乡村58 973万人,近6亿,占全国总人口42.65%。① 2017年我国居民城镇化率达58.52%,而户籍人口城镇化率为42.35%,两者相差16.17%,大约2亿人口。② 居民城镇化率和户籍人口城镇化率相差的原因,是两者的统计口径不一样,但也表明,我国乡村教育的直接面向人口仍然达到6亿人左右。在推进城镇化进程中,城镇承接大量的乡村人口向城镇转移,就必然需要提升乡村人口的文化素质和劳动技能,也就是要提高全体乡村人口的素质。而乡村人口素质的提高,关乎乡村振兴的宏大伟业,单靠乡村教育是难以完成的,它需要中国各级各类教育努力为乡村振兴、乡村教育现代化服务。基于这样的认识,我们乡村教育的服务人口面向上要更宽泛一些,对接的人口也要更广一些,它是一种"大教育"。乡村教育不仅仅满足为乡村适龄学生提供普通教育,还需要为更广大的乡村劳动者和建设者提供更高层次的职业技能教育。同时,也需要中国各级各类教育能够立足于乡村振兴和乡村的未来发展这一种更广阔的事业,为了现代乡村建设培养更多的有志于建设现代乡村的人才,这种人才将来即使可能到乡村去服务乡村振兴和乡村的未来发展,也可能不到乡村去而是留在城市里工作服务城市发展。在乡村振兴战略实施中,乡村教育的服务人口面向的扩大,势必需要重新来建构中国的乡村教育规划和乡村教育的整体建制,需要全社会的教育来关注于乡村发展,服务于乡村振兴。所以,将乡村教育诠释为提升服务乡村振兴建设者素质的大教育,有其现实的必要性和强烈的社会需求。

---

① 中华人民共和国国家统计局.中华人民共和国2016年国民经济和社会发展统计公报[EB/OL].http://www.gov.cn/xinwen/2017-02/28/content_5171643.htm.
② 郝文武.农村教育和乡村教育的界定及其数据意义[J].教育研究与实验,2019(3):8-12.

二、乡村教育的价值新取向

在我国农村教育发展进程中,存在着"离农"抑或"务农"的价值取向之争。"离农"观点认为:农村教育应是"离农"的教育,遵循以城市为中心的城本主义教育价值取向,主张农村教育应促使农村学生跳出农门、适应现代工业生产和城市生活,强调农村教育为城市教育服务,为农村劳动力向城市转移服务;"务农"观点认为:农村教育应是"务农"的教育,主张农村教育应立足农村、以农民为主体、以农村为中心的农本主义教育价值取向,主张农村教育以培育适合农村社会经济发展需要的应用型人才为宗旨,要为农村发展服务。[1] 导致这一争论的根源在于城乡二元对立的社会结构和非此即彼的二元思维方式,当社会结构由城乡二元走向城乡一体化时,人们可以在城乡自由流动,对于农村教育的"离农"与"为农"的争论就不合时宜了。新时代,党和国家提出乡村振兴战略,是对"三农"工作做出的重大决策部署,顺应了亿万农民对美好生活的向往,是建设美丽中国的关键举措。实施乡村振兴战略,也给乡村教育带来了前所未有的发展机遇,同时也需要对乡村教育的价值取向进行新的思考和新的定位。

1. 为乡村振兴培养人才是乡村教育的时代定位

在国际范围内,20 世纪 90 年代以来,由于对农村发展和在农村发展过程中对教育作用的重视与关注,农村教育也被理解为"为农村发展服务的教育"[2]。早在 2003 年 9 月,国务院发布的《关于进一步加强农村教育工作的决定》也指出:"农村教育在全面建设小康社会中具有基础性、先导性、全局性的重要作用。发展农村教育,办好农村学校,是直接关系 8 亿多农民切身利益,满足广大农村人口学习需求的一件大事,是提高劳动者素质,促进传统农业向现代农业转变,从根本上解决农业、农村和农民问题的关键所在。"[3]2018 年发布的《乡村振兴战略规划(2018—2022 年)》指出"乡村兴则国家兴,乡村衰则国家衰。我国人民日益增长的美好生活需要和不平衡不充分的发展之间的矛盾在乡村最为突出,我国仍处于并将长期处于社会主义初级阶段的特征很大程度上表现在乡村。"[4]因而,振兴乡村必须振兴乡村教育,把乡村教育事业放在优先发展的地位,乡村教育要坚持把为乡村振兴培养人才、提供人才服务放在首要的地位。

---

[1] 肖正德,谷亚.农村教育到底为了谁?——农村教育价值取向研究述评[J].教育研究与实验,2019(6):24-28.
[2] 张乐天.全球化视野中的农村教育[J].比较教育研究,2003(12):59-63.
[3] 国务院关于进一步加强农村教育工作的决定[N].中国教育报,2003-09-11.
[4] 乡村振兴战略规划(2018—2022 年)[N].人民日报,2018-09-27(13).

首先,乡村振兴需要大量的服务乡村振兴的人才,乡村教育应主动承担这一重要使命。如果说在"城市"与"乡村"、"城市教育"与"乡村教育"还互不兼容、相互割裂的城乡二元发展时代,讨论乡村教育的"离农"还是"务农"的教育价值取向还有其存在的社会基础,那么在城乡一体化、实施乡村振兴的当下,无论是乡村教育还是城市教育,都应当而且也理应服务于乡村振兴战略的需要,为乡村振兴培养人才,回到立德树人的教育宗旨上。

其次,乡村教育要有大教育的视野,立足于培养有乡土情怀、有志于乡村振兴的高素质人才。从乡村振兴视角来审视乡村教育的价值取向,就是要能够明晰乡村教育系统与教育大系统的局部与系统、部分与整体的关系,审视乡村教育系统多样性与系统性。一方面,乡村教育系统内的普通教育、职业教育和成人教育要相互渗透,相互融合发展,为乡村振兴培养新一代本土人才和新一代公民。另一方面,需要放眼于整个教育系统,在强调发挥基础教育为乡村振兴服务功能的同时,也需要拓展与增强高等教育为乡村振兴的服务功能,以培养富有乡土情怀、能够下得去乡村、有能力发展好乡村的各类高层次现代人才,从而能够为乡村振兴、乡村深度开发提供源源不断的高素质人力资源。

2. 抓好乡村适龄学生的素质教育是乡村教育的关键

据相关研究预测,2016年到2030年,全国乡村小学学龄人口进入退出率为46.19%,乡村初中为57.96%。中国城乡初中学龄人口将于2025年出现拐点,城镇初中学龄人口第一次以2 482万超过农村初中学龄人口(2 314万);此后,农村与城镇学龄人口此消彼长,大体形成2∶8趋势,并保持相对稳定的新的城乡教育格局。[①] 据教育部教育统计数据,2019年全国乡村小学在校生数为2 557万余人,乡村初中在校生数有650万余人;[②] 2020年全国乡村小学在校生数有2 450万余人,乡村初中在校生数637万余人。[③] 全国乡村小学在校生人数,2020年比2019年减少107万余人,下降率为4.18%;全国乡村初中在校生人数,2020年比2019年减少12.6万余人,下降率为1.94%。即便在当前乡村适龄人口不断缩减的情况下,我国乡村小学、初中的适龄人口仍有3 000万人左右。而这部分人口既是未来乡村建设的主力军,也是实施乡村振兴不容忽视的巨大的潜在人力资源,抓好这部分适龄人口的素质教育对于实施乡村振兴战略显得尤为关键。

---

① 杨海燕,高书国.农村教育的价值、特征与发展模式[J].教育研究,2017(6):73-79+86.

② 2019年教育统计数据—中华人民共和国教育部政府门户网站(moe.gov.cn)。

③ 2020年教育统计数据—中华人民共和国教育部政府门户网站(moe.gov.cn)。

我国在1999年就颁布了《中共中央 国务院关于深化教育改革,全面推进素质教育的决定》,素质教育已经实施20多年,对于促进基础教育全面健康发展产生了积极的深远影响。但是,当前的乡村教育在实施素质教育的过程中,仍然遭受着重视学生考试成绩、考上大学离开农村的乡村教育文化氛围的影响,加之乡村学校的办学条件、师资力量等方面与城市学校依然存在着巨大差距,城乡教育存在事实上的不公平,乡村孩子接受质量较差的教育,在升学竞争、未来社会就业与发展中自然处于不利处境。《乡村振兴战略规划(2018—2022年)》指出:"全面建成小康社会和全面建设社会主义现代化强国,最艰巨最繁重的任务在农村,最广泛最深厚的基础在农村,最大的潜力和后劲也在农村。"①从实施乡村振兴战略出发,抓好乡村儿童的素质教育,各级政府势必要引起足够的重视。

实施乡村学校的素质教育,在遵循国家素质教育的整体性要求之外,更应当体现在乡村教育的内容要多样化,就是要使接受过乡村教育的人要有一种多元化的、开放的思维和本领。其实,当今的乡村农业,它也不是传统的农业,未来的乡村农业,其发展方向肯定是一个现代化的农业。那么,现有的乡村孩子长大以后,他可能留在本地乡村,成为未来的农场主或者是从事于现代化农业相关的工作,也可能是他今天离开了,到城市里工作一段时间以后,又从城里返回来做乡村农业工作。所以,抓好义务教育阶段乡村适龄学生的素质教育是最为关键的。这一阶段的素质教育一定要培养他们掌握一些乡村现代农业经济发展方面的技能,具有一种开放的视野,热爱家乡的乡村情怀。如果没有这样的教育内容,未来的乡村教育、乡村学校发展会遭遇更多、更大的困难。当然,深入实施乡村学校的素质教育,不是说把乡村的孩子留在乡村,而且如果乡村不发展、乡村不振兴,乡村也留不住乡村的孩子,他们最终会流转到城市。在现代社会,城乡交流非常便利,留不留在乡村、来不来乡村发展,取决于未来乡村社会的发展态势,根本上还是要通过振兴乡村以提升未来乡村对各类人才的吸引力、承载力和集聚力。

3. 为了乡村人的幸福是乡村教育的根本宗旨

党的十九大做出了中国特色社会主义进入新时代的重大判断,指出这个新时代是"不断创造美好生活、逐步实现全体人民共同富裕的时代"②。党的十九大提出实施乡村振兴战略,是顺应亿万农民对美好生活的向往的战略之举,是实现全体人民共同富裕的必然选择。农业强不强、农村美不美、农民富不富,关乎亿万农民的获得感、幸福感、安全感,关乎全面建成小康社会全局。乡村振兴战

---

① 乡村振兴战略规划(2018—2022年)[N]. 人民日报,2018-09-27(13)
② 习近平. 习近平谈治国理政(第三卷)[M]. 北京:外文出版社,2020:9.

略的实施,为乡村教育指明了新的发展方向,即为了乡村人的幸福,应成为未来乡村教育的根本宗旨。

新中国成立六十余年来,我国农村教育政策从指向服务于政治需要到指向经济发展,最终落脚到农民的发展,即发展目标指向"人"。[①] 全面建成小康社会,包括在乡村实现全面小康,乡村教育固然要为乡村经济全面繁荣服务,但又不囿于为经济发展服务,还应当为包含经济发展在内的人文发展服务。国际社会将人文发展指数界定为人均 GDP、人类的健康水平和受教育水平三大方面,其中人类的健康水平,包含预期寿命已成为社会发展的重要指标。[②] 教育对增进人类健康起着重要的作用。《乡村振兴战略规划》提出的远景目标是"到 2035 年,乡村振兴取得决定性进展,农业农村现代化基本实现。农业结构得到根本性改善,农民就业质量显著提高,相对贫困进一步缓解,共同富裕迈出坚实步伐;城乡基本公共服务均等化基本实现,城乡融合发展体制机制更加完善;乡风文明达到新高度,乡村治理体系更加完善;农村生态环境根本好转,生态宜居的美丽乡村基本实现。到 2050 年,乡村全面振兴,农业强、农村美、农民富全面实现。"[③] 基于这一远景目标,在实施乡村振兴、全面建设小康社会的进程中,乡村教育应成为更加关注全体乡村人的健康并为提高全体乡村人的健康水平而服务的教育。乡村教育要在提高乡村劳动力的素质与技能、推动乡村文明建设、参与乡村治理和生态宜居的美丽乡村建设等方面发挥积极作用,以提高乡村居民的健康水平,不断增强乡村人的幸福感、获得感和安全感,以增进乡村人的幸福为根本宗旨,并以此作为中国当代乡村教育的终极追求。

三、乡村教育振兴的新路径

《乡村振兴战略规划(2018—2022 年)》不仅明确了乡村振兴的目标路径和重点内容,也为振兴乡村教育提供了总体方向及战略重点。我国未来乡村教育改革发展,必须从乡村振兴战略这一党和国家的重大战略出发,强化乡村振兴战略对乡村教育改革发展的规划引领。教育兴则乡村兴,乡村兴则教育强。乡村振兴,提供了乡村教育这一主体振兴的发展框架,在乡村振兴的战略框架内,乡村教育振兴的实践路径也将产生新的变化。

---

① 魏峰,张乐天.中华人民共和国成立以来农村教育政策价值取向的嬗变[J].教育科学研究,2017(11):19-24.
② 张乐天.重新解读农村教育[J].教育发展研究,2003(11):19-22.
③ 乡村振兴战略规划(2018—2022 年)[N].人民日报,2018-09-27(13).

1. 城乡教育融合发展

党的十九大报告提出建立健全城乡融合发展体制机制和政策体系,无疑是乡村振兴战略规划的制度取向。因此,新发展阶段的乡村教育要以城乡融合发展作为首要的发展取向。首先,是要重塑城乡教育关系。乡村教育要走出"离农"或"务农"的城乡二元思维局限,不再视乡村教育为城市教育的"海绵",更不是城市教育的复制品,两者是我国国民教育系统的重要构成,并不存在厚此薄彼的关系。通过健全城乡融合发展的体制机制和政策体系,尤其国家乡村振兴战略的实施,统筹推进城乡教育的融合发展。

其次,是推动城乡教育公平发展。一是要着力解决城乡教育发展不平衡的现实问题。中国现代化的问题在某种程度上就是城乡均衡发展问题,中国现代化的一个追求方向就是缩小城乡差距,实现城乡共同富裕。当前阶段,我国的城乡差距还是比较大,在发达地区城乡差距还好一些。而城乡差距最根本的表现就是教育差距,这种教育差距在乡村也不只是表现在一个失学儿童的教育差距,同时也表现在成人的教育差距。二是针对当前乡村学校在大多数村庄中空位、教育资源在城乡教育中偏位这两大现实问题[1],需要通过优化乡村教育布局与整体规划区域内教育,把乡村教育纳入城乡融合发展整体规划,使乡村教育振兴服从于乡村振兴的整体格局构建。三是针对乡村教育的"具体性问题",按照习近平总书记提出的"精准扶贫"要求精准施策,乡村基层党组织与乡村学校、乡村社区联动,加大对乡村教育中薄弱环节的重点治理力度,推进乡村教育从数量分配的形式公平走向品质享有的实质公平。

当然,城乡教育融合发展与城乡教育统筹化发展以及城乡教育一体化发展有所不同。城乡教育融合发展,离不开城乡教育统筹发展、城乡教育一体发展,它是建立在城乡教育统筹发展、城乡教育一体发展基础上,在新时代发展的一种新的状态呈现。这就要求我们站在乡村振兴这一宏大战略上,不断深化城乡教育改革,创新城乡教育融合发展新模式,实现城乡教育多层面发展的有机融合。

2. 乡村教育多样化发展

从服务乡村振兴战略出发,乡村教育的多样化发展主要体现为:一是乡村教育的层次上,乡村教育在抓好乡村学前教育、乡村义务教育和高中教育的同时,要大力发展乡村的职业教育和成人教育,有条件的乡村还可以发展高等教育,为乡村振兴提供终身教育体系服务供给。《国家中长期教育改革和发展规划纲要

---

[1] 陈文胜,李珺.全面推进乡村振兴中的乡村教育研究[J].湘潭大学学报(哲学社会科学版),2021(5):74-79.

(2010—2020年)》提出"构建完备的终身教育体系"的战略目标,《中国教育现代化2035》提出"构建服务全民的终身学习体系"的战略任务。终身教育体系它指向"促进全体人民学有所教、学有所成、学有所用",这里的全体人民自然包含数量庞大的农村人口。① 构建完备的终身教育体系作为国家的一种教育发展战略,其本身就蕴含着对发展乡村教育的深切关怀与要求。通过构建完备的乡村教育体系,为乡村振兴提供源源不断的高素质、有技能、善学习的乡村建设人力资源,有效保障乡村振兴战略各项任务的完成。二是教育内容上要多样化。在乡村教育系统内,乡村基础教育在侧重抓好乡村适龄学生素质教育的同时,要加强乡村情怀、现代农业技能和技术等方面的教育内容,真正实现乡村适龄学生的德智体美劳全面发展。乡村职业教育、乡村成人教育要侧重于对乡村成年人的现代农业、现代农业企业、现代乡村治理等方面的知识、技能技术培训,同时注入诸如健康、营养、卫生、环境等多样化的教育内容,提高乡村成年人服务乡村发展、建设美丽乡村的意愿,提高农民增收致富的能力,增强乡村人的幸福获得感。三是积极拓展乡村教育的功能。要协调发展好乡村的学历教育和非学历教育、职业教育和普通教育、职前教育和职后教育,加强不同形态的乡村教育之间的渗透,通过改革创新,满足乡村人口对不同教育的需求,努力实现乡村教育与乡村人的幸福生活与生命发展的结合。在这种意义上,乡村教育的发展需要对乡村人口的全覆盖,它不是单单指向乡村适龄学生和成年人的普通教育和继续教育,也应包含指向老年人的社区教育和各种社会公益福利教育。通过拓展各级各类乡村教育的服务功能,有效地促进乡村学习型社区建设和学习化社会的形成。

3. 乡村教育自主发展

乡村教育是在乡村时空背景下针对乡村人进行的教育活动。实施乡村振兴战略实施,乡村振兴的主体是"乡村",乡村教育的主体地位也随之得以确认。乡村教育主体地位的确认,将从根本上改变了乡村教育对城市教育的依附关系,实现乡村教育的发展蝶变。

一是全面补齐乡村教育的发展短板。通过健全完善城乡融合发展体制机制,配合乡村振兴战略实施,政府通过采取在战略、政策、资源等方面加大对乡村教育的支持力度,迅速、全面补齐乡村教育的发展短板。对照面向2035年教育现代化的总体部署和战略设计,国家需要更加坚决地推进乡村教育振兴战略,加大对乡村教育优先发展的支持力度,同时要顺应时代趋势、回应相关农村教育利益主体的合理需求,设计更有智慧、更有针对性的农村义务教育支持政策和有利

---

① 张乐天.《纲要》实施背景下农村教育发展的审思[J].南京师大学报(社会科学版),2011(5):96-100.

于农村儿童享受优质义务教育的社会支持系统。① 通过对广大乡村地区实施支持性教育政策,缩小城乡教育资源配置差距,实现城乡教育公平发展,从根本上扭转弱势群体的不利处境。②

二是要赋予乡村学校更多的办学自主权。办好乡村学校,政府是主导,学校是主体。要有效激发乡村学校的自主办学积极性,首先,政府需要进一步对学校简政放权,通过制定政校之间的权力清单、责任清单和负面清单,科学厘定政府和学校的权责边界,赋予乡村学校更多的办学自主权;其次,需要深化乡村学校内部管理体制改革,强化乡村学校的内部治理体系建设,形成学校发展的多元共治新格局,激发乡村学校自主发展的内生力量;再次,通过建构乡村学校发展的社区共同体,盘活各类社区资源,吸引乡村各类组织、社会人士参与、支持乡村学校办学,改善学校办学条件,提升学校办学质量。

三是彰显乡村教育的本土化特色。乡村教育属于"乡村",它不属于"城市"。与城市教育比较而言,乡村教育所处的乡村社区环境、教育文化氛围均有其自身的特点,乡村学校的教育对象、教育手段、教学方式也会与城市教育有很大差异,加之乡村蕴藏着的丰富的教育资源,这些都为乡村教育发展"本土化"特色提供了充分的条件。在乡村振兴战略实施中,要充分发挥每一所乡村学校作为其所在地区的教育与文化中心的作用,发挥乡村教育的"本土资源"优势,形成乡村学校差异化发展和特色发展的良性格局,为建设产业兴旺、生态宜居、乡风文明、治理有效、生活富裕的现代乡村赋能。

4. 乡村教育高质量发展

《中国农村教育发展报告(2017)》分析认为:目前中国教育城镇化率达到76.48%,即教育非城镇化率仅为23.52%,乡村教育的"小众化"特点更加明显,乡村教育进入"小众化"时代。③ 党的十八大确立了建设"人民满意的教育"的目标追求,通过建设高质量乡村教育带动乡村事业的整体发展,实现了乡村教育治理由原有的"政策视角"向"整体化的教育发展视角"的转向,改变了以往"就农村论农村教育的框架"格局④,构建了新时代乡村教育高质量发展格局。未来一段

---

① 邵泽斌.改革开放40年国家支持农村义务教育的政策经验与反思[J].教育发展研究,2018(20):1-7.

② 何杰.支持性教育政策的意蕴、特征与问题规避[J].教育发展研究,2013(23):46-52.

③ 高书国,马筱薇.振兴中国乡村教育的内在逻辑与实践路径——乡村教育进入"小众化"时代后的理论准备与战略研讨[J].中小学管理,2019(7):5-8.

④ 杨润勇.中国农村教育发展报告(2012)[M].北京:教育科学出版社,2013:406.

时间,我国乡村教育的高质量发展应抓好以下三个方面:

一是坚守国家标准。乡村教育的高质量发展,重点是基础教育。要在坚守国家关于现代化中小学、幼儿园建设标准的基础上,按照乡村振兴发展战略和《中国教育现代化 2035》等纲领性文件,及时制定适应乡村教育发展状况的乡村中小学、幼儿园标准,规范乡村基础教育的发展。要持续深化新时代乡村教育的供给侧改革,重点是加大对西部山区、少数民族地区等最贫困地区的教育扶贫力度,实现这些最贫困地区学龄儿童从"有学上"到"上好学"的战略转变。

二是坚持"文化铸魂"。乡村教育则是乡村文化的孵化器。乡村振兴既要"塑形",也要"铸魂","文化"就是乡村振兴的魂。"在现代化进程中厚植'乡村中国'的文化底蕴,改善农民的精神风貌,不断提高乡村社会文明程度,使乡村焕发文明新气象,进一步彰显社会主义现代化强国的乡村维度"。[①] 通过树立"厚植乡村文化之根"的教育理念[②],坚持乡村教育"为了乡村人的幸福"这一根本宗旨不动摇,强化乡村教育的社会性服务,促使乡村教育主动融入乡村文化与乡村公共生活,真正发挥好乡村教育在乡村文化建设中的"孵化器"作用。

三是创生乡村教育新生态。《乡村振兴战略规划》要求"积极发展'互联网+教育',推进乡村学校信息化基础设施建设,优化数字教育资源公共服务体系。"[③]以云计算、大数据、人工智能等新一代信息技术应用为特征的第四次工业革命浪潮中,我国的乡村教育要积极适应并回应时代的发展变化与需求,不断探索"小众化"时代乡村小规模学校的发展样态。通过构建乡村教育数字化平台,有效实现区域内外的优质教育资源共建共享,打造高质量的乡村教育文化品牌,增强优秀乡村教育文化的创新与传播力度。广大乡村学校要积极探索"互联网+教育"生态下新教学支持要素,不断深化课程教学改革,推进混合式教学改革和学习方法变革,数字赋能乡村教师的专业成长。

第二节 乡村教育的时代挑战与争议

从党的十九大到二十大,是"两个一百年"奋斗目标的历史交汇期,既要全面

---

① 范玉刚.乡村文化复兴与乡土文明价值重构[J].深圳大学学报(人文社会科学版),2019(6):5-13.

② 彭泽平,曾凡.中国共产党农村教育的百年实践:历史嬗替、经验与未来理路[J].教育科学,2021(4):10-18.

③ 乡村振兴战略规划(2018—2022 年)[N].人民日报,2018-09-27(13).

建成小康社会、实现第一个百年奋斗目标,又要乘势而上开启全面建设社会主义现代化国家新征程,向第二个百年奋斗目标进军。乡村教育是乡村振兴的重要基石,为了全体乡村人的幸福是其根本宗旨,担负着为乡村振兴培养高素质的建设者和劳动者的历史重任。《中国教育现代化 2035》指出:"到 2035 年,总体实现教育现代化,迈入教育强国行列,推动我国成为学习大国、人力资源强国和人才强国,为到本世纪中叶建成富强民主文明和谐美丽的社会主义现代化强国奠定坚实基础。"[1]中国当下的乡村教育,重任在肩,道路漫漫。在中国社会急剧转型、百年未有之大变革的进程中,中国的乡村教育发展需要进一步认识自身的时代挑战,澄清疑惑与争议,采取更加务实的政策,更加坚定地迈向美好的未来,为乡村振兴、实现党的"两个一百年"奋斗目标夯实更加坚实的基础。

一、乡村教育发展面临的时代挑战

（一）教育现代化进程中乡村教育式微问题

中国数千年来以农业立国,农业、农村、农民关系国家民族的存亡,以农为本、以农村为中心的农本主义价值观一直是中国近代以来农村教育思想的主导,农村教育现代化走的都是农村教育中心化的道路,以农村带动城市,以农村"包围"城市,反对西方城市带动农村的工业发展模式。[2] 新中国成立之初,农村教育很大程度上也是吸取了革命根据地教育的经验,到 1950 年 3 月国家政务院在《关于统一管理 1950 年财政收入的决定》中对教育经费做出如下规定:中央政府掌握大中小学,大行政区及省市县立中等以上教育事业分别列入同级预算,乡村小学经费由县级人民政府随同国家公粮征收地方附加公粮解决,城市小学教育、郊区行政教育费等开支征收城市附加政教事业费。[3] 1956 年农村实行合作化,在"两种教育制度,两种劳动制度"思想影响下,开始创办农村中学和共产主义劳动大学的探索,1957 年反右斗争严重扩大化开始,农村教育遭受了严重挫折。"文革"10 年中农村儿童入学率大幅度提高,是对农村教育普及比较快的十年,这得益于 1971 年《全国教育工作会议纪要》的实施,《纪要》提出"大力普及教育,扫除文盲,争取在第四个五年计划期间,农村普及小学教育,有条件的地区,普及

---

[1] 中国教育现代化 2035[EB/OL]. 中华人民共和国教育部政府门户网站 http://www.moe.gov.cn.

[2] 佘万斌,杜学元,谭辉旭. 农村教育现代化的理论与实践研究[M]. 北京:人民出版社,2015:45.

[3] 中央教育科学研究所编. 中华人民共和国教育大事记(1949—1982)[M]. 北京:教育科学出版社,1984:15.

七年教育。要采取多种形式办学,把学校办到家门口,让'农民子女就近上学方便'"。①"文革"结束后党的十一届三中全会确立了"全党工作的重点转移到以经济建设为中心的社会主义现代化建设上来"②,开启了我国农村教育稳步前进的新阶段。1980年颁布《关于中等教育结构改革的报告》提出"县级以下教育事业应当主要面向农村,为农村的各项建设事业服务",1983年颁布的《关于加强和改革农村学校教育若干问题的通知》对普及初等教育、改革农村中等教育结构、建设教师队伍等方面提出了要求,开启农村教育的现代化进程的初步探索。1985年出台《中共中央关于教育体制改革的决定》提出教育经费"两个增长",1986年全国人大通过《中华人民共和国义务教育法》标志农村教育的发展进入新的历史时期,现代农村教育制度在全国确立。1993年《中国教育改革和发展纲要》提出"两基"任务,要积极推进农村教育综合改革,确立教育扶贫、农科教结合的办学模式。1999年初国务院批复教育部制定的《面向21世纪教育振兴行动计划》,促使计划经济体制的教育模式向市场经济体制的教育模式转型。③ 进入21世纪后,我国确立了农村教育在教育工作中的"重中之重"的战略地位,通过一系列的支持农村教育发展的政策,不断调整农村学校办学布局,改造农村义务教育薄弱学校,改善农村学校的办学条件,促进城乡义务教育均衡发展,农村教育现代化发展取得了显著成效。

虽然我国在推进乡村教育现代化进程中一直重视乡村教育发展,但由于新中国成立以来特别是改革开放后一段时间"重城市轻农村"的发展取向,城乡发展二元割裂也越来越严重,乡村教育与城市教育的差距越来越大,加之乡村教育自身存在的不足,乡村教育发展日渐式微,乡村教育的前途与命运令人担忧。

在湖南娄底的涟源市,有一所学校,全校只有一个老师、一个班、6个学生。这所学校唯一教师廖碧玉,自1980年参加工作就在这里任教,见证了这所学校的兴衰。鼎盛时期,这所学校是一所村完小,学生最多有140余名。后来随着新生人口减少,再加上越来越多的孩子随家长流向城市,学校的生源逐渐减少。慢慢地,在校生减少了,班级也就减少了,老师也走了,到现在只剩下她一个老师,守着一个班6个学生。36年的坚守,曾经的身体健壮、精力充沛也逐渐病灶丛

---

① 顾明远.中国教育大系·马克思主义与中国教育(下卷)[M].武汉:湖北教育出版社,1994:1381.

② 朱佳木.党的十一届三中全会与中国当代史上的伟大转折[J].当代中国史研究,2008(5):4-15+124.

③ 佘万斌,杜学元,谭辉旭.农村教育现代化的理论与实践研究[M].北京:人民出版社,2015:51-57.

生、堪堪勉强支撑。但她不知道还能维持多久,更担心接班人会不会及时到位。①

只有一个老师、一个班、6个学生的乡村学校,在我国西部地区、山区和老少边穷地区不是个别现象,而是普遍现象。当普遍存在这样的乡村学校的时候,我国教育现代化进程必然遭遇困局,也难以实现《中国教育现代化2035》提出的教育发展目标,必然也会制约着我国社会经济发展的战略目标的实现。当前我国乡村教育的式微,主要表现为:

一是大量乡村学校走向事实上的"消失"。伴随着我国城市化的快速推进,大量农村富余劳动力进城务工,这部分人的户口在县城购置房产,孩子接到城市学校上学,留在乡村的都是"613899"人群("61"指留守儿童,"38"指妇女,"99"指老人)。乡村人口流失,带来的是乡村学校入学人口和乡村学校的逐年减少。1977年至2017年的40年间,全国共撤并农村小学和初中79.67万所,其中2001年至2017年共减少35.03万所,占40年农村学校减少总量的43.97%,平均每天约有72所农村学校消失。② 至教育部教育统计数据显示,2020年全国乡村高中777所,乡村初中14 211所,乡村小学86 085所,乡村幼儿园101 447所。③ 一些被裁撤的乡村学校,校园长满了荒草,教室变成了村民的鸡圈猪圈羊圈,当年读书声朗朗、生机勃勃的乡村学校已成为村民记忆中的一道美丽风景线。

二是乡村学校办学规模越来越小,学生数量越来越少。大量的乡村富余人口进城,同时也带走了大量本应该在乡村学校就读的适学儿童,而且有很大一部分乡村学生会中途转出乡村学校到父母务工所在的城市学校就读。据统计,2017年全国乡村小规模学校10.7万所,在校生384.7万人。④ 平均一所乡村学校学生数仅为36人。所以出现一个老师、一个班、6个学生的乡村学校并不是个别现象。笔者2019年曾经去内蒙古师范大学参加一个学术会议,会议期间安排到草原上的一个小学考察,学校是一所村小,距呼和浩特市约有150公里。据此学校校长介绍,整个小学现在也就10个学生,老师有8人,每个年级也就是一两个学生,但是学校有一座很漂亮的三层教学楼,教学设施也算很好。乡村学校

---

① 日渐式微的乡村学校:一个学校、一个老师、一个班、六个学生[EB/OL]. https://xw.qq.com//cmsid/20211007A00J2600? pgv_ref=baidutw.
② 邬志辉,等. 中国农村教育:政策与发展(1978—2018)[M]. 北京:社会科学文献出版社,2018:41.
③ 2020年教育统计数据—中华人民共和国教育部政府门户网站(moe.gov.cn).
④ 邬志辉,等. 中国农村教育:政策与发展(1978—2018)[M]. 北京:社会科学文献出版社,2018:46.

的办学规模趋于小规模,并非人口的总量减少了,而是学区内的学生流失到城市学校上学,带来的是城市学校的入学压力剧增。

三是乡村教师不肯来也留不住。乡村教育的发展关键在教师,教育现代化的关键在教师。新中国成立以来,我国乡村教师的学历水平、知识结构、能力素质发生了根本性的变化。在国家政策的鼓励下,农村教师注重通过继续教育不断提升学历,学历达标率不断提高。2007年农村小学专任教师达到高中阶段毕业及以上的学历、农村初中专任教师达到专科毕业及以上的学历和农村普通高中专任教师达到本科毕业及以上学历的分别占99.0%、96.0%和81.2%。[1] 同时,从2010年开始,教育部、财政部每年实施"中小学教师国家培训计划",按照"分类、分层、分岗、分科"原则,以农村教师为重点,持续实施系统性的置换脱产研修、短期集中培训与远程培训,大力提高教师队伍的整体素质。但是,由于很多乡村学校地处山区,交通不便,经济不发达,加之乡村学校所处的乡村文化落后,虽然国家通过高等教育扩招,每年也培养了大量的师范毕业生,但是这些师范毕业生大多选择到经济发达地区的学校就业,不愿意来乡村学校就业,即便来了,待上一两年就会想方设法调离乡村学校。在21世纪初,随着大量的乡村学校撤并以及乡村学校生源流向城市学校,乡村学校原有的教师也纷纷离开,出现"孔雀东南飞"的景象。乡村教师不肯来也留不住,严重地影响了乡村学校的教育质量,也是乡村教育走向式微的重要原因之一。

(二) 乡村振兴进程中乡村教育存在短板问题

党的十九大提出"实施乡村振兴战略",其后通过了《中共中央、国务院关于实施乡村振兴战略的意见》,为了强化规划引领,科学有序推动乡村产业、人才、文化、生态和组织振兴,国家有组织编制了《乡村振兴战略规划(2018—2022年)》。《乡村振兴战略规划(2018—2022年)》提出了"产业兴旺、生态宜居、乡风文明、治理有效、生活富裕"[2]乡村振兴的总目标,明确提出强化乡村振兴人才支撑。教育是培养高素质人才的根本途径和重要保障,推动乡村振兴战略顺利实施,必须大力发展乡村教育。然而,在现实中,乡村教育担负着乡村家庭父辈对孩子"好好学习"能够从绵延几十公里的大山深处走出去、离开祖祖辈辈"面朝黄土背朝天"艰苦生活的期望。乡村教育要从担负为乡村家庭培养"离农"人才的美好愿景,走向担负为乡村振兴培养高素质人才、为乡村振兴提供人力资源保障这一重任,仍然需要正视乡村教育自身存在的短板问题。

自实施农村学校布局调整政策以来,广大乡村地区的义务教育学校经历了

---

[1] 秦玉友,于伟.农村教育发展面临时代挑战[N].中国教育报,2009-04-28.
[2] 乡村振兴战略规划(2018—2022年)[N].人民日报,2018-09-27(13).

大规模的撤销和合并,被撤并的学校其原因是学生数量少、招生工作难、办学条件差、教育质量低等,这类学校大多分布在经济发展落后、地理位置相对偏僻的农村边远艰苦贫困地区,在此类乡村学校就读的学生家庭大多经济条件较为贫困,其父母所从事的职业和家庭经济水平处于社会中下层者居多,这类人群与扶贫对象存在高度交叉。农村布局调整作为整合优化教育资源的一种途径,在为贫困家庭子女提供公平而有质量的教育方面发挥着阻断贫困代际传递作用的同时,也使那些作为"后20%群体"的家庭面临子女上学的新难题。[①] 当大量的乡村学校被撤并后,当地乡村学生只能去乡镇中心小学、初中就读,入读学校离家较远,增加了家校往返的安全隐患,如果是选择寄宿,也会加剧贫困家庭的经济负担,同时也加剧了贫困家庭子女辍学的风险。国家虽然是加大了对贫困家庭的扶贫力度,也采取措施对贫困家庭学生提供生活费补贴,改善乡村义务教育学生营养,但是在乡村贫困家庭学生的心理关怀、安全保卫、精神发展等方面均需要进一步加大支持力度。研究者曾通过对西部连片特困地区六盘山陕西片区的太白县、陇县、麟游县、扶风县、千阳县5个贫困县的农村留守儿童"五位一体"教育精准帮扶现状进行调查,调查结果显示:当前农村留守儿童群体呈现分化倾向,绝大部分农村留守儿童在心理、志气、道德、学业和技能等方面发展状态良好,少部分农村留守儿童存在程度不一的各种问题,需要给予关注和引导。[②] 对于乡村扶贫,党和政府提出"精准扶贫"理念,习近平总书记强调"扶贫要同扶智、扶志结合起来。智和志就是内力、内因"。[③] 对于乡村贫困家庭及乡村学生的"扶贫"仍然是道路漫长而且充满艰辛,需要各级政府充分重视并通过长期实施"精准扶贫",方能彻底改变乡村教育这一短板。

"撤点并校"是一种基于规模效益的行动逻辑,但是通过这一行动逻辑而形成的乡村学校布局对达成"产业兴旺、生态宜居、乡风文明、治理有效、生活富裕"这一乡村振兴总目标也构成了挑战。乡村是具有自然、社会、经济特征的地域综合体,兼具生产、生活、生态、文化等多重功能,与城镇互促互进、共生共存,共同构成人类活动的主要空间。[④] 在乡村振兴进程中,乡村教育本应与乡村的自然与文化、生产与生活、生态与社会形成一个融合共生的命运共同体,通过实施现

---

① 邬志辉,等. 中国农村教育:政策与发展(1978—2018)[M]. 北京:社会科学文献出版社,2018:35.

② 马多秀,孙浩,何姣姣,雷萌娜. 农村留守儿童"五位一体"教育精准帮扶现状及对策[J]. 北京教育学院学报,2021(4):44-52.

③ 习近平. 在深度贫困地区脱贫攻坚座谈会上的讲话[EB/OL]. (2017-09-02)[2021-06-21]. http://www.gov.cn/.xinwen/2017-09/02/content_5222125.Htm.

④ 乡村振兴战略规划(2018—2022年)[N]. 人民日报,2018-09-27(13).

代农业教育、农业产业经济教育、农村劳动教育和现代公民、乡贤教育,倡导生命教育、生活教育和生态教育为主的"三生教育",践行一种开放的、改造的、创造的教育,在乡村儿童的心中播下经济的、生态的、文化的、民主的、科学的种子,充分发挥乡村学校在乡村社会改造和乡村振兴中的作用,以校风改变家风推进民风,用知识改变家庭改造社会。乡村学校不仅是乡村社会的教育机构,也是乡村社会的文化符号。然而,乡村学校大规模的撤并运动,打破了"一村一校"的乡村文化格局,学校与乡村的互动过程因遭到外力的割裂而中断,乡村学校从乡村这一空间的抽离也为乡村振兴埋下了隐患和难以言说的"悲情"。生态宜居是乡村振兴的关键,乡风文明是乡村振兴的保障,产业兴旺是乡村振兴的重点、治理有效是乡村振兴的基础、生活富裕是乡村振兴的根本。乡村学校的离场与消亡,乡村的"生态宜居"的内涵式发展也就难以延续,"乡风文明"也就失去了重要的文化依托,也使得私德乡约的文化传承面临着困难,乡村的"产业兴旺""治理有效""生活富裕"也会失去高素质的人力资源,乡村民众美好生活的幸福感也会降低。

(三) 新型城镇化发展中乡村教育资源供不充分问题

2013年12月在北京召开的中央城镇化工作会议明确提出:"走中国特色、科学发展的新型城镇化道路,核心为以人为本,关键是提升质量,与工业化、信息化、农业现代化同步推进。"[①]2014年3月份正式发布了《国家新型城镇化规划(2014—2020年)》,2014年12月国家发改委等11个部委联合下发了《关于印发国家新型城镇化综合试点方案的通知》,将江苏、安徽两省和宁波等62个城市(镇)列为国家新型城镇化综合试点地区。伴随着我国推进新型城镇化建设,我国的城市化水平快速提升。中国在改革开放30年时间当中,城市空间扩大了二三倍,至2014年9月我国的城镇化率达到了53.7%。至2021年,我国31个省市自治区里面有21个城镇化率超过了60%。其中北京、上海和天津三个直辖市的城镇化率超过了80%,广东、江苏、辽宁、浙江、重庆等5个省市的城镇化率超过了70%。有13个超过城镇化率超过了60%,在低于60%的10个省市自治区里面有9个城镇化率超过了50%。2021年我国整体城镇化率达到了64.72%,也就是说我国的城镇化进程其实已经进入中后期阶段。[②]新型城镇化的核心在于不以牺牲农业和粮食、生态和环境为代价,着眼农民,涵盖农村,实现城乡基础设施一体化和公共服务均等化,促进经济社会发展,实现共同富裕。然

[①] 冯蕾,李慧.走中国特色、科学发展的新型城镇化道路——中央城镇化工作会议亮点解析[N].光明日报,2013-12-16(9).

[②] 2021年中国有21个省份城镇化率超过60%,3个城镇化率超过80%[EB/OL].中国人口_聚汇数据(gotohui.com).

而,通过我国新型城镇化建设,城镇化率虽然提高了,但是乡村教育的资源供给情况并没有多大的改善,乡村教育资源供给不充分的问题依然严峻,其主要表现为:

一是乡村教育经费供给不足。我国对乡村教育实现的是"以县为主"的管理体制,意在充分调动县一级政府办学主体积极性。但由于我国区域辽阔,区域经济发展差异大,经济发达地区的县域经济强大,不发达地区的县域经济状况不良,从根本上尚未改变"穷县办穷教育、富县办富教育"以及县城内"重城抑乡"的局面。进入21世纪后,国家实行了"在国务院领导下,由地方政府负责、分级管理、以县为主"的管理体制,农村教育发生了由"人民办"向"政府办"的历史性转变,中央政府高度重视农村教育发展,先后实施了农村义务教育经费保障新机制、城乡义务教育经费保障机制等重大政策,不断向农村、贫困、边远、艰苦混合民族地区倾斜,农村教育经费短缺问题得到前所未有的改变。[①] 如2001年国家实施税费改革以后,农村义务教育经费预算内拨款从1997年的430亿元上升至2002年的990亿元,5年间增加了1.3倍。[②] 伴随着新型城镇化建设进程的稳步前进,受乡村学龄人口向城镇学校流动、乡村学校大量撤并和城乡教育质量差距的综合影响,许多县级政府及其教育主管部门认为乡村未来教育的希望在县镇而不在乡村。因此,在资源配置上"重城轻乡",在经济增长、教育经费投入总量增加的情况下,虽然乡村教育经费投入总量增加了,但是乡村教育经费投入相对增幅不大。加上乡村教育的投入渠道单一,除了政府每年对乡村教育有一定的资金投入以外,其他企事业单位、个体等,对乡村教育的资金支持方面相当少。[③] 总体上乡村教育资金投入仍是以政府为绝对主体,各种投入渠道状况也明显地呈现出不均衡的态势。乡村教育发展资金投入不足必然会带来一系列的问题,如师资供给不足和硬件建设不够等问题。近年来,许多乡村学校出现了各种资金缺乏引发的问题,如桌椅自带或桌椅破旧,无厕所或厕所破旧,无饮用水设施及饮用水质量差,校舍危房率高等问题。还有一些乡村学校由于严重缺钱,一个学校就只有一个老师,即校长。[④] 没有足够资金的乡村教育,导致的结果是城乡教育差距越来越大,一边是建设得越来越现代化的县城学校,一边是依然校

---

① 邬志辉,等.中国农村教育:政策与发展(1978—2018)[M].北京:社会科学文献出版社,2018:39.

② 周济.我国农村教育从农民办变为政府办[N].人民日报,2003-12-17.

③ 赵晓林.中国近代农民教育研究[D].西北农林科技大学,2011.

④ 金中基,蒙志军,张斌.只有一个老师的学校[N/OL].湖南日报:罗佳成,2011. http://hnrb.voc.com.cn/hnrb_epaper/html/2011-10/02/content_404779.htm?div=-1.

舍老旧、设备陈旧的乡村学校。很多乡村学校根本没有多余的资金实现多媒体教学,有的乡村中学虽有实验室,但设施相当简陋,不能够满足教学需要。① 城乡教育的差距又刺激着有经济能力的家庭子女进一步逃离乡村、涌入城市学校就读,从而加剧了乡村学校的衰落。

二是乡村教育师资稳定性差,存在数量不足、质量不高和结构不合理等问题。教师是教育发展的第一资源,是国家富强、民族振兴、人民幸福的重要基石,肩负着人才培养和文明传播的历史重任。目前,家庭是来自乡村的师范毕业生和乡村定向培养的师范毕业生,是我国乡村教师的主要来源。即便如此,这些乡村教师愿意扎根乡村、长期在乡村教书育人的大学生也相当少。据调查,苏北某市在 21 世纪初的头五年,累计流失 1 000 多名中小学教师,其下辖的一个县,三年内先后流失 500 多名教师。而工作超负荷是大多数苏北教师的共同感受,经济收入低,是导致苏北区域骨干教师严重流失的直接原因。② "人往高处走",乡村虽然空气新鲜、山清水秀,但还是难以抵挡城市生活的诱惑。虽然国家现在对乡村教师有补贴,但乡村教师薪资待遇仍然不如城市教师的薪资待遇,加之城市的各种基础设施完备,包括医疗、教育、娱乐等,更重要的是城市学校能够为教师提供更多的职业成长机会和发展空间,这些多重因素直接或间接导致乡村教师队伍不稳定、优秀教师流失等问题。在一些"老、少、边、穷"地区的乡村教学点仍难补充到优秀的教师,乡村代课教师依旧存在,乡村教师老龄化现象相当严重。在艰苦边远的乡村教学点,教师短缺问题仍然严重,不得不采用"复式教学""多科教学""走校教学"等方法,"一块黑板、一支粉笔、一本教材、一张嘴"的传统教学模式仍然普遍存在,③教师负担太重。再加上体、美、音等学科教师严重缺乏,这些科目的正常教学很难开展。乡村教师教学任务重,工作条件差,学习培训机会少,职业发展空间有限,难以形成良性循环。缺少雄厚师资的乡村教育,就如同贫血的人体,是病态的教育,亟待引起政府的高度重视并采取有效措施切实解决。

三是面向乡村的职业教育乏力,人才结构与乡村发展难以契合。在新型城镇化进程中,我国农村和农业也发生了一系列重大的变化,农村面临着产业结构的战略调整和经济增长方式的重大转变,大量富余农村劳动力向城市转移,这些都对乡村教育提出了新要求和新挑战。21 世纪以来,我国为加强农村职业教育和成人教育的发展,采取的政策举措包括:其一,国家进一步确立农村职业教育

---

① 官爱兰,周丽萍.新型城镇化下的农村教育:"干涸"、"贫血"及"缺土"[J].现代中小学教育,2015(4):5-8.

② 何杰.苏北区域经济文化发展与基础教育变革[J].教育发展研究,2007(5A):84-87.

③ 农村师资力量薄弱[N].江淮时报,2013-03-29(02).

和成人教育发展的政策目标,即强调农村职业教育和成人教育的发展要坚持为"三农"服务的方向,努力为新农村建设服务,为促进农村劳动力转移服务。其二,继续强化农村"三教"统筹,促进"农科教"结合。其三,实施农村实用人才培训工程,大规模培养农村实用型人才和技能型人才,要求"每年培训农民超过一亿人次","农村劳动力年培训率达到35%以上"。其四,实施农村劳动力转移培训工程,要求自2003年起,每年农村劳动力转移培训人次2 000万以上,使培训劳动者初步掌握在城镇或非农产业就业必需的技能,并获得相应的职业资格或培训证书,从而帮助他们在城镇稳定就业。其五,积极开展城市对农村、东部对西部职业教育对口支援工作。要求各地区要加强统筹协调,把职业教育对口支援工作与农村劳动力转移、教育扶贫、促进就业紧密结合起来。① 国家通过实施一系列的乡村职业教育和成人教育的政策,一定程度上缓解了新农村建设和新型城镇化发展对提高农村劳动者职业技能素养和培养新型农民的需求。但是,我国目前中等职业教育和成人教育力量薄弱甚至出现弱化趋势,中等职业学校同普通学校比例失调,高等学校涉农学科专业设置不够充足合理,农村教育结构远远不能适应农村、农业、农民发展需要,各级各类教育对助力农村发展这一目标认识不充分,普通教育存在唯知识取向,忽视实际生活能力的培养,农村职业教育和成人教育培养的人才数量和规格还不适应农村经济和社会发展的新需求。② 加之,乡村职业教育和成人教育由于现代师资的缺乏,不同程度上存在以职教之名行普通教育之实、教育内容与农村生产实际、现代企业经济发展相脱节的现象,导致农村劳动力转移培训难以适应城市现代产业结构调整对劳动者素质的要求,无法有效融入城市工业体系,面向农民的农业科技培训与农村经济和社会发展联系不紧密,难以适应现代大农业要求。高等学校服务农村、服务农业的意识不强,学科专业设置没有真正担负起为宣乡村振兴培养人才和城市输送合格劳动力的重任。

二、乡村教育发展进程的多重争议

(一) 命运之争:"发展"还是"消亡"?

乡村教育的存留问题是讨论乡村教育问题的逻辑起点。进入21世纪以来,随着新型城镇化进程的快速推进,一方面农村学校经历了较大规模的撤并调整,

---

① 张乐天. 新世纪我国加强农村教育发展的政策回顾与反思[J]. 复旦教育论坛,2010(3):9-12+28.
② 邬志辉,等. 中国农村教育:政策与发展(1978—2018)[M]. 北京:社会科学文献出版社,2018:40.

另一方面城市学校也吸收了大量进城务工人员子女。2017年我国常住人口城镇化率为58.52%,但义务教育城镇化率却高达76.48%。① 乡村学校由于受到生源流失、师资队伍不稳定、学校办学条件落后于城市学校的综合影响,乡村教育质量低下,"寒门难出贵子"的现实动摇了人们对乡村教育的信心。据某机构的调查研究所显示,在高考状元中,有91%的来自城市,只有9%的孩子来自农村家庭。而澎湃新闻对2017年40名高考状元做出了一份调查问卷显示,只有6位状元来自农村。② 乡村人"只有通过读书才能改变命运"的这一传统功效认知被持续的城乡人口流动所抵消,乡村大规模撤并也使得村落社会沦为文化沙漠,"读书无用论"思想一度甚嚣尘上。乡村学校的大规模撤并导致的乡村学校的衰落与新型城镇化带来的城市学校的繁荣同时存在,此消彼长,乡村教育城镇化已经为大势所趋。对于乡村孩子而言,无奈而又明智的选择也许只有一条:到城里去,寻找他们迷茫的希望与失落的理想。③

然而,中国是一个农业大国,农业、农村、农民"三农"问题自新中国成立以来一直是国家关注的重大问题。2008年党的十七届三中全会通过的《中共中央关于推进农村改革发展若干重大问题的决定》中对"三农"问题用"三个最需要"进行了总结,即:农业基础仍然薄弱,最需要加强;农村发展仍然滞后,最需要扶持;农民增收仍然困难,最需要加快。2022年2月22日印发的《中共中央、国务院关于做好2022年全面推进乡村振兴重点工作的意见》,是2022年中央一号文件,这是21世纪以来第19个指导"三农"工作的中央一号文件。我国在2017年常住人口城镇化率就高达58.52%,但仍有5.77亿人在乡村。即便有大量的乡村孩子流入到城市学校就读,乡村中小学仍然不能都搬到城镇来办,必须有相当数量的学校扎根乡村大地,要充分考虑其多种功能和综合效益。而现今乡村学校布局调整后出现的"村无小学""乡无初中"的局面,"显然不应该成为未来农村义务教育布局的基本形态"。④ 当前,我国的城市化率仍有一定的提升空间,意味着还有大量的乡村人口需要进城,乡村学校总量减少也就成为不可避免的发展趋势,但这绝不意味着乡村教育的消亡或消失。因为,当城市化高度发展之后会出现"逆城市化"趋势,而且随着现代科学技术的发展和城市产业结构的调整和升级换代,乡村也会逐渐担负起发展现代产业的功能,会导致社会人口向乡村回流和重新集聚。2018年的《乡村振兴战略规划》指出:"乡村振兴,产业兴旺是

---

① 韩清林. 农村中小学布局调整的误区[N]. 中国教育报,2011-09-29(03).
② 寒门难出贵子? 仅9%高考状元来自农村,刘强东俞敏洪道出真相(baidu.com).
③ 胡俊生. 农村教育城镇化:动因、目标与策略探讨[J]. 教育研究,2010(2):89-94.
④ 汪明. 学校布局调整要稳步推进留有余地[N]. 中国教育报,2011-08-28(01).

重点。实施乡村振兴战略,深化农业供给侧结构性改革,构建现代农业产业体系、生产体系、经营体系,实现农村一、二、三产业深度融合发展,有利于推动农业从增产导向转向提质导向,增强我国农业创新力和竞争力,为建设现代化经济体系奠定坚实基础。"[1]推进城市化进程,是我国未来社会的发展方向,但通过实施乡村振兴战略,建设"产业兴旺、生态宜居、乡风文明、治理有效、生活富裕"的未来乡村,也是中国未来的重要发展方向。因此,从我国社会未来人口的空间分布来看,仍然会有大量的人口分布在现在的乡村。有人口就需要相应的教育,即使这些教育将来可能被称作城镇教育,但它的基础仍然是乡村教育。发展今天的乡村教育,就是发展明天的乡村社会。因此,不是"消灭"乡村教育,而是要振兴乡村教育,要把今天的乡村教育办好,服务于乡村振兴战略需要,让广大乡村人民满意,实现社会公平正义。

(二)定位之争:"离农"还是"为农"?

当前乡村教育何去何从?对于乡村教育改革陷入"离农"还是"为农"的悖论之中,其实质是关于乡村教育的定位之争。"离农"教育是以城市为中心,为城市培养高级技术人才,培养离开农村、农业和农民进入城市主流文化而不是回归乡土文化的人才;"为农"教育是农村教育必须立足于农村,培养农村所需要的人才,为农村经济、社会的发展服务。[2] 对于乡村教育的定位,早在 20 世纪的 20 年代陶行知就呼吁:"中国农村教育走错了路!他教人离开乡下向城里跑;他教人吃饭不种稻,穿衣不种棉,做房子不造林;他教人羡慕奢华,看不起务农;他教人分利不生利;他叫农夫子弟变成书呆子;他教富的变穷,穷的变得格外穷;他叫强的变弱,弱的变得格外弱。"[3]陶行知先生试图从乡土社会特有的异质性出发,立足于农业和农村基础上实现教育改造乡村社会,催生农村的现代化。20 世纪 30 年代蔚成声势的乡村教育运动基本上都是立足于这一思路,根据乡村实际生活和需要进行乡村教育改造,反对以城市为目标的新教育。在国际上,古巴思想家何塞·马蒂(José Martí)也主张教育的农村化,认为"使人与土地分离是极大的罪过。……人们正在犯一个极为严重的错误:几乎全靠农村产品生活的人,所受的教育完全是城市生活的教育,而不培养他们去过田园的生活"。[4] 但也有人

---

[1] 乡村振兴战略规划(2018—2022 年)[N]. 人民日报,2018-09-27(13).
[2] 张济洲."离农"?"为农"?农村教育发展中的悖论[J]. 当代教育科学,2005(19):36-38.
[3] 董宝良. 陶行知教育论著选[M]. 北京:人民教育出版社,2015:196.
[4] 查尔斯·赫梅尔. 今日的教育为了明日的世界——为国际教育局写的研究报告[M]. 王静,赵穗生,译. 北京:中国对外翻译出版公司,1983:151.

批判教育的"农村化",认为"使教育适应农村环境是有危险的,尤其是在小学阶段,它可能成为一种打折扣的教育或片面的教育;它还可能歧视农村青年而偏向城市青年,它可能进一步扩大城市和农村居民之间的差别。还有另一种危险,即教育的农村化可能把年轻人引入一个死胡同,一个文化水平低的人的聚居地,甚至最有才能的农村青年都得不到高等教育。"[1]我国乡村教育的"离农""为农"之争,是我国社会发展进程中城市与乡村谁先谁后、孰轻孰重的争论在教育中的充分体现,是传统的城乡二元发展取向的必然反映。

二十世纪八九十年代,中央和地方政府相继出台了推动农村教育综合改革的系列政策,通过实施科教兴农战略促进农村教育可持续发展,这与陶行知倡导的乡村教育的生路就是建设适合乡村实际生活的活的教育的思想是相一致的[2]。进入21世纪我国实施新型城镇化战略,通过快速城镇化,加速农村富余劳动力向城市转化。农村人已不像过去那样被紧紧地绑定在农村这片封闭的土地上,而是可以自由地在城乡之间流动,因此为城市培养高级技术人才,培养离开农村和农业、进入城市主流文化而不是回归乡土文化的人才成了农村教育的一种新的选择,乡村教育的"离农"现象在此一段时间比较突出。"离农"还是"为农"之争,关涉的乡村教育的方向究竟该如何定位的问题,其根源在于城乡对立的二元社会结构和非此即彼的二元思维方式。农村工业化、城市化是时代潮流和发展趋势,是我国从传统农业社会向现代工业社会发展的必然过程,也是最终解决"三农"问题,实现城乡一体化的关键。[3] 对此,就需要加强城乡一体化建设,对城乡教育发展进行系统化思考。因此农村教育改革必须为农村城市化、农业现代化和农民转移城市服务,农村教育改革的重心要改变单纯的"为农"取向,从培养"养猪大户""种田能手"转向培养全面建设小康社会的现代化公民,走向为了全体乡村人的幸福这一根本价值取向上来。

联合国开发计划署(UNDP)的援助项目明确强调:"农村小学就是小学,无论城市或农村的小学都一样。所有的儿童,无论小学毕业后继续上中学或直接进入社会工作,都上同样的小学。"[4]事实上,现行的教育架构重心已经偏向城

---

[1] 查尔斯·赫梅尔.今日的教育为了明日的世界——为国际教育局写的研究报告[M].王静,赵穗生,译.北京:中国对外翻译出版公司,1983:153.

[2] 邬志辉,等.中国农村教育:政策与发展(1978—2018)[M].北京:社会科学文献出版社,2018:43.

[3] 张济洲.农村教育不能永远姓"农"——论城乡教育关系的现实定位[J].教育学术月刊,2008(11):3-5.

[4] 邬志辉,等.中国农村教育:政策与发展(1978—2018)[M].北京:社会科学文献出版社,2018:44.

市,如果继续提倡教育"城乡分治",那么乡村教育将陷入更加不利的境地。如约翰·罗尔斯所言:"正义是社会制度的首要价值,正像真理是思想体系的首要价值一样……某些法律与制度,不管它们如何有效率和有条理,只要它们是不正义的,就必须加以改变或者废除。"[1]从现实和长远发展来看,我国的城乡教育应该"和"为一体,而有所"不同",既要看到城市教育的先进性一面,也要看到乡村教育的乡土特质,在城市化进程中并非要求城乡教育同质化发展,也不意味着城乡教育均质化发展,它们之间应有所不同,地方性知识和乡土文化将有序地渗入乡村教育的课程体系和教材开发中去,加强乡村学校与乡村社会的联系与沟通,尤其突出职业教育和成人教育在乡村社会中发挥的重要作用,为乡村儿童提供不同层次的教育需求。在国家教育向乡村社会渗透的过程中,既要强调城乡教育一体化,又要突出城乡不同特色,促进城乡教育和谐发展。

(三) 管理体制之争:"央地"还是"省地"?

教育管理体制是有关国家教育系统机构设置、职责范围、隶属关系、权力划分和运行机制的制度安排。当前,我国并没有一个明确的乡村教育的管理体制提法,乡村教育管理体制从属于教育管理体制的范畴。乡村教育应该是"央地"还是"省地"这个问题,是乡村教育由谁来管、谁来办的问题,实质上是乡村教育管理体制问题。

改革开放以来,我国乡村教育的管理经历了一个不断探索的过程。1980年《中共中央、国务院关于普及小学教育若干问题的决定》强调"必须坚持'两条腿走路'的方针,以国家办学为主体,充分调动社队集体、厂矿企业等各方面办学的积极性",1985年《中共中央关于教育体制改革的决定》提出"把发展基础教育的责任交给对方……实行基础教育由地方负责、分级管理的原则"。此一阶段我国乡村教育发挥地方参与办学的积极性,"依靠人民办教育、办好教育为人民",对于当时稳定、发展乡村教育起到了决定性作用。1994年,国家实行"分税制"改革,中央和省级政府的财权能力不断增强,然而乡村教育的事权责任主要集中在县、乡两级政府上,这就导致乡村教育办学陷入经费紧张,甚或举步维艰的地步。2001年《国务院关于基础教育改革与发展的决定》正式确立"在国务院领导下,由地方负责、分级管理、以县为主"的乡村教育管理体制。尽管这一体制实现了乡村教育由"人民办"向"政府办"、由"以乡镇为主"向"以县为主"的重大转变,但是中央政府、省级政府、县级政府对于乡村教育的权责划分并不清晰,县级政府面临"财权与事权不对等"难题,县级政府对乡村教育投入责任增强。但由于许

---

[1] [美]约翰·罗尔斯.正义论[M].何怀宏,等译.北京:中国社会科学出版社,1988:3.

多县级财政是"吃饭"财政或"半饥饿"财政,"以县为主"的县级公共教育财政难以为继,教育的突出问题是公用经费匮乏,学校运转困难。有统计数据显示,我国农村小学生的年人均公用教育经费仅为28元,年人均公用教育经费低于20元的县大约有30%,公用教育经费一分钱也没有的县大约有10%。① 公用教育经费连维持学校的正常运转都不够,办学条件的改善就无从谈起。我国小学公用教育经费,最高的省市和最低的省市相差50倍,初中公用教育经费最高的省市与最低的省市相差92倍。② 据安徽省统计,实施农村税费改革前,平均每年农村教育费附加收入为7.1亿元、农村教育集资收入为3.84亿元,两项合计平均每年约11亿元,约占同期农村教育投入总量的30%;实施农村税费改革后,这11亿元收入被取消,而2000年预算内教育事业费拨款仅增加3.3亿元,这意味着农村义务教育投入净减少了7.7亿元。③ 虽然中央政府和省级政府通过"转移支付"方式对县级财政进行了补偿,但仍然解决不了县级财政教育经费投入的困境,导致各级政府在乡村教育办学上出现利益博弈。发展乡村教育是各级政府的共同责任,乡村教育办学的困境,迫切需要在实践中理清各级政府的权力责任边界、合理划分地方政府的财权和事权边界,形成有助于乡村教育发展的合力共建机制至关重要。做到"以县为主"与各级政府责任并行不悖,特别要避免地方义务教育管理体制调整和乡镇教育管理机构撤销后乡镇政府教育角色完全淡出,出现管理"真空"和"断层"问题。④

随着乡村学校布局调整,大量乡村学校遭到撤并,乡村学校的管理层级逐渐上移,政府管理学校的责任不断加强。一方面政府对乡村学校的掌控能力和乡村学校的公立化和标准化程度持续提升,另一方面乡村民众参与学校治理的热情也有所下降,农民、学校、社区和国家之间的关系面临重构的挑战。⑤《乡村振兴战略规划(2018—2022年)》指出:乡村是具有自然、社会、经济特征的地域综合体,兼具生产、生活、生态、文化等多重功能,与城镇互促互进、共生共存,共同构成人类活动的主要空间。梁漱溟认为:"我们的乡农学校,是讲求进步的组织,它是乡约里边的——它也就是乡约。"⑥乡村学校就是一个乡村组织,是嵌入乡

---

① 晏扬.增加教育经费投入应有所侧重[N].光明日报,2004-04-29.
② 辜胜阻.农村教育的结构性矛盾与化解对策[J].教育研究,2004(10):3-8.
③ 胡平平,张守祥.农村义务教育经费投入保障机制及管理体制问题研究[M].北京:科学出版社,2007:5.
④ 辜胜阻.农村教育的结构性矛盾与化解对策[J].教育研究,2004(10):3-8.
⑤ 邬志辉,等.中国农村教育:政策与发展(1978—2018)[M].北京:社会科学文献出版社,2018:46.
⑥ 梁漱溟.乡村建设理论[M].上海:上海人民出版社,2006:180.

村并和乡村社区结成一个社区共同体。当很多乡村学校撤并从乡村社区抽离出来后,乡村也从参与学校治理的共同体中被抽离出来,乡村也从乡村学校管理中抽离出来,乡村教育被纳入现代社会的"抽象体系",乡村学校也就失去了传统的"乡村组织"特性,远离了乡村儿童的生活经验,远离了社区居民的参与共享,乡村教育治理体系遭到一定程度的破坏,农民同学校和政府的关系已由过去的共建共治关系转成了单向的要求政府管理的关系。[①] 显然,这对发展具有乡村特色的现代乡村教育是非常不利的,迫切需要以新的形式实现乡村多元治理主体的回归。

(四) 办学规模之争:"大规模"还是"小规模"?

随着农村学校布局调整进程加快,乡村学校数量大幅度减少。1977年至2017年的40年间,全国共撤并农村小学和初中79.67万所,其中2001年至2017年共减少35.03万所,占40年间农村学校减少总量的43.97%,平均每天约有72所农村学校消失。[②] 至教育部教育统计数据显示,至2020年,全国乡村高中777所,乡村初中14 211所,乡村小学86 085所,乡村幼儿园101 447所。[③] 近年来,随着城镇化进程的加快,大量农村剩余劳动力进城务工,城镇常住人口数量急剧扩增,2015年我国城镇化率达56.1%。与此同时,城镇学龄人口也出现了向城性流动,同期小学在校生城镇化率达69.4%,初中在校生城镇化率达83.7%,比常住人口城镇化率分别高出13.3和27.6个百分点。[④] 学龄人口的涌入对城镇义务教育资源承载力提出了严峻挑战,一方面是城市学校办学规模大、生源多的问题突出,另一方面是乡村学校办学规模小、生源不足的问题愈发严重。同时,为解决乡村孩子上学距离较远的问题,解决乡村教学点分散、规模小的情况,在乡镇开办规模较大的"寄宿制学校"。2004年国家公布的《2003—2007年教育振兴行动计划》强调"以实施农村'农村寄宿制学校建设工程'为突破口,加强西部农村初中、小学建设",同年发布的《国家西部地区"两基"攻坚计划》,其中为解决制约西部农村地区普及义务教育的瓶颈问题,中央和省级人民政府共同组织实施"农村寄宿制学校建设工程"。据统计,2004年至2007年,中

---

① 邬志辉,等.中国农村教育:政策与发展(1978—2018)[M].北京:社会科学文献出版社,2018:46.
② 邬志辉,等.中国农村教育:政策与发展(1978—2018)[M].北京:社会科学文献出版社,2018:41.
③ 2020年教育统计数据—中华人民共和国教育部政府门户网站(moe.gov.cn).
④ 邬志辉.破解城镇学校大班额,全面推进适应城镇化的义务教育供给侧改革.全国教育科学规划"教育现代化"委托课题《成果报告》汇编,2016:91-92.

央财政已为此投入100亿元,建设学校7 651所,惠及学生约200万人。① 由此,乡村寄宿制学校在全国范围内得以大规模发展。

作为乡村学校的两种主要形式,乡村"小规模"学校和"寄宿制学校"各有利弊。作为乡村学校乡村教学点的小规模办学,适合开展个性化教育,有助于实施交互式学习和探究式学习;寄宿制学校规模大,有助于节约办学,提高教育教学质量和促进城乡教育均衡发展,有助于降低乡村学生的流失率和辍学率。2018年国务院办公厅出台《关于全面加强乡村小规模学校和乡镇寄宿制学校建设的指导意见》,确立了两类学校在乡村中的主体地位。但是,这两类学校仍是教育系统的短板,乡村小规模学校课程和教学质量仍面临危机,小规模学校基本硬件缺乏、师资力量不足、学生学习积极性不高;乡村寄宿制学校住宿配套不足、生活教师缺乏、低龄寄宿安全风险增加、全景敞视性的监控与管制等问题不利于学生的身心健康。在国际上,因城市化进程而产生的大量农村小规模学校是一个非常普遍的教育现象,在一些发达国家,乡村教育业经历了从"植根于乡村"到"向城市迈进"再到"回归于乡村"的曲折历程。如美国,直到20世纪70年代才逐渐认识到"乡村小规模学校既没有消除的可能,也没有消除的必要",它只不过是一种"独特"的学校类型而已,而不是一种"落后"的学校形态。在日本,乡村学校不仅不意味着"落后",反而意味着"现代"。许多厌倦了城市学校生活的中小学生专门跑到边远山区、海岛生活,在当地学校上学,接受大自然的熏陶。如发起于1976年长野县旧八坂村的"山村留学"制度已经运行了40余年,有1万多名学生经历了"山村留学"并把户口迁到当地。② 通过山村留学,孩子们在大自然中成长,不仅学会了培育农作物、插秧、收割等劳动技能,提高了毅力,增强了体魄,而且还培养了对土地、对朋友、对文化的深厚情感,更为重要的是他们的学业成绩不仅没有降低,反而有了很大的提高,并且多才多艺。伴随着我们城市化和现代经济的快速发展,在现实中我们却发现:现在培育的一代孩子与大自然之间的关系出现了令人惊讶的断裂,正在经历着"去自然化的童年"(de-natured childhood),他们不再去保护区、公园、动物园或植物园,也不在树林、田野、峡谷和荒地里玩耍,更不熟悉水獭、甲虫、栎树等当地的动植物,他们患上了"大自然缺失症"(nature-deficit disorder)——感觉迟钝、注意力不集中,生理和心理疾病高发。③

---

① 董世华.我国农村寄宿制学校问题研究[M].北京:中国社会科学出版社,2015:22.
② 邬志辉,等.中国农村教育:政策与发展(1978—2018)[M].北京:社会科学文献出版社,2018:47.
③ 理查德·洛夫.林间最后的小孩:拯救自然缺少症儿童(增订本)[M].王西敏,译.北京:中国发展出版社,2014:27-31.

国际上发达国家乡村教育的发展历程以及乡村教育对促进乡村发展的重要性,为我国当下乡村教育选择"小规模"还是"大规模"办学提供了宝贵的经验。当前,我国已经意识到城市化快速推进的过程中乡村衰落、凋敝问题的严重性,通过实施城乡一体化发展战略和乡村振兴战略,构建一个城乡和谐发展的社会样态。但是,我们也要看到,乡村学校采用"大规模"的寄宿制形式,并不能完全担负起乡村"小规模"学校"替代者"的责任,也不是解决乡村学生上学问题的"最佳方案"。因而,要从乡村振兴战略需要出发,基于对乡村人口、村落交通、文化等多种因素综合考虑,充分尊重乡村人的选择,充分发挥乡村"小规模"学校和乡村"大规模"寄宿制学校两类学校的优长,把乡村小规模学校建设成"小而美"、"小而优"和"小而特"的学校,把乡村大规模的寄宿制学校建设成为"有温度"、"有效益"和"有质量"的学校。

(五)发展动力之争:"外力"还是"内生"?

教育发展的动力,有"外力"和"内生"之争。"外力"指的是教育之外的因素,包括政治、经济、社会、文化等对教育的影响,如国家关于教育的方针政策、国家经济发展状况、社会发展导向等都会对教育产生巨大的影响,这是除教育本身之外的力量在推动教育的发展,也就是教育发展的"外力"。我国经过"文革"十年,中国的各级各类教育遭受到严重的破坏。"文革"后特别是十一届三中全会后,经过指导思想的拨乱反正,党中央对教育工作做出了一系列新的论断和决策,我国教育事业得到了恢复,开始走上蓬勃发展的道路。1985年颁布的《中共中央关于教育体制改革的决定》,开启了教育体制机制的全面改革,明确提出了"教育必须为社会主义建设服务,社会主义建设必须依靠教育的根本指导思想"的战略目标,将教育改革纳入改革开放和现代化建设的总设计中;1986年颁行的《中华人民共和国义务教育法》规定国家实行九年义务教育制度;1993年印发的《中国教育改革和发展纲要》提出到20世纪末"基本普及九年义务教育,基本扫除青壮年文盲;全面贯彻党的教育方针,全面提高教育质量"教育发展总目标;1999年发布的《关于全面深化教育改革全面推进素质教育决定》提出"全面推进素质教育,培养适应21世纪现代化建设需要的社会主义新人";2001年国务院出台《关于基础教育改革与发展的决定》明确"农村义务教育实行在国务院领导下,由地方政府负责,分级管理,以县为主的体制",实现了"从向农民收费集资办学转变为主要由政府出资办学,农村义务教育管理由以乡镇为主转变为以县为主"的两大变革;2010年7月印发的《国家中长期教育改革和发展规划纲要(2010—2020年)》明确了"优先发展,育人为本,改革创新,促进公平,提高质量"的新目标。进入21世纪以来,在国家教育发展的总体框架下,我国基础教育取得了显著的成绩。在此过程中,乡村教育的发展也步入了快车道。2006年6月,全国人大常委会通过了新修订的《中华人民共和国义务教育法》,规定实施义务教育,不收学费、杂费。2006年春,西部农村的学龄儿童不再交学费、杂费和书本费。2007年春,免除全国农村义务教育阶段学杂费。2008年秋,全国城市义务教育阶段实行免除学杂费。至此,中国义务教育实现了由"人民教育人民办"到"义务教育政府办"的重大历史性转变。义务教育全免费可以说是改革开放40年乃至百年来中国教育成就的重要标志。

与此同时,伴随着我国新型城镇化战略的实施,我国城市化进程加速,带动了大量的农村富余劳动力进入城市,成为城市新市民。城镇化是指农业人口转化为非农业人口,农业活动转化为非农业活动,农业地域转化为城镇地域,农村生活方式转化为城镇生活方式的综合转换过程。[①] 2015年我国城镇化率达56.1%,仍有6亿左右的农村人口,而且未来随着城镇化率的进一步提高,仍然有3亿左右的人口需要"进城"。在城市化的浪潮中,乡村人口急剧缩减,导致很多的乡村出现"空心化"现象,对于没有人的乡村,乡村学校被撤并的命运也就在所难免。党的十九大提出实施乡村振兴战略,随后颁布了《中共中央、国务院关于实施乡村振兴战略的意见》并编制《乡村振兴战略规划(2018—2022年)》。实施乡村振兴战略,是党中央着眼于党和国家事业全局,深刻把握现代化建设规律和城乡关系变化特征,顺应亿万农民对美好生活的向往,对"三农"工作做出的重大决策部署,是决胜全面建成小康社会、全面建设社会主义现代化国家的重大历史任务,是新时代做好"三农"工作的总抓手。乡村振兴离不开振兴乡村教育,乡村教育与乡村振兴形成了命运共同体,乡村教育的主体地位越发得以彰显,乡村教育的美好前景越来越清晰。

乡村教育的发展和振兴,当然离不开"国家行动"这一外力。美国社会学家斯科特(W. Richard Scott)认为:"比起那些实行多元主义或个人主义体制的民族国家来,具有国家主义与法团主义传统的民族国家,往往更可能成功地使用强制机制,即通过规制性权力来推广创新与改革。"[②]改革开放之初,在构建中国教育发展的动力机制的过程中,我国强有力的"国家行动"的作用即体现了这一机制。回顾二十世纪七八十年代的教育发展历程,中国教育发展背后的动力机制的构建在很大程度上依赖于"国家意志"的制度化和实践性。自20世纪90年代始,教育的产业化和市场化特征逐渐凸显,教育发展同经济发展的关系越来越密

---

① 李刚,赵茜.城镇化进程中教育发展方式的转变——让教育成为人的城镇化的不竭动力[J].中国人民大学教育学刊,2015(3):105-119.

② [美]W.理查德·斯科特.制度与组织——思想观念与物质利益[M].姚伟,王黎芳,译.3版.北京:中国人民大学出版社,2010:142.

切。由于市场因素的有效介入,相关利益群体发生了变化,在"国家行动"的总体框架下,市场行为和"国家行动"之间存在着非常紧密的互动关系。在"国家"与"市场机制"的共同作用下,中国教育发展的动力机制变得更为复杂、强大。[①] 现实生活中,我国由于经济、社会发展水平不同,我国地区之间、城乡之间和区域内部学校之间公共教育资源配置不均衡,导致学校办学水平存在较大差距,城乡计划于公平问题突显。《国家中长期教育改革和发展规划纲要(2010—2020年)》将推进义务教育均衡发展提升到新的战略高度,党的十八大报告提出"努力办好人民满意的教育"放在改善民生和加强社会建设之首,意味着我国对城乡义务教育均衡发展需要从局部的优质均衡走向整体的优质均衡的历史性跨越。[②] 在以质量内涵提升为核心的义务教育均衡发展新阶段,乡村教育走好内生发展,其依然需要通过"国家行动",加强政府的经费投入和统筹调控,但伴随着学校的主体地位日益增强的同时,广大乡村学校追求自我变革、自我发展的内生力也会越来越强。因而,在当下乡村振兴战略实施中,对于如何深化管理变革以构建乡村学校内生发展机制、如何强化认同以唤醒乡村学校的师生内在发展动力、如何通过强化区域联动从而激发乡村学校发展共同体的自觉等问题的研究,对于清晰乡村教育发展的"内生"机制与实现路径具有强烈的实践意义。

第三节　乡村教育的未来发展

面对我国的乡村教育发展面临的诸多时代挑战和多维争论,未来的乡村教育发展将走向何方? 其未来发展是何种样态? 2018年国家颁布的《乡村振兴战略规划(2018—2022年)》描述了当下中国乡村发展的美好景象,2019年中共中央、国务院印发《中国教育现代化2035》对于2035年我国教育现代化的战略背景、总体思路、战略任务、实施路径和保障措施做出了明确的阐释。从《乡村振兴战略规划(2018—2022年)》和《中国教育现代化2035》精神和乡村教育发展的内在规律出发,未来一段时间我国乡村教育的发展将会呈现出城乡教育共同发展、与乡村振兴协同发展、体现乡土特质的特色发展和生态发展等特征,乡村学校更加美丽、乡村学生发展更加全面、乡村教师更加充足、学校教育质量更加优质,成

---

① 徐永.国家行动与中国教育发展的动力机制——基于改革开放以来的实践经验[J].现代教育管理,2018(10):30-35.
② 舒惠,张新平.优质均衡愿景下的学校内生发展之路[J].中国教育学刊,2017(6):52-57.

为我国教育中的亮丽风景。

一、乡村学校更加美丽

传统的乡村学校多是依托乡村而建,学生就近入学方便。伴随着城市化进程的加速,以城市化带动工业化,大量的农村富余劳动力进城务工,同时这些进城务工人员的子女也随之进城入学,加之农村人口出生率持续降低,农村学龄人口不断下降,农村小学生源大幅缩减,在此情况下,实施农村中小学学校办学布局调整政策势必成为一种必然的选择。所谓农村中小学教育的布局,就是指农村中小学在哪里办学的问题。合理的教育布局能够使教育资源得到充分、有效的利用。农村中小学在哪里办学不是静止不变的,而是要随着经济社会的发展,特别是人口的年龄结构和空间分布变化而不断调整,这种调整不是一个突变过程,而是一个渐进的、长期的过程。每一次大规模的农村中小学布局结构的调整都是在特定的历史背景下进行的。从20世纪90年代中后期开始,特别是2000年以来,我国农村中小学开始了新一轮学校布局的大调整,各地对农村义务教育学校进行了布局调整和撤并,改善了办学条件,优化了教师队伍配置,提高了办学效益和办学质量。这一次农村中小学布局调整,是农村税费改革的一种自然选择、是农村城镇化的必然结果、是农村生源减少的客观要求,此外,农村人口的大规模流动和广大农民及其子女对优质教育资源需求的急剧增加,也要求对农村中小学布局及时进行调整。[1]

21世纪初开始的农村义务教育学校调整政策,同时也给农村义务教育发展带来诸多的不利影响,诸如农村义务教育学校大幅减少、乡村儿童上学路途变远、交通安全隐患增加、学生家庭经济负担加重、农村寄宿制学校不足、一些城镇学校班额过大等问题,加之有的地方在学校撤并过程中,规划方案不完善,操作程序不规范,保障措施不到位,影响了农村教育的健康发展。针对乡村学校的办学困难,2001年国务院实施的"农村中小学危房改造工程"、2003年实施的"东部地区对口支援西部贫困学校工程"、2003年实施的"农村中小学现代远程教育工程"、2004年"西部地区农村寄宿制学校建设工程"。[2] 2012年9月6日国务院办公厅发布了《关于规范农村义务教育学校布局调整的意见》(国办发〔2012〕48号),明确指出:"县级人民政府要制定农村义务教育学校布局专项规划,合理确

---

[1] 范佐证.农村中小学布局调整的原因、动力及方式选择[J].教育与经济,2006(1):26-29.

[2] 何杰.新世纪支持农村义务教育发展的政策执行考察——以江苏省L县为例[M].北京:中国社会科学出版社,2014:19-20.

定县域内教学点、村小学、中心小学、初中学校布局,以及寄宿制学校和非寄宿制学校的比例,保障学校布局与村镇建设和学龄人口居住分布相适应,明确学校布局调整的保障措施。农村义务教育学校布局要保障学生就近上学的需要。"2018年颁发的《乡村振兴战略规划》也指出:"乡村兴则国家兴,乡村衰则国家衰……实施乡村振兴战略,统筹山水林田湖草系统治理,加快推行乡村绿色发展方式,加强农村人居环境整治,有利于构建人与自然和谐共生的乡村发展新格局,实现百姓富、生态美的统一。"①通过乡村振兴战略的实施,乡村学校将变得更加美丽,乡村教育也将再次振兴。

临县湍水头寄宿制小学地处临县与离石交界处的临县东大门湍水头镇政府所在地,北靠临县城40公里,西临离石城约30公里,209省道主干线穿越而过,交通便利。学校占地2 330平方米,建筑面积为1 720平方米,服务周边13个自然村12 000多人口,学校为临县教育体育局直属的农村寄宿制小学,主校下设2个教学点,现有在校学生共111名。利用国家义务教育均衡发展验收的机会,学校积极争取上级部门的支持,多方面筹集建设经费改善教学环境,将原有的一层办公楼扩展为二层。用耀眼的黄色作为学校外墙及南教学楼的主色调,象征这里是一片希望的麦田,孩子们是家长、村民的希望。学生宿舍及多功能教学楼则用鲜艳夺目的红色作为主色调,象征孩子们如同娇艳欲滴的花朵,天真无邪地盛开着,对未来充满期待。红黄两色交相辉映,红旗与校训迎风伫立,彰显校园学习文化的浓厚氛围。大型丙烯颜料手绘打造的校园内墙,增添艺术氛围;文体娱乐设施乒乓球桌"安坐"校园一隅,丰富了学校课余生活;卫生场所标识清晰,干净整洁。楼梯间指示标识完善,墙面板报内容丰富多彩,公告栏内容应时应景,墙面手绘寓意深远,加上盆景的绿色点缀,更显家的温馨。"与二十年前相比,学校的变化简直是天翻地覆。现代化教学楼、多媒体、自来水、电气化厨房、供暖等过去想都不敢想的设备设施一应俱全,营养餐和寄宿制学生宿舍改善了学生的物质生活,葫芦丝、书法、美术等丰富多彩的兴趣活动室丰富了学生的校园文化生活,现在校园环境干净整洁,孩子们非常开心。"村民老秦深情地说。②

现在的乡村学校,校园建设是越来越美丽,校园建设注重规划设计,校园建筑既有当地的建筑风格也有作为学校建筑的特色,校舍的外立面颜色也改变以往一律"灰白色"这一主颜色调,变得更加多彩,更有寓意。对于校园建设,苏联

---

① 乡村振兴战略规划(2018—2022年)[N].人民日报,2018-09-27(13).
② 王卫斌.一所乡村学校的"美丽蜕变"——看临县湍水头寄宿制小学发展变迁[N].吕梁日报,2022-07-09(03).

著名的教育家苏霍姆林斯基在《帕什雷夫中学》第二章"学校的物质基础及学生周围的环境"中对帕什雷夫中学进行了这样的描述：

　　学校周围有冈峦山谷、有河流水库、有一望无际的田野和小麦、苜蓿、荞麦等农作物，还有遮天盖日的防护林带以及浓密的橡树林和繁茂的丁香丛。校园内也到处都植有核桃、樱桃、杏树、果树和针叶树木，是学生们用短短的20年和辛勤的劳作把40公顷粘质土壤的贫瘠土地变成了肥沃的良田和孕育着希望的果园。学校除设有专门的教室外，还有各科教研室、音乐室、少先队活动室、共青团活动室、家长会议室、摄影室、雕刻艺术室、操场及室内体育馆等，各种场所都根据学生的不同年龄特点进行合理的安排。特别重要的是每幢楼的每一层都设有一个阅览室，陈列着不断更新的各种书刊，即使楼道里也设有书籍陈列架，陈列着适合相应年龄阅读的图书，简直是一片书的海洋。难以想象的是，这些图书全由学生自己管理。①

　　帕什雷夫中学是苏联乌克兰境内的一所十年制普通乡村学校，苏霍姆林斯基自1947年被任命为帕夫雷什中学校长，在这一岗位上工作直到1970年去世。在苏霍姆林斯基的笔下，帕什雷夫中学是一所美丽的乡村学校，它和周围的乡村土地、山林、河流有机地融合在一起，成为乡村不可分割的重要组成部分。这样一所美丽学校的一切物资设备和自然环境无不出自学生辛劳的双手，无不凝聚着学生灵动的智慧，这自然也彻底成了教育儿童、启发儿童、影响儿童思维和身心健康的手段，学校及其周边乡村的一切，也就具有教育的意义。一位教师在读了《帕什雷夫中学》这本书后写道：

　　为什么学生的回答如此贫乏，平淡，毫无表现力？为什么儿童的话语里没有他自己的、活生生的思想？他发现，学生们使用的许多词和词组，在她们的意识里并没有跟鲜明的表象以及周围世界的事物和现象发生联系。于是他便把学生领到了果园。当时，灰蓝色的雨云遮着半边的天空，太阳点燃起一道彩虹，苹果树上开满了鲜花。有乳白的，有粉红色的、有鲜红的，蜜蜂发出轻轻的嗡嗡声。苏霍姆林斯基便提问学生们看到了什么？什么东西最叫你们激动。赞叹和惊异？学生们的眼睛里泛出喜悦的神情，可是他们很难表达自己的情思，很难找到合适的词语。于是，苏霍姆林斯基一课接一课地把孩子们领到永远常新的、取之不尽的知识源泉的大自然中去，到果园、森林、河边、田野去，和学生们一道学习用词语表达事物和现象的细微差别。时间一长，学生们逐渐会用优美的词语表达所见的事物。一名学生在参观完果园写道：云雀在果园里歌唱，延伸到天边

---

① 李保强.帕夫雷什中学的办学特色摭论[J].现代中小学教育，2001(6)：1-3.

的、一望无际的田野上和风掀动了层层麦浪,远方的蓝色的烟雾矗立着斯基福人的古墓。在茂密的果园里,清澈的溪流潺潺作响,而在小溪的上面,黄鹂唱着它那纯朴的歌……①

多么富有教育意义的场景。乡村学校本身就富含诸多的教育元素,只要善于挖掘,完全可以为学生的成长赋能。当然,乡村学校建设,要改变以往那种只重视学校房子、设施设备现代化的倾向,要转向重视乡村学校建设规划,重视乡村学校与现代乡村建设协同发展,要融入美丽乡村建设的进程中,形成乡村学校与乡村人、乡村自然和谐共生的乡村教育发展新格局。

二、乡村教师更加充足

乡村教师"充足",一是指乡村教师的数量能够满足乡村学校所需,二是乡村教师要能够得到"充足"的发展,全面提升乡村教师的教育教学能力。自20世纪90年代中期以来,伴随着城市化进程的加速,乡村人口大量流入城市,经过农村义务教育学校办学布局调整,乡村学校的数量大幅缩减,乡村学校的办学规模不断缩小,随之而来的自然是大量乡村教师"进城",大量的乡村教师进城又带来乡村教师的短缺。与此同时,因为乡村教师在工资收入、教学条件、职称发展等方面与城市学校相比,存在巨大的落差,每年师范毕业的大学生不愿意回乡从事乡村教师职业,即便分派到乡村学校从教也不安心从事教育教学工作,出现"不愿来"、来了"留不住"的教育现象。为了解决乡村学校教师补充问题,中共中央、国务院《关于推进社会主义新农村建设的若干意见》(中发〔2006〕1号)提出:"加强农村教师队伍建设,加大城镇教师支援农村教育的力度,促进城乡义务教育均衡发展"。2006年教育部等四部门联合启动实施《农村义务教育阶段学校教师特设岗位计划》,由中央财政设立专项资金,用于特设岗位教师的工资性支出,通过公开招募高校毕业生到西部"两基"攻坚县县以下农村义务教育阶段学校任教,引导和鼓励高校毕业生从事农村教育工作,创新农村学校教师补充机制,逐步解决农村师资总量不足和结构不合理等问题,提高农村教师队伍的整体素质。2009年,在试点工作的基础上继续实施"特岗计划",实施范围由12个省区和新疆生产建设兵团"两基"攻坚县扩大到中西部地区22个省区的国家扶贫开发工作重点县。从2006年至2009年共招聘特岗教师12.4万多人,其中,初中教师7.8万人,占62.9%;小学教师4.6万人,占37.1%。覆盖900多个县、8 000多所学校。从2006年至2009年,中央财政先后两次提高特岗教师服务期间工资

---

① 教育工作者的底色——读《帕什雷夫中学》一书有感[EB/OL]. https://baijiahao.baidu.com/ s? id=1723537244716085064&wfr=spider&for=pc.

性补助标准,从最初的人均每年15 000元先提高到18 960元,再提高到20 540元。2013年12月30日,教育部发布《关于加强乡村教师生活补助经费管理有关工作的通知》,将特岗教师纳入乡镇工作补贴和乡村教师生活补助发放范围。① 2021年,"特岗计划"招聘特岗教师8.43万人,实施16年来已为中西部地区乡村学校补充特岗教师103万人。②

2018年1月20日,中共中央、国务院颁布《全面深化新时代教师队伍建设改革的意见》,指出要"实施教师教育振兴行动计划,建立以师范院校为主体、高水平非师范院校参与的中国特色师范教育体系,推进地方政府、高等学校、中小学'三位一体'协同育人。""优化义务教育教师资源配置。深入推进县域内义务教育学校教师、校长交流轮岗,实行教师聘期制、校长任期制管理,推动城镇优秀教师、校长向乡村学校、薄弱学校流动。实行学区(乡镇)内走教制度,地方政府可根据实际给予相应补贴。逐步扩大农村教师特岗计划实施规模,适时提高特岗教师工资性补助标准。鼓励优秀特岗教师攻读教育硕士。鼓励地方政府和相关院校因地制宜采取定向招生、定向培养、定期服务等方式,为乡村学校及教学点培养'一专多能'教师,优先满足老少边穷地区教师补充需要。实施银龄讲学计划,鼓励支持乐于奉献、身体健康的退休优秀教师到乡村和基层学校支教讲学。"③2020年,教育部等六部门颁发《关于加强新时代乡村教师队伍建设的意见》,指出"乡村教师是发展更加公平更有质量乡村教育的基础支撑,是推进乡村振兴、建设社会主义现代化强国、实现中华民族伟大复兴的重要力量。""力争经过3—5年努力,乡村教师数量基本满足需求,质量水平明显提升,队伍结构明显优化,地位大幅提高,待遇得到有效保障,职业吸引力持续增强,贫困地区乡村教师队伍建设明显加强。"④为提高中小学教师特别是农村教师队伍整体素质,教育部、财政部自2010年开始全面实施《中小学教师国家级培训计划》(简称"国培计划"),包括"中小学教师示范性培训项目"和"中西部农村骨干教师培训项目"两项内容。⑤ 同时,针对乡村教师信息化教学创新能力不足,应用能力薄弱,支持服务体系不够健全等问题,同时大数据、人工智能等新技术变革对教师信息素

---

① "特岗计划"实施成效明显,为农村学校输送12万多名合格教师,中华人民共和国教育部政府门户网站(moe.gov.cn),2020-12-13.

② 教育部:我国教师总数达1792.97万人[N].新华网,2021-09-08.

③ 全面深化新时代教师队伍建设改革的意见.中华人民共和国教育部政府门户网站(moe.gov.cn).

④ 关于加强新时代乡村教师队伍建设的意见.中华人民共和国教育部政府门户网站(moe.gov.cn).

⑤ 中小学教师国家级培训计划.中华人民共和国教育部政府门户网站(moe.gov.cn).

养提出了新要求,在2013年《教育部关于实施全国中小学教师信息技术应用能力提升工程的意见》基础上,2019年颁布了《教育部关于实施全国中小学教师信息技术应用能力提升工程2.0的意见》,提出了"整校推进教师应用能力培训,服务教育教学改革;缩小城乡教师应用能力差距,促进教育均衡发展;打造信息化教学创新团队,引领未来教育方向;全方位升级支持服务体系,保障融合创新发展"的"三提升一全面"总体发展目标。[①] 国家通过实施多种政策,不断加强乡村教师队伍建设,乡村教师队伍趋于稳定,整体素质不断提升。

统筹城乡义务教育一体化发展,缩小城乡、区域、学校之间的差距,推动区域教育由高速发展向深入提质迈进,是基础教育发展的题中应有之义,更是促进教育公平、办好人民满意教育的重要战略任务。在推动城乡义务教育均衡发展的过程中,很多地方创新思路,通过实施城乡义务教育集团化发展,城乡教育组团发展,有效提升乡村教师的职业发展中的诸多问题。如:青海省西宁市自2016年起,以问题为导向,坚持"以城带乡、以优带潜"原则,启动实施城乡义务教育集团化办学改革,通过将城区市属12所优质初中和15所区属优质小学与西宁市湟中县、湟源县、大通县15所薄弱乡村学校组建成12个教育集团,探索实施管理互融、师资互派、教学互通、学生互动、党建共抓、资源共享、文化共育、质量共评的"四互四共"办学模式,有效提升了乡村薄弱学校的教育教学质量,破解了城乡义务教育一体化发展困局。[②] 城乡义务教育集团化发展,从以往单一支持乡村教师发展政策转向综合支持乡村教师发展的举措,有效解决了城市教师赴乡村学校支教动机异化、缺乏针对性、支教管理上的真空、支教考核中人情因素影响等诸多不足[③],对于乡村教师的发展是真帮实干,对于提升乡村学校教师素质,推动城乡义务教育均衡发展意义深远。

三、乡村教育质量更加优质

教育质量是学校之魂,教育质量是学校的生命线,没有教育质量的学校教育,最终会受到社会的抛弃。进入21世纪以来,我国乡村教育发展通过乡村学校布局调整,基本上奠定了未来一段时期乡村学校的办学布局。与此同时,对于

[①] 教育部关于实施全国中小学教师信息技术应用能力提升工程2.0的意见.中华人民共和国教育部政府门户网站(moe.gov.cn).

[②] 王刚.以集团化办学破解西部城乡义务教育一体化发展困局[J].中小学管理,2019(7):14-16.

[③] 何杰.新世纪支持农村义务教育发展的政策执行考察——以江苏省L县为例[M].北京:中国社会科学出版社,2014:131-147.

学校教育质量的呼求日益声隆,"办好人民满意的教育"已成为新时代乡村教育的根本追求。党的十八大报告明确提出:"努力办好人民满意的教育。全面实施素质教育,深化教育领域综合改革,着力提高教育质量,培养创新精神。"[①]党的十九大报告指出:"中国特色社会主义进入新时代,我国社会主要矛盾已经转化为人民日益增长的美好生活需要和不平衡不充分的发展之间的矛盾。""建设教育强国是中华民族伟大复兴的基础工程,必须把教育事业放在优先位置,加快教育现代化,办好人民满意的教育。要全面贯彻党的教育方针,落实立德树人根本任务,发展素质教育,推进教育公平,培养德智体美全面发展的社会主义建设者和接班人。推动城乡义务教育一体化发展,高度重视农村义务教育,办好学前教育、特殊教育和网络教育,普及高中阶段教育,努力让每个孩子都能享有公平而有质量的教育。"[②]《中国教育现代化2035》提出了推进教育现代化"更加注重以德为先,更加注重全面发展,更加注重面向人人,更加注重终身学习,更加注重因材施教,更加注重知行合一,更加注重融合发展,更加注重共建共享"的八大基本理念,乡村教育重点是"普及有质量的学前教育、实现县域内义务教育优质均衡"。[③] 优质的乡村教育质量,既是党和国家、社会发展对新时期乡村教育办学质量的要求,更是当下以及未来乡村教育自身发展的内在需求。从党和国家以及社会要求以及乡村学校自身发展的需求出发,优质的乡村教育质量主要抓好以下三个方面工作:

1. 乡村教育治理现代化

构建具有中国特色、世界水平的现代教育治理体系,实现教育治理能力现代化,是当前我国教育领域深化综合改革的重要目标和战略任务。[④] 乡村教育治理现代化是乡村教育现代化的集中体现,是着力解决乡村教育问题的有效途径,有助于提升乡村教育质量,推动城乡教育一体化平稳发展,构建更加公平更有质量的国民教育,最终有助于打造教育强国。

乡村教育治理现代化是指乡村教育在现代治理理念引导下从传统的政府单

---

① 坚定不移沿着中国特色社会主义道路前进,为全面建成小康社会而奋斗[R]. 中国共产党第十八次全国代表大会报告,2012-11-08.
② 决胜全面建成小康社会 夺取新时代中国特色社会主义伟大胜利[R]. 中国共产党第十九次全国代表大会报告,2012-11-08.
③ 中共中央、国务院印发《中国教育现代化2035》. 中华人民共和国中央人民政府门户网站(www.gov.cn).
④ 张旭刚.高职教育治理体系现代化的四维审视:门径、道路、思路与出路[J]. 教育与职业,2016(23):5-9.

方管理转向多主体参与的合作共治,以此促进乡村教育变革与发展,最终达到乡村教育"善治"的过程,它由乡村教育治理体系现代化和乡村教育治理能力现代化两部分组成。乡村教育治理体系是由乡村教育各要素所组成的结构系统,乡村教育治理体系现代化包括乡村教育治理目标现代化、乡村教育治理主体现代化、乡村教育治理制度现代化和乡村教育治理运行机制现代化等四个部分。乡村教育治理能力现代化是乡村教育治理主体所具备的从事乡村教育治理实践活动的诸多能力不断提升的过程,是乡村教育治理现代化水平和质量的直观度量,主要包括乡村教育治理统筹能力现代化、乡村教育治理执行能力现代化、乡村教育治理监督能力现代化以及乡村教育治理改进能力现代化,贯穿于乡村教育治理的各个环节。[1]

在建构现代化的乡村教育治理体系贯彻中,尤其重要的要转变乡村教育治理理念。与传统的乡村教育管理相比,乡村教育治理现代化的治理目的由"管理本位"转向"服务本位",治理主体由"一元独治"转向"多元共治",治理向度由"单向管理"转向"网格化治理",治理机制由"集权垄断"转向"分权制衡",治理文化由"权威至上"转向"法治为先"。[2] 推进乡村教育治理现代化,一方面要加强理论建设,发挥理论引导作用;另一方面要充分发挥政府、学校、社会等责任主体的作用。教育属于社会的子系统,农村教育的良善发展离不开社会环境的支撑,推进农村教育治理现代化需要有效地聚焦社会之"力"。[3] 要重视乡独立于学校及教育行政部门之外的第三方组织实施的第三方评价,广泛吸收校外专家、学者、学生家长和社会组织机构等参与对乡村教育治理进行的评价。另外,要重视大数据在乡村教育治理现代化中的合理运用,运用"大数据"思维创新乡村教育治理现代化方法和路径,推动乡村教育治理走向民主化、科学化、精准化。

2. 全面实施素质教育,贯彻落实立德树人根本任务

全面实施素质教育是贯彻党的教育方针的时代要求。党的教育方针是坚持教育为社会主义现代化建设服务,为人民服务,与生产劳动实践相结合,培养德智体美劳全面发展的社会主义建设者和接班人。实施素质教育,就是要以学生为主体,以学生的发展为本。党和国家始终高度重视素质教育,全面实施素质教

---

[1] 赵垣可,刘善槐.农村教育治理现代化:科学内涵、形态变迁及实践路径[J].教育学术月刊,2019(11):40-48.

[2] 赵垣可,刘善槐.农村教育治理现代化:科学内涵、形态变迁及实践路径[J].教育学术月刊,2019(11):40-48.

[3] 张乐天.推进学校治理能力现代化:意义、重心与路径[J].复旦教育论坛,2014(6):5-9.

育是党和国家一以贯之的重大战略决策。1999年中共中央、国务院就发布了《关于深化教育改革全面推进素质教育的决定》。党的十七大报告也强调:"要全面贯彻党的教育方针,坚持育人为本、德育为先,实施素质教育,提高教育现代化水平,培养德智体美全面发展的社会主义建设者和接班人,办好人民满意的教育。"[①]《国家中长期教育改革和发展规划纲要(2010—2020年)》强调:"坚持以人为本、全面实施素质教育是教育改革发展的战略主题。"实施素质教育,核心是解决好培养什么人、怎样培养人、为谁培养人的重大问题。素质教育的实施,并没有一个统一的实践模板,需要广大乡村学校通过不断探索,从而形成体现乡村学校特色的新时代素质教育的典型。

山东省郓城县侯咽集镇是地处鲁豫两省交界处的黄河滩区,经济、教育和文化都处在全县相对后进水平。但学校真抓实干、攻坚克难,在乡村教育的沃土上精心耕耘、勤奋工作,办学生喜欢的田园学校,为乡村孩子撑起一片教育的蓝天。一是中心学校建立规范的管理制度,重视过程性管理,对教师的各项工作实行量化管理。二是深化课堂教学"四课"改革,即开学初的骨干示范课、青年教师达标诊断课、全体教师个人公开课、全镇评选优质课,每一个过程都和教师的量化和业务考核挂钩,每年按照10%的比例评出全镇教师楷模,以此激励全体教师争先创优。三是重视和加强以乡镇为单位的校本教研和校本培训。四是引导教师科研进一步促进基础教育质量的全面提升。以课题研讨为侧重点,以提升理论水平为出发点,积极开展业务研讨,至今已举办"黄河滩区教师发展论坛"近五十场。五是积极创建特色品牌学校,保证孩子全面发展。学校充分利用国旗下讲话、主题班会、校会等机会对学生进行广泛的爱国主义教育。每天第一节上课前,学生都会庄严宣誓"热爱祖国,我的职责",每次升国旗之时都会讲革命英烈的故事。加强艺术教育,留住幸福童年。以田园资源为课程载体,利用乡村资源,积极开发田园课程,将课堂教学与种植实践、知识建构与能力发展结合起来,让学生主动学习,参与、合作、交流、探索,体验多种学习方式,打破以往教室里的格局,带领学生走出来,由此开阔学生视野。通过田园课程,加强劳动教育,由此达到以劳树德、以劳增智、以劳强体、以劳育美的目标。[②]

按照党和国家的政策要求,全面实施乡村学校素质教育,首要的是贯彻落实立德树人根本任务。立德树人是党和政府针对培养什么人、怎么培养人、为谁培

---

① 胡锦涛.高举中国特色社会主义伟大旗帜,为夺取全面建设小康社会新胜利而奋斗[R].中国共产党第十七次全国代表大会报告,2007-10-15.
② 赵善武.充分利用黄河滩区特色资源,树立实施素质教育乡村样板[J].中小学校长,2019(7):23-24.

养人的问题做出的明确要求。2007年,胡锦涛同志在全国优秀教师代表座谈会上强调"要坚持育人为本、德育为先,把立德树人作为教育的根本任务";①党的十八大报告首次将"把立德树人作为教育的根本任务"写入教育方针;②2017年党的十九大报告再次强调"要全面贯彻党的教育方针,落实立德树人根本任务"。③ 习近平同志在2018年9月10日全国教育大会上明确了立德树人工作的要求和努力方向。2019年2月23日,中共中央办公厅、国务院办公厅印发《加快推进教育现代化实施方案(2018—2022年)》提出了推进教育现代化的十项重点任务,其中第一条是"实施新时代立德树人工程"。④ 立德树人作为我国教育的根本任务,既是对我国数千年来教育传统的创造性继承和创新性发展,也是对新中国成立以来,特别是党的十八大以来教育改革发展经验的高度凝练和集中表达,在新时代被赋予新的内容,带有鲜明的时代特色。⑤

　　落实立德树人这一根本任务,我国已在机制建设上取得重大突破,推动了立德树人工作的开展,基本解决了立德树人"要不要"的问题,但在立德树人的总体设计、动力、能力、合力机制建设上尚存不足。对此,可以采取的重要措施包括:完善动力机制,协调立德树人工作的近期与长远目标、个体与整体利益;提升各主体立德树人的能力,使价值教育"喜闻乐见,入脑入心";协调各种力量,形成合力,落实、落细立德树人根本任务。⑥ 乡村教育是我国教育的重要组成部分,同样需要贯彻落实立德树人这一根本任务,并且需要在实践中不断创新,开拓新时代乡村教育立德树人新格局。一是要加强党对乡村教育的领导,加强党在乡村教育政治方向、意识形态方面的领导权,为我国乡村教育振兴提供方向与驱动力。这需要发挥我国的制度优势,坚持和加强党对教育工作的全面领导,继续贯

---

① 胡锦涛.在全国优秀教师代表座谈会上的讲话[EB/OL].(2007-08-31)[2020-02-15].http://www.gov.cn/ldhd/2007-08/31/content_733340.htm.

② 胡锦涛.坚定不移沿着中国特色社会主义道路前进,为全国建成小康社会而奋斗——在中国共产党第十八次全国代表大会上的报告[EB/OL].(2012-11-08)[2020-02-15].http://www.xinhuanet.com/18cpcnc/2012-11/17/c_113711665.htm.

③ 习近平.决胜全面建成小康社会,夺取新时代中国特色社会主义伟大胜利——在中国共产党第十九次全国代表大会上的报告[EB/OL].(2017-10-18)[2020-02-15].http://www.xinhuanet.com/politics/19cpcnc/2017-10/27/c_1121867529.htm.

④ 中共中央办公厅、国务院办公厅.加快推进教育现代化实施方案(2018—2022年)[EB/OL].(2019-02-23)[2020-08-10].http://www.gov.cn/xinwen/2019-02/23/content_5367988.htm.

⑤ 王群瑛.把立德树人作为教育的根本任务[J].中国高校社会科学,2018(6):15-20.

⑥ 袁振国,沈伟.立德树人的落实机制:现状、挑战与对策[J].苏州大学学报(教育科学版),2019(1):1-8.

彻"双优先"①战略。二是充分调动各方积极性,使一切可能的要素参与到立德树人中,真正实现"全员育人""全程育人""全方位育人"。三是要努力建构多主体、多方式参与的综合教育评价机制,以提升教育评价的育人价值。要以2020年中共中央、国务院印发的《深化新时代教育评价改革总体方案》为指导,根据教育改革与发展的新形势新要求,努力探索乡村学校教育评价改革新路径,充分发挥地方党委和政府、学校、教师、学生、社会五类评价主体参与乡村教育评价改革的积极性,形成有利于乡村教师潜心育人、学生全面发展的乡村教育评价机制。四是强化乡村教师的师德师风建设,将乡村教师队伍建设视作落实立德树人根本任务的关键所在。五是深入推进乡村学校的课程思政建设,把课程思政作为落实立德树人根本任务的基础性工作。

3. 现代信息技术与乡村教育教学深度融合

信息技术与教育的深度融合是信息社会的教育特性,其实质上是指教育范畴内容信息化的全面提升,是在社会信息化背景下赋予教育思想、教育心理、教育思维以社会信息化的全新内容。② 当代的中国,已经步入信息化社会,信息技术在社会发展中得到了广泛运用。当代中国的教育,已经与社会发展紧密结合,各种现代信息技术已经渗透到教育领域,并对教育产生了深远的影响。我国在推进城乡教育一体化进程中,需要立足于乡村振兴战略的需要,大力推进现代信息技术与乡村教育教学的深度融合,实现以大数据、人工智能为代表的现代信息技术引领乡村学校的教育教学变革与发展。

真正实现信息化技术与教育的高度融合,对促进我国教育改革发展至关重要。我国长期以来的城乡教育二元格局导致的乡村教育与城市学校教育的差距,因此,在新时期尤其需要加大现代信息技术在乡村教育中的运用。信息技术与乡村教育教学的深度融合,一方面能够赋予乡村教师所采用的教育技术、教育行为以及教育方式方法等以信息技术理念和具体技术操作,从而促进乡村学校的信息化教育新规范,提高乡村学校为适应信息社会发展的教育水平而采取的切实可行的方法途径。另一方面是能够以信息技术的方法途径去解决社会信息化环境背景下产生的教育问题,对开发乡村教育资源、培育乡村教育师资、优化乡村教育资源、优化乡村教育模式、提高乡村教育水平、扩大乡村教育影响等方面作用重大,是提升乡村学校的良性教育空间,提高乡村教育高质量发展的重要一环。

---

① 袁振国.双优先:教育现代化的中国模式——为改革开放四十周年而作[J].华东师范大学学报(教育科学版),2018(4):5-21.

② 王娟.真正实现信息技术与教育的高度融合[J].中国电化教育,2015(Z1):263-270.

第八章 乡村教育走向何方？

窗外，郁郁葱葱，一派夏日光景。教室内，气氛热烈，孩子们有些兴奋。11岁的米百灵认真地看着教室前的大屏幕，屏幕上，是千里之外热带雨林的直播投影。这是宁夏回族自治区中卫市宣和镇东台学校的一节多媒体美术课。从小黑板到大教室、电子屏，东台学校近年来变化不小。"互联网拓展了农村孩子获取知识的渠道，促进了乡村教育发展，给孩子们打开了一扇向外看的窗。"美术老师李雅男感慨。"原来热带雨林是这个样子的。我要好好学习，走出村子，去看看真正的雨林。"米百灵攥着彩笔，在本子上画下一片大大的云朵。如今在东台学校，多媒体电教室里的在线课堂颇受欢迎。数学老师李筠仪在讲概率统计，几块显示屏围绕着教室，学生们坐在其中，全神贯注地看着屏幕里的3D模型。与这堂数学课远程连线的，是宁夏一所重点学校——银川市唐徕回民中学。上半段课程结束后，唐徕回民中学的老师将继续讲授。"这样的在线课，我们一周至少上10节。教育信息化打破了资源壁垒，让学生接触到更多优质内容。"授课结束，李筠仪轻点几下，多媒体显示屏上，不仅有本堂课的课程回顾，更多相关的教学视频也展现出来。"信息技术助力教育公平，需要建立在乡村学校带宽充足、实际使用条件有保障的基础之上。"加快推进学校网络基础设施建设，改善网络教学环境，是教育信息化的基础。2020年底，全国中小学（含教学点）互联网接入率就已达到100%，至2021年底，全国已有99.5%的中小学拥有多媒体教室，数量超过400万间，其中87.2%的学校实现多媒体教学设备全覆盖。[①]

随着我国义务教育全面普及，以"公平有质量"为导向的"优质均衡"成为新时期义务教育发展的重要任务和目标。义务教育优质均衡发展的重点在乡村，难点也在乡村。特别是已经成为常态化办学形式的乡村小规模学校教育质量问题，是乡村教育发展的难点。据统计，2017年乡村小规模学校（百人以下的村小和教学点）有10.9万所，占乡村小学总数的44.4%。[②] 以信息技术推进乡村小规模学校建设，助力城乡教育公平，需要建立在乡村学校信息化条件有保障的基础之上。为此，国家应充分调动各方参与建设的积极性，推动网络提速降费，打通信息化"最后一公里"。同时，通过信息技术，借助"一师一优课、一课一名师"活动，整合开发优质数字教育资源，持续增加优质教育资源供给，保障薄弱地区乡村小规模学校师生共享优质资源，实现名校教育教学资源对乡村学校的开放与共享。

[①] 农村孩子"融入"名校课堂[N/OL]. 人民日报，2022-07-07. https://news.sina.com.cn/gov/2022-07-07/doc-imizmscv0514331.shtml.

[②] 赵丹，范先佐，郭清扬. 乡村小规模学校教育质量提升——基于集群发展视角[J]. 教育研究，2019(3):90-98.

参考文献

一、著作类

[1] 褚宏启.教育现代化的路径[M].北京:教育科学出版社,2001.

[2] 陈国良,杜晓利,李伟涛,等.教育现代化的动态监测及政策调适[M].上海:上海教育出版社,2021.

[3] 杜学元,付先全,石丽君.当代农村教育问题专题研究[M].重庆:西南财经大学出版社,2019.

[4] 董宝良.陶行知教育论著选[M].北京:人民教育出版社,2015.

[5] 董纯才.中国革命根据地教育史[M].北京:教育科学出版社,1991.

[6] 董世华.我国农村寄宿制学校问题研究[M].北京:中国社会科学出版社,2015.

[7] 费孝通.乡土中国[M].上海:上海人民出版社,2006.

[8] 费孝通.乡土中国:生育制度[M].北京:北京大学出版社,1998.

[9] 丰箫,等.现代中国社会中的乡村教育——浙江省嘉兴地区乡村小学教师研究[M].上海:上海大学出版社,2014.

[10] 付铁男.美国现代化进程中的公民教育与道德教育[M].长春:东北师范大学出版社,2019.

[11] 何杰.新世纪支持农村义务教育发展的政策执行考察——以江苏省L县为例[M].北京:中国社会科学出版社,2014.

[12] 胡卫,唐小杰,等.中国教育现代化进程研究[M].北京:教育科学出版社,2010.

[13] 胡小伟,刘正伟,俞斌.区域教育现代化实践探索丛书[M].杭州:浙江大学出版社,2013.

[14] 胡平平,张守祥.农村义务教育经费投入保障机制及管理体制问题研究[M].北京:科学出版社,2007.

[15] 贾宏艳.教育现代化的"世纪"探索[M].北京:中国时代经济出版社,2010.

[16] 蒋亦华,何杰,唐玉辉.区域视角:义务教育均衡发展实践研究[M].苏州:苏州大学出版社,2017.

[17] 李书磊.村落中的"国家"——文化变迁中的乡村学校[M].杭州:浙江人民出版社,1999.

[18] 李森,崔友兴.社会变迁中的乡村教育[M].福州:福建教育出版社,2017.

[19] 李培林.中国社会分层[M].北京:社会科学文献出版社,2004.

[20] 李少元.农村教育论[M].南京:江苏教育出版社,2000.
[21] 李德顺.价值论:一种主体性的研究[M].北京:中国人民大学出版社,2013.
[22] 刘小枫.现代性社会力量绪论——现代性与现代中国[M].上海:上海三联书店,1998.
[23] 刘大伟.一代中师记忆——晓庄师范师生口述史[M].南京:南京出版传媒集体、南京出版社,2021.
[24] 刘克辉.南京国民政府时期乡村教育问题研究(1927—1937年)[M].合肥:安徽人民出版社,2013.
[25] 罗荣渠.现代化新论——世界与中国的现代化进程(增订本)[M].北京:商务印书馆,2020.
[26] 梁漱溟.乡村建设理论[M].上海:上海人民出版社,2006.
[27] 联合国教科文组织.反思教育:向"全球共同利益"的理念转变[M].联合国教科文组织总部中文译.北京:教育科学出版社,2017.
[28] 钱理群,刘铁芳.乡土中国与乡村教育[M].福州:福建教育出版社,2008.
[29] 容中逵.传统与现代的交锋——百年中国乡村教育变迁的实践表达[M].杭州:浙江大学出版社,2010.
[30] 宋恩荣.晏阳初全集(第1册)[M].长沙:湖南教育出版社,1989.
[31] 苏春海.江苏教育现代化建设监测报告(2014年度)[M].南京:江苏凤凰教育出版社,2015.
[32] 佘万斌,杜学元,谭辉旭.农村教育现代化的理论与实践研究[M].北京:人民出版社,2015.
[33] 沙景荣.西北地区少数民族教育发展口述史研究[M].北京:科学出版社,2014.
[34] 盛宁.人文困惑与反思——西方后现代主义思潮批判[M].北京:生活·读书·新知三联书店,1997.
[35] 史宁中,等.新农村建设于城镇化推进中农村教育布局调整[M].北京:经济科学出版社,2014.
[36] 沈湘平.全球化与现代性[M].长沙:湖南人民出版社,2003.
[37] 谈松华,王建.教育现代化区域发展模式研究[M].北京:北京师范大学出版社,2011.
[38] 谈松华.中国教育现代化的区域发展[M].广州:广东教育出版社,2003.
[39] 魏峰.弹性与韧性——乡土社会民办教师政策运行的民族志[M].上海:上海三联出版社,2009.
[40] 吴紫彦.教育蓝图:区域教育现代化理论与实践[M].广州:广州出版社,2000.
[41] 乌云特娜.东欧转型国家的农村教育发展的研究——以波兰、俄罗斯、罗马尼亚和乌克兰四国为例[M].北京:中国社会科学出版社,2014.
[42] 邬志辉,秦玉友.中国农村教育发展报告2012[M].北京:北京师范大学出版社,2014.
[43] 邬志辉,秦玉友.中国农村教育发展报告2016[M].北京:北京师范大学出版社,2017.
[44] 邬志辉.中国教育现代化新视野[M].长春:东北师范大学出版社,2000.
[45] 邬志辉,等.中国农村教育:政策与发展(1978—2018)[M].北京:社会科学文献出版社,

2018.

[46] 翁乃群.村落视野下的农村教育——以西南四村为例[M].北京:社会科学文献出版社,2009.

[47] 田静.教育与乡村建设:云南一个贫困民族乡的发展人类学探究[M].北京:中央编译出版社,2013.

[48] 田慧生.中国教育的现代化[M].昆明:云南人民出版社,1997.

[49] 田正平,陈胜.中国教育早期现代化问题研究——以清末民初乡村教育冲突考察为中心[M].杭州:浙江教育出版社,2009.

[50] 田正平.中国教育史研究·近代卷[M].上海:华东师范大学出版社,2001.

[51] 陶行知.陶行知全集(一、二)[M].长沙:湖南教育出版社,1986.

[52] 许涛.2019中国乡村教育发展报告[M].上海:上海财经大学出版社,2020.

[53] 晏阳初.平民教育与乡村建设运动[M].北京:商务印书馆,2014.

[54] 杨润勇.中国农村教育发展报告2010—2020[M].北京:科学出版社,2021.

[55] 杨润勇.中国农村教育发展报告2013[M].北京:教育科学出版社,2016.

[56] 杨润勇.中国农村教育发展报告2012[M].北京:教育科学出版社,2013.

[57] 叶澜.教育研究方法论初探[M].上海:上海教育出版社,1999.

[58] 叶澜.立场[M].桂林:广西师范大学出版社,2008.

[59] 于述胜,等.中国教育口述史(第一辑)[M].重庆:重庆大学出版社,2011.

[60] 俞家庆,等.中国教育口述史(第二辑)[M].重庆:重庆大学出版社,2013.

[61] 张乐天.教育政策法规的理论与实践[M].4版.上海:华东师范大学出版社,2020.

[62] 张乐天,等.基础教育政策的中国经验[M].上海:华东师范大学出版社,2018.

[63] 张济洲.文化视野下的村落、学校与国家——一个地方社区基础教育变迁的历史人类学考察[M].北京:教育科学出版社,2010.

[64] 张济洲."乡野"与"庙堂"之间:社会变迁中的乡村教师[M].北京:中国社会科学出版社,2013.

[65] 张景斌,蓝维,等.学校教育现代化的理论与实践[M].北京:首都师范大学出版社,2000.

[66] 张墨涵,季诚钧.教育现代化与优质学校评估[M].杭州:浙江大学出版社,2022.

[67] 张惠.教育现代化监测评价指标发展新趋势[M].北京:科学出版社,2017.

[68] 郑新蓉,胡艳.乡村教师口述史系列[M].南宁:广西教育出版社,2018.

[69] 郑树山.中国教育年鉴[M].北京:人民教育出版社,2000.

[70] 赵雄辉.湖南教育现代化典型案例分享[M].长沙:中南大学出版社,2017.

[71] 周洪宇,刘来兵.教育口述史研究引论[M].武汉:华中科技大学出版社,2020.

[72] 朱益明,王瑞德,等.中国教育现代化2035:从规划到实践[M].上海:上海教育版社,2020.

[73] [美]贝迪阿·纳思·瓦尔马.现代化问题探索[M].周忠德,严炬新,编译.北京:知识出版社,1983.

[74] [美]C.E.布莱克.现代化的动力[M].段小光,译.成都:四川人民出版社,1988.

[75] [美]西里尔·E.布莱克,等.日本和俄国的现代化——一份进行比较的研究报告[M].周师铭,胡国成,沈伯根,沈丙杰,译.北京:商务印书馆,1984.

[76] [美]安东尼·吉登斯.现代性的后果[M].田禾,译.南京:译林出版社,2011.

[77] [美]约翰·罗尔斯.正义论[M].何怀宏,等译.北京:中国社会科学出版社,1988.

[78] [美]W.理查德·斯科特.制度与组织——思想观念与物质利益[M].姚伟,王黎芳,译.3版.北京:中国人民大学出版社,2010.

[79] [美]唐纳德·里奇.大家来做口述历史:务实指南[M].王芝芝,姚力,译.2版.北京:当代中国出版社,2006.

[80] [法]皮埃尔·诺拉.记忆之场:法国革命意识的文化社会史[M].黄艳红,译.武汉:华中师范大学出版社,2020.

[81] [英]保尔·汤普逊.过去的声音——口述史[M].覃方明,等译.沈阳:辽宁教育出版社,2000.

二、期刊论文类

[1] 白贝迩,程军.提升师范生免费教育政策实施质量的保障机制探析[J].教育理论与实践,2018(19).

[2] 白芸.浅析贫困地区的教育现代化[J].现代中小学教育,2001(4).

[3] 褚宏启.教育现代化的本质与评价——我们需要什么样的教育现代化[J].教育研究,2013(11).

[4] 褚宏启.关于教育现代化问题的几个假设[J].现代教育论丛,1999(2).

[5] 陈国良,张曦琳.教育现代化动态监测:理念、方法与机制[J].教育发展研究,2019(21).

[6] 陈如平.打造区域教育高质量发展新样态样板[J].现代教育,2020(12).

[7] 程良宏,陈伟.迁徙与守望:"候鸟型"乡村教师现象审思[J].教育发展研究,2020(Z2).

[8] 陈文胜,李珺.全面推进乡村振兴中的乡村教育研究[J].湘潭大学学报(哲学社会科学版),2021(5).

[9] 陈全功,李忠斌.努力办人民满意的乡村教育:湖北长阳土家族自治县乡村教育支持体系的调查[J].教育与经济,2009(1).

[10] 陈金圣.从单位化到大学化:事业单位改革背景下的大学治理转型[J].教育发展研究,2022(11).

[11] 程中原.谈谈口述史的若干问题[J].扬州大学学报(人文社会科学版),2005(2).

[12] 冯大生.区域教育现代化的发展特征及建设路径——以江苏省为例[J].教育研究,2018(4).

[13] 童富勇.论乡村教育运动的发轫兴盛及其意义[J].浙江学刊,1998(2).

[14] 董美英.乡村教育运动再审视——个人生命史的视角[J].生活教育,2017(9).

[15] 杜育红,杨小敏.乡村振兴:作为战略支撑的乡村教育及其发展路径[J].华南师范大学学报(社会科学版),2018(2).

[16] 冯璨.守望乡村教育三十五载——龚海燕老师口述史[J].中国教师,2020(2).
[17] 樊洪业.关于世纪中国科学口述史的思考——在当代中国科学口述历史学术研讨会上的发言[J].中国科技史杂志,2009(3).
[18] 范佐证.农村中小学布局调整的原因、动力及方式选择[J].教育与经济,2006(1).
[19] 范先佐,郭清扬,赵丹.义务教育均衡发展与农村教学点的建设[J].教育研究,2011(9).
[20] 范玉刚.乡村文化复兴与乡土文明价值重构[J].深圳大学学报(人文社会科学版),2019(6).
[21] 冯增俊.论我国教育现代化的基本任务及主要特征[J].中国教育学刊,1995(4).
[22] 丰箫,丰雪.近十年中国现代乡村教育国内研究综述[J].河北师范大学学报(教育科学版),2013(8).
[23] 付玉.21世纪以来中国教育口述史的研究综述[J].贵州师范学院学报,2020(5).
[24] 辛胜阻.农村教育的结构性矛盾与化解对策[J].教育研究,2004(10).
[25] 顾明远.关于教育现代化的几个问题[J].中国教育学刊,1997(3).
[26] 顾明远.从新民主主义教育到社会主义教育——纪念中国共产党成立90周年[J].教育研究,2011(7).
[27] 郭清扬.义务教育均衡发展与农村寄宿制学校建设[J].教育与经济,2014(4).
[28] 耿娟娟.乡村教育的研究取向[J].广西师范大学学报(哲学社会科学版),2015(2).
[29] 高书国,马筱薇.振兴中国乡村教育的内在逻辑与实践路径——乡村教育进入"小众化"时代后的理论准备与战略研讨[J].中小学管理,2019(7).
[30] 高伟.现代性背景下当代教育价值批判[J].陕西师范大学学报(哲学社会科学版),2010(2).
[31] 官爱兰,周丽萍.新型城镇化下的农村教育:"干涸"、"贫血"及"缺土"[J].现代中小学教育,2015(4).
[32] 郝文武.农村教育和乡村教育的界定及其数据意义[J].教育研究与实验,2019(3).
[33] 郝文武.价值理性、工具理性视角观照下的农村教育问题[J].陕西师范大学学报(哲学社会科学版),2005(4).
[34] 胡艳,郑新蓉.1949—1976年中国乡村教师的补充任用——基于口述史的研究[J].北京师范大学学报(社会科学版),2018(4).
[35] 胡志坚.陶行知"社会教育论"新探[J].河北师范大学学报(教育科学版),2009(1).
[36] 胡俊生.农村教育城镇化:动因、目标及策略探讨[J].教育研究,2010(2).
[37] 胡倩,胡艳.新中国成立后我国农村民办教师身份产生、形成与认同的历史研究——在符号互动理论的视角下[J].教师教育研究,2021(1).
[38] 胡红华.教育政策的价值重构:农村、城市"和而不同"——当前农村教育现代化的问题与出路[J].内蒙古社会科学,2004(4).
[39] 何茜,顾静.建党百年乡村教师队伍政策演进的逻辑与启示[J].教育研究,2022(2).
[40] 何杰.支持性教育政策的意蕴、特征与问题规避[J].教育发展研究,2013(23).
[41] 何杰.卓越教师核心能力的实然框架与培养举措[J].教育与管理,2022(9).

[42] 何杰.苏北区域经济文化发展与基础教育变革[J].教育发展研究,2007(5A).

[43] 李保强.帕夫雷什中学的办学特色摭论[J].现代中小学教育,2001(6).

[44] 李子江,张斌贤.我国教师资格制度建设:问题与对策[J].教育研究,2008(10).

[45] 李伟涛.教育现代化监测评价方法与方法论的探讨[J].教育科学研究,2016(7).

[46] 李伟涛.教育现代化监测评价研究:一个制度分析框架[J].教育发展研究,2015(1).

[47] 李学良,冉华,王晴.区域教育现代化监测评价指标体系的构建与实施研究——以苏南地区为例[J].教育发展研究,2015(1).

[48] 李森,崔友兴.新型城镇化进程中乡村教育治理的困境与突破[J].西南大学学报(社会科学版),2016(2).

[49] 李刚,赵茜.城镇化进程中教育发展方式的转变——让教育成为人的城镇化的不竭动力[J].中国人民大学教育学刊,2015(3).

[50] 李斌辉,李诗慧.新生代优秀乡村教师主动入职动因与启示——基于全国"最美乡村教师"事迹的质性研究[J].教育发展研究,2018(20).

[51] 刘敏,石亚兵.乡村教师流失的动力机制分析与乡土情怀教师的培养——基于80后"特岗教师"生活史的研究[J].当代教育科学,2016(6).

[52] 刘京京.教育史学研究的路径转向——基于新文化史学的研究视角[J].教育理论与实践,2014(19).

[53] 刘旭东.论教育价值取向[J].青海师范大学学报(社会科学版),1992(1).

[54] 刘大伟,周洪宇.教育记忆史:教育史研究的新领域[J].现代大学教育,2018(1).

[55] 刘来兵,周洪宇.实践品性视域下的中国教育史研究[J].河北师范大学学报(教育科学版),2010(1).

[56] 马多秀,孙浩,何姣姣,雷萌娜.农村留守儿童"五位一体"教育精准帮扶现状及对策[J].北京教育学院学报,2021(4).

[57] 马广永,王欣,古曼筝,汤静.乡村教育运动与大学推广运动的比较研究[J].湖北函授大学学报,2015(12).

[58] 庞丽娟,韩小雨.我国农村代课教师:现实状况及政策建议[J].教育发展研究,2007(4).

[59] 彭泽平,曾凡.中国共产党农村教育的百年实践:历史嬗替、经验与未来理路[J].教育科学,2021(4).

[60] 秦建平,张惠.教育现代化监测指标研究[J].教育导刊,2012(5).

[61] 武晓伟,朱志勇.传统与现代:文化哲学视域下的农村教育研究[J].湖南师范大学教育科学学报,2014(6).

[62] 邬志辉,杨卫安."离农"抑或"为农"——农村教育价值选择的悖论及消解[J].教育发展研究,2008(Z1).

[63] 肖正德,谷亚.农村教育到底为了谁?——农村教育价值取向研究述评[J].教育研究与实验,2019(6).

[64] 徐婉茹,康永久.断裂与重构:乡村教育的"为农"立场[J].现代教育科学,2020(2).

[65] 申国昌,周洪宇.全球化视野下的教育史学新走向[J].教育研究,2009(3).

[66] 施克灿.历史的先声:中国共产党革命根据地的小学教育[J].中小学管理,2021(6).

[67] 时伟.乡村教师核心素养与教师教育课程重构[J].课程·教材·教法,2019(3).

[68] 邵泽斌.改革开放40年国家支持农村义务教育的政策经验与反思[J].教育发展研究,2018(20).

[69] 宋美亚.坚守乡村教育四十年——李堂章校长口述史[J].中国教师,2018(2).

[70] 沈红宇,蔡明山.公平价值的引领:从免费到公费的师范生教育[J].大学教育科学,2019(2).

[71] 舒惠,张新平.优质均衡愿景下的学校内生发展之路[J].中国教育学刊,2017(6).

[72] 田夏彪.城镇化进程中农村教育功能弱化的成因及对策[J].教育理论与实践,2014(29).

[73] 田晓琴,王媛.乡村教师政策40年回顾与展望[J].基础教育参考,2019(4).

[74] 田正平,李江源.教育制度变迁与中国教育现代化进程[J].华东师范大学学报(教育科学版),2002(1).

[75] 童富勇.论乡村教育运动的发轫兴盛及其意义[J].浙江学刊,1998(2).

[76] 万红梅,唐松林.21世纪我国乡村教师政策的交叉组合、逻辑起点与反思超越[J].湖南师范大学教育科学学报,2020(7).

[77] 王维平,薛俊文.中国式现代化新道路的"总体性"阐释[J].北京行政学院学报,2022(1).

[78] 王坤.日常生活的教育研究[J].徐州工程学院学报(社会科学版),2020(5).

[79] 王秀军.教育蓝图:推进区域教育现代化的战略选择[J].人民教育,2015(16).

[80] 王如才,李德恩.乡村教育运动的历史回顾与前瞻[J].山东教育科研,1997(4).

[81] 王丽清.教育口述史视域下傈僳族乡村现代教育发展研究——以迪庆州德钦县霞若乡各么茸村为例[J].农业经济与科技,2020(24).

[82] 王刚.以集团化办学破解西部城乡义务教育一体化发展困局[J].中小学管理,2019(7).

[83] 王明建,何杰.新时代小学教师关键能力建设的思考[J].教师教育研究,2021(2).

[84] 王慧.最近60年农村教育发展评议[J].河北师范大学学报(教育科学版),2011(5).

[85] 王鉴.论教育与生活世界的关系[J].华中师范大学学报(人文社会科学版),2006(3).

[86] 王先明.近代史研究的乡村史研究回顾与展望[J].近代史研究,2002(2).

[87] 王群瑛.把立德树人作为教育的根本任务[J].中国高校社会科学,2018(6).

[88] 魏峰.文化人类学视角下民国时期的乡村建设与乡村教育:以晏阳初、陶行知、梁漱溟为例[J].教育发展研究,2022(18).

[89] 魏峰.改革开放40年我国农村教育发展:成就、动力与政策演进特征[J].基础教育,2018(6).

[90] 魏峰,张乐天.中华人民共和国成立以来农村教育政策价值取向的嬗变[J].教育科学研究,2017(11).

[91] 卫小将,黄雨晴.利益共生视角下地摊经济的赋权式治理[J].江苏社会科学,2022(4).

[92] 徐龙,唐一山.乡村教师研究文献述评:概览、缺憾与完善[J].教育与经济,2020(3).

[93] 孙杨,朱成科.新世纪以来我国农村基础教育研究价值取向研究综述[J].教育学术月刊,2011(12).

[94] 杨小微,游韵.教育现代化的中国视角[J].教育研究,2021(3).

[95] 杨小微.迈向2035:中国教育现代化的目标定位[J].华中师范大学学报(人文社科版),2019(5).

[96] 杨小微,冉华,李学良,高娅敏.评价导引下的中国教育现代化路径求索——基于苏南五市和重庆的教育现代化调研[J].教育研究与实验,2016(4).

[97] 杨东平.教育现代化:一种价值选择[J].中国教育学刊,1994(2).

[98] 杨雁斌.口述史学百年透视(上)[J].国外社会科学,1998(2).

[99] 杨润勇.我国十年农村教育政策进展与分析[J].国家教育行政学院学报,2013(12).

[100] 杨祥银.美国口述历史教育的兴起与发展[J].史学理论与研究,2011(1).

[101] 杨海燕,高书国.农村教育的价值、特征与发展模式[J].教育研究,2017(6).

[102] 岳庆平.关于口述史的五个问题[J].中国高校社会科学,2013(2).

[103] 于书娟.教育口述史研究初探[J].上海教育科研,2009(4).

[104] 余中根.外国教育现代化研究之述评[J].教育现代化,2001(12).

[105] 袁利平.教育现代化的现代性向度及其超越[J].陕西师范大学学报(哲学社会科学版),2020(1).

[106] 袁媛,曲铁华.热闹而寂寞的乡村教化——基于建国后石村社会教育历史人类学考察的研究[J].比较教育研究,2012(2).

[107] 袁振国,沈伟.立德树人的落实机制:现状、挑战与对策[J].苏州大学学报(教育科学版),2019(1).

[108] 袁振国.双优先:教育现代化的中国模式——为改革开放四十周年而作[J].华东师范大学学报(教育科学版),2018(4).

[109] 伊娟,马飞.新生代乡村教师乡土文化缺失的现实表征与重塑策略[J].当代教育科学,2021(5).

[110] 叶欣,陈绍军.乡村振兴战略下县域校际资源均衡配置的实践逻辑[J].河海大学学报(哲学社会科学版),2019(5).

[111] 朱文学.教育现代化的区域特征与区域先行[J].江苏教育研究,2011(13).

[112] 朱文学.学有优教:区域教育现代化目标的内涵追求[J].上海教育科研,2012(4).

[113] 朱启臻,梁栋.村落教育价值与乡村治理秩序重构[J].人民论坛,2015(14).

[114] 朱旭东,蒋贞蕾.国家发展与教育发展模式探讨:教育现代化视角[J].比较教育研究,2001(1).

[115] 朱成晨,闫广芬,朱德全.乡村建设与农村教育:职业教育精准扶贫融合模式与乡村振兴战略[J].华东师范大学学报(教育科学版),2019(2).

[116] 周培植.以教育生态理论促进区域教育现代化:杭州市下城区"高位均衡、轻负高质"教育发展路径探索[J].教育研究,2009(10).

[117] 周志毅.传统、理想与现实的变奏——20世纪20、30年代中国农村教育的变迁[J].杭

州师范学院学报,1999(3).

[118] 赵晓林."乡村教育运动"主体性价值观及其现实意义[J].教育研究,2006(3).

[119] 赵晓林.20世纪二三十年代"乡村教育运动"的特点及其现实启迪[J].陕西师范大学学报(哲学社会科学版),2006(2).

[120] 赵厚勰.中国蒙学教育惩戒述论[J].教育研究与实验,2022(18).

[121] 赵丹,范先佐,郭清扬.乡村小规模学校教育质量提升——基于集群发展视角[J].教育研究,2019(3).

[122] 张乐天.重新解读农村教育[J].教育发展研究,2003(11).

[123] 张乐天.新世纪我国加强农村教育发展的政策回顾与反思[J].复旦教育论坛,2010(3).

[124] 张乐天.全球化视野中的农村教育[J].比较教育研究,2003(12).

[125] 张乐天.推进学校治理能力现代化:意义、重心与路径[J].复旦教育论坛,2014(6).

[126] 张乐天.《纲要》实施背景下农村教育发展的审思[J].南京师大学报(社会科学版),2011(5).

[127] 张乐天.论现阶段我国农村教育政策变革与创新[J].南京师大学报(社会科学版),2005(3).

[128] 张济洲."离农"?"为农"?农村教育发展中的悖论[J].当代教育科学,2005(19).

[129] 张倩.乡村教育的守望者——张伯和历史口述史[J].中国教师,2018(6).

[130] 钟景迅,刘任芳.乡村教师生活补助政策实施困境分析——来自A省欠发达地区县级教育局长的质性研究[J].教育发展研究,2018(2).

三、学位论文

[1] 郝锦花.新旧之间[D].山西大学,2004.

[2] 莎莉莉.T村学校教育及其功能的变迁——一项对受教育者的口述史研究[D].山西师范大学,2014.

[3] 司洪昌.嵌入村庄的学校——仁村教育的历史人类学探究[D].华东师范大学,2006.

[4] 杨伟东.教育史叙事:基础、内涵与应用[D].陕西师范大学,2017.

[5] 袁媛.热闹而寂寞的乡村教化——基于建国后石村社会教育历史人类学考察的研究[D].东北师范大学,2010.

[6] 赵晓林.中国近代农民教育研究[D].西北农林科技大学,2011.

[7] 赵忠平.村落中的"流浪者"——20世纪70年代以来黄村学生"离农"趋向的个人生活史考察[D].东北师范大学,2012.

[8] 张济洲.广西区域教育现代化推进模式研究[D].广西师范大学,2004.

[9] 周容容.二十世纪二三年代乡村教育运动研究[D].云南大学,2018.

[10] 周艳.流变与博弈:一所湘西乡村小学三十年来教师流动研究[D].西南大学,2017.

四、报纸和网站

[1] 人民日报社论.我国教育改革发展的纲领性文件[N].人民日报,2010-07-30.

参考文献

[2] 张力.如何理解2035年教育现代化目标[N].光明日报,2019-03-19.

[3] 习近平.在庆祝中国共产党成立100周年大会上的讲话[N].人民日报,2021-07-02.

[4] 习近平.中共中央关于党的百年奋斗重大成就和历史经验的决议[N].人民日报,2021-11-17.

[5] 秦玉友,于伟.农村教育发展面临时代挑战[N].中国教育报,2009-04-28.

[6] 国务院关于进一步加强农村教育工作的决定[N].中国教育报,2003-09-11.

[7] 乡村振兴战略规划(2018—2022年)[N].人民日报,2018-09-27.

[8] 冯蕾,李慧.走中国特色、科学发展的新型城镇化道路——中央城镇化工作会议亮点解析[N].光明日报,2013-12-16.

[9] 周济.我国农村教育从农民办变为政府办[N].人民日报,2003-12-17.

[10] 王卫斌.一所乡村学校的"美丽蜕变"——看临县湍水头寄宿制小学发展变迁[N].吕梁日报,2022-07-09.

[11] 汪明.学校布局调整要稳步推进留有余地[N].中国教育报,2011-08-28.

[12] 李铁映.社会主义现代化建设的奠基工程——认真学习、宣传和实施《中国教育改革和发展纲要》[N].人民日报,1993-03-03.

[13] 韩清林.农村中小学布局调整的误区[N].中国教育报,2011-09-29(03).

[14] "特岗计划"实施成效明显,为农村学校输送12万多名合格教师[N].中华人民共和国教育部政府门户网站(moe.gov.cn).

[15] 中华人民共和国教育部.中国教育概况——2020年全国教育事业发展情况[EB/OL].中华人民共和国教育部政府门户网站(moe.gov.cn).

[16] 中华人民共和国教育部.中国教育现代化2035[S].中华人民共和国教育部政府门户网站（moe.gov.cn）.

[17] 国家统计局.关于统计上划分城乡的规定[EB/OL].http://nhs.saic.gov.cn/wcms2/actsociety/normal/html/1219.htm.

[18] 中华人民共和国国家统计局.中华人民共和国2016年国民经济和社会发展统计公报[EB/OL].http://www.gov.cn/xinwen/2017-02/28/content_5171643.htm.

[19] 中共中央关于坚持和完善中国特色社会主义制度,推进国家治理体系和治理能力现代化若干重大问题的决定[EB/OL].http://www.xinhuanet.com//2019-11/05/c_1125195786.htm,2019-11-05.

[20] 国家教育督导团.对陕西省贯彻落实国务院《决定》和国办《通知》情况的督导检查报告[EB/OL].[2020-03-29].http://www.moe.gov.cn/s78/A11/moe_914/tnull_8558.html.

[21] 国家教育督导团.国家教育督导团关于印发对黑龙江等四省(自治区)贯彻落实国务院《决定》和国办《通知》情况督导检查报告的通知[EB/OL].[2020-03-29].http://www.moe.gov.cn/s78/A11/moe_913/tnull_1045.ht-ml.

[22] 国家教育督导团.国家教育督导团关于对江西等六省(自治区)中小学校长教师管理情况专项督导检查公报[EB/OL].[2020-03-29].http://www.moe.gov.cn/s78/A11/

moe_768/tnull_13795.html.

[23] 国务院公报.国务院关于全面推进农村税费改革试点工作的意见[EB/OL].[2020-03-27].http://www.gov.cn/gongbao/content/2003/content_62076.htm.

[24] 教育部、财政部、人事部、中央编办.关于实施农村义务教育阶段学校教师特设岗位计划的通知[EB/OL].[2020-03-15].https://baike.so.com/doc/2957500-25161010.html.

[25] 教育部、财政部、人事部、中央编办.教育部直属师范大学师范生免费教育实施办法(试行)[EB/OL].[2020-03-09].https://gaokao.chsi.com.cn/gkxx/zcdh/200705/20070522/909303.html.

[26] 教育部.教育部关于大力推进城镇教师支援农村教育工作的意见[EB/OL].[2020-03-26].http://old.moe.gov.cn/publicfiles/business/htmlfiles/moe/moe_1237/201001/81598.html.

[27] 教育部、财政部、人力资源和社会保障部.关于推进县(区)域内义务教育学校校长教师交流轮岗的意见[EB/OL].[2020-03-26].http://www.mof.gov.cn/zhengwuxinxi/caizhengxinwen/201410/t20141017_1151644.html.

[28] 国务院.关于统筹推进县域内城乡义务教育一体化改革发展的若干意见[EB/OL].[2020-03-16].http://www.gov.cn/zhengce/content/2016-07/11/content_5090298.htm.

[29] 教育部、财政部.关于落实2013年中央1号文件要求对在连片特困地区工作的乡村教师给予生活补助的通知[EB/OL].[2020-03-22].http://old.moe.gov.cn/publicfiles/business/htmlfiles/moe/s7058/201402/163752.htm.

[30] 教育部、国家发展改革委、财政部、人力资源社会保障部、中央编办.教师教育振兴行动计划(2018—2022年)[EB/OL].[2020-03-25].http://education.news.cn/2018-03/28/c_129839367.htm.

[31] 国务院办公厅关于印发乡村教师支持计划(2015—2020年)的通知[EB/OL].http://www.Moe.edu.cn/jyb_xxgk/moe_1777/moe_1778/201506/t20150612_190354.Html.

[32] 2019年教育统计数据—中华人民共和国教育部政府门户网站(moe.gov.cn).

[33] 2020年教育统计数据—中华人民共和国教育部政府门户网站(moe.gov.cn).

[34] 全面深化新时代教师队伍建设改革的意见.中华人民共和国教育部政府门户网站(moe.gov.cn).

[35] 中小学教师国家级培训计划.中华人民共和国教育部政府门户网站(moe.gov.cn).

[36] 金中基,蒙志军,张斌.只有一个老师的学校[N/OL].湖南日报:罗佳成,2011.http://hnrb.voc.com.cn/hnrb_epaper/html/2011-10/02/content_404779.htm?div=-1.

[37] 2020年教育统计数据—中华人民共和国教育部政府门户网站(moe.gov.cn).

[38] 胡锦涛.在全国优秀教师代表座谈会上的讲话[EB/OL].(2007-08-31)[2020-02-15].http://www.gov.cn/ldhd/2007-08/31/content_733340.htm.

[39] 习近平.决胜全面建成小康社会,夺取新时代中国特色社会主义伟大胜利——在中国共

产党第十九次全国代表大会上的报告[EB/OL].（2017 - 10 - 18）[2020 - 02 - 15］. http://www.xinhuanet.com/politics/19cpcnc/2017 - 10/27/c_1121867529.htm.

[40] 习近平.坚持中国特色社会主义教育发展道路,培养德智体美劳全面发展的社会主义建设者和接班人[EB/OL].（2018 - 09 - 10）[2020 - 02 - 14］.http://www.xinhuanet.com/politics/leaders/201809/10/c_1123408400.htm.

[41] 农村孩子"融入"名校课堂[N/OL].人民日报,2022 - 07 - 07.https://news.sina.com.cn/gov/2022 - 07 - 07/doc-imizmscv0514331.shtml.

五、外文类

[1] Valerie J. Janesick. Oral History for the Qualitative Researcher: Choreographing the Story[M]. Guilford Publications, 2010: 1.

[2] Robert Perks, Alistair Thomson. The Oral History Reader[M]. London: Routledge, 2016: 4.

[3] Muyeed, A. Some reflections on education for rural development[J]. International Review of Education, 1982, 28(2): 227 - 238.

[4] Schultz, T. W. Capital formation by education[J]. Journal of Political Economy, 1960, 68(6): 571 - 583.

[5] Brown, P. H. and Park, A. Education and poverty in rural China[J]. Economics of Education Review, 2002, 21(6): 523 - 541.

[6] Khor, N., Pang, L., Liu, C., Chang, F., Mo, D., Loyalka, P. and Rozelle, S. China's looming human capital crisis: upper secondary educational attainment rates and the middle-income trap[J]. The China Quarterly, 2016, 228: 905 - 926.

[7] Zhang, Y., Zhou, P. R. and Zhang, Q. J. From welfare to socialization: a review of early childhood care and educational policies in China[J]. China's Education Development and Policy, 2011(9): 61 - 110.

[8] Han, Q. L. "Popularization and fairness" is the inevitable choice for the development strategy and basic policy of preschool education in China[J]. Contemporary Education Sciences, 2011, 3(1): 31 - 35.

[9] Wei, M. Reflections on preschool education in Rural China[J]. Intelligence, 2011, 23(1): 254 - 254.

[10] Liu, L. On the responsibilities and functions of government on the suburban left-behind young children problem[J]. Studies in Preschool Education, 2007, 6(1), 12 - 15.

[11] Yu, Y. H. and Chen, S. H. Equality of preschool education from the perspective of public resource distribution[J]. Early Childhood Education, 2007(4): 22 - 24.

[12] Cui, F. F. and Hong, X. M. The unbalanced regional development of preschool education in China: status, causes and suggestions[J]. Research in Educational Development, 2010(24): 20 - 24.

[13] Hannum, E. Political change and the urban-rural gap in basic education in China, 1949 – 1990[J]. Comparative Education Review, 1999, 43(2): 193 – 211.

[14] Mok, K. H. and Wat, K. Y. Merging of the public and private boundary: education and the market place in China[J]. International Journal of Educational Development, 1998, 18(3): 255 – 267.

[15] Xiao, Y., Li, L. and Zhao. Education on the cheap: the long-run effects of a free compulsory education reform in rural China[J]. Journal of Comparative Economics, 2017, 45(3): 544 – 562.

[16] Fang, Z. and Ge, X. B. The issue of irregular teachers in China and its policy implications[J]. Theory and Practice of Education, 2010, 30(22): 32 – 36.

[17] Tsang, M. C. and Ding, Y. Resource utilization and disparities in compulsory education in China[J]. China Review, 2005, 5(1): 1 – 31.

[18] Wang, L., Zhang, S., Li, M., Sun, Y., Sylvia, S., Yang, E., Ma, G., Zhang, L., Mo, D. and Rozelle, S. Contract teachers and student achievement in Rural China: evidence from class fixed effects[R]. REAP Working Paper, 2017.

[19] Jiang, J. Q. and Du, Y. H. On the project design of enhancing financial input of primary and secondary school teachers' salary and its feasibility analysis[J]. Education & Research, 2014, 35(12): 54 – 60.

[20] Lu, M., Cui, M., Shi, Y., Chang, F., Mo, D., Rozelle, S. and Johnson, N. Who drops out from primary schools in China? Evidence from minority-concentrated rural areas[J]. Asia Pacific Education Review, 2016, 17(2): 235 – 252.

[21] United Nations Development Programme. (n. d.). Millennium Development Goals (MDGs) [EB/OL]. http://www.undp.org/mdg/, 2022 – 07 – 15.

[22] Lyson, T. A. Big business and community welfare: Revisiting a classic study by C. Wright Mills and Melville Ulmer[J]. American Journal of Economics and Sociology, 2016, 65(5): 1001 – 1024.

[23] World Bank. Effective schooling in rural Africa Report 3: Case study briefs on rural schooling[R]. Washington, DC: Human Development Network, 2000.

附件 现代化进程中乡村教育变迁情况的访谈提纲

亲爱的老师,您好!

  为了解1976年以来特别是改革开放以来我国乡村教育发展与变迁情况,我们设计了一些访谈问题,邀请您作为我们研究课题的访谈嘉宾并对这些问题进行作答。需要说明的是,本访谈内容仅作课题研究使用,如涉及保密、敏感的内容,研究者将对访谈内容做必要的文字处理。谢谢您的支持!

下面是访谈问题:

Q1:当时的家庭情况如何?父母当时从事什么职业?
Q2:哪一年上小学?当时小学所在位置、办学历史情况如何?小学的班级学生、老师等情况如何?
Q3:当时小学开设的课程有哪些?当时小学的教学质量如何?
Q4:当时小学升学考试在哪里?考试成绩怎么样?您的感受是什么?
Q5:您上初中是哪一年?当时初中办学历史情况怎么样?
Q6:当时初中开设的课程有哪些?当时初中的教学质量如何?
Q7:当时初中升学考试在哪里?考试成绩怎么样?您的感受是什么?
Q8:当时上小学与初中的时候,学费是怎么收的?
Q9:所在的小学与初中办学情况后来发生了哪些变化?您认为是什么原因导致了这些变化?
Q10:乡村小学与初中学习对您影响特别大的事情是什么?
Q11:当时父母对您的教育重视吗?
Q12:当时乡村教学等安排是否符合学生的发展情况?老师是否能够同等对待每一位学生?
Q13:当时乡村学校的教育方式是否适合自己?您是如何看待这些教学方式的?其他同学的情况如何?
Q14:您了解当年小学初中中的办学体制吗?乡村又是如何参与学校办学的?
Q15:您当年的乡村学校和乡村教师和乡村存在什么样的互动情况?
Q16:您当年所在的村庄现在情况如何?40年来有变化吗?
Q17:您当年所在的乡村人口中,学历情况如何?有多少考取大学(包括中师中专等)?有返乡工作或创业的大学生吗?
Q18:您是如何成为一名乡村教师的?乡村教师的经历如何?
Q19:作为乡村教师,您如何看待改革开放以来外面的世界变化?这些变化又对乡村儿童和乡村学校有什么影响?
Q20:您对乡村教育其他方面的认识或建议是什么?